KB149707

아동·청소년을 위한

상담과 심리평가

아동·청소년을 위한

상담과 심리평가

김명희 · 이현경 지음

COUNSELING &
PSYCHOLOGICAL ASSESSMENT

**Psychological tests,
Addiction screening tests
& Family assessment**

(주)교 문 사

머리말 Preface

치료와 상담을 하는 임상가들이나 아동청소년의 심리를 분석하거나 심리문제를 해석하는 훈련생들은 '검사 및 질문, 심리적인 도구들을 어떻게 활용하고 어떤 해석방식으로 분석해야 하는가?' 등에 대해 고민하며 혼란스러워 한다. 프랙티컴(Practicum) 슈퍼바이저의 도움을 받는 수련생들도 '어떤 종류의 평가를 질적으로 시도하고 해석하는 훈련'에 따라 내담자에 대한 윤리적 문제의 가능성을 줄여 나갈 수 있다. 그래서 심리적인 도구, 가족평가 도구 혹은 선별검사 등을 적당히 선정하고 해석하는 것은 중요한 것이다. 또한 이러한 검사도구들을 내담자의 문화적인 상황과 이슈를 중심으로 활용하여 분석하는 것이 필요하다.

예를 들어 개인심리와 가족심리의 역동성이 전혀 다른 것임에도 불구하고 주제에 맞는 가족심리평가를 진행하지 못하거나 가족역동을 위하여 객관적 혹은 주관적 가족 심리검사를 하지 못하고 일반적인 개인심리 평가로 대치시키는 등의 오류들을 많이 본다. 그러한 경우는 치료효과를 기대하기가 쉽지 않다. 그래서 상담가 혹은 임상가들은 아동과 청소년의 문제대안을 위하여 어떤 도구를 어떻게 활용할 것인지, 어떤 유형을 가진 문제에 적용하는지 보다는 심리평가를 잘 선택하고 구분해내는 분별력을 가지고 있어야 한다.

먼저 선행검사를 진행하기 위한 도전과 노력은 도구들을 적당한 주제에 맞게 활용해야 하고 그 도구들에 대한 피드백을 해야 한다. 일반적인 예로 중독적인 선별을 위해 중독 스크리닝 검사보다 애니어그램, MBTI 혹은 MMPI 등의 개인심리검사 등을 활용하는 경우가 실제로 많았다. 또한 환자의 가족관계역동을 파악하고자 할 때는 가족심리평가보다 TAT 및 CAT 등의 Projection검사 등이 활용되는 경우도 적지 않았다. 내용과 주제에 맞지 않게 여러 가지 평가를 감행하는 것이 가능할지 모르지만 그 검사의 질은 떨어지게 될 것이다. 다시 말하자면 주제영역의 질과 검사의 객관도, 타당도 및 신뢰도 등의 결함들은 항상 주변에서 문제가 발생하게 될 것이다. 이 책은 이러한 문제들에 도전하고자 개인심리를 평가하는 개인 심리검사, 중독문제를 선별하기 위한 중독 스크리닝 검사, 그리고 가족관계의 역동을 분석하기 위한 가족심리 평가를 구별하여 적절하고 다양한 검사들의 과정을 이해하도록 도움을 주고 있다.

이 책은 총 4부와 15장으로 구성되어 있는데 1부는 아동과 청소년상담에 대한 전반적인 유형과 그 특징들을 학습하도록 구성되었다. 1장에서는 아동·청소년 상담을 주제로 하여 전반적인 아동·청소년 상담의 이해, 상담의 특징, 상담의 목표, 전반적인 상담과정 등을 다루고 있으며 2장에서는 검사와 평가의 다양한 평가들을 이해하기 위한 아동·청소년과 개인상담 모델을, 3장에서는 아동·청소년과 위기상담을 주제로 위기상담의 이론 및 실제를 다루었고 4장에서는 아동 청소년과 집단상담을 주제로 집단상담의 유용성, 다양한 집단상담 유형 및 상담사 역할 등을 다루고 있다.

2부에서는 아동·청소년과 심리검사의 이론을 연구하고 실제로 실시하는 내용으로 구성되어 있다. 5장에서는 심리평가의 전반적인 이해를, 6장에서는 아동·청소년의 성격검사의 모델(TAT CAT MBTI, MMTIC, MMPI-2, Rorschach test, SSCT SCL-90-R, STAI 등)의 이론과 실제를 다루고 있으며 7장에서는 미술 심리치료의 이론 및 유형들, 8장에서는 지능검사를 다루고 있으며 9장에서는 흥미검사 및 적성검사를 전반적으로 학습하도록 도움을 주고 있다.

3부에서는 아동·청소년의 중독주제를 중심으로 중독진단검사들을 주제로 다루고 있다. 10장은 중독검사의 전제로서 아동·청소년의 중독적 특징을 다루고 있고, 11장에서는 아동·청소년의 전반적인 중독진단검사를 주제로 인터넷, 흡연중독, 도박중독, 알코올중독, 쇼핑중독 등의 진단검사의 중독 스크리닝 테스트(addiction screening tests)의 이론과 실제를 다루고 있다. 더 나가서 12장에서는 아동 청소년의 중독유형과 상담과 치료를 내용으로 다루고 있다.

4부에서는 아동·청소년과 가족심리평가를 중심으로 하여 13장은 객관적 가족심리검사(가족환경 척도, 가족순환모델, 맥매스터 모델, 비버즈 모델, 자아분화척도) 등을 다루었고, 14장은 주관적 가족심리검사(가계도, 가족조각, 가족지도, 영향력의 수레바퀴, 가족생활주기에 의한 가족심리평가) 등을 다루고 있으며 15장은 아동·청소년과 가족상담 모델 및 기법들을 사례 중심으로 실제 가족상담을 다루었다.

부족한 원고를 아름다운 책으로 만들어주신 (주)교문사 류제동 사장님과 송기윤 부장님, 김소영 씨 외에 편집부 여러분들께 깊이 감사드린다.

2014년 2월 10일

김명희, 이현경

차 례Contents

PART

3

아동·
청소년과
중독진단
검사

PART

1

아동과
청소년 상담

Counseling & Psychological Assessment

Psychological tests, Addiction screening tests & Family assessment

1 CHAPTER

아동·청소년 상담의 이해

1 아동·청소년 상담의 특징

아동의 심리적 문제와 치료에 대한 필요성은 중요하다. 아동은 성인보다 놀이나 비언어적 수단을 통해서 내적 감정이나 갈등을 더 잘 표현하는 경향이 있다. 문제해결의 수준이 발달의 수준에 따라서 달라지고 아동 상담이 성인 상담과 독립된 상담 및 심리치료의 영역으로 발전되기 시작한 것은 1950년대 이후부터이며 전문영역으로서 계속 발전해 가고 있다. 아동 상담이 성인 상담과 구별되는 점으로는 먼저, 아동과 청소년 단계인 아동기 상담의 대상이 사회적으로 또는 법률적으로 미성년자라는 점을 들 수 있다.

아동과 청소년들을 대상으로 하는 상담인 아동기 상담은 아동들이 보이는 주요 문제들을 대상으로 하며, 아동에게 진단될 수 있는 장애 유형으로는 발달 장애와 심리기능 장애로 나눌 수 있다. 발달 장애의 경우 특수교육을 중심으로 다루는 반면, 상담에서는 주로 심리기능 장애 문제를 다루고 있다. 아동기의 심리적 문제는 발달과정에서 일시적으로 나타나는 경우도 있고 발달과정을 거치는 동안에 상담이 매우 필요한 경우가 있다. 아동은 부모와 기본적인 의존관계를 형성하기 때문에 아동기의 심리문제를 해결하기 위한 상담에는 아동과의 직접적 면담 이외에도 가족상담, 놀이치료, 행동수정, 가족치료 등의 기법들을 활용하는 것이 특징적이다.

청소년 내담자를 긍정적인 개념으로 건강한 사회구성원이 될 수 있도록 돕는 데 상담의 의의가 있다. 청소년기는 발달과정에 있어 부모와 가족으로부터 독립, 자아 정체성 형성, 자율성과 관련된 인생목표 등을 성취하는 시기로 정신건강을 유의해야 하는 시기이다. 아동과 청소년 상담에서 다루어지는 심리기능 장애문제들은 대인관계 갈등과 관련된 문제들을 가지고 있다. 대인관계 갈등과 관련된 문제를 호소하는 아동들은 부모, 교사, 형제 및 또래집단 아동들과의 관계에서 어려움을 겪고 있다. 또한 이 시기는 또래에 대한 가치적 모호성 문제가 드러나는 시기이므로 중요하다. 이밖에도 개인의 내적인 갈등이 관련된 문제는 의사결정에 대한 주제와 갈등을 위한 대처 방안과 관련하여 도움을 필요로 한다.

일반적으로 사회가 변화하는 것은 가치관의 변화이므로 상담은 청년기의 문화를 고려해야 하는데 문화적인 영향으로 아동이나 청소년들의 행동양식도 급격히 변화하면서 부적응 문제도 그 의미가 달라져야 한다. 더 나가서 상담은 청소년의 성 차이를 고려해야 하는데, 일반적인 심리 성적인 차이와 고정된 성역할의 차이는 의미가 없다. 미국 인성교육협회(2008)는 여자와 남자의 뇌의 순서가 다르게 발달한다는 것을 아는 것이 중요하다고 하였는데, 이것은 성적인 차별성을 의미하는 것이 아니라 아동기의 청소년들을 다른 방법으로 대면하고 상담해야 한다는 것을 알게 해준다. 리처드 하이어 박사(2008)는 뇌 영상(MRI)으로 동일한 IQ를 가진 남녀아이를 분석했는데 지능과 관련된 활성 부위가 다르다고 하였다. 지능과 관련된 활성 부위가 남자 아이는 일부분이 정중앙인데, 여자 아이는 측면부분이 진화되었다. 남성의 뇌는 성 호르몬의 영향에 의해서 시상하구의 영역이 여성의 것보다 2.5배 정도 크고 시상하구는 대뇌 아래 위치한 신경세포 다발로 성적행동, 체온 감정 등 본능에 관여한다. 결론적으로 청소년 남녀는 서로 다른 통로를 통해 동일한 지능에 도달하는 것이다.

남성의 이성과 여성의 감성을 강조하는 견해는 유전적인 요소보다는 뇌의 성 차이를 의미하는 것으로 뇌의 경로의 차이는 소년·소녀의 차이로서 심리적인 차이이며 다양한 문화에 기초하여 상담의 다양성이 고려된다. 두뇌의 성(브레인 젠더)에 의해서 남녀 두

뇌구조 기능의 차이점은 다음과 같다.

여성은 관계지향적이며 타인을 연결된 존재로 느끼고 인간관계의 관계구조도 남성과는 다르게 배려를 한다. 남성은 공간 지각력을 관장하는 두뇌가 발달한 반면, 여성은 언어력이 발달하고 상황을 판단하는 데 있어서 뇌 속에 입력되어 있는 보다 많은 정보가 교류하고, 뇌량이 발달하여 한쪽 뇌의 정보가 다른 쪽 뇌와 빠르게 정보를 주고받는다. 브레인 젠더에 관한 이슈는 과거의 고정된 성 역할과 상이하며 대치되는 견해를 가진다.

아동과 청소년 상담은 아동과 청소년들의 자기결정 원리, 비밀보장 원리, 개별화 원리, 의도적 감정표현의 원리, 통제된 정서관여의 원리, 수용의 원리, 비심판적인 원리, 전문적 상담지식 원리, 잠재능력의 원리, 수용의 원리, 자기 선택과 자기 결정의 원리 등이 적용된다. 아동과 청소년이 자신에 대한 정보에 관한 문제를 제기하는데, 아동기 시기가 자기 정체성을 확립해 가는 단계이기 때문에 자신에 대한 정보가 불확실하지만 그것을 알고 싶어 하는 욕구를 수용해 주어야 한다. 특별히 이런 문제를 호소하는 아동들의 경우 자신의 능력, 장점, 관심, 가치 등에 대해 호기심을 갖는 것은 발달단계에서 중요하다. 더 나아가서 청소년기에는 새로운 환경에 대한 정보를 알고 싶어 하고 요구하게 되는데 가족을 벗어나 학교, 또래, 직업 등 새로운 환경으로 나가는 것을 한 번도 경험해보지 않았기에 두려움을 느끼기 때문이다. 그 두려움, 불안 등을 감소시키기 위해 새로운 환경에 대한 정보를 요구하게 되는데 개인의 문제에 따라 아동과 청소년들은 다양한 도움을 필요로 한다.

마지막으로 아동 청소년기는 환경에 적응을 하는 데 있어 기술 부족으로 인한 문제들을 호소하는 경우가 많은데 그럴 경우, 대인관계 기술, 주장적인 행동, 경청, 효율적인 학습 방법 등 구체적인 기술에 대해 도움을 주어야 한다. 아동과 청소년을 포함한 아동기 상담은 심리적으로 건전하고 사회적으로 효율적인 특성을 학습하도록 돕는 심리적인 조력과정으로서 아동사고와 정서 및 행동에 관련된 문제를 감소시키고 아동과 청소년들이 심리적으로 건전하고 사회적으로 효율적인 기능을 하도록 돕는다.

2 아동·청소년 상담의 목표

상담(counseling)이란 라틴어의 'counsulere'에서 유래한 것으로 '고려하는 것' 혹은 '반성하는 것', '깊이 생각하는 것' 등의 의미를 가진다. 상담이란 용어는 윌리엄슨(Williamson)에 의하면 훈련과 기술로써 상담자가 내담자의 적응문제를 해결하는 것으로 정의되었다. 윌리엄 글래서(William Glasser)가 창시한 현실치료(reality therapy)의 '선택이론'은 '인간이 자유의지를 갖고 있고 선택을 갈망하는 존재'임을 언급하는데 이는 인간에게 의지능력과 선택적인 능력이 있음을 반증하고 있다. 일반적으로 상담과 심리치료의 두 용어 간의 차이가 있다고 보는 경향이 있는데 제럴드 코리(Gerald Corey, 2008)는 상담과 심리치료를 통합을 강조하고 이장호(2011)는 상담과 심리치료의 구분에 대한 차이를 전문가 및 역할수행자 측면에서의 특성 차이로 언급하고 있는데 상담과 심리치료의 차이로서 경청(20~60%), 질문(15~10%), 평가(5~5%), 해석(1~3%), 지지(5~10%), 설명(15~5%), 정보제공(20~3%), 조언(10~3%), 지시(9~1%) 등과 같이 대조되는 추정통계가 있다. 상담에서는 설명, 정보제공, 조언 및 지시를 더 많이 하는 반면, 심리치료에서는 경청, 해석, 지지를 더 많이 하는 것으로 보고되고 있으며 상담과 심리치료를 각각 별개의 것보다는 통합하여 활용한다. 칼 로저스(Carl. Rogers)는 'Counseling and Psychotherapy'라는 제목 자체가 상담과 심리치료를 각각 별개의 것이 아닌 동일한 영역이라고 보았다(이장호, 2011).

아동이나 청소년을 위한 상담은 자신을 돌보고 건강한 성장을 위해 필요하다. 아동과 청소년 상담의 목표는 첫 번째, 자신에 대한 통찰력을 가질 수 있도록 도움을 주기 위함이다. 두 번째, 아동기 내담자 행동의 변화를 촉진시키는 것을 목표로 하므로 건강한 삶을 이루어 가는데 도움이 되는 행동, 사고 및 정서들을 확장시키기 위한 것이다. 세 번째, 내담자 자신의 삶에서 겪게 되는 문제들을 스스로 해결할 수 있도록 적극적으로 도우며 사고나 행동, 정서, 선택결정에 있어서 효율적인 방향설정을 돕는다. 네 번째, 상담이나 심리치료는 아동기에 건강한 자신의 성장과 발달을 저해하는 요인들을 감소시키고 아동기 레질리언스(resilience)를 증진시켜 적응하는 능력을 가지도록 돕는다. 다섯 번째, 복잡하게 얽힌 문제의 수준들을 명백히 하여 사고, 정서, 그리고 행동의 부적응적인 부분들을 바람직한 방향으로 전환시키는 것을 목적으로 한다.

3 아동과 청소년 상담과정과 기법

일반적으로 상담단계는 몇 가지 단계로 구분되어진다(Hess, et al., 2011). 첫 번째 단계에서 상담사는 문제 진술, 동기유발을 중심으로 적극적 경청 질문 기법과 수용, 감정을 받아들이며 비언어적 표현에 주의평가 없는 허용적 자세를 가지며, 문제의 명료화를 위해 질문을 사용할 수 있다.

상담사는 청소년이 상담과정에 대한 이해, 상담방향 및 과정에 대한 인식을 위하여 열린 질문, 요약 등을 중심으로 진행(Henderson, 2010)하며 적극적인 상담에 대한 인식과 두려움에서 벗어나도록 한다. 두 번째, 신뢰감과 라포(rapport) 형성, 적극적 경청, 공감적 이해, 수용적 존중, 칭찬, 인정 등의 기법 등이 있고 상담내용으로서 감정을 받아들이고 비판하지 않고 숨은 감정을 받아들이는 자세가 중요하다. 세 번째는 아동·청소년의 감정표현의 촉진, 자기 객관화가 될 때 기다리는 것과 내담자 침묵에 대한 수용, 제시된 문제를 구체적으로 명료화시키는 것이 요구되어진다. 네 번째는 문제해결 방법을 구체화시키는 데 있어 구체적 실천계획, 해결과정과 문제해결 방안에 대한 능력개발에 초점을 두어야 한다. 다섯 번째, 상담의 종결은 상담결과 평가에 초점을 두고 청소년 내담자와의 토의, 합의, 조정 등의 기법들이 활용되는데 상담전체 과정에 대한 요약이나 정리, 목표달성, 피드백(feedback) 및 평가를 하게 된다. 상담의 종결기법은 불충분할 때 추수 상담 약속을 하고 내담자의 의도에 의해 급하게 종결하지 않는 대신 계속된 지원을 약속, 결과확인을 하면서 추수 상담이 계획되도록 다루어져야 한다.

아동과 청소년들을 위한 상담 기법에는 지시적인 상담 기법과 비지시적인 상담 기법 등이 있는데 지시적 기법은 상담자에게 해결 방안을 임의적으로 제시하거나 피상담자의 원인에 대해 결론짓거나 하는 등의 방법 등을 채택하고 있다. 반면, 비지시적 상담은 상담자가 피상담자의 이야기를 들어주며 피상담자 스스로 원인을 이해하고 받아들이며 해결책을 모색하도록 돕는다. 비지시적인 상담에서는 내담자에 대해 피상담자의 유형이나 맥락을 압축해 버릴 가능성을 배제해야 하며 평가하지 않아야 한다.

문제 해결을 위한 기법으로 질문, 칭찬, 인정, 지지 및 강화 등이 활용되며 바람직한 해결방안 대해 강화를 주고 바람직하지 못한 해결방안에 대한 차이를 명백하게 한다. 상담자의 태도에 따라 내담자가 상담을 지각하는 것이 다르기 때문에 내담자의 저항은 누구에게나 존재하게 되며 인정하는 것이 요구되어진다. 아동이나 청소년 내담자가 '어떻게 반응하는가?', '어떻게 상담기법이 적절하게 활용되는가?'에 따라 상담과정은 촉진될 수 있고 아동과 청소년의 문화와 맥락, 그리고 상담환경에 따라 다양하게 설정될 수 있다.

2 CHAPTER

아동·청소년과 개인상담

1 정신분석치료

1) 인간관

정신분석에서의 인간관은 환원적이며 결정론적이다. 프로이트 이후의 학파들과는 차이를 보이는 정신분석은 인간의 행동은 무의식적 동기와 생물학적 욕구 및 충동, 그리고 생후 5년간의 경험에 의해 결정된다고 보았다. 정신분석에서의 인간의 성격구조는 심리적 에너지를 기초로 원초아, 자아, 초자아로 구성된다. 프로이트의 심리성적 발달 이론에서는 5단계의 성격발달을 제시하는데 각 단계에서 발달문제는 자신과 타인의 주변세계에 불신감을 가지게 되는 구강기(생후 1년), 대소변 훈련을 위해 부모가 보이는 감정이나 태도, 반응이 유아의 성격형성에 영향을 미치는 항문기(1~3세), 자신의 육체에 대한 호기심을 가지고 이성과 차이점을 발견하는 남근기(2~5세), 새로운 환경에 적응하면서 성적인 본능은 억압되지만 이전 성적 기억이 그대로 남아 성차의 성격형성에 미치는 잠복기(5~12세), 이성과 성욕을 지향하며 자애적 행동에서 사회화해 나가는 과정의 성기기(12세 전후 사춘기) 등으로 구분되어진다. 인간의 행동수단인 억압, 부인, 투사, 고착, 퇴행,

합리화, 승화, 반동형성 등의 방어기제에 대한 강조는 인간이 위기의 자아를 보호하기 위한 무의식 세계에 대한 설명이다.

2) 치료원리와 기법

정신분석치료의 치료 목표는 무의식적 갈등을 의식화시켜 개인의 성격구조를 재구조화하는 것이다. 치료사와의 신뢰적인 라포를 맺고 내담자 과거와 무의식에 대한 통찰을 경험하고 이를 방해하는 저항을 경험하는데 먼저 내담자의 심리적 저항에 관심을 가지고 불일치성에 주목한다. 그리고 내담자의 감정에 초점을 맞추고 내담자의 성격구조와 역동관계를 이해하게 된다. 치료사는 내담자로 하여금 과거의 경험과 감정을 자유롭게 이야기할 수 있도록 격려한다. 치료가 진행됨에 따라 치료사와 전이관계가 형성되고 전이관계의 의미와 내담자의 무의식적 갈등 및 불안을 의식화시키면, 억압된 내면감정과 긴장이 발산됨으로써 갈등이 완화된다. 더 나가서 내담자가 대인관계의 갈등적 해결을 경험하면서 불안을 대처한다.

치료기법으로는 꿈의 분석, 저항의 해석, 전이의 해석 등의 기법이 있다. 치료과정이 진행되면서 무의식적인 내담자의 경험과 갈등들이 나오는데 내담자는 그때의 감정과 갈등을 치료사를 대상으로 재경험을 하게 된다. 전이는 내담자가 과거의 중요한 인물에게 느꼈던 감정을 치료자에게 투사하는 현상으로서 정신분석적 치료의 핵심이 되며 해석은 내담자를 재구조화시키는 치료효과로 나타난다(Corey, 2009).

정신분석의 해석은 자유연상이나 꿈, 전이, 저항 등에 담긴 행동을 설명해 주는 기본적 절차이다. 상담사는 해석에 대한 내담자의 반응 및 수용을 격려해야 한다(McWilliams, 2004). 저항이나 방어의 무의식적 감정 및 갈등의 의미를 해석하기에 앞서 어떻게 표현되는지를 파악한 후 명료화하는데 해석 시기의 적절성이 요구되어진다. 해석하려는 내용은 내담자의 의식수준이 가까웠을 때 하는 것이 효과적이다.

2 게슈탈트 치료

1) 인간관

프레더릭 펄스(Frederick Pears)에 의해 제시된 '게슈탈트'란 원리형태로서 욕구와 감정이 의미 있는 전체로 조직된 것을 의미한다. 인간의 주관적 지각이나 결정을 중요한 것으로 파악한다. 게슈탈트 상담에서 인간은 서로 관련된 부분들로 구성된 전체이며 과거와 미래가 아닌 현재에서 경험할 수 있음을 강조한다. 또한 인간은 스스로 선택하며 환경에 영향을 받는 행위자로서 잠재력을 가지고 있다. 내담자가 어떤 사람이든 선택할 수 있고 그들의 삶을 효율적으로 통제할 수 있는 능력이 있다.

내담자가 어려움을 경험하고 있는 것은 문제를 회피하고 저항함으로써 문제를 자각하지 못하는 것으로 가정하는데 더 나가서 내담자는 현재에서 멀어지고 미래에 몰두하게 될 때 불안을 느끼게 된다.

게슈탈트 치료의 인간론에 있어 내담자의 즉각적인 감정에 대한 자각, 신체언어, 자각은 방해받는 것 등이 인간의 역기능으로 간주된다(Dolliver, 1991). 게슈탈트 치료에서 상담자의 목표는 문제에 대한 통찰력과 증상을 완화시키는 것, 내담자의 성장과 통합에 있다(Pers, et al., 1994). 내담자가 자신에 대해 책임을 질 수 있다면 자신의 감정에 대하여 수용하게 된다. 또한 자신을 부정하는 경향을 감소시키고 덜 조정적이 된다. 상담은 내담자가 현실을 왜곡하지 않고 그대로 자각하는 것에 초점을 둔다.

2) 주요개념

주요개념으로는 전경, 배경, 알아차림, 미해결 과제, 접촉, 내사, 투사, 반전, 편향, 융합 등의 용어들이 존재한다. 전경은 내담자가 대상을 지각할 때에 지각의 중심부분에 떠올려지는 부분으로서 내담자의 자각과 반응이라고 할 수 있다. 뒤로 물러나는 부분으로서 관심 밖의 부분의 초점을 '배경'이라고 하는데 치료사의 경험, 지각 등도 치료과정의 배경이 된다. '알아차림'은 자신의 욕구나 감정을 지각하고 그것을 게슈탈트로 형성하여 전경으로 떠올리는 행위를 의미한다. 자신의 사고나 감정, 욕구와 감각을 명확하게 알아차리는 상태를 유지하는 것이 중요하다.

'미해결 과제'는 분노, 고통, 불안, 슬픔, 죄책감, 증오, 소외감 같은 표현되지 않는 감정 등을 포함하는데 배경에 오래 머무르게 되고 자신과 타인과의 효과적인 만남을 저해하는 방식으로 영향을 미치게 된다. 펄스는 미해결 과제의 원인으로 표현되지 않은 적개심을 대표적인 것으로 간주한다.

게슈탈트(Gestalt) 치료에서는 인간의 부적응 행동의 원인은 다양하다. 각성의 결여(창조적 능력이 상실된 것), 책임의 결여, 환경과의 접촉상실(다른 사람에 대한 경계가 너무 경직됨), 자아상의 경계가 없는 것, 미해결 문제, 욕구의 부인[사회적으로 용납되지 않는 욕구(분노, 공격성 등)를 부정함], 내사(사회나 부모의 가치관을 자기의 것으로 만들지 못하고 무비판적으로 받아들임), 투사(자기 자신의 감정이나 행동을 타인의 것으로 지각하고 행동함), 반전(자기 자신이 두 부분으로 분열되어 타인에게 하고 싶은 행동을 자기 자신에게 함), 융합(나와 너를 구분하지 못하는 '접촉-경계 혼란' 혹은 의존감), 편향(감당하기 힘든 갈등이나 외부 환경적 자극에 노출될 때 압도당하지 않기 위해 자신의 감각을 둔화시킴) 등이 부적응 행동의 원인이 된다. '접촉'은 현재를 있는 그대로 경험하고 환경과 상호작용하는 행위를 의미하는데 접촉이 효과적으로 일어나기 위해서는 분명한 알아차림, 충분한 에너지, 자신을 표현할 수 있는 능력이 필요하다.

게슈탈트 치료사는 개인의 성격기능 중 분리되어 있는 부분에 관여하게 된다. 내담자가 자신의 분리되고 양가적인 모순에 대해 관대해지고 자신의 받아들이고 싶지 않았던 문제나 내부적인 모순에 대해 에너지를 소모하지 않게 된다.

3) 치료기법

게슈탈트 치료에서 흔히 사용되는 몇 가지 기법들(Levitsky & Perls, 1970; Passons, 1975; Perls, 1969; Perls, Hefferling & Goodman, 1951; Polster & Polster, 1973; Zinker, 1978)은 다음과 같이 요약할 수 있다.

(1) 탐색

게슈탈트 치료과정에 치료사는 내담자에게 즉각적이며 진실하게 반응하며 내담자의 예기불안, 저항 등도 탐색하게 된다. 치료과정에서 가끔 치료사는 내담자들을 의도적으로 곤경에 처하게 하는데 내담자가 해결능력이 없다고 생각하며 충족되지 못한 욕구나 미해결 과제에 초점을 맞추도록 유도하는 것이다. 내담자는 인간으로서 존중받으며 어려워하고 있는 예기불안, 방해, 저항 등을 탐색하게 된다. 즉 내담자로 하여금 좀 더 완전하게 자신을 인식하게 하는데 내적 갈등을 경험하며 불일치와 양면적 감정을 해결하고 미해결 과제를 위해 적용된다. 다음 내담자 현재의 지각과 경험을 내담자와 공유하며, 언어적·비언어적으로 메시지의 내용을 피드백(feedback)하게 된다.

(2) 직면

치료기법은 먼저 즉각적이며 긍정적인 직면의 특성을 가지고 있는데 '직면'은 내담자로 하여금 지금 여기에서 자신이 행하고 경험하고 있는 것에 주의를 기울이도록 도와주는데 그 목표를 두고 있다. 치료자는 내담자에게 자신의 행동, 태도, 사고 등을 검토하도록 강요하기보다는 권유해야 한다(Corey, 1991). 즉 직면은 무방비상태의 내담자에 대해 긍정적인 변화를 가져올 수 있도록 내담자를 배려하는 것이다.

(3) 지금-여기에

두 번째 치료자는 지금-여기에서 내담자를 머무르도록 도와야 하는데 내담자에게 자신의 감각을 충분히 사용하도록 도와 치료과정에서 추상적 진단, 해석 등을 피하고 변화하는 내담자 자각에 초점을 맞추도록 한다.

(4) 해석거부

치료에서는 개인의 경험에 대한 즉각적인 자각이 중요하므로 원인이나 목적에 대한 인지적 설명이나 해석은 거부된다. 더 나가서 치료는 무엇이 이루어져야 하는가(내용)보다는 무엇이 진행되고 있는가(과정)에 주의를 집중시키고(Dolliver, 1991) 내담자가 책임을 질 수 있도록 격려한다. 치료사는 내담자가 새로운 것을 발견하도록 권유할 수는 있지만 내담자가 스스로 결정하도록 도와야 한다.

(5) 언어연습

게슈탈트 치료는 내담자로 하여금 현재 순간에 경험하고 있는 것을 느끼도록 하는 행동지향적인 기법을 활용하고 있다. '연습'이란 내담자에게 어떤 정서를 환기시키기 위해 사전에 이미 만들어진 기법이다(Passons, 1975). 게슈탈트 치료에서는 언어를 사용하는 양상과 성격의 관계가 분석되는데 언어를 사용하는 양상은 개인의 느낌, 사고, 태도와 관계가 많으며 여기에 초점을 맞추게 되면 자기 인식을 증가시킬 수 있다.

(6) 대화 실험

내담자가 생각했던 행동이 환경조건에 잘 맞는지를 결정 혹은 행동영역을 넓히는 방법으로 '대화실험', '현실검증' 등이 있다. '실험'이란 내담자와 치료자 간의 상호작용에서 창조적으로 생겨나는 것으로, 그 결과를 예측할 수 없다(Zinker, 1978). 치료사와 내담자와의 대화를 통하여 내담자로 하여금 내적분리를 인식하도록 하고 성격을 통합시키는데 초점을 맞추는 데 활용된다.

(7) 과장 실험

치료사는 어떤 특정한 행동과 관련된 감정을 경험하게 하고 그 행동의 내적의미를 인식하게 하기 위해서 내담자에게 어떤 움직임이나 몸짓을 표현하도록 요청한다. 게슈탈트 치료의 목표 중 하나는 내담자의 신체언어를 분석하여 내담자로 하여금 자신의 감정을 인식하도록 돕는 것이다. 역전기법이나 대화 실험 등과 관련되어 있는 이 기법은 좀 더 경험하고 싶은 자신의 측면을 발견할 수 있는 최선의 방법으로 자신이 거부하고 싶어 하는 자기 자신의 부분에 계속 머물러보는 것이다.

(8) 알아차림

욕구, 감정, 책임성 행동습관 등을 자각시키기 위한 질문을 통해 '알아차림'을 증진시킨다.

(9) 자기 부분들 간의 대화

내담자의 인격에서 분열된 부분들을 찾아내어 대화를 나누게 함으로서 분열된 자기 부분들을 통합시킨다. 빈 의자 기법을 활용하기도 하는데, 빈 의자에 앉아서 대화를 시도함으로서 갈등을 줄일 수 있다.

(10) 빈 의자 기법

빈 의자에 존재하는 상대를 앉히고, 대화를 하는 기법으로 실연, 현실검증 현재화 등의 치료적 개념이 모두 포함되어 있으며 빈 의자 기법에서 상대는 다른 사람이 되기도 하고 자기 자신이 될 수도 있다.

(11) 역전 기법

역전 기법은 내담자가 불안하여 숨기고 거부해 온 자신의 문제들을 접촉하여 부정적인 면과 긍정적인 면을 인식하고 수용하도록 하기 위한 기법이다. 역전기법은 과정실험 기법과 관련된 기법으로 잠재되어 있는 충동이 역전된 형태로 표현되는 것이다. 치료사는 내담자에게 표현하지 않았거나 한 번도 표현해 본 적이 없는, 그런 자신의 한 부분이 되어보라고 요청한다. 심리적으로 성숙하고 건강할수록 자신을 좀 더 잘 인식하게 되고 자신의 문제를 수용하게 되는데 성격 부분들 간의 통합이 가능해진다.

(12) 투사 놀이

어떤 내담자는 자신의 감정이나 동기를 부인하고 문제를 다른 사람에게 돌리는 데 많은 에너지를 쓴다. 내담자가 다른 사람에게 투사하고 있을 때 치료사는 내담자에게 다른 이에게 투사하는 역할을 해보라고 요청할 수도 있다. 상담 장면에서 상담자에 대한 내담자 자신의 감정이 투사되면 상담자가 내담자에 대해 집중하거나 초점이 맞추어져 있을 것이라는 등의 잘못된 감정을 인식하도록 한다.

(13) 순회하기

내담자로 하여금 집단원들에게 자신이 언어로 의사소통하지 않는 것을 해보도록 요구하는데 이 기법의 목적은 내담자가 직면한 자아를 개방하고 새로운 행동을 실험하게 함으로써 변화하도록 하는 것이다.

(14) 꿈 작업

게슈탈트 치료에서는 정신분석에서처럼 꿈을 해석하고 분석하지 않는 대신 꿈을 현실화하고 재현시켜서 '마치 현재 일어나고 있는 것'처럼 언급하도록 한다. 꿈을 다루는 방법은 내담자로 하여금 투사된 것들을 동일시하게 함으로써, 억압하고 회피해 왔던 자신의 욕구와 만나 감정들을 접촉하고 통합하도록 한다.

(15) 상전-하인기법

양극화로서 표현되는 상전(도덕적이고 권위적이며 다른 사람의 기대를 의식함)과 하인(개인의 욕망, 개인의 종속적인 부분과 억압에 의해 조절됨)기법에서는 반대되는 상반된 감정과 생각에 대해 내적갈등을 겪게 되는데, 이 기법은 이러한 양가감정을 통합시키기 위한 기법이다.

(16) 기법의 평가

형태주의 기법의 치료의 공헌점은 무엇을 느끼고 생각하는지를 내담자 현재의 관점에서 자각하도록 하고 통찰력을 증진시키는 것이다. 그러나 형태주의 심리기법의 단점은 게슈탈트 치료가 성격의 인지적 측면을 무시하고, 감정을 있는 그대로 인식하고 표현하는 것을 강조하는 것이다.

3 인간중심치료

1) 인간관

윌리엄슨(Williamson, 1939)에 의하면 '내담자의 능력은 상담사의 도움에 의해 채워질 수 있으므로 상담은 내담자 적응문제를 훈련과 기술로써 지시적으로 해결하는 것'으로 정의하였다. 반면, 로저스(Rogers, 1989)는 내담자가 자신의 문제를 충분히 이해하고 스스로 해결해 갈 수 있는 잠재능력이 있다는 점을 강조한다. 이장호(1986)는 도움을 필요로 하는 내담자와 상담가의 관계에서 적응하고, 행동 및 감정 측면의 인간적 성장을 위해 노력하는 학습 과정으로서 상담의 정의를 내리고 있다. 인간중심 상담이론은 내담자중심(client-centered) 상담이라고 부르는 것에서 벗어나 '인간중심(person-centered) 상담이론'이라는 용어를 보편적으로 사용하고 있는데 로저스는 치료사의 진단이 아닌 내담자의 주관적이고 현상학적인 경험을 중요시 하였다.

　내담자 중심치료의 인간론은 치료사를 개인성장의 촉진자로 보고 있으며 치료사의 직접적인 지시가 없이도 내담자는 문제를 이해할 수 있고 해결할 수 있는 잠재능력을 강조한다. 인간중심치료의 인간관에서 '자기'란 개인적 특성, 타인과의 관계 속에서 내담자 자신에 대한 통합적인 개념인데 자기실현의 가능성이 있다는 전제를 가지고 있다. 인간중심 상담의 인간론을 중심으로 상담은 일치성, 공감적 이해, 경험하기, 긍정적 관심, 자아개념 증대, 무조건적 긍정적 관심, 자아의 실현가능성 등으로 구성된다. 인간의 실현경향성은 잠재능력을 발달시키게 된다(Rogers, 1989). 실현가능성의 두 가지 욕구는 타인들로부터 긍정적인 관심을 받으려는 욕구와 긍정적인 자아에 대한 욕구로 구별된다.

　개인경험에 대한 지각이 왜곡될 때 자아와 경험의 불일치, 심리적 부적응 또는 병적인 상태(Cain, 2010)가 되며 문제행동이 인간의 '방어'에서 나온다. 내담자의 방어는 실제 자기와 이상적 자기 간의 불일치에서 표현되는데 이러한 불일치가 커질수록 역기능 문제를 보인다. 인간중심 접근법에서는 신경증이나 정신병을 병적인 것으로 보지 않지만 내담자가 행동의 경직성을 보이고 보상, 투사, 편집증적 사고 같은 병적인 방어를 하는 것으로 본다.

2) 치료원리와 기법

인간중심 상담의 상담과정에서 '관계'는 상담의 주요한 요인이다. 내담자와 치료자는 신뢰를 가지고 라포를 형성하는데 내담자의 관점에서 지각하고 공감하는 것이 중요하다. 인간중심 상담에서 '공감'은 중요한 치료요인이다. 내담자 중심치료는 어떠한 특별한 상담기술보다는 상호작용을 위한 라포를 강조한다. 내담자가 심리적인 불편함을 가지는 것은 내담자의 불일치 상태로 간주되지만 오히려 그러한 불일치한 불안감으로 상담이 진행될 것(Cain, 2010)이라고 간주한다.

상담과정에서는 내담자의 과거 경험과 트라우마(Trauma)를 문제로 간주하지 않지만 통찰을 갖게 되면, 새로운 행동의 삶을 발달시키게 된다고 본다. 치료는 내담자 행동을 연속선상에 있는 것으로 간주하며 '지금-여기'를 중심으로 내담자의 특정 경험에 주목한다. 과거를 통한 진단과 상담자가 모든 치료의 결정권을 가지고 있는 치료는 내담자를 어떤 범주로 분류시키는 오류로 보았다.

상담과 심리치료의 용어들이 애매하게 활용 될 수 있지만 칼 로저스(Carl. Rogers)는 저서 『Counseling and Psychotherapy』라는 책에서 두 가지를 구별하면서도 상담과 심리치료를 통용적으로 활용하고 있다. 상담의 진실성(genuineness)은 그대로 표현하도록 하는 기법으로 내담자가 더 건설적인 방향으로 변화하고 성장할 수 있도록 한다. 상담과정에서 순간 경험하는 자신의 감정은 솔직하게 인정하고 표현하는 것이 의미가 있다. 내담자의 개방성과 자기탐색을 촉진하는 '무조건적 긍정적 존중(unconditional positive regard)' 기법은 내담자의 실현 가능성을 존중하는 것이며(Rogers & Kramer, 1995) 내담자가 왜곡하고 부정해 왔던 경험을 수용하게 되는 유용성이 있다. '공감(empathy)'은 상담자가 내담자의 생각, 감정, 경험에 대해 내담자의 입장에서 듣고 반응하며 내담자가 경험하는 내면세계를 정확하게 느끼고 이해하는 것을 의미하는데 '상담자'로서 역할을 유지하는 점에서 '동정(sympathy)'과는 다르다. 로저스에 의하면 상담사 역할은 내담자의 실제 경험과 가치에 의해 내담자에 의해 지각된 경험 사이의 문제를 내담자가 스스로 인식하도록 하며 있는 그대로를 수용하고 경험하도록 한다. 인간중심 상담의 치료기법은 내담자에 대한 수용, 존중, 이해를 표현하고 내담자와 함께 탐색할 내적 준거체계를 발달시키는 치료이다.

4 아들러의 상담이론

1) 인간관

아들러(Adler)의 개인심리학의 전제는 내담자의 사고, 감정, 행위 등의 의식과 성격표현의 무의식을 통합하는 것에서 시작된다. 아들러는 내담자의 일치되고 통합된 성격은 개인의 생활양식이라고 보며 개인의 생애의 목표와 연결된다고 본다. 개인심리학의 인간론은 인간의 쾌락이 아닌 사회적 책임감과 성취욕구에 의해 동기화된다(Ansbacher & Ansbacher, 1964). 프로이트(Freud)와 다르게 내담자를 병든 사람으로 보지 않고 인간의 행동은 무의식과 관련 있는 것으로 보지 않는다. 아들러는 자기실현을 구축하며 기대하는 인간존재를 강조한다. 인간의 자기 결정권(self-determination)은 창조적인 선택에서 나오며 인간의 행동에는 목적이 있다(Sharf, 2000). 개인심리학의 치료 목표는 내담자가 사회에 기여하기도 하고 다른 사람에게 도움을 받기도 하면서 평등하게 사회에 잘 적응할 수 있도록 문제를 재구조화한다. 그러므로 부모교육이나 생활양식을 통합시키는 데 활용된다.

2) 주요개념

아들러의 상담이론의 기본 전제를 위한 개념들은 생활양식, 과제, 열등감, 우월성 추구 그리고 가족구도와 출생순위 등으로 요약된다. '생활양식'은 한 내담자가 어떻게 장애물을 극복하고, 문제의 해결점을 찾아내며 어떠한 방법으로 목표를 추구하는지에 대한 방식을 결정해 주는데(Sharf, 2000), 주로 생애 초기(약 4~6세)의 경험에 의해 형성된다. 생애초기 이후 개인의 생활양식은 거의 변하지 않고 성격은 일관성 있게 유지된다. '생활양식 유형'이란 성격유형으로 사회적 관심과 활동수준에 따른 생활양식을 지배형(통제하는 독재자), 의존형, 회피형(소극적 부정적인 태도), 사회적 유형(높은 사회적 관심) 등의 네 가지 유형으로 나눈다.

'과제'는 내담자의 일, 여가, 사랑 등으로 생활양식에 따라 달라진다. 과제는 인간행동이 과거 경험보다는 미래에 대한 기대에 의해서 결정되는 것으로 내담자가 사건들을 해석하며 창조적 힘을 갖는 과정에 도움을 주게 된다.

'열등감'은 내담자가 자기완성을 위한 필수요인으로서 열등감을 극복하면 우월성을 추구하게 되고 심리적인 건강을 유지하게 된다. 아들러(Adler)는 자기완성을 이루기 위해 자신이 느끼는 열등감을 극복해야 한다는 것을 강조하고 있다. '우월성 추구'란 자아실현의 의미로 사용되고 있으며 인간이 문제에 직면했을 때 부족한 것과 미완성인 것을 완성하고자 하는 것으로 두 가지 긍정적 또는 부정적 방향을 가지게 된다.

'가족구도'는 부모의 양육방식, 가족분위기 등과 관련 있고 '출생순위'는 내담자의 생활양식을 형성하는 데 중요하다. 실제적 출생순위보다는 가족 내의 위계와 역할, 그리고 역동적인 해석이 중요하며 성인이 되었을 때 인간관계에 상호작용하는 양식에 영향을 미치게 된다. 그러므로 아들러는 가족관계를 상담에서 다루는 것을 중요하다고 보았다.

3) 치료기법

개인심리학 상담과정의 치료요인들은 상담가와 내담자와의 상담관계, 평가 및 분석, 성격의 재구조화 등(Ansbacher, 1972)이며 아들러학파는 문제를 파악하고 분석하는 것보다 상담관계와 내담자와의 만남을 중요하게 여긴다.

아들러는 인간의 성격을 개인 생활양식을 파악하는 것으로 보는데 초기회상, 가족구도, 꿈을 분석하여 아동 · 청소년의 역동성을 탐색하고 신념과 감정, 동기와 목표 등을 이해할 수 있다고 하였다.

평가 및 분석으로서 아들러는 '초기회상'을 파악하여 인간의 성격을 파악할 수 있다고 보았는데 초기회상(early recollection)이란 내담자가 회상하는 실제적인 사건에 대한 기억으로서 신념 평가, 태도, 편견 등을 반영하는 것이다. 초기회상으로부터 온 오류들은 (basic mistakes) 아동 혹은 청소년 생활양식의 패배적인 측면에 대한 것으로 부인이나 잘못된 가치관 등으로 해석되어 질 수 있다. 인간의 생활양식을 분석하기 위해 인간 현재의 성격이나 증상 등을 파악한다. 출생순위(birth order)와 부모 및 형제자매 간의 역동성, 부모의 가치관 등은 성격을 분석하는데 중요한 정보가 된다. 꿈 분석(dream analysis)은 현재의 변화와 발달을 평가하거나 혹은 가족구도와 초기회상을 위해 사용되고 있다 (Ansbacher, 1972).

치료에서 자기이해와 통찰은 생활양식과 관련이 있다. 삶의 방향과 목표에 대한 자각을 가지고 어떻게 현재 아동·청소년 행동에 영향을 미치는지, 그리고 잘못된 목표와 자기패배적 행동의 통찰력에 도움을 준다. 아동·청소년의 재구조화는 아들러의 초기회상, 가족역동성, 꿈 등에서 가져온 통찰을 바탕으로 전에 보여 왔던 비효율적인 신념과 행동에 대해 다른 방식의 대안을 찾는 것이며 내담자가 새로운 방향으로 목표를 성취하는 것과 연결된다.

5 인지행동치료

1) 주요개념

인지행동치료는 인간의 심리구조의 세 가지 요소인 인지, 정서 그리고 행동이 상호작용한다고 보므로 문제해결 과정에서 세 가지를 위한 다양한 기법들이 활용된다.

　인지행동치료의 전제는 '인간의 복잡한 문제를 단순하게 개념화시키는 것'에 치료적 초점을 두고 있다. 정신분석 치료가 인간행동의 문제를 복잡하게 만들고 있음에 대해 문제를 제기하면서 내담자 문제행동의 개념화와 치료전략이 추상적이며 복잡할수록 치료적인 문제가 제기하게 된다고 보았다. 인지행동치료는 치료전략의 시간이 적절하고 효과적으로 점검을 필요로 하며 구체적인 치료방법들이 강조되는데 단순한 치료기법보다는 다양식적 접근(multi-modal approach)으로 왜곡된 인지에 초점을 맞추며 과거를 무시하지 않으며 현재에 초점을 두게 된다.

　인지행동치료는 '전체 상담과정'과 '각 회기구조'의 두 가지 측면에서 구조화되어 있는데 전체 상담과정은 문제의 탐색, 상담의 목표설정, 구체적 사건과 환경의 탐색, 세상을 이해하는 방향으로 치료에 대한 구체적이며 구조적 모델을 가지고 있다. 인지행동치료는 통찰보다는 드러나는 행동의 변화에 더 강조점을 두고 있는데 문제를 복잡하게 이해하고 치료하는 것을 지연시키고 비효율성을 거부한다. 인간의 다양한 문제는 부적절한 정서와 부적응 행동에 대한 가정을 전제로 한다. '인지행동치료'가 '인지치료'와 다른 점은 치료에 행동수정의 요소들을 활용하기 때문이다(Martin & Pear, 2003). 인지행동적 접근에서는 비합리적인 사고와 신념의 문제가 정서의 문제행동을 유발한다고 보기 때문에 먼저 합리적인 사고의 평가에 초점을 두게 되고 행동변화를 계획하게 된다. 결론적으로 인지행동치료는 행동의 변화를 위한 구체적인 목표, 문제의 단순화와 치료적 구조화, 치료전략의 구체화, 다양한 기법활용 등이 요구되어진다.

인지행동치료과정은 상담가와 내담자와의 라포의 형성을 강조하고 구체적이고 구조화된 목표를 강조한다. 인지행동치료가 단기상담의 특징을 가지고 있으므로 상담자의 에너지가 집중적으로 투입되며 상담과정은 문제해결 중심이나 과업 지향적인 방향으로 다양하게 진행된다. 엘리스(Ellis)의 인지정서 행동치료(REBT)의 전체적인 목적은 내담자의 중심이 되고 있는 자기 문제관점을 극소화 시키기보다 현실적이고, 건강한 인지구조를 돕는다. 인지행동치료의 1차 목적은 내담자에게 자신의 비합리적 신념을 발견하고 논박할 수 있도록 도우므로 내담자 자신에게 효과적인 자기통찰력을 가르치는 것이 우선되며 새로운 다른 상황에도 적용시킬 수 있도록 해준다.

치료적 효과는 계속적으로 평가되어야 하고 내담자가 행동을 바꾸기 위해서는 원하지 않는 행동을 강화하는 환경자극과 측정되는 변화관점의 관계를 다룬다. 내담자의 평가되는 특정한 문제는 현재(here and now)에 집중한다.

치료과제는 상담과 심리치료의 효율성을 증진시키고 내담자 스스로 자신의 삶에 적용된다. 치료 중에 혹은 치료 이후에 과제를 부여하는 것으로 치료가 끝난 후에도 치료적인 효과를 유지하기 위한 효과적인 방법으로 시도된다. 각 회기마다 치료 목표나 논의사항을 설정하고 필요에 따라서는 상담의 효율성을 위하여 역할극과 시연 독서치료, 치료 공학적 도구 등을 활용한다.

2) 인간관(엘리스와 벡)

인지행동치료의 대표적인 학자는 엘리스(Ellis)와 벡(Beck)이다. 인지행동치료는 목표 지향적이며 효과성이 입증된 상담치료 기법이다. 구조화된 상담은 10회에서 20회 정도의 단기모델을 가지고 있는데 사회적 상황과 내담자의 욕구에 부응하기 위해서 상담은 전통적인 장기모델보다는 시간제한적인 단기모델을 지향하고 있다.

엘리스가 창안한 REBT(Rational Emotive Behavioral Therapy)의 기본개념은 인간의 문제는 외부사건이나 상황으로부터 발생하는 것이 아니며 사건이나 주위환경에 대해 그 사람이 가지는 관점이나 신념으로부터 생겨난다는 것이다. 엘리스의 신념체제는 합리적 신념과 비합리적 신념들로 구성되어 있는데 합리적 신념들이 정서장애의 주요 원인이 되므로, REBT를 통해 이러한 신념과 행동을 변화시킨다고 하였다. 엘리스의 인간론에서는 특히 타인과의 관계에서 종종 생산적인 사고와 계획을 방해하는 습관, 타성, 흥분추구, 변덕 및 부정주의 같은 강력한 본능적 경향을 가지고 있다고 주장한다.

엘리스는 인간의 사고방식 중 경직된 당위성과 비합리적 신념 등을 인지왜곡으로 간주한다. '경직된 당위성'은 '고통 없이 편해야 하는 것', '일이 뜻대로 되지 않으면 매우 끔찍하다는 것', '세상은 반드시 공평해야 하는 것', '정의는 반드시 승리해야 하는 것' 등으로서 강한 요구가 포함되어 있다. 엘리스는 비합리적 신념으로 지나치게 과장하는 것, 당위적인 생각, 재앙적인 사고, 자기 및 타인의 비하, 욕구좌절이 많은 상황을 잘 견디어 내지 못하는 것 등을 인지적인 오류로 간주하는데 이런 사람들은 '끔찍하다', '큰일이다' 등의 언어적인 표현이나 재앙적인 사고를 많이 포함한다.

엘리스에 의하면 특정증상과 심리적 문제행동은 어떠한 상황을 해석하는 과정에서 일어나므로 비합리적인 신념을 확인하고 난 후, 그 신념을 논박하고 마지막으로 비합리적인 신념을 합리적인 사고로 대처하는 치료과정을 강조한다. ABCD 모델은 A(선행사건), B(신념체계), C(결과)와 D(논박) 요인의 상호작용으로서 내담자가 겪는 정서적 행동적인 장애에 대한 논박은 먼저 내담자의 부정적이며 역기능 사고를 조정하는 것을 의미한다.

ABCD 모델에서 A(Activatig event, 선행사건)는 인간의 부정적인 정서를 유발하는 어떤 사건이나 현상 또는 행위를 의미한다. 선행사건을 의미하는 부적응 반응으로 고통당하는 사람들의 대부분은 비합리적인 신념체제를 가지고 있다고 본다. B(Belief system, 신념체계)는 사고나 신념체계는 어떤 사건이나 행위 등과 같은 환경적 자극에 대한 개인적 사고 방식이라고 볼 수 있다. 즉 어떤 사건이나 행위를 좋은 것이나 혹은 아주 수치스럽고 끔찍한 현상 등의 내담자 신념체계에 맞게 해석하여 스스로를 징벌하고, 자포자기하거나 타인이나 세상을 원망하는 사고방식을 의미한다. 결과인 C(Consequence)는 내담자가 스트레스 유발사건에 접했을 때 개인의 태도 내지 사고방식으로 사건을 해석함으로서 느끼게 되는 정서적, 행동적 결과를 의미한다. 비합리적인 사고방식을 지닌 사람들은 대개의 경우 지나친 불안, 원망, 비판, 좌절감 등과 같은 감정을 갖고 행동하게 된다.

엘리스는 아동 내담자가 정서적으로 혼란되는 것은 환경이나 부모의 태도보다는 아동이 비합리적인 태도를 심각하게 받아들이고, 계속 내면화해온 아동의 문제로 보고 있으며 정서적 혼란이란 비합리적 사고로부터 발생한다고 주장한다. 엘리스의 인지행동주의 기법인 REBT 기법은 내담자나 혹은 주위 사람들에게 내담자 자신에 대해 묻고 그 결과를 보고하여 자신의 사고를 현실적으로 검증받는 기회를 가지는 절차를 가지게 된다.

REBT는 인지와 정서 및 행동을 치료하는 인지기법, 정서기법, 행동기법 등을 포함하고 있다. REBT의 인지기법은 평가적인지나 핵심인지 등을 논박의 목표대상으로 하고 논박의 두 단계로 내담자의 사고양식을 조사하고 도전하며 새롭고 기능적인 사고양식을 개발하는 방법을 포함한다. REBT의 정서기법은 먼저 내담자의 불완전성에 대한 무조건적인 수용을 하고 합리적으로 생각할 수 있도록 돕는 기법이다.

벡(Beck)은 엘리스(Ellis)와 다르게 당위성이나 평가적인 신념보다는 개인의 정보처리 과정에서 나타나는 오류와 왜곡을 인지도식인 스키마 문제와 관련시킨다. '스키마(Schema)'는 기본적인 신념과 가정을 포함하여 사건에 대한 한 개인의 지각과 반응을 형성하는 인지구조이다. 스키마는 이전 경험이나 타인과의 관계에서 얻은 관찰경험을 통해 이루어진다.

벡은 추론, 귀인, 추측 등의 평가적 인지와 핵심인지는 스키마로 구성되어 있다고 가정한다. 벡은 스키마의 오류로서 역기능과 비합리적인 문제를 '임의적인 추론', '선택적인 추상화', '과대 과소평가', '사적인 것으로 받아들이기', '지나친 일반화', '이분법 사고' 등으로 보고 있다. 추론에서 나오는 체계적인 오류로서 '임의적인 추론'은 어떤 결과를 지지하는 증거가 없거나 증거가 결론에 위배되는 데도 잘못된 결론을 내리는 것이다. '선택적인 추상화'는 다른 중요한 요소를 무시하고 사소한 부분에 초점을 맞추어 부분적인 경험을 이해하는 것이다. '과대평가' 혹은 '과소평가'는 어떤 사건, 한 개인이 가진 경험에 있어 한 측면을 강조하고 실제 사건과는 무관하게 과소평가 혹은 과대평가하는 것이다. '사적인 것으로 받아들이기'는 객관적으로 일어날 수 있는 문제를 자신에게 관련시켜 주된 원인으로 간주하고, 내담자 자신이 책임을 지는 것으로 받아들이는 것이다. 이러한 현상은 특정한 사건의 의미 혹은 중요성을 과장하는 것이다. '지나친 일반화'는 한두 개의 고립된 사건에 근거하여 일반적인 결론을 내리고 서로 관계없는 상황을 적용시키는 것으로, 예를 들어 '항상 자신을 배려하던 배우자가 특정한 시기에 자신을 배려하지 않으면 부부관계에서 나쁘고 무관심한 사람으로 배우자를 결론내리는 것'으로 설명된다.

벡의 개념인 '자동적 사고'는 한 개인이 어떤 상황에 대해 내리는 즉각적이며 자발적인 평가를 의미하는데 '핵심인지'나 '도식'으로부터 파생하는 것이다. 신념의 타당성을 경험적으로 검증하는 '자동적 사고' 개념은 인지적 오류로 강조된다. 벡의 '절대적인 이분법 사고'의 개념은 '흑백논리'를 역기능 문제로 언급한다. 이분법 사고는 완벽주의적인 내담자에게 많은 것으로 중간지대가 없으며 모든 경험을 극과 극의 한두 가지 범주로 이해하는 비합리적인 정보처리 문제로 간주한다. 이러한 모든 인지적 왜곡은 인지구조인 스키마의 오류를 의미하는 것이므로 인지, 정서와 행동을 재구조화시키는 것이 치료적 목표가 된다.

3) 치료기법

인지행동치료의 기법들은 다음과 같다.

(1) 역할극

역할극이나 역할 연습 등은 적극적인 듣기, 자기 주장하기, 타협하기 같은 행동에 대해 학습시키는 것이다. 정서적 문제, 습관이나 문제행동에 대한 깨달을 수 있도록 돕는 기법으로서 문제를 제거하거나 효과적인 개인상호 간의 행동을 배우도록 사회기술훈련을 하는 것을 의미한다. 예를 들어 인간관계에서 중독적인 습관을 바꾸는 것이 힘든 내담자의 경우, 역할극은 적극적인 참여를 유도하기 위한 한 가지 방법으로 활용되며 내담자가 자기와 갈등을 가지고 있는 타인의 역할에 대한 감정이입 등에 도움을 줄 수 있다.

(2) 자기지시훈련

자기 지시적인 대처훈련 기법은 행동치료의 보조요법으로 널리 활용되고 있으며(Baum, 1976), 내담자의 통제력 밖에 있는 스트레스 상황에 대처하는 기술을 발달시키도록 돕는다.

내담자 스스로 자기지시훈련과정을 되풀이하며 수행하고자 하는 과제를 자신의 말로 반복함으로서 비지시적 자기지시에 따라 중요한 무엇인가를 수행하게 된다. 자기지시 기법은 부정적인 사고를 긍정적인 사고로 대치하는데 효과적이므로 바람직한 행동 변화를 가져올 수 있다. 또한 이 기법은 부정적인 정서를 완전히 제거하기보다는 내담자가 부정적인 문제에 대처하도록 가르치는 것을 더 강조하는 기법으로서 내담자가 스트레스 상황과 자기 스스로 만들어낸 부정적인 문제에 개입하도록 한다. 일반적으로 내담자가 어떠한 행동을 먼저 수행하는 것을 상상하면서 스트레스 상황을 성공적으로 대처한 후에 즉시 '나는 잘하고 있어'라는 자기강화의 진술을 하는 것이다.

(3) 문제해결

문제해결을 위해서는 내담자의 문제가 무엇인지 명확한 용어로 정의해야 하며 해결방법을 구상해야 한다. 각 해결방법의 장단점을 파악해야 하며 브레인스토밍을 활용하거나 가장 최선의 해결방법을 선택하여 계획을 세우게 된다. 준비된 과정을 통하여 실제행동의 과정을 진행하게 되고 결과에 대한 평가를 하고 문제점을 파악하도록 한다. 더 나가서 그러한 해결책을 계속 할 것인지 혹은 다른 방법으로 시도할 것인지를 파악하고 적절하게 해결을 모색하면서 그러한 경험을 지속시킨다.

(4) 행동실험

행동실험은 내담자가 바라는 행동이나 상황설정이 그에게 마치 진실인양 행동하며 실행하도록 격려하는 기법으로서 'as if' 기법 등이 활용되기도 한다. 내담자의 문제행동과 관련된 믿음과 핵심사고의 타당성을 검증하기 위해 사용되는데 이러한 행동을 통해 내담자의 행동뿐 아니라 믿음을 변화시키는 것으로 활용된다.

(5) 점진적 과제수행

점진적 과제수행은 어려운 문제를 수정해 나가면서 상황연습의 단계를 거치면서 서서히 목표행동에 다가가는 기법이다. 행동목표를 달성하지 못한다 하더라도 표적 행동에 대한 주변을 정리하는 것이다. 행동목표에 집중하여 일차적으로 초점을 두는 것보다는 주위를 정리하거나 건강한 사람들과의 새로운 관계를 만들어 나가거나 다른 행동들을 활용하는 등의 점진적인 행동방안이 포함된다.

(6) 대처기술훈련

자기주장 훈련, 문제해결기술훈련, 감정 조절을 위한 방법들을 활용하는 기법이다. 예를 들어 문제의 습관적인 일이 잘 제거되지 않는 청소년에게 동료와의 관계에서 '문제를 거절하는 기술'과 필요한 '대처 방안', 그리고 문제의 습관적인 일에 대해 습관에 무관하도록 대처하는 방법 등을 활용하기도 하며 건강하고 바람직한 다른 활동 등을 치료에 포함시키기도 한다.

(7) 이익-불이익 평가하기

이익-불이익 분석은 내담자들이 문제에 대한 내담자의 유용한 점들을 나열하게 하고, 문제가 되는 점에 대한 불이익을 나열하게 함으로서 자신이 처해진 상황에서 선택해야 하는 것을 재평가하는 과정이 포함된다.

(8) 자기계약법과 자기관찰법

자기통제법의 일종으로서 특정 행동을 실행하는 데 있어 자기 자신과 계약하는 것으로 비만 방지를 위한 식사 제한, 금연, 주의집중 등의 문제에서 활용되어진다. 만일 계약을 어기면 내담자 자신이 자신에게 반응대가를 취해야 하며 권리박탈도 가능할 수 있도록 목격자를 설정하기도 한다. 부적강화도 하나의 수단으로 쓰일 수 있다.

'자기통제법'의 하나인 '자기관찰법'은 내담자 자신이 자기의 행동 및 태도, 감정, 사고 등을 관찰하거나 기록함으로써 자신의 행동 및 태도, 감정, 사고 과정 등에 대해 구체적이고도 객관적으로 알고 평가를 할 수 있도록 하는 절차를 의미한다.

자기관찰기록은 문제나 불쾌한 감정 사건에 대한 정서반응의 강도에 대한 평점을 기록하며 구체적이면서 제한적인 바람직한 표적행동을 연속적으로 모니터링하고 자기관찰이 행동의 변화를 가져올 수 있다는 기대를 갖고 기저선을 관찰하도록 행동수정에 활용되어야 한다.

(9) 상상기법

상상은 뇌 발달의 과학적인 근거가 있는 현상으로 상상과 실제 경험 사이에서 신경회로를 공유하며 상상을 통해서 뇌를 활성화시키고 상상의 효과를 현실에서 실현시킬 수 있다. 상상이 몸의 호르몬과 감각 등을 변화시켜 실제적으로 몸과 정신을 변화시키는 힘을 갖고 긍정적인 상상을 하게 되면 실제 그렇게 행동하는 것과 같이 뇌 회로가 형성된다(문요한, 2011). 상상기법은 행동보다는 대신하여 건강하고 생산적인 삶을 상상하는 것, 긍정적 이미지를 상상하는 것, 새롭고 바람직한 활동하는 상상하고 그려보는 것 등이 포함된다. 실제 경험하고 연습하는 것처럼 동일한 효과는 아니지만 상상은 선행학습이나 리허설의 효과를 진행시킬 수가 있다. 상상의 힘을 잘 발휘할 수 있으면 변화행동을 촉발시킬 수 있는 것으로 행동목표와 관련된 믿음, 기대, 행동 등을 변화시키게 된다.

3 CHAPTER

아동·청소년과 위기상담

1 아동·청소년의 스트레스와 위기 특징

아동과 청소년을 위한 상담 유형에는 위기상담, 가족상담, 집단상담, 중독상담 등이 있다. 위기상담은 스트레스(stress)와 위기(crisis)의 차이점을 이해해야 하고 스트레스와 위기의 구체적인 상황을 다루어야 한다.

아동과 청소년의 스트레스는 그들의 갈등이나 불안감, 내적 심리적인 문제와 환경과의 상호작용, 그리고 여러 자극에 대하여 체내에서 일어나는 생물반응으로 정의된다. 개인 치료에서 즉각적 반응인 스트레스는 정신적인 문제보다는 생리적이며 정서적인 문제를 포함한다. 스트레스는 캐나다의 내분비학자 셀리에(H. Selye)가 처음 명명한 것으로, 스트레스 상황이 되면 아드레날린이나 다른 호르몬이 혈중 내로 분비되어 위험에 대처하는 에너지 등이 제공된다.

스트레스는 외부적 사건에 의한 긴장감을 의미하며 짧은 시간에 일어나는 것이 특징으로서 파괴적인 문제는 발생하게 하지는 않으나 시간이 길어지고 장기간 해체기간으로 빠져들 때 가족의 위기가 시작된다. 내담자에 대한 긍정적인 반응과 극적인 재활이 불가능하게 되기도 한다(Parad & Parad, 1990).

스트레스와 위기의 두 상황의 의미는 명확히 구별되어져야 한다. '스트레스'와 비교하는 '위기'는 청소년이 처하는 '위험한 어떤 일의 전환점'이라고 정의하는데 결정적인 변화, 위험이나, 긴장 등의 의미를 가지고 있으며 생활양식의 혼란에서 오는 외적 위험에 대한 한 개인의 내적인 반응을 말한다(Boss, 1990). 위기는 스트레스를 일으키는 예기치 못한 사건이 발생하거나 스트레스가 너무 오랫동안 지연되는 경우 곧바로 위기상황이 발생하는 것이 아니다. 힐(Hill)의 ABCX model에서 매개변수인 B요인과 C요인이 상호작용하면서 스트레스가 지속되면 위기의 상황을 맞는다.

보스(Boss, 2005)가 제시한 스트레스 모델과 위기모델은 차이가 있다. 맥커빈과 패터슨(H. I. McCubbin & J. M. Patterson, 1983)의 'ABCX 모델'은 스트레스 원(stressor), 가족자원(family resource), 그리고 가족의 지각(family perception)은 가족의 적응과의 상호작용을 하고 가족적응에 영향을 가한다. A요인은 스트레스 요인이 되는 사건, B요인은 청소년이 위기에 대응하기 위한 개인적이거나 가족자원, C요인은 위기와 스트레스 사건들에 대한 청소년의 지각이며 X요인은 A, B, C 각 요인들의 상호작용 결과이다. 여기에서 아동이나 청소년의 위기상황에 대한 평가는 그 상황에 대한 개인의 독특한 지각이나 평가를 의미한다. 위기상황에 대한 청소년의 평가는 그 상황에 대한 청소년 개인의 독특한 지각이나 평가를 의미한다.

아동과 청소년의 위기의 형태로는 보편적 위기와 우발적인 위기로 구분되는데 보편적 위기는 예측하기가 가능하며 우리 모두가 아동·청소년의 발달과정에서 겪는 위기이다. 우발적인 위기는 전혀 예측하지 못했던 충격의 사건이 발생할 때 느껴지는 위기이다. 이것은 예외적이고 예측하기가 불가능하다(Boss, 2005). 아동과 청소년들은 일련의 보편적 위기들과 우발적인 위기도 경험하는데 에릭슨의 성격 발달 단계적 위기 안에서는 아동이나 청소년이 성공적으로 대처함에 따라 성장을 경험하게 된다고 본다.

위기적인 갈등이나 어려움이 반드시 정신적 질환과 동일시될 수 없고 정신질환의 징후도 아니다. 다시 말하면 정서적으로 위험한 상황에 처한 한 사람의 정상적인 반응이다. 위기로 경험하는 청소년이 있는가 하면 그렇지 않은 청소년들도 있다. 더 나가서 위기촉

발 사건과 위기 사이에 직접적인 인과관계는 없지만 위기에 대한 지각도 아동이나 청소년마다 다르다. 정서적 위험상황에 대한 개인의 주관적 평가 내지 인식은, 위기가 발생할 것인지 혹은 얼마나 심각한 사건이 될 것인지 결정한다(Figley, 1989).

청소년의 자존감은 가족으로부터 대물림된다. 가족 안에서 자존감이 높은 부모가 높은 자존감의 자녀를 만들고 자존감이 높은 아동이나 청소년, 그리고 대상과의 애착경험을 많이 가질수록 위기에 대한 대처 능력이 증가한다. 어떠한 상황에서도 불필요한 개입을 하지 않고 통찰을 갖게 해주는 방식으로 적당히 배려하고 스스로의 경험이 되도록 돕는 것은 적당한 위기 개입이 되어 질 수 있다.

2 아동·청소년 위기모델

위기모델을 설명하는 보스(Boss, 1990)의 롤러코스터 모델(roller coaster model)을 청소년 위기상담에 적용시킨다면, 청소년의 위기상황들이나 사건들은 스트레스 상황이나 그 사건들 안에서 해결되지 못하거나 회복할 수 없는 문제들과 그 상황 안에서 일어나는 것을 알 수 있다. 오랜 기간 동안 스트레스가 해결되지 못하면 위기상황으로 확대되며 사건들은 회복되지 못하는 것이다. 조직해체(disorganization), 회복(recovery), 그리고 재조직(reorganization) 과정의 순서로 롤러코스터 모델(roller coaster model)이 그려지듯이 적용된다.

위기상황에서 방황하는 청소년이 어딘가의 전환점에서 서서히 회복되면서 세 가지 유형의 자아 혹은 가족기능을 갖게 된다. 전환점에서 회복의 정도에 따라 회복각도가 달라지며 개인의 기능결과가 달라지는데 내담자는 회복되거나 위기 이전의 기능이 되거나 역기능이 된다. 여러 기능으로 오랜 시간 이후 전환점을 중심으로 위기를 회복하게 되면 내담자의 자아기능은 더 증폭되고 성숙해진다. 만일 위기 이전보다 자아기능이 낮아지면 종전의 방어기제가 약화되고 분리되어지므로 대처 방안이 부적절해지면 가족관계에서 고립되거나 사회적으로 인간관계가 퇴행되며, 충동적인 행동이 나타나 정신증상이나 자살을 할 수도 있다. 기능장애 등이 나타나고 아동과 청소년의 정신적 변화에는 인지기능, 기억력 감퇴, 시각-공간적 능력 등의 변화, 자살 등의 행동이 나타날 수 있다(Boss, 1990).

3 아동·청소년 위기진단과 상담

상담자는 내담자가 실제적으로 어떤 위기에 놓여 있는가를 신속하고 정확하게 진단하는 것이 매우 중요하다. 위기상황의 내담자를 진단할 때 평가 목록 표를 작성하여 사용하는 것이 효과적이다.

보스(Boss, 2005)에 의하면 진단과정은 먼저 내담자 주변에서 일어난 사건이 무엇이며 현재 상황에 대한 위험이나 상실감을 느끼는지, 내담자 자신에게 비현실적인 요구를 하고 있는지 등의 인식상태를 진단하고 지금까지 내담자가 위기극복을 어떻게 해왔는지 내담자의 행동상태를 점검한다. 더 나가서 내담자가 위기를 극복할 수 있는 힘이 있는지 혹은 해결대안을 적극적으로 모색하는지에 대한 내적세계를 점검해야 한다. 그 다음 내담자는 어떤 사회집단에 속해 있고, 그 집단은 내담자를 어떻게 도울 수 있으며, 그에게 도움을 줄 수 있는 기관은 어떤 것들이 있는지에 대한 외적인 상황을 점검하고 내담자가 자살 폭력, 살인이나 기타 극단적인 행동을 취할 가능성과 타인에게 해를 끼칠 가능성, 대처 능력 등을 점검해야 한다.

위기상담의 목적은 개인들로 하여금 우발적인 위기들을 잘 대처하도록 돕는 것으로 발단이 된 사건의 충격을 가능한 한 감소시키는 것을 의미한다. 또한 현재의 위기에 뒤이어 나타날 미래의 위기를 더 잘 대처할 수 있는 능력을 길러주고 새로운 도전으로 새로운 대처 방안을 자극하는데 대처 방안은 개인의 적응 능력으로 심리적, 정신적 건강 수준을 향상시키는 것이다(Lee, 1999).

위기상황에 대한 대처 능력의 상실에 대한 치료 목표는 위기 이전의 기능, 혹은 더 성숙한 기능수준으로 복귀하는 것이며 위기상담의 제한된 목표는 균형상태의 회복이다.

위기상담은 먼저 위기를 성공적으로 해결하기 위해 자신들의 장점이나 가능성을 촉진하도록 돕는 상담가의 역할이 부각되어야 한다. 2회에서 7회 정도 단기적 치료기간을 가진 위기상담은 위기상황을 위하여 특별히 채택된 치료의 독특한 형식을 가지고 있다. 위기상담은 여러 회기를 통하여 진행되는 전형적인 상담이나 치료가 아니다.

첫 번째, 위기상담은 신체적, 심리적 혼란이 일어나는 상황에서 치료사의 적절한 도움이 균형 있게 제공된다면 효과를 가져 올 수 있다. 내담자가 불안과 죄의식, 그리고 긴장과 극한 감정에 사로잡혀 있을 때 안정을 시키는 것이 중요하다. 무기력과 절망에 빠진 내담자는 그의 감정을 표현할 수 있도록 격려하고 경청해주어야 한다. 그러나 극단적인 결과가 예상되는 긴박한 내담자는 즉각적으로 개입을 통하여 엄청난 결과를 막고 심리적 균형을 회복을 시도해야 한다. 다양한 심리학 이론들과 모든 치료개념들의 절충적 특성을 갖고 있는 위기상담은 긴장이론, 위기모델의 롤러코스터 모델, 항상성 모델, 사회적 역할이론 등에 기초하고 있다(Boss, 1990).

두 번째, 아동과 청소년의 위기에 대한 이해를 가지고 상담의 목표를 설정해야 하는데 구체적인 위기에 대한 치료사의 접근으로서 문제감정을 확인하며, 문제를 평가하는 작업은 적의 반응을 보이거나 자포자기하고 위험한 위기상황을 가지고 있는 내담자에게 중요하다.

세 번째, 위기상담에서 위기상황에 대한 가족구성원 혹은 내담자 자신은 죄책감을 가지게 되고 위기사건을 내담자 책임이나 과실처럼 느끼게 되며 질책하며 자포자기하게 된다. 중요한 것은 이런 상황의 방황에 대해서 내담자가 대책이나 조언을 해 주기보다는 그러한 상황을 받아주고 담아주며 지지하여 충분한 애도작업을 할 수 있는 방안과 대책이 계획되어야 한다.

네 번째, 아동과 청소년 자신의 자원이나 가족자원을 발견하며 활용할 수 있도록 도움을 준다. 내담자의 노력을 의미 있게 보는 것으로 이러한 노력을 위해 치료자의 역할은 간접적인 개입보다는 치료사의 능동적 참여와 직접적 개입을 필요한다.

내담자의 일상생활에서 가족상황에서 아주 작은 예측 가능한 일을 찾아내고 해결할 수 있는 전략을 조금씩 상담에 적용하고 이러한 상황에서 내담자가 안정을 찾으면 적극적인 대처 방안을 논의하며 적극적인 대응책을 시도한다.

다섯 번째, 정확한 인지적 지각, 감정의 조절, 적절한 도움의 활용을 통하여 대처할 새로운 행동패턴을 재통합시키고 상담의 발전하는 과정을 추구해야 한다. 위기상담의 마지막 단계에서 항상 중요한 것은 상담자가 내담자들에게 지금까지의 상담을 통해서 알게 된 것을 정리하여 설명해주고, 장차 분명히 발생하게 될 문제들과 위기들에 대해서는 새로 발견한 힘과 대응책들을 활용할 것을 격려해 주는 것이다.

4

아동 · 청소년과
집단상담

집단치료란 훈련된 치료자에 의한 전문적인 기술과 치료적 중재 및 집단장면이라는 치료적 도구를 사용하여 아동과 청소년 정서적 고통을 감소시키고 자존심과 통찰력을 증진시키며 타인과의 관계를 증진시키기 위해 상호작용하는 치료 형태이다. 집단정신치료의 과정은 체계적이고 계획적이며 목표 지향적이고 이론적인 기틀에 기초를 두고 있다. 집단상담의 목적은 집단모임을 통해 우선 자신을 이해하며 타인을 이해하고 집단 내에서 일어나는 대인관계와 그 상호작용을 파악하여 자신에게 고통을 주는 심리적인 문제를 해결하고 나아가 집단 간의 타인들과의 관계를 개선하는 데 있다.

1 집단상담의 전제

집단치료를 실시할 때 집단구성원이 얻을 수 있는 유용성들로 편견이나 왜곡된 관점을 갖지 않고 타인들과 상호작용하는 자신과 같은 아동 · 청소년 동료들을 직접 관찰할 수 있는 점을 들 수 있다.

　아동 · 청소년들의 사회화를 통해서 삶의 정보를 얻을 수 있는 유용성도 있고 아동 · 청소년 집단을 통해서 사회적 고립을 피할 수 있다. 더 나가서 아동과 청소년 내담자들은 다른 사람의 문제를 경청함으로써 자신만이 문제를 가진 것이 아니라는 사실을 알고 고립감과 자의식을 구축할 수 있다는 유용성이 있으며 청소년 상호 간의 피드백을 통하여 긍정적이든지 부정적이든지 간에 정서가 정화된다.

집단상담은 상대방으로부터 받는 지지와 청소년 집단의 응집력을 통해 신뢰감을 증가시키고 참여한 성원들을 관찰할 기회를 가지게 되며 성공적인 대처 기술을 배울 수 있다. 자아 존중감 증대를 목표로 도움을 주고받는 기회를 가지므로 아동·청소년이 자신의 가치와 함께 자존감과 응집력이 증대된다. 집단상담의 목표는 통찰력의 발달 청소년들은 행동을 잘 관찰하고 재구조화하게 된다.

개인상담에서보다 집단상담에서 효과적인 내담자의 유형은 동일시가 잘 되거나 집단을 통하여 상담의 동기와 통찰의 변화를 갖게 되는 내담자이다. 부끄러움이 많거나 위축된 내담자들은 집단을 관찰하게 하고 집단구성원들의 동일시를 통해서 자신만이 문제가 있음에 집착하지 않도록 하며 객관적인 입장에서 이해하도록 돕는다. 자기중심적인 내담자의 경우 대인관계의 어려움을 공동체를 통해서 도움을 받도록 하고 집단의 역동과 동료들과의 관계를 통해서 통찰력을 갖도록 한다. 권위적인 인물에 대한 두려움이 있는 내담자인 경우 집단 안에서 비교적 자유롭게 치료자에 대한 감정 표현을 할 수 있도록 집단을 조성하고 집단의 경험에 의해 자신에 대한 통찰력을 갖도록 한다. 불안이 심하거나 공포증(phobia) 또는 강박적인 내담자들이 있는 집단은 집단 동료들의 응집력을 도와주어 안정감을 경험하도록 돕는다(Velasquez, et al., 2001).

집단치료의 유형에 따라 내담자가 달라지며 부적응문제의 내담자가 정신병의 급성증상을 보이거나 반사회적 인격 장애자들보다 적합하지만 집단구성의 동질성(homogenous) 및 이질성(heterogenous)이 고려되어야 한다. 성별, 연령, 교육 정도, 사회계층 등 증상이 비슷한 사람끼리의 모임은 한두 사람이 특별히 차이가 나지 않는 이상은 적당한 범위의 이질성 집단이 좋다. 일반적으로 청소년 내담자들은 집단동료들로 부터 격려와 위로를 받게 되므로 집단의 역동성을 활용하는 것이 좋다. 정신분석적 또는 정신역동적 집단 정신치료 혹은 게슈탈트 집단상담 등에서는 대개 4~9명으로서 평균 6명이나 7명이 집단 구성원으로 유지된다(Yalom & Leszcz, 2001). 그러나 지시적 집단상담이나 교육적 집

단상담에서는 실제로 집단을 시작할 때는 1/3이나 그 이상이 도중에서 탈락하는 경우가
많으므로 일반적으로 집단치료는 그 구성원은 4~10명 정도로 구성되어 있는 것이 일반
적이다.

2 집단상담의 유형

집단상담의 유형(Velasquez, et al., 2001)은 다음과 같이 요약된다.

1) 행동주의 집단상담

행동주의 집단상담은 치료자가 동참자로서라도 청소년 내담자 집단에서 행동에 대한
가지관찰과 과제 분석을 활용하고 행동주의 다양한 기법을 활용한다. 행동치료는 표적
행동의 변화가 목적이며 전제는 부적응적 행동이 재학습을 통하여 치료되거나 수정될
수 있다는 것이다. 행동치료는 기본적으로 내담자 문제영역의 분석, 유관계약, 목표의
구체화, 기저초선의 규정, 통제 조건과 강화, 그리고 행동변화를 위한 목표의 구체화, 행
동치료 기법, 객관적 평가를 통해 행동을 변화시킨다.

　강화 및 바람직하지 못한 행동을 감소화 시키는 기법, 종합적인 행동주의 기법, 문제의
행동을 위해 새로운 행동을 학습하고 유지하는 기법, 종합적인 인지행동주의 기법 등을
활용하여 표적행동을 규정하고 하고 아동과 청소년의 목표행동으로 이르게 한다.

　ADHD 아동 집단, 문제행동의 아동·청소년 집단, 공격적인 아동·청소년 집단, 위축
되거나 공포의 아동·청소년 집단, 대인관계와 수줍은 아동 집단, 인터넷 중독이나 약물
중독 청소년 집단, 알코올중독자 자녀집단 등이 포함된다.

2) 표현적 집단상담

표현적인 집단상담은 정신과 임상에서 가장 많이 쓰이는 방법으로 아동과 청소년의 정신
분석집단, 게슈탈트 집단치료, 교류분석 집단치료 등의 집단치료는 이 범주에 들어간다
(Yalom & Leszcz, 2001). 원탁에 둘러앉아 각자의 감정을 자유롭게 표현하고 비 지시적

이지만 청소년 자신에 대한 통찰력을 위해 집단의 역동성을 받아들이는 치료 집단이며 적당한 시기에 해석과 병인식에 대한 재구조화가 중심이 된다. 치료자의 권위나 지시 등은 최소한으로 줄이고, 집단원들의 역동관계를 중요시하며 상호 의존하도록 한다.

3) 지시적 집단상담

지시적 집단치료는 치료자의 위계와 정서적인 라포를 활용하여 청소년 내담자들에게 충고나 지시 등의 직접적인 방법을 활용한다. 교훈적 교육과제, 집단지도, 치료적 오락 활동 등을 통해서 집단구성원들이 환경에 적응하는 것을 도와주는 구조화된 집단치료의 한 형태이다. 종교적 모임, 단주동맹(A.A) 등이 여기에 포함된다.

4) 심리극

심리극은 아동이나 청소년이 자신의 갈등상황에 대해 스스로 말하기보다는 그 상황을 연극함으로서 아동·청소년 자신이 가지고 있는 심리적 차원의 문제들을 탐구하도록 돕는 집단상담 방법이다. 심리극의 목표는 병에 대한 인식뿐만 아니라 관계에서의 공감반응, 자발성, 인간관계 성장이나 반응감, 대처 방안과 현실감 등의 발전을 가져올 수 있다. 심리극의 초점은 특수영역뿐 아니라 가족 혹은 상징적 역할, 무의식적 태도, 미래의 상황 등에 초점이 맞추어 진다.

5) 예술 집단상담

청소년 내담자의 그림이나 작품 등은 통찰정신치료에 활용될 수 있고 자유연상을 활용하여 그림 내용과 관계있는 자신의 미해결된 문제에 대해 집단에서 이야기하도록 하여 심리치료를 도와준다. 예술요법은 그림, 미술, 조각, 공작 등이 포함된 치료 기법이다. 아동과 청소년이 예술을 중심으로 표현과 함께 억압된 감정의 카타르시스 등을 위하여 성취감을 갖도록 한다. 정신과적 문제의 청소년 집단과 장애인에 대한 심리평가 및 재활 등을 위한 예술치료는 아동·청소년 내담자가 자유롭게 예술을 표현하도록 하며 자신의 경험을 표현하도록 함으로서 진단과 치료를 가능하게 한다.

6) 교육적 집단상담

교육적 집단구성원들이 그들의 환경에 적응하는 것을 돕도록 구체적으로 계획하여 짜여진 집단상담의 한 형태이다. 교육적 집단치료는 자유로운 집단에 적응하거나 환경에 견디기가 어려운 아동·청소년 집단에 적용된다. 덜 엄격한 교육적 세팅에서 강의실과 같은 분위기에서 교육적 형식을 활용하기도 한다. 교훈적 목표를 위한 아동·청소년 집단 지도모임, Al-Anon집단, 단주모임 청소년 집단 등이 적용된다.

7) 무용집단치료

무용집단치료는 아동·청소년의 동작을 변화매개체로써 사용하는 집단 심리치료의 한 형태로서 신체의 율동과 운동을 통한 자기표현과 정체성 확장이 치료주제가 된다. 무용요법은 아동과 청소년의 자아인식, 타인에 대한 지각과 만족스러운 관계의 개발, 선택하는 힘 등을 개발하는 능력 등(Chodorow, 1991)을 목적으로 한다.

8) 집단작업요법

작업요법은 정서적 장애를 극복하고 가정, 사회에 적응할 수 있게 하는 회복이나 재활에 그 목적이 있다. 작업요법에서 중요한 것은 일관된 목표와 삶이다. 프로그램은 긴장완화, 증진된 정신과 운동의 통합, 집단참여를 위한 집단의 동일성을 유지하며 다른 사람의 욕구에 대한 이해, 소규모 활동, 재활을 위한 사후 대안 등이 제공된다. 또한 개개인에 따라 정서적 요구를 표현하게 하고 만족시킬 기회를 위해 집단 안에서 개별 활동이 허용되어진다.

3 집단상담사의 역할

집단상담은 일반적으로 두 사람 이상의 치료사로 구성되는데 주 상담사와 보조 상담사로 구성된다. 집단상담을 시작할 때 가장 중요한 요인은 집단의 목표로서 집단 구성원들에게 구성원의 목표나 특성에 따라 치료자의 역할이 달라진다(Brabender, et al., 2000).

1) 지시적 역할

상담사는 각 구성원들에게 대인관계에 대한 통찰력을 관찰하도록 하여, 구성원 상호 간의 관계에 대처하며 적응하도록 도움을 준다. 상담사는 청소년 집단 구성원들로 하여금 자신들의 통찰력을 현실에 활용하도록 지시적 역할을 해야 한다.

2) 해석적 역할

집단치료에서 어느 특정한 구성원이 병인식을 받아들일 준비가 되어 있을 때, 집단 구성원의 부적응 행동을 치료할 수 있도록 적절한 해석을 해주게 된다. 상담사의 중요한 역할은 집단상담에서 전이감정을 끌어 올리는 시간을 유지할 수도 있고 질문과 설명 등으로 해석을 줄 때가 있으며 부적절한 행동에 대해 적절한 해석을 통하여 행동을 재구조화하는데 해석에 대한 적절한 시기가 집단과정에서는 중요하다.

3) 자극적 역할

상담사는 집단치료과정이 비생산적일 때 청소년들의 과거에 미해결되었던 문제들에 대해서 스스로 이야기하거나 토의하도록 자극하거나 문제를 제기하는 지시적 역할을 해야 한다.

4) 확장적 역할

아동·청소년 집단상담이 어느 특정한 문제에 빠져 더 이상 진전되지 못할 때, 상담사는 그 문제에 대해 설명해 주고 집단의 경계와 역동을 재구조화하여 다시 대화의 문을 열어주는 역할을 한다.

2

아동·청소년과 심리검사

Counseling & Psychological Assessment

Psychological tests, Addiction screening tests & Family assessment

5 CHAPTER

아동·청소년 심리평가의 이해

심리평가(psychological assessment)는 아동과 청소년 개인의 심리적 특성을 이해하기 위한 일련의 전문적인 과정으로서 심리검사, 행동관찰, 인터뷰, 면담, 전문지식과 가설설정 등 다양한 방법을 사용하여 전문적인 지식을 가진 임상가가 내리는 종합적인 평가이다.

반면, 심리검사는 아동과 청소년의 심리적 현상에서 개인차를 비교하고, 개인의 전체적 인격적, 행동적 측면을 이해하기 위한 심리학적 측정과정(measurement)이다.

심리평가의 과정은 의뢰된 문제를 분석(자료의 수집 및 환경 파악)하고 적절한 평가절차와 심리검사 결정하며, 검사시행 및 채점 및 결과해석 등으로 진행하고 결과 보고, 심리평가 보고서로 표현된다. 심리평가의 기본철학으로는 임상가가 심리평가에 대해 기본적으로 지녀야 할 태도, 철저한 전문성이 구성되어야 한다.

1 심리검사의 필요성

심리검사의 초기 개척자는 갈턴(Galton)으로 인간의 정신적 특성에 깊은 관심을 갖고 『인간의 능력과 그 발달에 관한 탐구(Inquiries into Human faculty and Its Development)』란 책을 저술하였는데 이것을 인간의 개인차에 관한 과학적인 연구와 심리진단 검사의 시초라고 보는 견해가 있다. 캐텔(Cattell)은 독일의 분트(Wundt)의 실험적 통제의 강조와 미국의 전통적인 실용주의 영향을 종합하여 미국 문화에 맞는 심리측정과 검사활동을 하였다. 캐텔은 엄격한 실험적 통제에도 불구하고 개인 간에 차이가 있다는 것을 인정하고 과학적 연구에 중요한 대상이 된다고 주장하였다. 그는 펜실베이니아 대학과 콜롬비아 대학에 심리학 연구소를 설치하였고 1890년에 정신검사(mental tests)라는 말을 처음 사용하였다.

아동과 청소년 심리검사는 충분한 검토를 거친 것이라도 하나의 가설에 불과할 수 있지만 인간의 성격, 능력 및 그 밖에 그 사람이 갖고 있는 심리적 특성의 내용과 그 정도를 밝힐 목적으로 활용된다. 심리검사의 결과는 개인이 어떠할 것인가를 잠정적으로 추정할 수 있고 개인에 관련된 다각적인 특질을 파악해서 특성을 알아낼 수 있는 가능성이 있다. 심리검사는 현재 특별한 부적응 문제를 보이지 않더라도 자기이해 및 잠재력 개발, 진로탐색 등의 목적과 부적응 문제의 예방 목적을 위해서 필요하다. 아동과 청소년이 보이는 다양한 부적응 문제들은 정서, 성격, 학습, 언어, 사회성, 가족관계 등 다양한 원인을 가지고 있다. 따라서 그들의 전반적인 인지적 능력과 정서 상태, 성격특성에 대한 객관적인 평가, 그리고 개개인의 문제영역과 관련된 세부적인 특수검사(학습, 언어 영역 검사)들을 통해 개인의 부적응 문제의 원인을 밝혀내고, 그 개인의 잠재력과 강점, 약점 등을 파악하여 가장 적합하고 효율적인 치료방법을 모색하게 된다(Allen & Yen, 1979).

심리검사의 중요성은 종합심리검사(Full Battery Tests)이다. 심리검사는 종류가 아주 많지만, 배터리에 포함된 검사들은 한 아동이나 청소년에 대해서 여러 가지 개별적 측면의 정보를 제공하는 점에서 대표성을 띠고 있는 검사들이다. 한 검사에서 나온 결과와 다른 검사에서 나온 결과가 상반될 수도 있고, 그에 따라 또 다른 추론이 가능해질 수 있다. 그러므로 처음 상담소 혹은 연구소를 찾는 내담자들에게는 풀 배터리라고 불리는 심리종합검진을 시도하는 것이다. 검사들이 서로 중복된 부분도 있겠지만 기본적으로는 다른 측면의 정보를 제공하기 때문에 검사의 신뢰도, 타당도, 그리고 객관성을 유지하기 위해서는 종합심리검사를 활용해야 한다.

결론적으로 내담자의 인지기능, 정서상태, 성격 특징, 핵심 갈등 영역, 대인 관계, 심리적 자원 등 심리적 기능 전반을 종합적으로 탐색하고 평가하는 것을 원칙으로 해야 한다.

심리검사의 기능 및 효과는 개인뿐 아니라 집단이 연구하고자 하는 성향을 밝힐 수 있으며 더불어 적성을 발견할 수 있어 거기에 맞는 지도와 배치를 가능하게 하는 기능이 있다.

2 심리검사의 목적

심리검사는 교육, 임상의학, 상담과 생활지도, 산업장면, 범죄의 분류심사, 교정 등의 다양한 분야에서 사용되고 있다. 심리검사의 포괄적인 목적은 개인의 행동이나 성격을 이해하고 이를 바탕으로, 심리적 장애의 해결을 위한 치료 개입과 전략을 계획하고 수행하는 것이다(Anastasis, 1988).

심리검사의 목적은 첫째, 한 개인의 행동을 예측하는 것이다. 이상행동이나 부적응 행동, 그리고 상대적으로 확률적으로 수행할 행동을 예측하며, 학업성취도와 특정 활동에서 개인의 행동을 예측하는데 유용하다. 둘째, 한 개인의 행동 상의 원인적인 요인을 진단하는데 행동에서 나타나는 결함이나 결점뿐만 아니라 그 원인을 찾을 수가 있다. 셋째, 심리검사를 통하여 집단의 일반적인 경향을 조사, 연구, 기술하거나 규명하려는 목적이 있으며 넷째, 개인의 적성의 발견을 통하여 수검자나 내담자 자신의 발전을 도모하고 인력의 적합한 배치를 위해 검사를 사용하기도 하는 것이다.

3 심리검사의 형태와 표준화 검사

검사형태의 분류는 먼저 표준화 절차에 따라 제작된 표준화 검사와 표준화 절차를 거치지 않은 비표준화 검사가 있다. 둘째, 검사대상자의 인원에 따라 일대일로 검사를 받는 개인검사와 검사자가 집단을 대상으로 실시하는 집단검사가 있다. 셋째, 검사도구와 관련해 검사지와 필기도구만을 가지고 하는 지필검사와 특정한 기계나 기구를 가지고 하는 기구검사가 있다. 넷째, 측정방법에 따라 검사시간을 엄격히 제한하는 속도검사와 제한하지 않는 역량검사가 있는데 이외에도 정신적 이상 유무를 진단하는 진단검사와 비진단검사로 나눌 수 있다. 마지막으로 성격검사에서는 객관성이 강조되는 자기보고 검사와 검사자 주관적 방법이 강조되는 투사적인 검사로 구분된다.

심리검사는 인간의 행동특성 또는 행동경향성을 측정하게 되는 것이므로 검사도구가 그러한 인간의 행동특성을 측정하기에 충분한 문항들로 구성되어야 한다. 개인의 많은 행동을 낱낱이 문항에 비추어 알아본다는 것은 실제적으로 불가능한 일이므로 그 행동의 일부분을 표집하여 그것으로 전체 행동을 미루어 볼 수밖에 없다.

표준화란 도구의 표준화, 절차의 표준화, 채점 및 해석의 표준화를 의미한다. 도구의 표준화는 타당성 있는 측정도구를 만들기 위한 필수요건이라 할 것이다. 즉, 제작되어 나온 도구가 측정하려고 하는 내용(또는 목적)을 제대로 분석하고 있으며 그 분석된 내용을 나타내는 행동 증거를 적절히 수집하고 있는지, 검사 실시 대상에 실시하여 정규분표의 측정치를 얻을 수 있는가의 문제 등은 곧 도구의 표준화와 직결되는 일이자 도구의 표준화 그 자체인 것이다. 이와 같이 표준화 검사의 도구는 측정도구가 표준화되어 있다는 점이 큰 특징을 이루고 있다.

표준화 검사는 시공간을 초월하여 언제 어디서나 실시할 수 있다는 장점을 지니고 있지만 그 전제가 되는 것은 절차의 표준화에 있는 것이다. 만약 실시에 있어서 표준화된 절차에 따르지 않는다면 엉뚱한 결과를 가져올 것이다. 크론바흐(L. J. Cronbach)는 절차가 잘 표준화된 검사라야 규준(norm)을 마음 놓고 이용할 수 있다고 말하고 있다.

표준화 검사의 우수성은 이러한 개인 또는 집단의 능력을 규준에 비추어 비교를 가능케 하는 데 있다. 따라서 규준집단의 선정은 검사의 표준화를 위해 대단히 중요시되고 있다. 규준집단은 선정에 있어 모집단을 잘 대표할 수 있도록 표집이론이 엄격하게 지켜져야 하며 규준집단의 검사 실시 결과는 정규분포이거나, 정규분포에 가까워야 한다. 이렇게 하여 뒤따르는 통계적 절차를 거쳐 마련된 '규준'에 의해 어떤 개인의 검사 결과는 옳게 비교되고 해석되는 것이다.

표준화 검사는 어떻게 검사하고, 채점, 기록하고 또 해석 처리해야 하는지를 확정짓는 데에서 구분된다. 한 검사가 표준화되어 있을 경우는 동일한 검사가 상이한 시점이나 상이한 장소에서 동일한 양상으로 실시될 수 있도록 실시과정, 절차와 해석 체계(평가 처리규정)가 확정되어져야 한다.

검사자와 외적 조건에 구애받지 않도록 하려면 검사자의 행동과 검사상황을 정확하게 미리 확정해 두어야 하며 검사는 모든 단계에서 그 절차가 표준화되어 있어야 하는데 그 이유는 검사자의 행동과 검사상황의 변동성이 바로 오차 유발요인으로 나타나기 때문이다. 도구의 표준화는 타당성 있는 측정도구를 만들기 위한 필수요건이며, 제작되어 나온 도구가 측정하려고 하는 내용을 제대로 분석하고 있으며(i.e. 예언타당도, 준거타당도), 그 분석된 내용을 나타내는 행동 증거를 적절히 수집하고 있으며(i.e. 이원분류표), 검사 실시 대상에 실시하여 정규분포의 측정치(i.e. 대표성)를 얻을 수 있는 것 등은 곧 도구의 표준화와 직결되는 주제들이다.

4 아동·청소년 표준화 심리검사의 준거

바람직한 심리검사의 준거는 표준화, 신뢰도, 타당도, 객관도, 실용도 등이 준거점에 만족되어야 한다.

1) 검사의 타당도

검사의 타당도란 한 검사 또는 평가도구가 측정하려고 하는 것을 어느 정도로 측정하고 있느냐의 정도를 의미하며 얼마나 충실하게 목적하는 것, 즉 '무엇을 재고 있는가?'의 개념이다. 타당도란 한 평가도구가 측정하려고 하는 것을 어느 정도로 측정하는 정도로서 '검사된 대상의 특수한 속성을 얼마나 성공적으로 측정할 수 있는가에 있는가?'에 대한 것이며 준거(criteria)의 개념이 동반된다. 검사의 타당도는 '어떤 준거에 의한 것이며 합리적인지' 혹은 '문항제작이 잘 되어 있으며, 행동증거의 수집이 적합한가?' 등의 질문을 요한다. 타당도의 유형에는 예언타당도, 내용타당도, 구인타당도, 요인타당도, 다특성 다방법타당도, 교차타당도 등이 있다.

　예언타당도는 어떤 검사의 경험적 또는 다른 맥락에서 측정된 피험자의 행동과 대조하여 검사 결과를 평가함으로써 가능한다. 예를 들어 학문적 적성검사의 경험적 타당도는 그 점수를 학생의 학교성적에 대비하여 평가함으로써 판단할 수 있을 것이다. 검사의 내용타당도는 내용이 목적에 부합하는 정도에 따라 평가할 수도 있다. 이것은 대개 학교 시험에 적용된다. 구인타당도란 조직적으로 정의되지 않은 인간의 심리적 특성을 심리적

구인으로 분석하여 조작적 정의를 부여한 후, 검사점수가 조작적 정의에서 규명한 심리적 구인을 제대로 측정하였는가를 검증하는 방법이다(성태제, 2011). 요인타당도는 요인분석을 통하여 입증되는 구인타당도의 한 형태이다. 요인분석(factor analysis)은 일련의 변수들에서 그 상관성을 분석하고 변수들을 몇 개의 요인(factor)으로 분류하여 상호관계를 설명하려는 수리적 절차이다. 다특성 다방법 타당도는 둘 이상의 특성을 둘 이상의 방법으로 측정하는 타당도이다. 교차타당도란 같은 전집(population)에서 이끌어낸 두 독립적인 표집에서 예측변인과 기준변인 간의 관계를 설정시키는 타당도이다. 교차타당도는 타당도 결과의 신뢰도를 검사하게 된다.

2) 검사의 신뢰도

타당도에 영향을 미치는 요인으로는 검사의 신뢰도이다. 대체로 신뢰도가 높으면 타당도가 높은 편이나 반드시 그렇지는 않다. 따라서 심리검사는 반드시 타당도를 분석해야 한다. 그밖에 피검자의 반응경향(response tendency or set)이나 허위반응(faking response) 등이 영향을 준다. 신뢰도는 '얼마나 정확하게 오차 없이 측정하고 있는가'의 개념이며, '측정하고 있는 정도의 일관성(consistency)이 있는지'가 심리검사 주제에 관련된다(Litwin, 1995).

검사-재검사 신뢰도(test-retest reliability)는 동일한 검사를 동일한 피검자들에게 두 번 시행하고 그 결과에 대하여 상관관계를 산출하는 신뢰도 추정치이다. 일명 안정도계수(coefficient of stability)라고도 부른다. 검사도구가 일관성 있는 결과를 가져 오지 않는다면 신뢰도는 낮은 것이다. 신뢰도의 검사상 필요한 요건은 다음 질문이 포함되어야 한다. '무슨 형의 신뢰도가 결정되었는지, 측정의 표준오차는 검사결과를 신뢰할 수 있을 정도로 작은지, 신뢰도를 결정할 때에 사용된 표본집단의 크기는 적절한지, 검사전문가나 비판가들의 의견은 어떠한지' 등의 질문이 포함되어야 한다(Jerome & Miller, 1986).

피험자가 여러 번 실시한 동일한 검사에서 비슷한 점수를 얻는 정도에 따라 신뢰도가 결정된다. 신뢰도 계수란 다른 시기에 같은 집단에 같은 검사를 실시한 두 검사점수 간의 상관관계를 말한다. 검사점수의 신뢰성 또는 안전성의 정도와 크기를 나타내는 지수로서 검사점수가 얼마만큼 변동할 수 있는가를 가르쳐 주지만 '왜 변동되는가?'의 이유는 말해 주지 않는다.

신뢰도는 채점자의 영향을 받을 수도 있다. '채점자의 채점이 어느 정도 신뢰할 수 있고, 일관성이 있는가(Litwin, 1995)'에 대한 개념이다. 예를 들어 채점자가 복잡한 판단을 내려야 하는 작문검사는 선다형검사보다는 채점자 신뢰도가 더 떨어지기 쉽다. 검사의 신뢰도는 검사기간이나 검사 영역을 대표하지 못하는 내용에 영향을 받을 수도 있다.

검사의 신뢰도에 영향을 주는 요인으로서 검사 길이, 특정한 신뢰도를 추정하는 방법, 집단의 이질성, 검사의 속도요인, 검사제작 및 실시, 수검자 요인, 그리고 객관도와 같은 요인 등이며 이러한 요인들에 따라서 신뢰도 계수는 영향을 받는다.

다음은 검사 신뢰도에 영향을 미치는 요인들이다.

(1) 검사 길이

검사의 길이가 길수록 신뢰도가 높아진다. 표집이 크면 클수록 전집의 모수치를 추정하는 추정치가 더 정확해지고 표집의 오차가 적어지기 때문이다.

(2) 집단의 이질성

동일 검사의 경우 집단의 성질에 따라 신뢰도가 달라지는데 모든 조건이 동일한 경우 아동과 청소년의 집단이 이질 집단일수록 관찰변량이 커지고 그로 인한 검사결과의 신뢰도가 높아진다.

(3) 속도요인

수검자에게 주어지는 검사문항에 대한 응답시간 제한 정도를 말한다. 속도요인을 많이 포함하면 할수록 신뢰도가 과대평가된다.

(4) 검사제작 및 실시

검사가 쉬운 문항부터 배열되면 신뢰도가 높아진다. 문항 간 상호의존적 종속적인 문항들이 있는 경우 신뢰도는 낮아진다(박영숙, 1993). 수검자를 기만하거나 감정적으로 자극하는 경우, 수검자의 추측을 유도하는 경우에는 신뢰도가 낮아진다.

(5) 수검자 요인

흥미검사나 성격검사의 경우 청소년 집단이 중년층에 비해 신뢰도가 낮은 것이 특징적이다. 지능수준이 높은 집단의 경우 낮은 집단에 비해 신뢰도가 낮은 경향이 있는데 그 것은 성장하면서 변화하는 청소년 수검자의 발달단계와도 관련되어진다.

심리검사 신뢰도의 유형은 평행검사 신뢰도, 반분신뢰도, 내적 일관성 신뢰도 등이 있다(Litwin, 1995). 평행형검사 신뢰도(parallel forms reliability)의 추정치는 두 평행검사의 관찰 점수 간의 상관계수이다. 문항은 다르지만 같은 특성을(검사지 A형, B형) 같은 형식으로 측정하도록 제작된 평행검사(parallel test)를 실시하는 것이다. 반분신뢰도(split half reliability)는 한 개의 평가도구 혹은 검사를 한 피검자 집단에 실시한 다음 그것을 적절한 방법에 의해서 두 부분의 점수로 분할하고, 이 분할된 두 부분을 독립된 검사로 생각해서 그 사이의 상관을 내는 방법으로 기우 반분법과 전후 반분법 등이 있다. 내적 일관성 신뢰도(internal consistency reliability)는 검사를 구성하고 있는 문항 간의 내적 일관성 또는 합치도(internal consistency)의 정도를 나타내 주는 지수이다. 내적일관성의 신뢰도는 검사문항의 동질성지수 또는 문항반응과 전체 검사 점수와의 상관도를 나타내게 된다(박영숙, 1993). 단일 채점자의 신뢰도를 추정하기 위해서 Pearson의 적률 상관계수, 두 채점자의 신뢰도를 추정하려고 한다면 Spearman-Brown의 공식을 적용한다.

(6) 검사의 객관도와 실용도

심리검사의 객관도는 신뢰도의 일종이며 검사자의 신뢰도라고 할 수 있는데 채점자가 '편견을 갖지 않고 얼마나 객관적 입장에서 공정하게 채점하는가?'의 주제와 관련된 것이다. 객관도 문제는 측정도구 자체의 불완전성과 평가자 자신의 소양 결핍이나 부족 때문에 일어날 수 있다. 객관성을 올리기 위해서는 평가도구의 객관화, 검사자의 평가에 대한 소양 증가, 검사자의 편견, 추측, 어림짐작과 같은 착오 등 주관적 요인을 최소화하면 된다. 비 객관적 도구는 여러 사람이 공통으로 평가하여 종합하는 것이 좋다.

검사의 실용도는 '한 검사도구가 경비와 시간, 그리고 노력을 적게 들이고도 소기의 목적을 얼마나 달성할 수 있는가'의 정도를 의미한다(Lisa Friedenberg, 2004). 지시사항이 간단하고 분명하며, 검사문항의 수가 적당하여 검사실시가 용이해야 하며 채점이나 결과 해석의 용이성, 그리고 검사 비용의 적절성 등이 고려되어야 한다.

5 심리검사 유형과 대상

심리검사란 인간의 행동적 특성이나 심리적 특성을 측정하는 방법으로 응용 가능성을 가지고, 수많은 영역에서 다양하게 실시되고 있는데 간단한 검사에서부터 특수한 검사까지 다양하다. 아나스타시(Anastasi, 1993)는 한 인간의 행동표본을 객관적이며 표준화된 절차로 측정·진단하는 방법을 심리검사라고 부르고 있는데 비해 크론바흐(Cronbach, 1994)는 개인의 행동을 관찰하고, 그것을 수량적 척도나 유목척도로 기술하기 위한 하나의 체계적 절차라고 하였다. 그러나 심리검사는 인간의 행동의 모든 것을 완전하게 설명해 주는 도구가 아니라 단지 인간의 행동을 이해하는 보조도구이므로 너무 많이 과신하거나 불신하는 것은 바람직하지 않다.

심리검사 유형에는 지능검사, 성격검사, 기질검사, 학습방법진단검사, 우울검사, 정서·사회성검사, 발달검사, 학습흥미검사, 적성검사, 진로검사 등이 있다. 지능검사는 만 3세 이상부터 성인의 개별적인 지능 검사를 통해서 지능 지수(IQ) 이외에도 다양한 인지 능력들이 어떻게 발휘되고 있는지를 체계적으로 알 수 있다. 일반적인 지식, 주의집중, 사회적인 이해 및 상황 판단 능력, 어휘력, 추상적 개념 형성 능력, 사고력, 지각적 체제화 능력, 시지각 협응능력 등과 같은 다양한 인지 능력들을 체계적으로 평가하고, 어떤 능력이 더 개발되고 보완할 여지가 있는지 등에 대한 전체적인 윤곽을 해석한다. 성격검사는 만 4세 이상과 성인에게 실시할 수 있는 검사로 성격적인 특성과 정서 상태 등을 알 수 있는데, 이에는 표준화된 검사로서 아동 본인이나 부모, 교사 등이 응답할 수 있다. 기질검사는 초등학생부터 성인을 대상으로 선천적인 성향과 적성 등을 알 수 있으며 부모와 자녀, 부부간에 시도할 경우 서로의 성향을 이해하고 더욱 행복한 생활을 하는데 도움을 준다. 학습방법진단검사는 초등학생과 고등학생을 대상으로 아동의 학습 스타일과 방법을 통해 학습방법의 유형과 유무를 진단할 수 있다.

우울검사는 초등학생부터 청소년, 성인 등을 대상으로 개인의 여러 가지 성격이나 정서를 함께 검사하고, 특히 우울한 특성이 있는지를 알아보는 검사이다. 정서·사회성검사는 만 3세 이상, 청소년 그리고 성인이 대상이며 심리적 안정감, 대인관계에서의 주도성과 사회적 관심, 가족에 대한 지각, 자아존중감 등에 대한 정보를 얻을 수 있다. 여기에는 그림, 사회성숙도, 한국아동인성검사, 문장완성검사 등이 포함된다. 발달검사는 대상이 제한이 없고 특별히 아동의 신체적, 사회적, 정서적 및 인지적 발달을 알 수 있으며 아동의 정상적인 발달 여부, 학교나 사회에의 적응까지 예견해 주는 검사이다. 언어발달·사회성·감각·운동기능 등을 재는 검사 등이 있어 아동이 발달 수준이나 발달상 어려움이 있는지를 판단하는데 도움이 된다.

학습흥미검사는 주로 초등학생이 대상이 되는데 학생들의 흥미정도를 파악하여 학습동기를 자극하고, 성취로 유도해 내는 데 중요한 자료가 된다. 진로선택 시에 능력이나 적성검사와 더불어 유용하게 활용될 수 있다. 적성검사는 초등학생 이상과 성인을 대상으로 적성을 검사하여 자신을 이해하고, 진로를 정하는데 많은 참고가 될 수 있다. 그 외에 직업에 대한 흥미 등을 살릴 수 있도록 예언타당성이 있는 검사이다. 진로검사는 초등학생 이상과 성인을 대상으로 직업에 대한 흥미를 파악하고, 다양한 직업군에 의한 진로탐색에 도움을 줄 수 있다.

6 아동·청소년 심리검사의 유의사항

심리검사의 평가대상자가 내담자임을 항상 자각하고 심리평가를 해야 하며 심리평가의 목적은 피검자를 돕기 위한 과정에 초점을 맞추어야 한다. 그러나 심리 검사의 측정에서 나타나지 않는 문제점이 있는데, 예를 들어 심리학적 특징과 지능은 직접 측정할 수 없으며 행동으로 나타난 것에서 검사결과를 추론해야 한다는 것이다. 심리검사에서의 추론은 심리검사의 한 구성요소인데 심리검사의 전문성이 발휘되기 위해서는 심리평가의 실시, 채점, 해석과정이 전문적이어야 한다.

심리평가(Psychological assessment)과정은 먼저 내담자의 다양한 문제를 분석하여 적절한 평가절차와 검사를 결정하고 시행하는데 일정한 조건과 함께 문제를 제시한 다음 수검자 혹은 내담자의 행동결과를 표준적 관점에 비추어 질적 혹은 양적으로 기술하는 절차이며(Smith & Handler, 2006) 이것은 조직적으로 되어야 한다. 검사채점 이후 심리검사 결과와 함께 검사상황에서의 행동분석, 상담자료, 임상, 인지, 발달 등의 정신병리학과 같은 전문적 지식을 근거로 해석이 가능하다.

표준화 검사는 검사제작으로부터 액세서리의 편집, 실시, 채점, 해석, 활용에 이르기까지 반드시 요구되는 조건에 맞추어야 하는데 만일 심리도구 작성자가 절차의 표준화를 위한 지시와 실제검사 절차를 잘 지켜지지 않는다면 표준화 검사의 결과는 믿을 수 없는 것이 되고 만다.

▌분위기 및 동기조성 ▌   개인검사로 되어 있는 표준화 검사는 전문적인 검사자에 의하여 검사가 시행되어야 하지만 집단검사로 되어 있는 표준화 검사는 보통 검사자에 의하여 실시될 수 있다. 내담자 혹은 수검자의 동기를 유발시킬 수 있으며 쉽게 라포(rapport)를 형성할 수 있는 장점이 있지만 학생들에게 최선을 다하여 검사를 받도록 동기를 유발해 주어야 할 것이다.

1) 실시방법

실시방법으로서 검사실시와 채점은 미리 훈련받은 심리검사자 혹은 치료사와 관련되어 시행되어야 한다. 복잡한 시간의 조절절차, 피검자에게 주는 불필요한 지시 또는 부적당한 연습문제가 없는지, 답안지는 따로 마련되어 있는지, 인쇄의 오식은 없는지, 실시에 필요한 시간은 길거나 짧은지 등이 검토되어야 한다. 또한 채점에 대한 설명이 자세하게 기록되어 있는지, 객관적인 채점이 가능하도록 되어 있는지 등을 확인해야 한다(Smith & Handler, 2006). 지시의 검사를 시작하는 데 있어 적혀져 있는 지시만을 읽을 때에는 문장을 빠뜨리거나 대체 첨가함이 없도록 해야 할 것이며, 지시의 불완전한 이해로 말미암아 시행이 무효화될 수도 있다.

2) 검사시간

검사시간이 정확하게 지켜져야 할 경우에는 스톱워치(stop watch)를 사용하는 것이 바람직하겠으나 불가능할 때는 시작할 때의 '분과 초'를 기록해 두는 것이 중요하다. 시간은 정확하게 지켜져야 하는데 예를 들어 검사시간의 제한이 있는데도 그것이 엄격하게 지켜지지 않고 규준집단의 결과와 비교할 수 없다면 그 검사의 근거를 상실하게 된다(Anastasis, 1988). 실시시간으로서 피검자들이 충분히 그 능력을 발휘할 수 있도록 조용한 장소, 좋은 날씨, 피로하지 않은 시간 등 조건을 갖추어 주는 것이 바람직하다.

3) 채점 및 해석

실시하여 얻은 검사의 결과는 '현재 피검자의 능력이 어느 정도인가'를 알도록 해석되어야 한다. 검사의 결과를 영구적 또는 반영구적으로 해석한다는 것은 위험한 일이다. 비교적 영구성을 띠고 있는 것으로 알려져 있는 지능지수도 변동이 있을 수 있고 완전한 연구 결과가 아닌 것으로 보고되고 있다. 채점 및 해석은 표준화되어야 하며 표준화 검사에서는 검사 결과를 비교해 볼 수 있는 '규준'을 마련하고 있음이 그 특징의 하나이다(Alley & Ten, 1979). 표준화 검사는 인간행동의 이해, 동질집단의 조직 감별 진단 치료 및 학습, 생활지도와 상담, 개인차의 진단, 특수아의 발견과 연구, 심리 또는 교육연구 등에 적합하며 표준화 검사의 실시는 상담실, 학교 심리검사를 활용하는 곳에서 상담 교육계획의 목표로 계획성 있게 실시되어야 한다. 표준화 검사는 빈번하게 시행될 수 없는 것이므로 그 종류, 횟수, 시기 등이 합리적으로 적용되어야 한다(Anastasis, 1988). 더 나가서 검사 결과의 기록정리가 끝나면 사용했던 검사용지를 소각하여 처리해 버리는 것이 도구의 유용성과 효용성에 도움이 될 것이다. 수량화된 검사의 결과는 교육활동에 유효하게 사용되어야 하며 근거 없이 내담자에게 알리지 않는 것이 좋다.

6 CHAPTER

아동·청소년의 심리검사

1 아동·청소년 성격검사

아동·청소년을 위한 심리검사에는 크게 자기보고식 성격검사(self-report inventories)와 투사검사(proj-ection test)가 있다.

자기보고식 성격검사는 개인이 직접 일련의 질문에 응답하도록 하는 성격검사이다. 신뢰도와 타당도가 이미 입증된 검사로서 어떤 응답자라도 검사목표에 근접한 반응을 보일 수 있다는 객관성이 입증되고 실시과정에 있어서도 안내된 표준화 절차에 따라 시행하므로 검사 실시 채점과정에 외적 변인을 최소화할 수 있다(Wodrich, 1997). 자기보고식 성격검사는 쉬우며 검사의 측정오차도 줄일 수 있다는 장점을 가지고 있다. 그러나 이미 정해놓은 검사를 실시하는 것이므로 정해진 것 외의 수검자 반응을 이끌어 낼 수 없으므로 보편적인 것 이외의 피검자의 개인문제를 깊이 다룰 수 없다는 단점을 가지고 있다. 투사검사보다는 개인의 동기나 정서 혹은 정신병리에 영향을 주는 성격 측면들을 효과적으로 측정할 수 없다.

투사검사는 객관적인 '자기보고' 성격검사들에 대해 불만을 가지고 있던 연구자들에 의해 1920년대부터 본격적으로 사용되기 시작하였다. 그러나 투사검사는 진로나 지도 등의 직업심리검사와 같은 광범위한 자료수집을 위한 검사에는 적당하지 못한 경우가 있다.

심리학에서 '투사'라는 용어는 자신의 동기와 감정 및 정서를 자신의 일부로 인식하는 것이 아니라 다른 사람이나 외부 환경의 탓으로 돌리는 방어를 의미하므로 강한 방어적 요소를 지니고 있다고 볼 수 있다. 프로이트(Freud)의 가설에 의하면 '투사검사'는 비언어적 특성 때문에 아동들에게 사용하는 데 있어 적절하다고 한다. 투사검사는 아동·청소년에게 모호하고 구조화되지 않은 자극을 사용하여 아동 피검사자 혹은 내담자가 성격 특성에 따라 그 자극이 무엇을 의미하고 내담자의 감정이나 행동을 분석해내도록 하는 검사방법이다.

대표적인 투사검사로는 주제통각검사, 아동용 주제통각검사, 로샤검사, 인물화검사, HTP검사 DAS그림검사 등이 있는데 로샤검사는 원초적인 욕구와 환상을 도출시킨다고 전제하는 반면, 주제통각검사는 대인관계상의 역동적 측면을 파악하는데 유용한 특징을 가지고 있다(최윤정, 2012). 투사검사는 수검자 혹은 내담자가 애매한 자료를 해석하는 반응을 보이면서 내담자의 심리적인 속성을 추론하는 방식의 심리검사이다. 개인을 연구하는 광범위하고 통합적인 개인의 방어 경향을 포함하여 개인의 적응 양식을 알아내고 도움을 주며 동시에 개인의 독특성, 창의성, 경직성 및 다른 유사한 특성들의 정보도 투사검사를 통하여 얻을 수 있다(Smith & Handler, 2006).

2 주제통각검사

1) 검사의 기본 가설

주제통각검사인 TAT(Thematic Apperception Test)의 초기시도는 자유 연상실험을 통해서 시행되었으나 그림연상의 해석에 대한 성차이 발견하고 연령에 따른 이야기 내용의 차이를 발견하게 되면서 본격화되었다. 그 이후 1935년 머리(Murry)와 모건(Morgan)에 의해 TAT가 '공상 연구방법'으로 처음 소개되었다.

1938년에 욕구-압력의 이론이 발표되었는데 TAT는 '동기효과'를 공상에서 찾을 수 있다는 프로이트(Freud)의 가설을 기본 원리로 채택하였다. 인간은 모호한 상황을 그들의 과거 경험과 현재 소망에 따라 해석하는 경향이 있고 기본 경험으로 의식적, 무의식적 감정, 그리고 욕구와 일치되는 방향으로 이야기를 만드는 경향이 있다. TAT 그림의 특징으로 구성성과 모호성을 중요하게 여기는데 모호성은 그림에서 인물의 수와 성 상황의 배경이 제시되어 있는 것이고 모호성은 그림의 내용이 불확실하여 여러 가지 해석이 가능하다는 점이다(최정윤, 2012). 머스테인(Murstein, 1961)에 의하면 TAT 반응은 자극 카드의 그림의 특성에 의해서도 결정된다고 하였고 지각된 내용은 자극조건과 개인의 내적 경험(개인의 의식적, 무의식적 욕구와 방어, 갈등상태)이 동시에 나타나게 된다. 머리(Murry)는 이를 지각의 통각과정이라고 보았는데 내담자가 경험의 축적과 의식적, 무의식적 감정과 욕구와 일치되는 방향으로 이야기를 만드는 경향이 있다. 즉 아동이나 성인개인의 공상은 개인의 내적 욕구와 환경의 압력의 결합에 의해 결정되며 이와 같은 공상주제를 통일하는 지각과정을 '통각'이라고 정의하는데 검사에 대한 반응은 통각 과정으로 표현되고 외현화와 정신결정론을 통해 결정된다.

결론적으로 TAT 검사의 자극 도판에 대한 성인 내담자의 지각과정은 순수한 지각과정이라기보다 내담자 경험에 의한 지각이나 왜곡되어질 수 있는데, 공상적 경험이 혼합되어졌으므로 검사의 반응이 순수한 지각과정이라기보다 인간의 내적 욕구에 의해 어느 정도 피검자 지각대로 왜곡되어 보이는 통각과정이다.

2) 실시방법

TAT는 일괄적인 방법과 선별실시가 있다. 31장의 카드 중 성과 연령을 고려하여 한 장의 카드를 성, 연령, 학력 등을 고려하여 선정된 20개 카드를 2회에 걸쳐서 한 차례에 10개씩 사용하여 검사한다. TAT 검사지는 〈부록 1〉에 요약하였다. 검사자는 피검사자가 검사를 실시할 동안 선택된 그림에 대해서 과거와 현재 미래에 대해 자유롭게 상상하고 언어로 표현할 수 있도록 동기 부여를 시키는 것이 중요하다. 개인의 의사 표현 방식이 억제적이고 자유롭지 않은 경우 이러한 검사에서 반응이 매우 제한적이 되는 반면, 검사의 목적과 수검자의 임상증상에 비추어 검사자가 임의로 판단하여 몇 장의 카드만 골라 실시(예: 그림 1번, 그림 2번, 그림 3BM번, 그림 4번, 그림 6BM번, 그림 7BM번, 그림 13MF번을 골라 실시)하는 선별실시가 있다.

검사자가 질문을 할 때 중간질문이나 종결질문을 통해 가치 있는 정보를 얻을 수 있다. 중간질문은 검사자가 생각하기에 불완전해 보이는 부분에 대해 질문한다. 종결질문은 20개 카드에 대한 반응이 모두 끝난 후 첫 카드부터 검사자가 보충하고 싶은 부분에 대해서 질문을 던지는 것이다(최정윤, 2012). 그리고 그림에서 반응된 피검자의 이야기가 순수한 생각인지 혹은 소설, 잡지, 친척의 경험 이야기에서 나온 것인지 등 이야기의 출처에 대해 질문하는 것이 좋다.

3) 해석

TAT 해석방법에는 표준화법, 주인공 중심해석법, 직관적 방법, 대인관계법, 지각법, 요구-압력 분석법 등이 있다.

표준화법은 TAT 해석을 수량화하며 각 개인의 검사기록에 의한 TAT 반응상 특징을 항목별로 분류하여 유사점과 다른 점을 피검자군에서 작성된 표준화 자료에 비교하여 분석한다. 주인공 중심의 해석법이 있는데 중요한 연구법으로 인물 분석법, 요구-압력 분석법, 주인공 중심법 등이 있다. 직관적 방법은 해석자의 통찰적인 감정이입 능력에 의존하며 반응내용은 무의식적 내용을 자유연상법으로 해석하는 방법이다. 대인관계법은 대인관계를 분석하는 것으로서 아놀드(Arnold, 1949)의 인물의 대인관계 분석법 등이 있다. 지각법은 피검자의 이야기 내용의 형식을 분석하고 도판의 시각 자극, 이야기 자체에 대한 왜곡을 분석하고, 이상한 언어의 사용, 사고나 논리의 특성 등을 분석하는 것이다. 현재 가장 많은 지지를 받고 있는 요구-압력 분석법은 내담자 개인의 욕구와 환경 압력 사이의 상호작용 결과를 분석한다. 심리적 상황을 평가하며 그 해석과정으로는 주인공을 찾고 환경자극의 압력을 분석하며 그 후 주인공의 욕구를 분석한다(Bellak, 2001). 그리고 주인공이 애착을 표현하고 있는 대상과 주인공의 내적인 심리상태를 분석하며 그 이후 주인공의 행동이 표현되는 방식과 일의 결과를 분석한다. 검사자가 TAT 기록을 분석하고 해석하는 데 있어서 범하기 쉬운 오류는 해석과정에서 자신의 욕구와 성격을 투사하기 쉽고, 이야기 내용을 문자 그대로만 해석하려는 것 등이다.

이상심리 내담자의 경우 다음과 같은 통계적인 반응들이 나오는데 증상별로 TAT 반응은 다음과 같다.

우울증의 경우는 자살사고, 거부감, 고립감, 그림에서의 부당한 내용, 무가치함 및 무능력 주제의 이야기를 표현하는 반면, 경조증에서는 언어방출에 대해 압력 사고, 비약, 다행증 등으로 이야기를 빠른 속도로 이야기하는 경향이 있다. 히스테리아 증상에는 정서적인 가변성, 피상적이거나 공포스러운 장면과 예쁜 장면에 대하여 정서적인 반응이 급변하여 나타나는 경향이 있고(최정윤, 2012), 언어표현에 있어 서술자료를 지나치게 많이 사용하고 이야기가 양가적인 경향이 많다. 정신증적 수준에서 현실검증력의 문제가 표현되고 부인하는 원시적인 방어기제를 자주 사용하며 죄책감등에 대해 유쾌함, 평온함, 좋은 감정 등이 교대되어 사용되어진다. 또한 정신분열증에 있어서 감정의 깊이가 결여되고 철수되는 인물로 표현된다. 이야기 구조의 와해, 오지각, 기괴한 언어화, 일관된 주제의 결여, 그림의 사건과 환자 자신의 그림을 구분을 못하는 거리감 상실, 사회적으로 수용할 수 없는 이야기, 불합리적이며 괴이한 요소, 상반된 내용, 엉뚱한 독백이나 상징주의가 표현되기도 한다(최정윤, 2012). 강박장애는 이야기가 길고 수정을 많이 하는 경향이 있고 검사자극에 대한 불확시감으로 지루하고 반추적이며 현학적인 이야기를 만들어 낸다. 또한 객관적으로 나타난 세부적인 것만을 기술하고 이야기를 만들 수 없다고 한다.

편집증의 경우는 회의적이며 이야기가 자기 개인적인 것이 아님을 강조하면서 과도하게 민감하고 간결하며 방어적이다. 이야기가 단순하기도 하지만 반대로 장황하고 과대적이거나 확산적이며 조증의 경향이 가능하다. 불신하며 사악한 외부 힘에 의한 피해내용을 강조하기도 하고 갑작스러운 인물의 변화, 인물의 성이나 연령 등을 오지각한다. 불안한 경우에는 행동이 극단적이며 이야기가 간결 강박적이고 양자택일의 상황이 자주 나타난다. 또한 자신을 도판의 인물과 동일시하며 불안한 질문이 많으며 내용상의 갈등, 욕구 좌절, 비극 등의 내용을 표현하기도 한다.

4) 유용성

TAT는 인간관계를 통해 나타난 외적 정서 반응면과 자아심리가 투사된 정신역동적인면을 잘 나타내므로 환자의 공격성, 우울감, 대인관계 등과 같이 환경과 인간관계에서 현실적응에 일어나는 개인의 성격내용을 규명하는 데 유용한 검사로 인정되고 있다. 또한 이

검사에서 내적인 상태, 욕구와 동기, 문제해결방식, 갈등 등을 포함한 여러 가지 성격측면들이 평가될 수 있으므로 진단과 치료의 목적뿐 아니라, 교육, 사회, 산업장면에서 폭넓게 활용되고 있다.

5) 사례

(1) 피검자의 인적사항

성명: B

연령: 18세

성별: 여자

결혼 여부: 미혼

직업: 학생

종교: 무교

내담자 B는 고등학교 학생으로 아버지는 엄격하고 권위주의적이며, 어머니는 정리정돈과 청결을 좋아하는 가족을 배경으로 하고 있다. B는 두 동생들에 대한 강한 책임감을 느끼며, 부모님의 기대나 가치관에 부응하고 두 동생을 단속시키기 위해 지속적으로 생활하는 특징이 있었다.

(2) TAT 검사 결과

주제통각검사는 개인과 환경과의 관계, 가족관계, 그리고 개인의 성격과 환경과의 상호관계를 알려주는 검사라고 볼 수 있다. 제시된 그림에서 공통적인 주제를 선택하여 피검자의 성격과 내적욕구 및 동기, 환경과의 갈등에 대한 심리상태와 정보를 알아내기 위함이다.

검사자는 내담자의 7개의 그림에서 공통적으로 나타나는 것을 살펴보았는데 그중 첫번째 특징은 그림의 내용을 이야기하는 데 있어 '아버지가 자주 등장하고 아버지와 관련된 심리내용'을 기술한 것이었다. B는 아버지로부터 분리되지 못하고 아버지의 영향을 받으며 유대관계가 강하다. 또 큰 딸로서 역할을 잘해내는 것에 가치를 두고 있다.

첫 번째 제시된 그림에서 남자 어린아이가 바이올린을 앞에 두고 고뇌를 하는 것에 대해 심각하다고 이야기하면서 어린아이의 심리를 언급했다. 피검자는 아버지가 하기 싫은 음악과 바이올린에 대한 교육을 시켜서 그럴 것이라고 표현하였다. 그러나 결국은 억지로라도 하게 될 것이고 나중에 의외로 그가 바이올린을 좋아하게 될 것이라고 하였다.

두 번째 그림을 책을 들고 서 있는 여성에 대해 공부를 하러가는 농촌의 여성으로 설명하면서 밭이 배경인 사람들의 광경들을 언급하였다. 그들은 부지런한 농부들과 여인네들이고 굉장히 열심히 노력하고 있다고 하였다(생략). 주인공보다는 옆에서 쉬고 있는 어머니로 묘사된 여성이 공부하는 것을 부적절하게 생각한다고 함으로서 모녀관계를 다루고 있다.

세 번째 그림에서 여자는 딸이고 그녀가 몹시 힘들어 하는 이유는 아버지가 자신의 문제를 들어주지 않기 때문이라고 묘사하고 있다. 그림에 제시되지 않은 '아버지 혹은 부모의 존재'를 등장시켜 아버지의 병이 심각해서 딸의 요구를 들어 줄 수 없음에 대해 속상하여 울고 있다고 설명하였다. 문제는 현실에 없는 부모나 아버지를 부각시켜 상상을 하고 요구를 거부하거나 여러 가지를 하도록 만드는 등 힘든 문제를 일으키는 부모 혹은 아버지의 내용을 강조하고 있다.

다섯 번째 그림에서 B는 다른 여성을 '어머니'로 인식을 하였다. 아들이 어머니에게 결혼 승낙을 받으러 왔으나 엄마가 허락하지 않아서 어머니의 뜻을 따라 결혼할 여자와 결별함을 언급하였다.

여섯 번째 그림에서는 엄마가 아이에게 하기 싫은 일을 하도록 설득하고 있는데 아이는 엄마의 이야기를 듣고 있으나 마음속으로는 거부하고 있다고 하였다. 그러나 '결국 아이는 엄마가 시키는 일을 해야 할 것이다.'라고 묘사하였다. 검사자는 모녀관계를 파악하기 위해서 어머니와 관계된 이야기를 하도록 시도하였지만 전반적으로 아버지에 대해 표현하였다.

두 번째 특징으로 공통적으로 나타나는 주제는 억압하여 '하기 싫은 것을 억지로 하는 것'이다. 전체 그림 6개 중에서 2번과 6번 두 그림에서 공통적으로 표현하고 있는 것으로 피검자는 매우 하기 힘든 공부나 인생에서 필수적으로 해야 할 일 혹은 취미생활을 자신의 의사와 관계없이 억지로 한다는 경험이 많다고 언급하였다.

세 번째 특징은 능력과 동화에 대한 욕구이다. 두 번째 그림에서 내담자 B는 그림 안의 여주인공이 능력은 있지만 적응하기 어렵고 동화되지 못하는 사람으로 표현하였다. B 자신은 적응을 잘하는 사람이 바람직하다고 강조하였다. 이것에 대한 분석은 내담자 자신이 남들과 함께 동화되고 싶은 욕구가 많고 능력 있는 여성이 되고 싶은 것으로 해석되었다. 만일 B가 여주인공을 자신과 동일시하였다면 '투사'방어기제 개념이 적용되고 능력과 타인과의 동화에 대한 일종의 '바람'으로도 분석될 수 있다.

네 번째 특징은 이분법적이며 세대주의적 가치관이다. B는 세 번째 그림에서 선교사와 마을의 주민들을 묘사하면서 농부의 아내에 대해 설명하였다. 농부의 아내를 화려하고 튀는 옷을 입은 부적응적인 여자로서 길게 설명하였다.

네 번째 그림에서 B는 '여자가 남자를 속상하게 해서 떠나가려 하는 것'으로 묘사하며 상황을 처리하는 능력과 함께 남자를 자신과 동일시하였다. 여인의 미모보다는 정신적인 가치관과 인격에 가치를 두는 자신과 동일시하고 있지만 미모와 정신적 가치관을 분리시키는 세대주의 가치관으로 미모에 대한 부정적인 정서를 투사하고 있다.

3 아동용 주제통각검사

1) 검사의 특징과 성격

CAT(Children Apperception Test, 아동용 주제통각검사)는 벨락(Bellak, 1949)이 3세부터 10세 사이의 어린이들에게 실시하기 위하여 제작한 아동용의 투사적 성격검사이다. CAT는 아동이 주요한 인물이나 충동에 적응해 나가는 방식을 이해할 수 있도록 해주는데, 벨락은 도판의 자극적인 장면들을 아동들에게 맞는 그림들, 즉 유아기와 아동기에 주로 나타나는 여러 가지 심리적 문제들이 쉽사리 투사될 수 있는 그림들로 바꾸고, 도판에 등장하는 주인공도 동물로 바꾸어서 아동용 검사인 CAT를 만들었다. 이 투사적 성격검사는 아동들의 내면세계를 각각의 검사 도판에 투사시켜 아동들이 지니고 있는 욕구체계 및 갈등과 상황처리와 같은 성격적 특징들을 진단할 수 있다.

아동의 이야기는 성인의 것보다 훨씬 덜 복잡하고 비교적 직선적인 검사로서 동물을 사용함으로써 검사목적을 더 잘 위장할 수 있으며 동물들은 인물 자극보다 문화적인 영향을 덜 받고 성과 연령도 분명하지 않기 때문에 아동 자신의 동기에 의존하게 된다 (Bellak, 1976). 로샤(Rorschach)검사가 기본적인 성격구조에 대한 정보를 얻을 수 있는 데 반해(김성곤, 2000) TAT와 CAT에서는 대인관계, 사회적 상호작용, 동일시 양식과 같은 아동의 구체적인 문제들을 반영하는 반응들이 나타난다. CAT는 어린이가 주요한 인물이나 충동에 대응해 나가는 방식을 이해할 수 있도록 돕는데 음식과 관련된 구강기 문제, 항문기 문제, 남근기 문제 등 형제간의 경쟁, 부모와의 상호관계, 부모의 부부관계 등이 표현되며 아동의 반응내용에서는 환상반응도 함께 표출된다. 같은 종류의 검사로서 성인용에는 TAT가 있으며 도판들의 자극 장면이 성인에게 알맞게 그려져 있다.

CAT는 9개의 표준판 검사와 보충판 검사로 구성되어 있다. 한국형 아동용 주제통각검사(Korean CAT)는 아동이 주요한 인물이나 충동에 대응해 나가는 방식을 이해하기 위해 벨락(Bellak, 1949)이 제작한 CAT를 한국 아동에게 적용 가능하도록 1976년 이화여자대학교 인간발달연구소에서 개정한 것이다.

K-CAT는 벨락의 CAT 도판을 일차적으로 선택하여 익숙하지 않거나 중복되는 그림을 제외한 16개 도판에서 일본판 CAT 5개를 합하여 총 21개 도판으로 구성하였다. 더 나가서 2차 CAT 도판은 21개 중 반응이 잘 나타나지 않는 3개의 도판을 제외하고 18개의 도판을 활용하는데 CAT 도판(9매)와 CAT 보충판(9매)으로 구분하여 사용되었다.

CAT는 검사의 표준화 과정으로서 낮은 신뢰도가 예상되나 투사 심리기법은 실제로 표준화되어 있지 않았기 때문에 신뢰도 문제를 가지게 된다. 또한 검사의 외적 요인들(예: 검사자, 검사실, 아동 상태 등)도 신뢰도에 큰 영향을 준다. CAT 타당도에는 구성타당도와 공인타당도가 있다. 구성타당도에서 본다면 학령 전 아동들을 피험자로 사용한 연구에서 어린이들이 보인 CAT반응들과 각 도판에서 알아보려고 목표한 역동적 측면들이 일치했다. 예를 들어 로샤와 CAT의 상관은 .35, BGT와 CAT의 상관은 .38, DAM와 CAT의 상관은 .03 정도이다. 공인타당도에서는 임상집단과 정상집단 간의 반응들을 비교하고, 외현적인 행동과 비교했을 때 높은 일치도를 보여 주었다.

2) 검사의 실시방법 및 유의점

검사를 실시할 때 유의점은 투사적 검사를 아동에게 실시하는 것과 관련된 특수한 문제들을 분석할 수 있어야 하며 아동들에게 임상적 자료를 얻어내기 위해서는 인지적, 정서적 발달과 여러 성장 측면들을 충분히 이해해야 한다. 또한 CAT가 개인용 투사적 성격검사이므로 투사검사의 기본 원리를 적용할 수 있어야 한다. 피검자의 서술은 가능한 한 모두 기록해야 하며 정해진 순서대로 제시하는 것이 좋다.

지시를 할 때는 아동의 연령, 지적수준, 환경적인 상황을 고려해서 적용해야 한다. 아동이 이야기를 시작하면 현재의 상황과 과거의 상황 그리고 대답 후에는 "그 다음에는 어떻게 될까?"라고 미래에 대해서 묻는다(Leopold et al., 1986). 아동들이 반응을 하기 위해서는 칭찬이나 격려를 해주고 적당한 강화를 주어야 하지만 아무 말도 없을 경우에는 독촉이나 대답을 유도해서는 안 된다. 그러나 가능하면 피검자의 반응을 유도할 수 있는 말을 해 주거나 무엇이 생각나는지 유도하고 혹은 아동이 생각하는 대로 이야기하도록 권유한다.

3) 도판의 설명

CAT 도판과 설명은 한국판 아동용 주제통각검사(K-CAT)의 표준판으로 이를 통해 아동의 성격과 심리적인 문제에 대한 분석이 가능하다.

도판 1

도판 설명: 음식이 들어 있는 큰 쟁반이 놓인 밥상에 병아리들이 둘러앉아 있고 한쪽에는 윤곽이 뚜렷하지 않는 큰 닭이 서 있는 그림이다.
해석: 전형적인 반응 패턴은 어머니가 지켜보는 가운데서 음식을 먹고 있는 장면이며 주인공의 행동적 욕구는 우호적 반응(i.e. 음식을 먹고 난 후 즐겁게 놀게 될 것이라고 기술), 공격적 욕구 반응(i.e. 음식을 많이 먹으려 하고 남의 음식을 빼앗겠다는 반응), 구성적 욕구(i.e. 음식 먹기 전후에 씻고 치우고, 청소한다는 반응) 등이 표현된다. 구강기 특징으로 보면 만족 또는 좌절로 표현하거나 단순한 음식 섭취에 관한 관심으로 파악할 수 있다. 한편 병아리들에게 나눠지는 음식의 양이나 먹는 태도에 대한 상황과 형제간에 경쟁의식 등을 표현하게 된다.

도판 2

도판 설명: 곰의 줄다리기로 한쪽에 한 마리의 큰곰이 줄을 잡아당기고 한쪽에는 큰곰과 새끼곰이 함께 줄을 잡아당긴다.

해석: 전형적인 반응 패턴은 줄잡아 당기기 게임을 하는데, 어머니가 힘이 없기 때문에 아기가 도와주어 힘의 균형을 유지하거나 이기게 되는 장면이 연출된다. 새끼곰이 협력하고 있는 대상을 아버지나 어머니 중 어느 쪽과 동일시하고 있는지를 보게 되면 그림을 단순한 놀이로 보는지 아니면 싸움으로 보아 이기고 지는 것에 관심을 나타내는지를 찾을 수 있다. 즉 양친 중 누구와 동일시하는지를 알 수 있고 공격에 대한 공포나 피험자의 공격성 정도를 발견할 수 있다. 주인공의 행동적 욕구는 경쟁에 대한 욕구, 능력 있고 힘 있는 곰과 힘 없고 무력한 곰에 대한 설명, 공격 욕구와 지배 욕구 등이 표현된다.

줄 자체 관심을 두는 것은 줄이 끊어지는 것과 뒤따르는 벌에 대한 공포 또는 거세 공포를 나타내는 것과 더불어 자위행위에 대한 상징적 반응을 나타내는 경우도 있다.

도판 3

도판 설명: 담뱃대와 지팡이를 가지고 의자에 앉아 있는 사자와 오른쪽 아랫편 구석에 있는 쥐구멍에서 작은 쥐가 나오는 그림이다.

해석: 전형적인 반응 패턴으로서는 사자가 담배를 피우고 있다고 기술(대부분 사자를 할아버지나 왕, 아버지, 친척 등으로 의인화) 약 50%가 구멍 속에 있는 작은 쥐를 보지 못한다. 주인공의 행동적 욕구로는 사자를 편히 쉬고 있는 부동의 욕구로 보고, 쥐는 주위를 탐색하고 살피는 불안과 호기심을 가진 것으로 보고 있다. 사자가 아버지의 모습으로 보여 질 수 있고, 반면에 쥐는 대체로 아동 자신과 동일시하는 반응을 나타낸다. 전자로 볼 경우 지팡이를 공격의 수단으로 보아 아버지를 힘과 권위의 상징과 동일시할 수도 있고 반면에 늙은이로 바꾸어 보기도 한다. 때로는 어린이 자신이 동일시하는 대상을 한두 번 바꾸는 경우가 있는데 이는 역할에 대한 혼란, 순종, 자립심에 대한 갈등의 일면을 나타내는 증거가 된다.

도판 4

도판 설명: 어두운 방에 큰 이부자리가 깔려 있고 작은 토끼 한 마리가 잠을 자지 않고 혼자 앉아 있는 그림이다.

해석: 어두운 방에 토끼가 혼자 있어서 무섭겠다고 하며 어두움이나 혼자 있는 것에 대한 공포를 표현한다. 옆 이부자리 속에 누워 있는 부모에 관심을 여러 가지로 표현하면서 부모 동침장면에 대한 강한 호기심을 나타내는 것으로 볼 수 있다. 때로는 성기기의 문제로 오이디푸스 콤플렉스를 상징하는 반응을 검증할 수도 있다.

도판 5

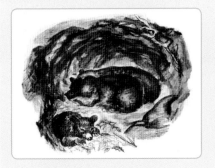

도판 설명: 동굴 속에는 흐릿한 모습의 큰곰 두 마리가 있고 동굴 앞쪽에는 애기 곰이 엎드려 있는 그림이다.

해석: 도판 4에서 이야기하려다가 하지 않은 내용까지 투사될 가능성이 많으므로 도판 4와 5는 함께 사용된다.

도판 4에서와 같이 부모의 동침장면에 대한 태도를 찾을 수 있는데 삼각관계의 문제나 잠자리에서의 자위행위의 문제가 표현되기도 한다.

도판 6

도판 설명: 날카로운 이빨과 발톱을 가진 호랑이가 원숭이에게 뛰어 덤비는 그림이다.

해석: 전형적인 반응은 호랑이가 원숭이를 잡아먹으려 하고, 원숭이는 잡아먹힐 것 같으나 도망치려 하는 것으로 서술된다. 주인공의 행동적 욕구는 공격성이 가장 많고, 소극적 위축되는 특징도 있다.

어린이의 공격에 대한 두려움의 정도나 그것을 어떻게 받아들여 처리하는가를 나타내게 된다. 대부분 불안의 정도가 분명해진다. 또한 공격에 대한 방어가 잘 되어서 불안의 흔적을 전혀 나타내지 않는 평화스런 장면으로 바꾸어 말하기도 한다. 가끔 꼬리에 관심을 보이는 것은 거세에 대한 공포로 해석된다.

도판 7

도판 설명: 두 마리의 원숭이들은 의자에 앉아 차를 마시면서 이야기를 나누고 그 앞에 큰 원숭이가 새끼 원숭이에게 이야기하고 있는 그림이다.

해석: 어린이가 생각하는 가족 내에서의 자신의 역할이 나타난다. 큰 원숭이를 부모 중 누구와 동일시하는가, 혹은 누가 지배적이며 인자한 모습으로 투사되는가를 가려낼 수 있다. 큰 원숭이 형상을 훈계나 행동을 제지하는 것으로 지각하는지 친절히 설명해 주는 것으로 지각하는지에 따라 중요한 차이가 있다. 차 마시는 것에 관심을 보이면 구강기와 연결 지어 해석한다.

도판 8

도판 설명: 화장실 안에서 강아지가 큰개의 무릎 위에 앉혀 있는 그림이다.

해석: 잘못했기 때문에 엄마가 강아지를 때리는데 어린이의 도덕개념. 즉 죄와 벌에 대한 태도를 알 수 있으며 자위와 대소변 훈련에 관한 문제를 발견하게 된다. 다른 그림에서 보다 어린이의 퇴행경향이 표현된다.

도판 9

도판 설명: 하마 한 마리가 과일 가게 앞에 서 있고 다람쥐 두 마리가 과일을 하나씩 손에 쥐고 달아나는 그림이다.

해석: 이 도판은 도판 8에서 미처 얘기하지 못한 것이 계속 표현되기도 하는데 사회적 상황에서 도덕 개념으로 발전된 다른 면을 보여주기도 한다. 도판 8의 도덕개념을 가정에서 아동 자신의 청결문제와 관련시킨 것이기도 하며 가끔 하마를 인자한 성인의 형상과 바꾸어 지각하면서 권위에 대한 어린이의 생각이 긍정적인지 부정적인지를 알 수 있다.

그림 6-1 아동용 주제통각검사(K-CAT)의 표준판
자료: 김태련, 서봉연, 이은화, 홍숙기(1993). 아동용 회화 통각검사. 한국가이던스. 재구성

4) 보충도판의 설명

아동용 주제통각검사(CAT)에는 CAT 보충도판이 있다. 중요한 것으로서는 CAT 보충도판 9개의 도판을 모두 다 사용할 필요는 없으며 만일 첫 도판을 아동이 거부하는 경우에는 아동이 흥미를 가질 수 있는 도판으로 시작하고(Bellak, 1985) 검사를 시작하다가 안하는 경우에는 다른 도판을 시키거나 잠시 쉬고 난 후에 다시 시도한다.

보충도판 1은 놀이장면을 지각하면서 신체적 활동이나 상해에 대한 두려움을 가졌거나, 사회적 활동에서 동성 친구 간이나 이성 친구 간의 문제를 나타내는 내용이다.

보충도판 2에는 아동이 가지고 있는 학교 상황의 문제(교사와의 관계, 친구, 학습)가

표현된다. 특히 다양한 교사상이 부각될 수 있고 어린이가 자기지식을 과시하고자 하는 욕망, 자신의 무지에 대한 공포, 무대 공포 등에 대한 내용을 찾을 수 있다. 꼬리를 잡고 있는 원숭이에게 관심을 보이면 자위행위를 표현하는 것이므로 성적인 자위행위에 대한 분석이 가능하다.

보충도판 3은 성인에 대한 환상적인 욕망이나 그들이 원하는 성인의 역할이 무엇이며 몹시 싫어하는 일이 무엇인가를 알려준다. 특히 성인과 동일시 과정에서 있을 수 있는 문제와 부모 역할을 보여준다. 또한 이 도판은 환상적인 수준의 이야기가 나올 때까지 대답을 유도하는 것이 중요한 과제이다.

보충도판 4는 구강기 욕구를 나타내며 새끼곰에 대한 적대감과 퇴행경향을 분석할 수 있다. 엄마의 태도에 대한 설명에서 어린이가 가진 독립성과 의존성 간의 갈등을 증명 가능하며 일반적인 부모와의 관계를 알 수 있다. 또 두 마리의 새끼곰을 형제간의 애정획득과 경쟁자로 지각하는 퇴행문제를 분석할 수 있다.

보충도판 5는 유치원 경험을 시작하는 아동의 문제를 찾을 수 있다. 유치원에 대한 흥미, 엄마와 관계의 의존성, 교사상에 대한 반응, 동물집단 속에서 자신의 위치를 어떻게 동일시하는지 파악할 수 있다.

보충도판 6은 아동의 상해와 거세에 대한 공포의 반응을 판단할 수 있고 신체적 결함에 대한 태도를 분석할 수 있다.

보충도판 7은 아동 신체에 관한 심상을 자부심과 열등감으로 표현한다. 꼬리에 대한 반응은 성기의 중요성으로 해석하며 성차나 노출증에 대한 아동의 생각을 가려 낼 수 있다.

보충도판 8은 일반적으로 어린이의 병에 대한 공포나 강한 저항감을 발견하게 하며 신체적 상해에 대한 강한 관심이 표현되기도 한다.

보충도판 9는 성차나 나체에 대해 어떻게 표현하는가를 알 수 있고 성적인 호기심을 표현하는 정도와 성적 동일시에 대해서도 판단한다. 특히 대소변훈련과 청결훈련 과정에서 생겨나는 강박증의 정도를 검증하게 된다.

5) 검사의 해석과 유의점

CAT는 개인의 욕구와 환경 자극과의 상호작용에서 아동의 진술내용이 만들어지기 때문에 CAT의 분석과 해석의 초점은 이야기 속에 나타나는 주제, 아동의 서술에서 진단될 수 있는 주인공의 욕구 및 이야기 상황에서 추측되는 환경적 압력이다(Leopold et al., 1986).

아동에게 과거, 현재, 미래에 대한 이야기를 상상하도록 하면서 도판 제시에서 반응까지의 시간을 기록한다. 그 이야기의 내용을 기록하며 아동의 불안의 억압, 억제 등을 분석하며 예측하게 된다. 그리고 아동의 가정 상황, 최근 상황, 가까운 미래의 위기적 사태 등을 모두 파악하여 사례사적 정보와 관련해서 반응의미를 해석한다.

아동인 주인공의 욕구는 행동을 구성하는 한 요인으로 만들어지지만 욕구가 행동의 수준에까지 발전하지 않고 단순한 바람의 수준에 머무르는 경우가 있는데 이는 외부에 대한 욕구, 대인관계의 욕구, 압력 배제의 욕구 등으로 구성된다. 주인공에 대한 압력에는 인적 압력, 환경적 압력, 그리고 내적 압력 등이 있다. K-CAT에 대한 해석은 〈부록 2〉에 기재되었다.

해석에 대한 기본원칙으로서 아동의 여러 가지 이야기와 진술 중 반복적으로 나타나는 반응을 해석의 기본으로 삼고 특수한 사물, 인물, 사태들이 계속 반복되거나, 다른 상황들에서 똑같은 감정이나 태도가 표현되는 것을 중심으로 분석한다(Bellak, 1985). 비전형적인 반응이나 이탈된 이야기도 의미가 있으나 심한 억압으로 왜곡되거나, 한번 어떤 주제를 언급하거나 이야기를 털어놓는 것도 주의해야 한다.

6) 사례

(1) 피검자의 인적사항

성명: A

연령: 8세

출생 날짜: 2004년 11월 13일

학년: 초등학교 2학년

보고서 작성일: 2012년 7월 11일

실시한 검사: 아동용 주제통각검사(CAT)

(2) 도판 1에 대한 검사 내용

아동용 주제통각검사(CAT)를 통해 내담자 A가 진술한 도판 1에 대한 검사 내용은 다음과 같다.

○ 진술

병아리 형제가 간식을 먹고 있는데 친척 오리 형제가 방문하였다. 병아리와 오리 형제 넷이 놀고 있는데 병아리가 제일 무서워하는 개구리가 침범해서 오리 형제에게 도움을 구하게 되었다. 오리 형제들이 개구리를 내쫓고 병아리 형제를 도와주었다.

"엄마는 어디 갔는가?"에 대한 질문에 대해 "장보러 갔다."고 하였다.

○ 주제

주제는 세 가지 수준으로 분석되었다. 기술적 수준으로는 간식을 먹고 있는 병아리 형제에게 오리 형제가 찾아와 개구리를 쫓아 주었다는 것이고 해석적 수준은 보호자가 없는 상황에서 일이 발생했을 때 잘 대처해나가는 욕구가 있다.

진단적 수준은 보호자가 없는 상황에서 독립적 욕구와 함께 문제를 해결해나가는 사회적 욕구가 있는 것으로 분석되었다.

○ 주인공의 동일시

간식을 먹을 때 동생 병아리는 형님 병아리에 대해 공감하고 있다. 또한 오리형제에게 도움을 구하며 당당성을 보이는 병아리는 형님 병아리로서 A는 형님병아리를 자신과 동일시하고 있다.

○ 주인공의 주욕구

주인공의 주욕구는 보호자가 없는 상황에서 타인(오리 형제)에게 부탁을 해서 문제를 해결해 나가는 것을 볼 때 독립적 욕구, 사회적 욕구 및 성취 욕구가 있는 것으로 분석된다.

간과된 대상에 대한 욕구는 엄마가 위험한 상황에서 장보러 갔음을 언급하는데 엄마가 든든한 보호를 해주지만 갈등상황임을 반영해준다.

세부강조로 내포된 욕구는 차가운 오리 형제가 개구리를 쫓아주었다는 것으로 관계는 좋지 않지만 위기상황에서는 서로 돕는다는 믿음과 사회적 욕구가 관찰되었다.

● 주위 인물에 대한 자각

부모에 대한 지각은 자신을 돌봐주고 보호하는 존재이지만 갈등상황의 가능성을 반영할 수도 있다.

큰 대상에 대한 지각으로, 오리 형제에게 두려워하는 대상(적)을 쫓아달라고 요구하는 것으로 보아 '도움을 청하는 존재'로 인식하고 있다.

● 주요갈등

주요갈등은 차가운 오리 형제와 갈등이 있었지만, 어떤 사건을 계기로 언제나 화해할 수 있다는 사회적 욕구가 강하다.

● 불안의 성질

개구리의 등장은 병아리와 동일시하는 A가 위험에 처하는 상황에서 불안으로 표현되었다.

● 주된 방어 기제

오리 형제와의 갈등을 해결하는 과정에서 갈등을 의식수준에서 정반대로 표현한 반동형성이 주된 방어기제로 볼 수 있다.

● 초자아의 적정성

병아리 형제가 오리 형제를 불편하게 여겼지만 의존하고 도움을 받는 상황을 보면 초자아의 명령과 현실로부터 오는 요구를 적절히 잘 조화를 이루고 있다.

● 자아의 강도

부모로부터 독립해서 타인과 관계를 맺고 문제를 해결하고자 하는 사회적 욕구가 강하며, 적절하게 문제를 해결하고 타인과 조화를 이루고 싶어 한다.

◉ 임상적 특징

도판 1에 나타난 내용으로 시작해서 이야기를 창의적으로 만들고 있는데 성취 욕구가 매우 강한 편이다.

(3) 보충도판 5에 대한 검사 내용

내담자 A의 보충도판 5에 대한 검사 내용은 다음과 같다.

◉ 진술

자발적 진술로서 토끼와 동일시하는 A를 엄마가 놀이방에 보내려하자 불안하였지만, 피아노를 치고 나서 용기가 생겼다. 새로운 일에 항상 도전하고 그 일이 안되면 다시 도전하려고 하므로 선생님의 칭찬을 받아왔다. 토끼는 더 용감해질 것이라고 진술하였는데 이전에는 부끄럼이 많고 불안해하였지만 용기를 낸 것은 많이 도움이 되었다고 하였다.

◉ 주인공의 동일시

토끼를 동일시하고 있다.

◉ 주인공의 주욕구

기술적 수준, 해석적 수준, 진단적 수준으로서 엄마와의 분리에 때한 불안이 있지만 성취하고 싶고 인정받고 싶은 욕구가 많으며 동년배들에 대한 교육적인 욕구가 존재한다. 그러나 도입된 대상에 대한 욕구는 발견되지 않았다.

◉ 주위 인물에 대한 지각

주위 인물에 대한 지각으로서 엄마에 대한 지각은 반항보다는 엄마의 마음을 이해하는 편이다.

동년배에 대한 지각으로는 자신보다 열등하다고 보고 자신에게 배워야하며 교육하고 싶은 인물로 지각한다.

큰 대상에 대한 지각은 선생님이 A가 성취한 결과에 대해 칭찬을 해주는 만족스러운 대상으로 지각하였다.

○ 주요갈등

엄마와의 갈등이 나타나지만 A는 성취욕구를 충족시킴으로써 갈등을 해결해나갔다.

○ 불안의 성질

엄마 없이 혼자 남겨진다는 불안함과 사회화에 대한 두려움이 보인다.

○ 주된 방어 기제

불안감을 성취하려는 욕구로 승화시킨다.

○ 자아의 갈등

타인과 어울리는 것에 대한 두려움을 극복하고 성취의 욕구를 정당한 방법으로 이루는 것으로 보아 욕구, 자아, 초자아를 적절히 조절한 것으로 분석된다.

○ 임상적 특징

적극적으로 검사에 임하는 모습에서 아동의 성취 욕구를 엿볼 수 있었다.

4 성격유형검사

1) MBTI의 특성

성인용 성격유형검사(MBTI: Myers-Briggs Type Indicator)는 융의 이론을 활용하여 잘 알려진 성격검사로 MBTI는 'Myers-Briggs Type Indicator'의 약자이다. 심리유형 진단검사는 1923년 융(Jung)의 '심리유형론' 이론을 적용하고 활용한 것이다. 또한 성격적 특성이 어떤 유형으로 통합될 수 있는지에 대한 방법을 공식화하였다. 융의 심리유형이론의 초점은 인간의 행동은 질서정연하고 일관성 있게 다르다고 강조한다. 이러한 일관성과 상이성은 각 개인이 외부로부터 정보를 수집하고(인식과정), 자신이 수집한 정보에 근거해서 행동을 위한 결정을 내리는데(판단과정) 있어서 각 개인이 선호하는 방법이 근본적으로 다르기 때문이다(Myers & Myers, 2005). MBTI는 성격유형들을 구별하는 성격구조 틀로서 성격유형의 지표가 된다. MBTI는 심리학자 융의 심리유형론을 바탕으로 캐서린 쿡 브릭스(Katharine C. Briggs)와 이자벨 브릭스 마이어스(Isabel B. Myers)가 오랜 세월 끝에 연구개발한 성격 유형 선호지표로써 자신과 타인의 성격역동을 이해하는데 유용하게 쓰이는 도구이다.

MBTI검사는 성격의 좋고 나쁨을 나타내는 것이 아니라 건강한 사람이 자기 자신의 선천적 경향성을 16가지 유형을 통해서 알아보고 이해하는데 도움을 얻고자 하는 것이다. 인간의 성격에 관하여 태어난 초기의 환경, 부모의 양육태도나 다양한 학습의 결과를 중요시하고 있지만 타고난 성격의 잠재력은 크게 언급되고 있지 않다. MBTI는 성격형성의 모든 것 중 선천적 경향이해의 중요성(개인의 자기실현을 향한 심리적 고유성)을 다루고자 하는 것이다.

MBTI는 개인 검사만으로 사용되는 일반 성격검사와는 다르다. MBTI는 개인뿐만 아니라 집단의 역동성을 이해하기 위해 집단적으로 실시하는 경우가 많다. 그러므로 검사를 실시할 때에는 일반 심리검사와 마찬가지로 내담자들이 자발적으로 참여해야 하며 또 검사결과에 대한 비밀을 보장하는 것뿐 아니라 비밀에 대해서도 분명히 언급하여야 한다.

MBTI의 한국 도입은 서강대학교 김정택 교수와 부산대학교 심혜숙 교수에 의해 1987년부터 미국 MBTI 본부와의 인준 아래 세인트 루이스(St. Louis) 대학교 박사과정에서 연구하여 문항분석을 포함한 세부적인 통계분석을 거쳐 검사의 신뢰도와 타당도가 검증되었고, 1990년에 한국표준화 작업이 완성되었다. 표준화된 한국판 MBTI는 한국심리검사 연구소에서 미국 CPP와의 계약에 근거하여 출판·보급하고 있으며, 1990년에 한국 MBTI연구소가 설립되어 MBTI전문교육과정이 개설되었다.

한국에서 현재 사용되고 있는 MBTI는 문화적 차이를 고려한 번역과정 및 엄격한 표준화 과정을 거쳐 1990년부터 사용되어지고 있으며 검사해석의 전문성 및 검사사용의 윤리성을 유지하기 위하여 전문교육이 제공되고 있다.

2) MBTI의 4가지 선호유형

MBTI 검사지는 모두 95문항으로 구성되어 4가지 유형척도의 관점에서 인간을 이해하려고 한다. 성격검사 결과는, E(외향)-I(내향), S(감각)-N(직관), T(사고)-F(감정), J(판단)-

P(인식) 중 각 개인이 선호하는 네 가지 선호지표를 알파벳으로 표시하여(예: ISTJ) 결과 프로파일에 제시한다. ESTP와 같은 성격은 외향성(E)의 성격으로 감각(S)기능에 의해 정보를 얻고, 의사 결정할 때에는 사고기능(T)을 이용하며, 외부세계에 대한 태도는 주로 인식적인(P)인 특징을 가지는 성격유형을 의미한다(Baron, 1998).

융은 정신적 에너지가 외향성(extrovert)과 내향성(introvert)이라는 두 가지 성격으로 분리되는데 외향성·내향성은 사회적인 행동에서 인지 가능한 형태들을 묘사할 때 사용된다. 외향형은 외부환경에 의한 동기화 혹은 외부의 객관적인 요인이나 관계에 의해 움직여지며 정신적 에너지가 외부적으로 흘러가는 반면, 내향형은 세계로부터 철수하는 방식으로 내담자 내면에 의해 동기화가 되며 주관적인 요인에 의해 정신적 에너지가 표현된다. 예를 들면 외향성과 내향성 중 한 기능이 의식적이 되거나 사고기능이 분화된다면 보상의 원칙을 통해 다른 한 기능이 무의식적이 된다. 서로 다른 성격의 에너지는 상호배타적이기 때문에, 어느 한쪽으로 의식태도가 습관적으로 되면 나머지 하나는 무의식으로 되고 보상적인 방식으로 나타나게 된다.

정신적 에너지에 관련된 MBTI 성격유형 선호지표들에 대한 구분은 〈표 6-1〉에 요약하였다.

어떠한 판단을 내릴 때 상황의 논리성을 따져서 판단하는 사람은 사고형이고 그 상황에 관련된 사람들의 기분을 고려하여 판단하는 사람을 감정형이라고 할 수 있다. 사고기능이 과도하게 발달하면 부조화된 감정이나 분노에 쉽게 사로잡힐 수 있고 반대로 부모나 교사로부터 사고특징을 개발하도록 지나치게 강요받으면 문제가 발생한다. 즉 감정기능이 억압되면 히스테리 문제가 생기며 감각기능이 억압되면 공포증과 강박증에 사로잡히게 된다.

상황을 인식할 때 자신의 오감을 통해서 느낌을 중심으로 행동하는 사람은 감각형 성격을 가지고 있고, 직접적 감각보다는 어떠한 통찰에 의존하는 사람은 직관형 성격을 가지고 있다. '감각'과 '직관'은 무엇을 평가하는 것이 아니라 그것을 '인식하는 것'과 관련이 있다(Baron, 1998).

정리정돈을 잘하는 판단형과 개방적이고 때로는 즉흥적인 인식형은 다른 기능이지만 서로 다른 두 개의 기능은 우월한 기능을 돕게 되고, 부분적인 기능을 수행하게 된다. 인간은 네 가지의 유형을 인지하여 조화로운 인격을 발달시키도록 노력해야 한다.

표 6-1 MBTI 성격유형 선호지표

선호지표	외향형(Extraversion)	내향형(Introversion)
설명	폭 넓은 대인관계를 유지하며 사교적이며 정열적이고 활동적이다.	깊이 있는 대인관계를 유지하며 조용하고 신중하며 이해한 다음에 경험한다.
대표적 설명	자기외부에 주의집중 외부활동과 적극성 정열적, 활동적 말로 표현 경험한 다음에 이해 쉽게 알려짐	자기내부에 주의집중 내부활동과 집중력 조용하고 신중 글로 표현 이해한 다음에 경험 서서히 알려짐
선호지표	사고형(Thinking)	감정형(Feeling)
설명	진실과 사실에 주로 관심을 갖고 논리적이고 분석적이며 객관적으로 판단한다.	사람과 관계에 주로 관심을 갖고 상황적이며 정상을 참작한 설명을 한다.
대표적 설명	진실, 사실에 주로 관심 원리와 원칙 논거 분석적 맞다, 틀리다 규범, 기준 중시 지적 논평	사람, 관계에 주로 관심 의미와 영향 상황적, 포괄적 좋다, 나쁘다 나에게 주는 의미 중시 우호적 협조
선호지표	감각형(Sensing)	직관형(Intuition)
설명	오감에 의존하여 실제의 경험을 중시하며 지금, 현재에 초점을 맞추고 정확하고 철저하게 일 처리한다.	육감 내지 영감에 의존하며 미래지향적이고 가능성과 의미를 추구하며 신속하고 비약적으로 일 처리한다.
대표적 설명	지금, 현재에 초점 실제의 경험 정확, 철저한 일 처리 사실적 사건묘사 나무를 보려는 경향 가꾸고 추수함	자기내부에 주의집중 내부활동과 집중력 조용하고 신중 글로 표현 이해한 다음에 경험 서서히 알려짐
선호지표	판단형(Judging)	인식형(Perceiving)
설명	분명한 목적과 방향이 있으며 기한을 엄수하고 철저히 사전에 계획하고 체계적이다.	목적과 방향은 변화가능하고 상황에 따라 일정이 달라지며 자율적이고 융통성이 있다.
대표적 설명	정리 정돈과 계획 의지적 추진 신속한 결론 통제와 조정 분명한 목적의식과 방향감각 뚜렷한 기준과 자기의사	상황에 맞추는 개방성 이해로 수용 유유자적한 과정 융통과 적응 목적과 방향은 변화할 수 있다는 개방성 재량에 따라 처리될 수 있는 포용성

자료: Myers et al(2005). *MBTI Manual*. New York: Consulting Psychologists Press. 재구성

MBTI를 집단에서 실시할 때 유형의 특징을 고려하는 것이 도움이 된다. 사고형은 MBTI를 받으면서도 회의적일 가능성이 있는데 회의가 사고형의 특징이기 때문이다. 따라서 이러한 사고형의 특징을 인정하고 바로 대답을 하기보다는 일단 기다려보라고 조언하는 것이 도움이 될 것이다. 반면, 감정형은 자기유형이 무엇인지 알려고 하는 의욕보다 검사자의 기분을 맞추는데 관심을 더 기울이게 될 것이다. 감각형은 MBTI가 실제적으로 어떤 도움이 될 것인가 알고 싶어 할 수 있으며 직관형은 MBTI를 통해 앞으로 어떤 도움을 얻게 될지 궁금해 할 수 있다. 또한 자신이 볼 수 있는 모든 가능성 중에서 어떤 것을 선택할 가능성이 크다.

3) 16가지 유형과 기능적 특징

MBTI를 만든 마이어스(Myers)와 브릭스(Briggs)가 고안한 이 도표는 생각이 많은 내향성은 도표의 위편, 적극적이고 활동적인 외향성은 도표의 아래편, 감각형은 도표의 왼편, 직관형은 오른편, 사람을 좋아하는 감정형은 도표의 가운데에 모아놓고 논리적이고 분석적인 사고형은 도표의 왼편과 오른편에 각각 배치시켰다. 개방적이고 때로는 즉흥적인 인식형은 가운데로, 정리정돈을 잘하는 판단형을 아래위로 배치시켜 유형도표가 구성되도록 하였다.

16가지 성격유형도표는 MBTI를 효과적으로 이해하고 응용하는 기초가 된다. 이 유형도표는 사람들 간의 상호작용(Interaction)을 쉽게 이해할 수 있도록 도움을 주고 있다.

MBTI 16가지 유형의 주기능은 의식적으로 가장 선호하여 활발하게 사용하는 기능으로서 개인 성격의 핵심(외향과 내향)인 반면, 부기능은 주기능과의 균형과 상보적 역할(인식과 판단)을 한다. 3차 기능은 의식과 무의식의 사다리 역할, 부기능의 반대기능이며, 열등기능은 무의식 차원에서 미분화되어 덜 발달되고 주기능의 반대기능을 의미한다. 네 가지 문자로 표시되는 성격유형의 기능들(S, N, T, F), 태도들(E, I), 그리고 외부세계로의 지향성(J, P) 간의 역동적인 상호관계를 말해준다. 예를 들어 ESTP와 같은 성격유형은 외향성(E)의 성격으로 감각(S)기능에 의해 정보를 얻고, 의사 결정할 때에는 사고기능(T)을 이용하며, 외부세계에 대한 태도는 주로 인식적인(P) 특징을 가지는 성격유형을 의미한다. MBTI 16가지 유형에 대한 설명은 〈표 6-2〉에 요약되어 있다.

표 6-2 MBTI 16가지 유형

유형	특징
ISTJ	신중하고 조용하며 집중력이 강하고, 구체적, 체계적, 사실적, 논리적, 현실적이며 신뢰할 만하다. 만사를 체계적으로 조직화 시키려고 하며 책임감이 강하다. 성취해야 한다고 생각하는 일이면 꾸준하고 건실하게 추진해 나간다.
ISTP	차분한 방관자로서 과묵하며, 절제된 호기심을 가지고 인생을 관찰하고 분석한다. 때로는 예기치 않게 유머 감각을 나타내기도 한다. 대체로 인간관계에 관심이 없고, 기계가 어떻게 왜 작동하는지 흥미가 많다. 논리적인 원칙에 따라 사실을 조직화하기를 좋아한다.
ESTP	현실적인 문제해결에 능하다. 근심이 없고 어떤 일이든 즐길 줄 안다. 기계 다루는 일이나 운동을 좋아하고 친구 사귀기를 좋아한다. 적응력이 강하고 관용적이며, 보수적인 가치관을 가지고 있다. 긴 설명을 싫어한다. 기계의 분해 또는 조립과 같은 실제적인 일을 다루는데 능하다.
ISFJ	조용하고 친근하고 책임감이 있으며 양심이 바르다. 어떤 계획의 추진이나 집단에 안정감을 주며 매사에 철저하고 성실하고 정확하다. 기계분야에는 관심이 적다. 충실하고 동정심이 많고 타인의 감정에 민감하다.
ISFP	말 없이 다정하고 친절하고 민감하며 자기 능력을 뽐내지 않고 겸손하다. 의견의 충돌을 피하고 자기 견해나 가치를 타인에게 강요하지 않으며 다른 이 앞에서 주도해 나가기보다 충실히 따르는 편이며 여유가 있다. 목표를 달성하기 위해 안달복달하지 않고 현재를 즐기기 때문이다.
ESFP	사교적이고 태평스럽고 수용적이고 친절하며, 만사를 즐기는 형이기 때문에 다른 사람들로 하여금 일에 재미를 느끼게 한다. 운동을 좋아하고 주위에 벌어지는 일에 관심이 많아 끼어들기 좋아한다. 추상적인 이론보다는 구체적인 사실을 잘 기억하는 편이다. 건전한 상식이나 사물뿐 아니라 사람들을 대상으로 구체적인 능력이 요구되는 분야에서 능력을 발휘할 수 있다.
ESFJ	마음이 따뜻하고 사람들에게 인기가 있고 양심이 바르고 남을 돕는 데에 타고난 기질이 있으며 집단에서도 능동적이다. 조화롭고 남에게 잘 해주며 사람들에게 직접적이고 가시적인 영향을 줄 수 있는 일에 가장 관심이 많다.
INFJ	인내심이 많고 독창적이며 필요하면 끝까지 이루려고 한다. 자기 일에 최선의 노력을 다하며 타인에게 말 없이 영향력을 미치며, 다른 사람에게 따뜻한 관심을 가지고 있다. 확고부동한 원리원칙을 중시하며 공동을 위해서는 신념을 가지고 있기 때문에 존경을 받는다.
INFP	정열적이고 충실하나 상대방을 잘 알기 전까지는 이를 드러내지 않는 편이다. 학습, 아이디어, 언어, 자기 독립적인 일에 관심이 많다고 어떻게 하든 이루어내기는 하지만 일을 지나치게 많이 벌이려는 경향을 가지고 있다. 남에게 친근하며 동시에 만족시키려는 부담을 가지고 있다. 물질적 소유에는 별 관심이 없다.
ENFP	따뜻하고 정열적이고 활기가 넘치며 재능이 많고 상상력이 풍부하다. 어려운 일이라도 해결을 잘하며 항상 남을 도와주지만 자기 능력을 과시한 나머지 미리 준비하기보다 즉흥적인 것을 좋아한다. 자기가 원하는 일이라면 하고 새로운 것을 찾아 나선다.
ENFJ	주위에 민감하며 책임감이 강하다. 다른 사람들의 생각이나 의견을 귀하게 여기고, 다른 사람들의 감정에 맞추어 일을 처리하려고 한다. 편안하고 능란하게 계획을 내놓거나 집단을 이끌어 가는 능력이 있다. 사교성이 풍부하고 인기 있고 동정심이 많다. 남의 칭찬이나 비판에 지나치게 민감하게 반응한다.
INTJ	독창적이며 자기 아이디어나 목표를 달성하는 데 강한 추진력을 가지고 있다. 관심을 끄는 일이라면 남의 도움이 있든 없든 이를 계획하고 추진해 나간다. 회의적, 비판적, 독립적이고 확고부동하며 고집스러울 때도 많다. 타인의 감정을 고려하고 타인의 관점에도 귀를 기울여야 하는 법을 배워야 한다.

(계속)

유형	특징
INTP	조용하고 과묵하며 이론적 과학적 추구를 즐기며, 논리와 분석으로 문제를 해결하기를 좋아한다. 주로 자기 아이디어에 관심이 많으나, 다른 사람들의 모임이나 잡담에 관심이 없다. 자기의 지적 호기심을 활용할 수 있는 분야에서 능력을 발휘할 수 있다.
ENTP	민첩하고 독창적이고 다방면에 재능이 많다. 새로운 일을 시도하고 추진하려는 의욕이 넘치며, 새로운 문제나 복잡한 문제를 해결하는 능력이 뛰어나다. 일상적이고 세부적인 면은 간과하기 쉽고 한 일에 관심을 가져도 부단히 새로운 것을 찾아나간다. 자기가 원하는 일이면 논리적인 이유를 찾는다.
ENTJ	열성이 많고 솔직하고 단호하고 통솔력이 있다. 추리와 지적담화가 능하며 정보에 밝고 지식에 대한 관심과 욕구가 많다. 실제의 자신보다 더 긍정적이거나 자신 있는 듯한 사람으로 비칠 때도 있다.
ESTJ	구체적이고 현실적이고 사실적이며, 기업이나 기계에 재능을 타고난다. 실용적이며 필요할 때 응용할 줄 안다. 활동을 조직화하고 주도해 나가기를 좋아하며 타인의 감정이나 관점에 귀를 기울일 줄 알고 행정가 타입이다.

4) MBTI검사의 유의사항

MBTI검사를 할 때 유의해야 할 사항으로 검사지를 읽고 답안지의 A나 B위에 체크를 하도록 하며 시간제한은 없으나 한 문장에 오래 머물지 않는 것을 원칙으로 한다. 만일 문항이 애매모호하거나 선택할 수 없을 때는 그냥 문항을 넘어가도 하며 검사실시자의 주관적인 해석을 피해야 한다(Myers et al., 2005). MBTI검사의 응답은 신분이나 직업에 맞춰 응답하는 것이 아니라 자신이 선호하는 대로 응답하도록 하는데 내담자 자신이 바라는 이상형으로 응답해서는 안 되며 되도록 편안하고 자연스러운 분위기에서 실시하도록 한다. MBTI 문항을 대독해 주어서는 안 되며 이해가 안 되는 문항이 있다 하더라도 다른 사람이 그 문항에 대해 해석, 설명해주는 것을 금해야 한다.

　MBTI검사에서 좋고 나쁜 성격유형은 없다는 것을 피검자에게 알려주고 의식적으로나 일관성 있게 응답하지 않도록 주의하며 검사지에는 어떠한 표시도 하지 않도록 한다. MBTI 응답에서 자신의 신분이나 직분에 맞춰 응답하는 것이 아니라 자신이 선호하는 대로 응답하도록 하는데 타인의 유형을 짐작하거나 절대시하지 않도록 한다. 정신질환자, 극심한 불안상태 및 생활의 극심한 변화를 겪은 내담자(이혼, 사망, 이사, 실패, 직업전환 등)는 MBTI를 활용하는데 유의해야 하며 부적절한 경우는 시도하지 말아야 한다. 타인으로부터 검사실시의 강요를 당하는 내담자나 특정한 조건하에 있는 피검자도 MBTI 적용이 부적절하다.

5) MBTI의 활용

MBTI는 상담과 심리치료에 유용한 도구로 사용되어 왔으며, 1980년대 이후부터 인사관리, 인력개발, 조직개발, 성격심리학 등 다양한 분야에 응용됨으로써 교육 및 인간관계훈련 전문가들에 의해 활용되고 있다. 더 나가서 MBTI는 리더십, 인사관리, 진로지도, 상담 및 코칭, 자녀 교육, 부모역할 커뮤니케이션, 조직 활성화, 자기관리, 신앙생활, 부부관계 증진, 학습지도 등 여러 분야에서 활용된다.

성격진단 프로그램은 자신의 성격을 자세히 알고 좋은 부분은 더 발전시키고, 인간관계의 문제를 회복하는데 의의를 둔다. 한국의 경우 현재 GS Form(자가 채점용)과 GA Form(컴퓨터 채점용) 두 가지 검사지가 제공되고 있으며, 그 외에 MBTI 한국판 매뉴얼과 16가지 성격유형의 기능적 특성과 기질적 특성을 자세히 설명해 놓은 16가지 성격유형에 대한 해석서가 나와 있다.

1990년 한 해 동안 미국에서 300만 명, 일본에서 250만 명이 활용했으며 현재 19개 국어로 번역되어 30여 국가에서 인간이해의 유용한 도구로 사용되고 있는데 현재까지 350여 편의 논문과 950여 권의 서적이 출판되고 있다.

한국 내에서 서울시 카운슬러협회, 서울시 교원연수원, 서울시 여학생 생활 연구원, 삼성국제경영연구소, 대우인력개발 등에서 MBTI 등을 실시 및 해석되고 있으며 대학 내 학생생활상담연구소와 시와 도의 청소년 상담실 등을 중심으로 다양한 장면에서 인간이해의 유용한 검사 도구로 사용되고 있다.

5 아동·청소년 성격유형검사

1) MMTIC의 이해

MBTI(Myers-Briggs Type Indicator)가 성인을 위한 성격검사라면 MMTIC(Murphy Meisgeier Type Indicator for Children)는 만 8세부터 13세까지의 아동과 청소년을 위한 성격검사도구이다. 이 검사는 어린이들과 청소년의 심리발달과정에 있어서 성격이해 학습지도, 대인관계형성, 진로지도에 도움을 주고 있다.

융(C. Jung)의 심리유형 이론에 기초하고 있는 MMTIC 검사는 초등학교부터 받을 수 있는 어린이 및 청소년 성격유형검사로 1990년 머피(Murphy)와 마이스가이어(Meisgeier)박사에 의해 제작되었으며, 1987년부터 미국 MBTI본부의 인준 아래 문항분석을 포함한 세부적인 통계분석을 거쳐 검사의 신뢰도와 타당도가 검증되었다(Murphy & Meisgeier, 2008). MMTIC는 1990년에 한국표준화 작업이 완성되었는데 김정택과 심혜숙에 의해 1993년에 한국 어린이 및 청소년 초등학교 2학년에서 중학교 2학년 2000명을 표집대상으로 하여 한국학술진흥재단의 협력으로 한국판 MMTIC를 표준화하였다.

한국 MBTI연구소에서 MMTIC전문교육과정을 개설하였다. MMTIC는 어린이들과 청소년의 심리발달 과정에 있어서 성격 이해, 학습 지도, 대인관계 형성, 진로 지도에 도움을 주고 있고, 청소년 상담 분야에서도 활발히 활용되고 있다. MMTIC는 개인의 성격, 삶의 에너지, 주변 환경에 대처하는 방법, 개인의 학습 방식, 학교에서의 학습태도, 기질적인 성향 등을 알 수 있는데 이 검사는 자기보고를 통하여 아동·청소년의 성격유형 및 선호성을 알아내고, 선호성이 개별적으로 복합적으로 어떻게 작용하는지 결과들을 예측한다. 더 나가서 MMTIC는 개인 및 가족역동상의 갈등을 해소하고 각자의 유사성이나 차이점을 활용하여 성숙한 인간관계로 발전시키며 부모와 자녀의 성격 역동을 통해 자녀와 대화 방법이나 가족 간의 이해로 부모의 입장에서 자녀의 교육지도 방법, 또는 선생님의 지도 방법을 각 유형에 맞게 적절히 사용할 수 있다.

그러나 MMTIC를 활용하는 데 있어 해석할 때 주의할 점은 MBTI를 해설할 때와는 다른 관점이 필요하다는 것이다. 발달 단계에 있는 어린이는 기능의 분화가 분명하게 나타나지 않을 수 있기 때문에, MMTIC의 검사 문항은 일반적인 학교생활을 고려하여 구성되어 있으므로, 검사결과를 해석할 때 어린이의 결과 유형이 또래 집단의 유형을 반영하여 나타났을 가능성이 높다는 점을 감안해야 한다.

2) MMTIC의 성격유형

MMTIC 유형은 4가지 기능의 상반된 특징을 가지고 조합한 16개 유형으로 분류된다.

MMTIC 어린이청소년 심리검사로 알 수 있는 것은, 16가지의 선호 자극에 따른 16가지 선호경향성이며 16가지 유형은 각 기능의 특징을 조합한 경향을 나타내게 된다. 기능의 내용으로 '에너지 방향'은 외향과 내향으로 구분하며 '인식기능(정보수집)'은 감각 기능과 직관기능으로 구분한다. '판단기능(판단, 의사결정)'은 사고와 감정으로 구분하며 마지막으로 '행동양식'은 판단과 인식으로 구분한다.

(1) 에너지 방향

○ E(Extraversion, 외향성)

활발하고 적극적이라는 말을 자주 들으며 슬프거나 기쁜 일이 생기면 부모에게 즉시 표현하는 편이다. 주위에서 일어나는 모든 일에 관심을 보이고 조용히 혼자 있는 시간보다는 친구들과 어울리는 시간이 많고 처음 보는 친구라도 쉽게 관계를 맺으며 감정을 잘 드러내는 편이고 즉각적으로 반응을 보이며 친구들과 함께 하는 것을 좋아하며, 보고 듣고 하는 것을 말로 표현한다.

다른 아이들과 함께 집단으로 작업하는 것을 선호하고, 자기 의견을 표현할 기회를 통해 많이 배운다. 실제로 나와서 직접 해보는 것을 좋아하고, 실험과 실패가 허용되는 분위기에서 더 잘 배운다.

○ I(Intraversion, 내향성)

조용하고 침착하다는 말을 자주 들으며 몇몇 친구들과 아주 친하게 지내는 편이다. 친한 친구나 아는 사람들이 없는 장소에 가면 아주 어색해 하고 부끄러워한다. 혼자 놀거나 책을 읽는 시간이 많으며 생각을 많이 한 후에 행동을 한다. 친한 친구들을 좋아하면서도 공부를 집중적으로 할 때는 혼자 하기를 좋아한다. 모든 일에 능동적인 것보다는 수동적으로 대처하는 경향이 있다.

혼자 생각하고 이해할 시간이 충분히 허용되는 분위기에서 더 많이 배운다. 어떤 집단에서나 설명을 듣고 관찰하며 질문을 주고받는 과정이 있으면 더 잘 학습하며 주의 집중이 된다. 아동은 알고 있어도 금방 대답하지 않는 경향이 있다.

(2) 인식기능

● S(Sensing, 감각)

일이나 과제를 가지고 있을 때 꾸준하게 어떤 일을 추구하는 경향이 있으며 정확하며 사람들의 외모나 주위환경의 세부적인 특징들을 잘 기억하는 편이다. 보이는 것은 믿을 수 있으며 감각형으로서 TV, 비디오, 오디오 등의 미디어 등을 학습보다 더 선호한다.

실제적응에 효과적이다. 예에 대한 이해와 문제에 대한 단계적인 설명과 개념이 실제로 어떻게 적용되는지를 연결시키는 것이 효과적이며 반복적인 훈련이 있을 때 이해가 효과적이다.

● N(Intuition, 직관)

상상력이 풍부하고 상상 속의 친구를 가지고, 혼자 있을 때도 그 친구와 이야기를 할 때가 있다. 혼자 생각하고 이해할 시간이 있거나 집단이나 상호과정과 질문을 주고받는 과정이 있으면 무엇이든 효과적으로 일을 추진하는 경향이 있다.

다른 것에 관심을 쏟다가 다시 과제나 일에 집중하는 경향이 있으며 상상 속의 이야기를 즐기며 이야기를 잘 지어낸다. 알고 있어도 응대하지 않는 경향이 있으며 새로운 것을 배우기를 좋아하고 전에 하던 것과는 다른 방법으로 과제나 일을 하는 경향이 있다. 다른 아이들이 생각지도 않은 엉뚱한 행동이나 생각을 할 때가 종종 있다.

(3) 판단기능

● T(Thinking, 사고)

자료를 수집하고 조직하고 평가한다, '왜'라는 질문을 자주하고 게임을 할 때도 경쟁적인 것을 더 좋아한다. 자료를 수집하고 조직하고 평가하는 상황을 선호하며 기회가 주어질 때 더 잘 하고 공정한 평가를 원한다. 원인과 결과를 밝히는 것을 더 선호하거나 이해하며 규칙을 중요시하여 신속한 상황에 따라 자극을 받아 더 열심히 한다.

궁금한 것이 있으면 꼭 물어보고 마음먹은 일은 끝까지 주장하는 편이고 논리적인 설명으로 설득력이 합리적이다. 야단을 맞거나 벌을 받아도 쉽게 눈물을 보이지 않는 편이고, 자기 입장은 설명할 수 있다.

● F(Feeling, 감정)

다른 사람들의 관심에 민감하고 칭찬이나 인정을 받는 것을 좋아하며 감정이 풍부하고 인정이 많고 순하다는 평가를 받는다. 화목한 분위기를 선호하며 무엇이든지 학습 동기 유발이 강하다. 인간관계에서 양보를 잘하며 다른 이들의 문제를 잘 듣는 편이고, 위계적인 인간관계를 잘 유지한다.

칭찬과 인정을 받을 때 변하는 경향이 있다. 지속적인 경쟁 분위기에 쉽게 좌절하지만 사람들에게 어떻게 도움을 줄 수 있는가 하는 것에 쉽게 관심을 기울인다.

(4) 행동양식

● J(Judging, 판단)

학습상황에서 정확한 것을 좋아하지만 논리적인 설명을 기대하는 경향의 아동이다. 미리 계획표를 짜고 그 계획을 지키며 깨끗이 정돈하는 편이다. 행동을 미리 기대하며 계획에 따라 진행되는 학습상황을 선호한다. 책임감이 강하지만 예정에 없던 일이 생겨 계획을 갑자기 바꾸면 불편해하며, 마무리 짓지 않고 다른 과제로 넘어가면 스트레스를 받는 경향이 있으며 혼란스러워 한다.

내담자는 지시하며 지적하는 활동을 좋아하지만 계획된 일을 못하면 조급해 하고 걱정을 하는 편이다.

● P(Perceiving, 지각)

호기심이 많고 새로운 친구나 상황에 잘 맞추며 자유스럽고 편한 분위기를 선호한다. 지속적으로 규칙을 준수하는 것을 강조하는 경향이 있지만 논리적이며 이론적인 면에서는 쉽게 흥미를 잃는다. 학교에서 학습계획을 세울 때 타인의 도움이 필요한 경향이 있고 자기 기준에 맞추어 나갈 수 있는 허용적 분위기에 잘 적응한다. 계획성이 있으나 중간에 마음이 변하여 변경을 많이 하는 편이며 철학적인 과제보다는 즐거운 일에 몰입하는 경향이 있으며, 과제에 대해서는 미루고 한꺼번에 해버리는 경향이 있다.

결과를 밝히는 합리적인 설명양식을 더 잘 이해하는 경향이 있고 행동으로 표현하는 체험학습과 다양한 활동을 겸한 일에 더 효과적이다. 일을 미리 준비하지 않아도 크게 걱정하지 않는 편이며 잘 정리하지 않는 편이다.

3) MMTIC 검사 해석과 채점

MMTIC 검사의 결과 중에는 U-Band(Undetermined band)라는 결과 해석치가 나올 수 있는데 이 영역은 어린이나 청소년의 경우, 발달의 과정 중에 있으므로 아동이나 청소년의 성향을 미결정된 상태로 보게 된다. 그러나 기질적 성향을 평가할 수 있는 U-Band에 의해 '미결정됨'으로 보는 것은 아동이 성격적으로 미숙하다는 의미가 아니다.

아동과 청소년의 기질의 평가 및 해석은 MBTI의 저자 브릭스(Briggs)와 마이어(Myers)의 선호도 지표(E-I, S-N, T-F, J-P)를 그대로 적용하였는데 결과치에 U-Band의 미결정 영역이 나올 수 있는 경우가 있으며 예를 들어 SJ, SP, NF, NT 등의 기질적인 성향으로 구분되어진다. 해석은 아동이나 청소년의 유형 및 프로파일 환산점수를 내고 성격의 묘사, 대인관계, 학습습관 및 부모와의 관계 영역에 대해 해석을 하게 된다.

MMTIC의 16가지 성격유형 및 대인관계 부모와의 관계, 학습습관 등에 대한 분석과 기질적인 성향은 다음과 같다.

(1) ENFJ

이 유형의 아동·청소년은 말과 행동이 능숙한 편이다. 타인에게 협동하는 타입으로 유머가 많고 말을 재미있게 하고 설득력이 있다. 주기능은 감정(F)이며 인간관계와 일을 모두 중요하게 여긴다. 열등한 사고(T)를 개발하고 상상력에 대해 현실적 판단을 할 수 있도록 노력할 필요가 있는데 더 간결하고 객관적인 태도를 갖도록 노력해야 한다. 더 나가서 개인적인 감정이 확장되어 업무를 추진하는데 방해받지 않도록 노력해야 한다.

민첩하고 참을성이 많으며 다른 사람들의 의견을 존중하고, 다른 의견적인 가치를 인정하고 공동의 선을 위해서 대체로 상대방의 의견에 동의한다. 더 나가서 새로운 아이디어에 대한 호기심이 많다.

이 유형의 아동은 작은 일에도 순서를 따르고, 다른 사람들도 자기와 같을 것이라고 생각하는 경향이 있는데 대부분은 주위 사람들과의 인간관계에서 동일시하기 때문이다. 자신이 존경하는 인물과 제도 혹은 이념을 지나치게 이상화하는 경향도 있지만 말로 생각을 잘 정리하며 표현하는 경향이 있다. 자신이 생각한 계획을 편안하고 능숙하게 제시하고, 조직을 이끌어 나가는 능력이 있다.

기질적 성향은 NF로서 꿈꾸는 공상가이다. 학습에서는 사람 또는 자신과 관계있는 의미를 연결하기를 좋아한다. 통찰력과 예리함, 창의성과 기발함을 언어표현에서 발휘하며, 개인적인 격려와 친숙한 학급친구와의 적응을 선호한다.

(2) ENFP

주기능은 N(직관)이다. 새로운 가능성에 대한 도전에 관심을 갖는 반면, 열등기능이 S(감각)이기 때문에 감각기능이 잘 발휘되지 못할 때는 일을 마무리 짓지 못한 채, 이들의 에너지를 낭비할 가능성이 있다. 이를 보완하기 위해서 중요한 세부사항에 주의를 기울일 필요가 있으며, 관심이 가는 모든 일을 시도하기보다는 일의 우선순위를 두고 어떤 것에 집중할지 선별하는데 노력을 기울일 필요가 있다.

열정적으로 새로운 관계를 만드는 타입으로 기질적 성향은 NF로서 '스파크형'이다. 이들은 풍부한 상상력과 영감을 갖고 새로운 프로젝트를 시작하고 타인에게 동기를 부여하는 리더십을 발휘하기도 한다. 관심이 있는 일이면 무엇이든 척척 해내는 열성파이며 통찰력으로 그 사람 안에 있는 성장 가능성을 알게 된다.

다른 이의 흥미를 자극하며 다른 사람을 잘 돕고 어려움을 당할 때 어려움을 아주 독창적으로 해결해가는 경향이 있다. 창조적이며 새로운 것에 관심을 갖는데 이들은 연속적으로 새로운 열정을 쏟아내는 것 자체에서 힘을 얻고, 많은 가능성으로 가득 차 있다. 열정이 많아 다른 사람도 그 일에 관심을 갖도록 만든다.

(3) ENTJ

이 유형을 가진 아동의 주기능은 T(사고)이며 이 사고기능을 세상의 많은 일에 활용한다.

장기간에 걸친 계획을 좋아하며, 논리적, 분석적, 객관적으로 비평하며, 이러한 분석과 논리성에 바탕을 두지 않은 것은 믿지 않으려는 경향이 있다. 열등기능은 F(감정)이다. 논리적 접근에 너무 많이 의존하기 때문에 감정기능의 중요성을 간과하기 쉽다. 따라서 이 유형의 사람들은 타인의 장점과 아이디어를 인정하는 습관을 개발할 필요가 있다.

'왜'라는 질문을 잘하고 지적 호기심이 강하다. 시험해보고, 발견하고, 탐색하는 과정을 좋아하며 논리적이고 분석적(T)이며 사전 준비를 철저하게 한다. 조직적으로 계획하여 목적을 달성하기 위해 체계적으로 추진하는 경향이 많다. 견디기 힘든 상황은 비능률적이며 비생산적이며 거시적인 안목으로 일을 추진해 나가므로 현실적인 문제들은 쉽게 지나쳐 버리고, 성급하게 일을 추진하는 경향이 있다. 현실상황을 있는 그대로 보고 수행하는 사람들의 견해와 행동에 눈을 돌리고 귀를 기울이는 것이 필요하다.

기질적 성향으로 이 유형의 아동은 지도자형이다. 비전(N)을 가지고 사람들을 활력적으로 이끌어가는 타입이다. 행동이나 분위기에서 '포스'가 느껴지고, 리더십을 잘 발휘한다. 미래지향적(N)인 측면이 있어서 조직에 비전을 제시하려는 움직임이 있고, 뜻을 세우면 좀처럼 굽히지 않는 경향이 있다. 이 유형의 사람들은 활동적이며 행정적인 일과 장기적인 계획(NJ)을 선호한다. 한 주제를 가지고 깊이 있게 관찰 연구하는 것을 선호하는 경향이 있다. 지적 호기심과 독립심이 강하고 탐구를 선호한다.

(4) ENTP

주기능은 N(직관)이다. 따라서 가능성이 보이지 않는 일상 업무를 매우 싫어하며, 주요 관심사 밖의 일에 관여하는 것을 매우 힘들어한다. 자신이 관심 있게 추진하던 프로젝트의 어려운 고비를 넘기고 전체적인 내용을 이해하게 되면 프로젝트에 대한 관심은 줄어들고 지루해 하며 일의 마무리하는 것이 어려울 수도 있는데 계속해서 뭔가 새로운 것을 추구하는 움직임 때문이다. 이 유형의 사람들의 열등기능인 S(감각)이다. 이 열등기능을 보완하기 위해서 일을 계획할 때 현실적인 상황을 고려하는 것이 필요하고, 일을 추진할 때는 일상 규범이나 표준 절차를 염두에 두는 것도 도움이 된다.

기질적 성향은 NT로서 이 유형의 아동·청소년은 발명가형이며 풍부한 상상력을 가지고 새로운 것에 도전하는 타입이다. 새로운 것들을 구축하고 변화를 좋아하며 진취적이며 탐험적인 유형의 사람들이다. 한 가지 주제로 이야기를 하다가도 갑자기 다른 주제로 넘어가고 일이나 생활면에서도 얽매이는 것을 싫어하고 권위주의도 싫어하는 경향이 있다. 독창적인 혁신가로서 창의력이 풍부해서 항상 새로운 가능성을 찾고 새로운 시도를 하며, 다방면에 재능도 많고 자신감도 많다. 이 유형의 사람들은 다른 사람들의 동향에 대해 기민하고 박식하며, 타인을 판단하기보다는 이해하려고 노력한다.

(5) ESFJ

이 유형 아동의 주기능은 F(감정)이며 사람을 다루는 직무와 일을 추진하는 과정에서 협력해야 하는 상황에 적절하게 반응한다. 또한 감각기관에 의해 인지된 사실들(S)에 주된 관심이 있으므로 실용적이고, 현실적이며 실제적이다. 열등기능은 T(사고)이다. 반대 의견에 부딪쳤을 때나 자신의 요구가 거절당했을 때 그것을 지나치게 개인적으로 받아들여 마음의 상처를 입는 경향이 있는데, 자신과 의견을 분리시키는 훈련이 필요하며 객관성을 키울 필요가 있다.

아동의 기질적 성향은 SJ로서 이 유형은 '친선도모형'이다. 친절과 현실감을 바탕으로 타인에게 봉사하는 타입이며, 동정심과 동료애가 많으며, 친절하고 재치가 있다. 참을성이 많고 양심적이며, 정리정돈을 잘 한다. 타인에게 관심을 쏟고 인화를 도모하는 일을 중요하게 여기며, 다른 사람을 잘 돕는다. 또한 다른 사람의 지지를 받으면 일에 열중하고, 다른 사람의 무관심한 태도에 민감하다. 이 유형의 아동들은 다른 사람들의 존경할만한 자질에 주의를 기울이는 경향이 있고, 존경받는 사람이나 널리 알려진 기관, 명분에 경의를 나타낸다. 또한 존경하는 사람이 칭찬하는 것이라면 무엇이든지 이상적인 것으로 받아들인다.

(6) ESFP

주기능은 S(감각)이다. 우호적이고 적응력이 있는 이 유형의 사람들은 보고 듣고 경험한 것에 의존하는 경향이 있다. 주위의 사실이 무엇이든 간에 그대로 수용하고 사용한다. 무엇을 해야 한다는 강제성을 요구하기보다 모든 사실을 파악하게 되면 만족할 만한 해결책을 찾을 수 있을 것이라고 믿는다. 이러한 믿음은 N(직관)이 열등기능으로 작용하는 것에서 비롯된다. 이를 보완하기 위해서 일을 시작하기 전에 전체적인 계획을 세워보는 노력이 필요하다. 더불어 일과 여가를 잘 조정하여 균형을 맞추는 것도 필요하다.

이 유형의 아동은 사교적인 유형이다. 분위기를 고조시키는 우호적인 타입으로 친절하고 수용적이며 현실적이고 실제적이다. 어떤 상황에도 잘 적응하고 타협적일 뿐 아니라 선입견이 별로 없고 개방적이고 관용적이며 대체로 사람들을 잘 받아들인다.

기질적 성향은 SP로서 주위에서 진행되는 다른 사람들의 일이나 활동들에 관심이 많고 알고 싶어 하며, 기꺼이 그 일에 함께 참여하고자 한다. 새로운 사건 혹은 물건에도 관심과 호기심이 많다. 이론이나 책을 통해 배우기보다 실생활을 통해 배우는 것을 선호한다.

(7) ESTJ

주기능은 T(사고)이다. 논리적, 분석적, 객관적, 비판적인 경향이 있고, 논리적인 추론을 제외한 그 어떤 것도 확신하지 않는 경향이 있다. 반대로 열등하게 작용하는 기능은 F(감정)이다. 일처리 속도가 빠르다보니 때로는 관계나 감정(F)을 더 중요시하는 사람들에게 상처가 되는 일도 생긴다. 일을 빠르게 처리하다가 보면 벌써 결과물이 나와 있고, 주위를 둘러보면 사람들이 표정이 굳어 있는 경험을 할 수도 있다.

이 유형의 아동은 실용적이거나 현실적으로 일을 많이 하는 타입이며, 추진력과 업무능력이 뛰어난 타입이다. 시간약속이나 규칙을 잘 지키려고, 일의 시작과 동시에 끝을 예상하는 타입이다. 기질적 성향은 SJ로서 ESTJ유형의 사람들은 상처받은 사람들을 잘 감지하지 못 할 수도 있다.

(8) ESTP

주로 사용하는 주기능은 S(감각)이다. 외부세계에 대한 다양한 경험을 선호하며 사고기능(T)의 논리적인 분석에 의해 결정을 내린다. 강인함과 인내력이 요구되는 상황에서는 제한을 받기도 하는데, 이 때문에 이 유형의 아동들은 일의 마무리가 미흡하다는 평가를 받기도 한다. 따라서 끈기와 인내, 의지를 더 키울 필요하다. 열등기능인 N(직관)인데 즉각적인 물질의 즐거움에만 머물지 않고 그 이면에 있는 가치나 미래에 대한 가능성, 영향력 등에도 관심을 기울이는 것이 필요하다.

이 유형의 아동은 기질적인 성향이 SP로서 '활동가형'이다. 친구, 운동, 음식 등 다양한 활동을 선호하는 타입이며, 관대하고 느긋한 마음이 있고, 사람이나 사건에 대한 선입관이 없으며 개방적이다. 자신과 타인에 대해 관용적이며, 일을 있는 그대로 바라보고 받아들인다. 그래서 갈등이나 긴장 상황을 잘 해결시키는 능력이 있다. 규범을 적용하기보다 그 상황에 잘 적응하려고 하고, 누구나 만족하는 해결책을 모색하고 타협하고자 하여 대처 능력이 있다. 현재에 초점을 맞추어 현실을 있는 그대로 보기 때문에, 현실적으로 발생하는 문제를 해결하는데 뛰어난 능력을 발휘하기도 한다. 주위 사람들은 이 유형의 사람들을 '예측하기 어려운 아동'으로서 간주하기도 한다.

(9) INFJ

이 유형 아동의 주기능은 N(직관)이다. 영감(통찰)에 의해 많이 지배되며, 내면적으로 독립적이고 개인적인 경향을 보인다. 독립심이 강하지만 다른 사람들과 조화를 이루기 위해 이러한 특성을 잘 드러내지 않는 경우가 많다. 아동들의 영감이 매우 확고하고 중요하기 때문에, 모든 사람들이 그것을 받아들이지 않는 이유를 이해하지 못 할 때가 많다. 직관기능이 일상적인 일에서 억압되지 않으면 많은 분야에서 큰 가치를 발휘하지만 타인에게 강요하지 못하고, 비판에 정면으로 부딪치지 못하며, 지나칠 정도로 모든 것을 혼자 감당하려고 노력할 때가 있다. 감각(S)이 열등기능으로 이 유형의 아동은 현재 상황에서 무엇을 완수할 수 있는가에 대해 여유를 갖고 보다 개방적인 자세를 가질 필요가 있다.

기질적 성향은 NF로서 이 유형의 아동은 예언자형이다. 사람과 관련된 것에 통찰력이 뛰어난 타입이며, 보이지 않는 감정의 흐름들을 잘 파악하고, 타인의 상처를 품어주고 싶어 한다. 어떤 일을 할 때 그 일이 갖는 의미가 중요하고, 대인관계를 형성할 때는 진실한 관계를 맺고 타인에게 영향력을 미친다. 독창적이고 독립심이 강하며, 확고한 신념과 뚜렷한 원리원칙을 생활 속에 가지고 있다. 남에게 강요하기보다 자신의 행동과 권유를 통해 사람들의 마음을 움직이고, 사람들이 따르게 만드는 지도력이 있다.

(10) INFP

이 유형 아동의 주기능은 F(감정)이며, 이상을 표현하기 위해 직관기능(N)을 이용한다. 이 기능들이 스트레스나 압력으로 인해 효율적으로 작용하지 않으면 불가능한 것을 계속 꿈꾸기만 할 뿐, 실제적인 성취는 극히 적어질 수 있다. 열등기능은 T(사고)이고, 이 부분이 취약할 수 있다. 지나치게 이상적인 사고를 주장하기보다 때로는 자신의 신념과 개인적인 아이디어(N)를 논리적(T)으로 분석할 필요가 있다.

기질적 성향은 NF로서 '잔다르크형'이다. 이상적인 세상을 만들어 가는 타입이며 내면에 굉장한 따뜻함이 있으며 자신만의 세계와 자신만의 신념이 있다. 타인에게 간섭받는 것을 싫어하고 일보다는 사람들과의 관계에 더 집중하기 때문에 일처리를 더디게 한다는 평가를 받기도 한다. 압력에 대한 부정적인 생각이 걱정하기보다 침착하다. 타인에 대해서 냉정한 것처럼 보일 때도 있을 만큼 표현력이 없지만 신앙 수호자, 왕(또는 마을)의 수호자 등으로 묘사된다. INFP유형을 이해하기 위해서는 대의명분을 이해해야 하는데 이들은 대의명분을 위해서 흔하지 않은 희생을 기꺼이

하기 때문이다. 자신의 신념에 대한 일관성 있는 행동을 하며 감정과 지성의 일치성을 강하게 추구하는 타입이다. 자신의 신념에 위협을 받으면 한 치의 양보도 없이 신념을 지키려는 행동을 보인다.

(11) INTJ

이 유형 아동의 주기능은 N(직관)이다. 영감(통찰)에 대해 가치를 두고 이들의 영감이 실현되는 것과 다른 사람들이 자신의 영감을 수용하여 응용하는 것을 보고 싶어 한다. 자신의 목표를 성취하기 위해 시간과 노력을 투자하는데 결단력과 인내력이 있고, 이들 스스로 열심히 하는 만큼 다른 사람들도 열심히 일할 것을 기대하며 독려하는 경향이 있다.

열등기능은 F(감정)이다. 감정기능을 개발하지 않으면 감정의 가치를 소홀히 생각해서 다른 사람들의 가치관과 감정(F)을 무시할 수 있으므로 타인을 인정하는 방법을 배울 필요가 있다. 아이디어(N)가 객관적으로 비현실적일 경우에는 포기하는 방법을 배울 필요가 있다.

이 유형의 아동은 기질적 성향이 NT로서 과학자형 아동이다. 전체적으로 통합을 잘 하며 자신만의 뚜렷한 신념이 있다. INTJ유형의 사람들끼리 만나면, 서로 같은 성향이 있어도 비슷하지 않은 한두 가지 성향 때문에 이질감을 느낀다. 16가지 유형 중에서 가장 독립적이고 단호하며, 어떤 문제에 대해 고집이 세며, 자신이 가진 영감과 목적을 실현시키려는 의지와 인내심을 가지고 있다. 자신과 다른 사람의 능력을 중요하게 여기며, 목적을 달성하기 위해 모든 시간과 노력을 바친다.

(12) INTP

이 유형 아동의 주기능은 T(사고)이다. 어떤 현상이나 아이디어든 그 속에 내재된 중요한 원칙을 찾고 분석하는데 활용한다. 결과적으로 이들은 논리적으로 분석하고, 객관적이며 비판적이다. 논리적인 사고기능에 너무 의존하기 때문에, 자신과 다른 사람들에 대해서도 주의를 기울이지 않고 그냥 지나쳐 버리기 쉽다. 단지 논리적이지 않다는 이유 때문에, 어떤 것을 중요하지 않다고 결정해 버리기도 하여 쉽게 놓치기 쉬운 현실감각(S)과, 타인이나 타인의 노력을 인정하는 태도를 개발하고 보완하는 것이 필요하다.

기질적 성향은 NT로서 아동 유형은 아이디어뱅크형이다. 비평적인 관점을 가지고 있는 뛰어난 전략가 타입이다. 조용하고 과묵하나 관심 있는 분야에 대해서는 말을 잘한다. 사람이 중심이 되는 가치보다는 아이디어에 관심이 많다. 매우 분석적이고 논리적이며 객관적인 비평을 잘한다. 일의 원리와 인과관계에 관심이 많으며, 실체보다는 실체가 안고 있는 가능성(N)에 관심이 많다. 이해가 빠르고 높은 직관력으로 통찰하는 재능이 있으며, 지적인 것에 관심이 많다. 개인적인 인간관계나 파티 혹은 잡담에는 별로 흥미가 없다.

(13) ISFJ

이 유형 아동의 주기능은 S(감각)이다. 꼼꼼하게 정보를 잘 다루고 기억한다. 세상을 살아가면서 감정기능을 많이 활용하여 친절하고 동정적이다. 또한 상대방을 진심으로 염려해주는데, 이러한 특징은 지지와 수용이 필요한 사람에게 매우 도움이 된다. 열등기능은 N(직관)인데, 보완하기 위해서 장기적인 안목(N)으로 미래를 볼 필요가 있고, 더불어 사고기능(T)도 함께 개발해서 세상에 대처하는 논리적이고 효율적인 생활양식을 갖도록 노력하는 것도 필요하다.

이 유형의 아동은 '권력형'이지만 성실하고 온화하며 협조를 잘하는 타입이며, 이 유형의 사람들을 대체로 가족을 소중히 여기고 자신의 노력이나 헌신을 인정받지 못하면 쉽게 상처를 받는다. 그 상처받은 마음을 표현하지는 않고 속으로 삭히기 때문에 마음에 '한'이 되기도 한다. 이 유형의 사람들은 책임감이 강하고 온정적이고 헌신적이다. 세부적이고 치밀하며 일을 끝까지 수행하는 등 인내심이 강하며 동료나 가족, 집단에 안정감을 준다. 일을 처리할 때는 현실감각을 가지고 실제적이고 조직적으로 수행하고, 경험을 통해 자신이 생각한 것이 틀렸다고 인정하기 전까지는 어떤 난관이 있어도 꾸준히 밀고 나가는 타입이다.

(14) ISFP

이 유형 아동의 주기능은 F(감정)인데 자신의 가치와 타인의 가치 모두 잘 이해하고 지지해 준다. 그래서 이들은 믿음을 가지고 하는 업무를 할 때는 두 배의 능력을 발휘하며, 현실 감각도 풍부하다. 반대로 열등기능은 T(사고)인데, 이 열등기능 때문에 타인의 부탁을 거절하거나 단호한 결정을 내리는 것을 어려워하게 된다.

이 유형의 아동은 '성인군자형'이다. 따뜻한 감성을 가지고 있는 겸손한 타입이며, 차분하고 부드럽다는 말을 자주 듣고, 타인에게 상처주기는 무척이나 꺼려하는 타입이다. 목욕탕에서 남의 등은 밀어주고서 자신의 등을 밀어달라는 부탁을 하지 못하는 등 타인에게 무척이나 동정적이다.

이들의 감정(F)은 거의 표면화되지 않고, 내적인 온유함은 고요한 침묵(I)으로 가려져 있다. 이

유형의 아동은 분명한 신념이 있지만, 사람들에게 자신의 신념을 주장하거나 강요하는 일은 거의 없다. 16가지 유형 중에서 가장 겸손한 유형이다. 이 유형의 사람들은 적응력이 좋고 관용적이며, 현재의 삶을 즐기곤 한다. 일을 할 때도 조바심을 내지 않고 여유를 갖는 타입이다. 하지만 이 유형의 사람들은 자신의 충실성이 위협당하면 조금도 양보하지 않는다. 충실성은 이들의 중요한 가치가 된다.

(15) ISTJ

주기능은 S(감각)이고 부기능은 T(사고)이다. 자신들이 일처리나 대인관계에서 S(감각)와 T(사고)를 사용하기 때문에 타인들도 자신처럼 논리적이고 분석적이라고 생각하기 쉽다. 그래서 때때로 타인의 정서적인 측면(F)에 대해 적절하지 못한 판단을 내릴 수도 있고, 자신과 타인의 감정 또한 무시하는 경향을 나타내기도 한다. 이를 보완하기 위해서 자신의 정서(F)를 표현하는 노력이 필요하고, 타인의 감정(F)에도 민감하게 반응하는 노력도 필요하다. 또한 상황이 변할 것에 대한 가능성(N)에 대해 개방적인 태도를 취하도록 노력하는 것도 중요한 보완점이 된다.

이 유형의 아동과 청소년은 '세상의 소금형' 유형이다. 한번 시작한 일은 끝까지 해내는 타입이며, 시간약속이 중요하고, 뭔가 확실한 것을 좋아한다. '모범생', '깔끔이', '표준전과', '보증수표' 등의 별명을 갖기도 한다. 이 유형의 사람들은 실제 사실에 대해 정확하고 체계적으로 기억한다. 매사에 신중하며 책임감이 강하다. 집중력이 강하고 현실감각이 뛰어나, 일을 할 때 실질적이고 조직적으로 처리해 나간다. 이들은 직무에서 요구하는 이상으로 일을 생각하며 위기 상황에서도 충동적으로 일을 처리하지 않고 침착하다. 일관성이 있고 관례적이며, 보수적인 입장을 취하는 경향이 있다. 개인적인 반응을 표정으로 잘 드러내지 않지만, 상황을 대단히 개인적인 시각으로 받아들이곤 한다. 현재 문제를 해결할 때 과거 경험을 잘 적용하며, 일상적으로 반복되는 일에도 인내력이 강한 편이다.

(16) ISTP

주기능이 T(사고)이기 때문에 어떤 일을 수행할 때 매우 논리적으로 접근한다. 그러나 어떤 일을 단지 비논리적이라는 이유로 중요하지 않다고 단정해 버리기도 한다. 열등기능은 F(감정)인데, 이 때문에 느낌이나 감정, 타인에 대한 고마운 마음을 표현하기 어려워할 때가 많으며 자신의 느낌이나 생각, 정보, 계획을 개방하고 타인과 나누는 노력이 필요하다. 더불어 지나치게 편의적이고 에너지(노력)를 절약하려는 경향이 있으므로, 열성과 적극성을 키울 필요가 있다.

이 유형의 아동은 기질적으로 '백과사전형'이다. 논리적이고 뛰어난 상황적응력을 가지고 있는 타입이며, 조용하고 말수가 적으며 인생을 논리적으로 분석하며 객관적으로 관찰한다. 사실적인 정보를 조직하는 것을 좋아하고, 뚜렷한 사실에 근거한 객관적인 추론을 제외한 어떤 것에 의해서도 확신하지 않는 타입이다. 자신을 필요 이상으로 개방하지 않으려 하며, 대체로 가까운 친구들 외에는 다른 사람을 사귀려고 하지 않는다. 열정적이지만 조용하고 호기심이 많은 타입이고, 이들은 종종 외부상황을 잊을 만큼 이들의 관심거리에 깊이 몰두하게 된다. 이 유형의 아동의 특징 중 하나는 '노력과 절약'이다. 뛰어난 것은 현실감각, 시간포착, 긴급한 상황에 대비하는 뛰어난 감각으로 위기를 잘 직감하기도 한다.

MMTIC 검사의 내용과 채점은 〈표 6-3〉에 기재하였다.

표 6-3 MMTIC 검사지와 채점

나의 성격은?	전혀 그렇지 않다	그렇지 않다	보통 이다	그렇다	매우 그렇다
1. 처음 보는 아이들과도 쉽게 얘기를 하거나 친해지는 편이다.					
2. 모르는 사람들이 많이 모여 있는 곳에서도 활발하게 행동하는 편이다.					
3. 여기저기에 친구나 아는 사람들이 많이 있다.					
4. 친구들과 모임에서 말을 많이 하고 적극적으로 행동한다.					
5. 슬프거나 기쁜 일이 생기면 즉시 부모님께 얘기하는 편이다.					
6. 활발하고 적극적이라는 말을 자주 듣는다.					
7. 시간이 걸리는 일이나 놀이에 싫증을 내고 새로운 놀이나 활동을 원한다.					
8. 혼자 조용히 있거나 책을 읽는 것보다는 사람들과 어울리는 것을 좋아한다.					
9. 새로운 유행이 시작되면 다른 친구들보다 먼저 시도해 보는 편이다.					
10. 기분을 잘 드러내기 때문에 남들이 나의 기분을 금방 알게 된다.					
11. 친한 사람들이나 친구가 없는 곳에 가면 매우 불편해 한다.					
12. 친구를 쉽게 사귀지 못하고 몇몇 친구들과 아주 친하게 지낸다.					
13. 침착하고 조용한다는 말을 많이 듣는다.					

(계속)

나의 성격은?	전혀 그렇지 않다	그렇지 않다	보통 이다	그렇다	매우 그렇다
14. 혼자 놀거나 조용히 책 읽는 것이 좋다.					
15. 먼저 신중히 생각한 후 행동하는 편이다.					
16. 부끄러움을 쉽게 탄다.					
17. 자기 표현이 재빠르지 않다.					
18. 누가 물었을 때라야 대답을 한다.					
19. 낯선 곳에 혼자 심부름 가기를 매우 주저한다.					
20. 생각에 빠질 때가 자주 있다.					
21. 비유적이고 상징적인 표현보다는 구체적이고 정확한 표현을 더 잘 이해한다.					
22. 주변 사람들의 외모나 다른 특징들을 자세히 기억한다.					
23. 꾸준하고 참을성이 있다는 말을 자주 듣는다.					
24. 공부할 때 세세한 내용을 잘 암기할 수 있다.					
25. 손으로 직접 만지거나 조작하는 것을 좋아한다.					
26. 꼼꼼하다는 말을 많이 듣는다.					
27. 새로운 일보다는 늘 하는 익숙한 일이나 활동을 더 하려고 한다.					
28. "그게 정말이야?!"라는 식의 질문을 많이 한다.					
29. 새로운 방법을 시도하기보다는 남들 하는 대로 따라 하는 것을 좋아한다.					
30. 눈에 너무 띄지 않는 평범한 옷차림을 좋아한다.					
31. 상상 속에서 이야기를 잘 만들어 내는 편이다.					
32. 종종 물건들을 잃어버리거나 어디에 두었는지 기억을 못할 때가 있다.					
33. 창의력과 상상력이 풍부하다는 말을 자주 듣는다.					
34. 다른 아이들과 생각지도 않은 엉뚱한 행동이나 생각을 할 때가 종종 있다.					
35. 이것, 저것 새로운 것들에 관심이 많고 새로운 것을 배우고 싶어 한다.					
36. 질문이 많은 편이다.					
37. 공상 속의 친구가 있기도 하다.					
38. 신기한 것에 호기심이 많다.					
39. 장난감을 분해하고 탐색한다.					
40. '하고 싶다', '되고 싶다'라는 꿈이 많다.					

(계속)

나의 성격은?	전혀 그렇지 않다	그렇지 않다	보통 이다	그렇다	매우 그렇다
41. "왜"라는 질문을 자주 한다.					
42. 의지와 끈기가 강한 편이다.					
43. 궁금한 점이 있으면 꼬치꼬치 따져서 궁금증을 풀고 싶어 한다.					
44. 참을성 있다는 말을 자주 듣는다.					
45. 야단을 맞거나 벌을 받아도 눈물을 잘 보이지 않는다.					
46. 한 번 마음먹은 일은 꾸준히 밀고 나간다.					
47. 주변 어른들이 귀엽다고 말하거나 쓰다듬어 주면 매우 어색해 한다.					
48. 성적이 올랐거나 일을 잘 했을 때 직접 칭찬을 받아야 좋아한다.					
49. 논리적이고 구체적인 설명으로 부모나 친구들을 잘 설득하는 편이다.					
50. TV나 책에서 경찰관이 악당을 벌주는 내용이 나오면 매우 신난다.					
51. 부모님이나 선생님의 말을 잘 듣는 편이다.					
52. 감정이 풍부하고 인정이 많다는 말을 많이 듣는다.					
53. 정이 많고 순하다는 말을 자주 듣는다.					
54. 주위에 불쌍한 사람이나 친구들이 있으면 마음 아파하고 도와주고 싶다.					
55. 야단을 맞거나 벌을 받으면 눈물부터 나온다.					
56. 다른 사람의 반응에 민감하다.					
57. 매를 맞으면 쉽게 잘못했다고 하는 편이다.					
58. 싹싹하고 연하다는 소리를 잘 듣는다.					
59. 양보를 쉽게 하는 편이다.					
60. 음식, 장난감을 선택할 때 쉽게 결정을 못 내릴 때가 많다.					
61. 생활계획표를 세밀히 짜놓고 그 계획표에 따라 생활하는 것을 좋아한다.					
62. 대개 먼저 공부나 할 일을 해놓고 나서 노는 편이다.					
63. 시험보기 전에 미리 여유 있게 공부계획표를 짜 놓는다.					
64. 마지막 순간에 쫓기면서 공부하는 것을 싫어한다.					
65. 계획에 따라 규칙적인 생활을 하는 편이다.					
66. 목표가 뚜렷하고 자신의 의견을 분명히 표현하는 편이다.					
67. 계획에 없던 일을 시키면 몹시 짜증을 낸다.					

(계속)

나의 성격은?	전혀 그렇지 않다	그렇지 않다	보통 이다	그렇다	매우 그렇다
68. 학교나 친구들 모임에서 책임 있는 일을 맡고 싶다.					
69. 예정에 없던 일이 생겨 계획을 바꾸어야 하면 짜증을 낸다.					
70. 깨끗이 정돈된 상태를 좋아한다.					
71. 계획을 잘 세우지 않고 일이 생기면 바로 처리하는 편이다.					
72. 어떤 일을 할 때 마지막 순간에 한꺼번에 처리하는 경향이 있다.					
73. 방이 어수선하게 흐트러져 있어도 신경 쓰지 않는다.					
74. 주변에서 일어나는 일들에 호기심이 많고 새로운 상황에 잘 적응한다.					
75. 남의 지시에 따르기보다는 자신의 마음에 따라 행동하는 것을 좋아한다.					
76. 자기 것을 잘 나누어주는 편이다.					
77. 노트나 책가방 등을 덜 챙기는 편이다.					
78. 신발이나 옷이 떨어져도 무관심한 편이다.					
79. 자기 것을 덜 주장하고 고집하는 편이다.					
80. 활동이 많으면서도 무난하고 점잖다는 말을 듣는 편이다.					

자료: Murphy, OE. & Meisgeier, C.(2008). *MMTIC manual: A guide to the development and Use of the Murphy-Meisgeier Type Indicator for Children*. Gainsvill, FL: Center for Applications of Psychological Type. 재구성

    MMTIC 점수 채점은 MMTIC 결과로서 8가지 특성에 따라서 달라지며 일반적으로 외향(E)(1~10), 감각(S)(21~30), 사고(T)(41~50), 판단(J)(61~70), 내향(I)(11~20), 직관(N)(31~40), 감정(F)(51~60), 인식(P)(71~80)을 기준으로 하여 채점이 이루어진다.

4) 사례

G라는 여자 청소년(15세)의 MMTIC 환산점수(ESFP)는 E(37), S(62), F(67), P(74)로서 표현되었다. G의 환산점수에 대한 성격묘사, 학습습관, 대인관계, 부모와의 관계를 분석하였는데 먼저 성격적 표현은 명랑하고 활동적이며 다른 사람을 잘 배려하고 낯선 상황에도 잘 적응하지만 깨끗이 치우는 것을 하지 못하는 경향이 있다. 학습습관은 부지런하게 노력하는 편이며 시험에도 잘 대비하여 자신의 최선을 다하여 공부하는 경향이 있으며 예술성이 있어 음악이나 체육과목도 선호하는 편이다. 인간관계를 분석한다면 낯선 사

람을 만나는 것을 어려워하지 않고, 어려운 친구들을 변호하고 도와주는 경향이 있고 정이 많고 남을 잘 배려하는 편이다. 마지막으로 부모와의 관계는 서로 원만한 편이며 상호작용이 잘 이루어 진다. 더 세부적으로 표현한다면 성격유형이 ISFP인 부모는 딸에 대해 호감을 갖고 딸을 좋아하며 칭찬을 많이 하지만 성격유형이 ISTJ인 부모는 자신과는 다른 자녀에 대해 걱정을 할 수도 있고 게으른 것이나 방을 치우지 않는 것에 대해 많은 조언이나 지적을 하는 등 여유 있는 G의 성격을 걱정하는 편이다. 그러나 두 부모 모두 G가 게으르고 정리정돈을 잘 하지 않는 단점에 대해서는 관심을 보이며 은근히 지적할 가능성이 높다.

6 다면적 인성검사

1) MMPI와 MMPI-2의 비교

다면적 인성검사(MMPI: Minnesota Multiphasic Personality Inventory)는 세계적으로 가장 널리 쓰이고 있는 객관적 성격검사이다. MMPI는 1943년 미국 미네소타 대학병원의 해서웨이(Hathaway)와 매킨리(McKinley)에 의해 개발되었으며, 검사 개발의 일차적 목적은 비정상적인 행동과 증상을 객관적으로 측정하고 진단하는 것이었다. MMPI는 개인의 일반적인 성격 특성 및 정신병리적 상태를 평가할 수 있는 가장 강력한 검사로 발전하였다. 과거 MMPI-1 성격검사는 1985년의 인구조사에 근거하였지만 MMPI-2검사(MMPI-2: Minnesota Multiphasic Person ality Inventory 2)는 2000년 이후 모든 인구조사에서 매 5년마다 시행되는 인구조사에 근거를 두고 개정하였다. 종전의 MMPI의 문제점으로서 대표성이 결여된 표본집단을 활용하였고 과거의 문화를 반영한 검사문항 내용을 가지고 있는데 반해 MMPI-2는 문화적으로, 시대적으로 적합한 문항으로 수정 보완한 성격검사이다.

MMPI-2의 가장 두드러진 특징은 기존척도에서 재구성 임상척도(Restructured Clinical Scale: RC 척도)를 개발한 것이다. 임상척도들 간의 높은 상관은 환자 특성(patienthood)에 기인한다고 볼 수 있는데, 환자 특성이 모든 임상척도에 반영된다는 것이다(Friedman, Levak, Webb & Nichols, 2000). MMPI-2가 나오기 전에 MMPI의 문제는 이러한 환자 특성 때문에 각 임상척도를 해석하는 것에 애매한 문제를 가지고 있었으나 MMPI-2는 임상척도의 문제들을 극복하였다. 재구성 임상척도는 각 임상척도마다 다른 척도들과는 구분되는 핵심적인 임상적 특성이 있을 것이라는 가정 하에 환자 특성에 해당하는 문항들을 하나의 척도로 묶어내고(RCd, demoralization), 각 고유한 임상 특성만을 반영되도록 제작되었다.

MMPI-2는 타당도 척도인 기존의 L, F, K척도에 더하여 무선반응 비일관성척도(VRIN), 고정반응 비일관성척도(TRIN), 비전형-후반부척도(F$_B$), 비전형-정신병리척도(F$_P$) 및 과장된 자기제시척도(S) 등을 추가하였다. 더 나가서 표준 척도 채점에 사용되지 않는 기존의 문항을 삭제하였으며, 이를 대체하여 새로운 내용척도를 개발하였는데 자살, 약물 및 알코올중독, Type A 행동, 대인관계 등의 새로운 문항을 추가하여 평가할 수 있는 내용 영역을 확장하였다.

MMPI-2의 추가된 척도로서 성격 5요인 척도(PSY-5 Scales)인 결혼 부적응척도(MDS: Marital Distress), 중독 시인척도(AAS: Addiction Admission), 중독 가능성척도(APS: Addiction Potential), 남성역할 & 여성역할척도(GM & GF: Masculine Gender Role & Feminine Gender Role) 등의 새로운 보충척도들이 추가되었다.

새로운 문항을 추가하여 측정할 수 있는 주제나 문제의 영역을 확장하는 데 있어 원판 MMPI의 척도 값은 선형 T-점수를 사용하는데 이는 백분위를 비교할 수 있는 가능성이 거의 떨어진다. 선형 T-점수에서는 같은 값의 T-점수라도 분포의 모양이 다르면 각기 다른 백분위 값을 갖게 된다(최정윤, 2012). 예를 들면 척도 1의 T-점수는 70과 척도 3의 T-점수 70점이 동일한 백분위의 의미를 갖지 않는다.

2) MMPI-2의 타당도, 신뢰도, 객관성

(1) 검사의 타당도

준거 타당도는 내적 준거 타당도이다. 한국 MMPI-2의 타당도가 높기 위해서는 내적 준거 타당도가 높아야 하는데 미국의 MMPI-2와 상관이 높다. 그리고 MMPI-1보다 MMPI-2는 검사에 맞는 척도들을 개발하고 보충하여 타당도가 높은 편이다. MMPI의 표준 임상척도의 가장 큰 문제점으로 지적되어 온 사항 중의 하나는 척도들 간의 상관이 너무 높다는 것이었다. 재구성 임상척도의 새로운 개발은 타당도 증가이며 피검자가 얼마나 정확하게 검사를 실시했는지에 대한 검사태도를 평가할 수 있다.

타당도는 '검사를 측정하려고 하는 바를 정확하게 측정하고 있는가?'의 이슈를 다루는 것이다. 척도가 더욱 과학적이고, 객관적으로 정확해 진다면, 한 척도의 대표성이 강해지고 척도 간 상관이 낮아져 구성 타당도를 높일 수 있다. MMPI-2 검사의 새로운 척도보충과 개발은 MMPI-1 검사보다 타당도의 향상으로 간주된다(Greene, 1999).

(2) 검사의 신뢰도

MMPI와 같은 성격검사들은 시간의 변화에 덜 민감하며 재검사 신뢰도가 높을수록 과학적인 검사이다. 검사-재검사의 신뢰도는 신뢰도를 파악할 수 있는 좋은 기준이며 재검사 신뢰도의 상관계수는 .7 정도가 적당하다. MMPI와 같은 성격검사에서 한 척도에 포함된 각 문항들은 동일한 척도를 재는데 서로 연관되어 있고 문항들끼리의 일치하는 정도가 높을수록 신뢰도가 높다(Greene, 1999). MMPI-2 검사는 시대적으로 적합한 문항으로 수정 보완하여 불필요한 문항을 삭제하였고 한국판 MMPI-2 검사는 역번역을 통하여 번역의 정확성을 확인하였다. 또 의미 전달이나 두 가지 이상의 번역이 부딪히는 경우, 전문가의 합의와 실제 피검자의 반응과 의견을 수렴 결정하여 문항의 질을 향상시켰다. 이것은 검사의 신뢰도를 증진시키는 결과를 가져왔다.

(3) 검사의 객관성

검사의 객관성을 위하여 다음과 검사자와 피검자의 조건, 검사환경, 검사 시행에 대한 주의점, 채점에 대한 객관성과 올바른 해석 등이 검사의 객관성을 높인다. 먼저 객관성을 높이가 위해서는 채점은 컴퓨터가 하고 해석은 상담자 혹은 검사자가 한다. 또한 검사 시행과정에서도 꾸준한 상담, 다른 성격검사 결과와의 비교를 통하여 통합적 검사 결과를 도출해야만 해석 객관성을 높일 수 있다.

검사절차나 시행을 올바르게 함으로서 객관성을 높일 수 있는데 검사자, 내담자의 객관성이 검사환경, 그리고 채점에 대한 주의점이 있다. 검사 시행을 할 때 검사자의 자격조건은 검사이론에 대한 배경지식을 알고, 성격구조 및 역동, 정신병리를 잘 알고 활용해야 한다는 것이다. 검사자는 표준적 자료나 컴퓨터 자동해석을 피검자의 배경과 특성에 대한 다른 정보와 통합할 수 있어야 한다.

MMPI-2의 매뉴얼에서 피검자의 교육수준은 최소한 초등학교 6학년 수준 이상이어야 하는 것으로 확정되었다. 피검자 혹은 내담자가 신체적 또는 정서적문제가 있는지 확인해야 하며 난독증, 마약, 알코올중독상태, 뇌 손상, 환각상태, 우울장애 등(Friedman, et al., 2000)이 파악되어야 한다. 객관성을 위한 검사환경으로는 검사지와 답안지를 놓을 수 있는 책상, 밝은 조명, 편한 의자가 있는 조용한 장소를 필요로 하고 피검자에게 검사결과가 함부로 다루어지지 않으며, 비밀이 보장된다는 점에 대하여 설명해야 한다 (Greene, 1999). 검사자는 타당하고 유용한 검사자료를 얻어내기 위해 필요한 단계적인 절차가 무엇인지 자세하게 알고 있어야 한다.

소요시간은 60~90분이고 피검자가 특정문항의 내용에 대해 설명을 요구할 때 짧게 하며 내담자가 이해하는 대로 답하도록 한다. 중요한 것으로 MMPI 채점의 객관성을 위해서는 컴퓨터를 이용한 채점 프로그램을 사용해야 하며 다양한 검사결과 및 자료를 활용해야 한다. 제시된 해석들은 미국 연구자료에 기초했으므로 점수대별 해석들이 한국인들에게도 그대로 받아들여지기보다는 참고로 체계화되어야 하며 다른 심리검사와 함께 종합적인 심리검사를 활용하는 것이 안전하다. 해석의 객관성을 높이기 위해 동형 T-점수를 사용해야 하며 미국과 한국 규준 집단의 일치도를 분석하여 한국 MMPI-2 해석 객관성을 높여야 한다.

3) MMPI-2 타당도척도(Validity Scales)

MMPI-2에서 정확하고 유용한 정보를 얻기 위해서는 표준적인 지시에 잘 따라서 검사를 실시해야 할 필요가 있다. 검사자는 내담자에게 각각의 문항을 잘 읽고 내용을 파악한 뒤, '그렇다-아니다' 형식으로 제시된 답안지에 솔직하고 정직하게 응답하라고 지시한다. 표준적인 절차와 크게 어긋난 방식으로 검사를 실시해서 얻어진 자료는 타당하지 않은 것으로 간주되어야 하고, 더 이상 해석해서는 안 된다. 타당도척도는 원판 MMPI에서 수검태도를 평가하기 위해서 고안되었던 네 개의 타당도척도인, 무응답(?)척도, 부인척도(L), 비전형척도(F) 및 교정척도(K)는 MMPI-2에 그대로 유지되고 있다. 그러나

MMPI-2에 새로 추가된 타당도척도는 무선반응 비일관성척도(VRIN), 고정비일관성척도(TRIN), 비전형-후반부(F$_B$)척도, 또한 비전형-정신병리(F$_p$)척도 및 과장된 자기제시(S)척도 등이 있다. MMPI-2의 개발된 척도들에서 무응답-VRIN척도와 TRIN척도는 피검자가 제대로 문항을 읽고 일관성 있게 응답하였는지를 검토한다. MMPI 주요 타당도척도는 그린(Green, 1991)의 매뉴얼(Manual)을 중심으로 재구성하였고 〈표 6-4〉, 〈표 6-5〉, 〈표 6-6〉, 〈표 6-7〉에 요약되었다.

(1) 무효반응척도

무효반응척도에는 무선반응 비일관성척도(VRIN), 고정반응 비일관성척도(TRIN), 무응답(?)척도가 있다.

● 무선반응 비일관성척도

무선반응 비일관성척도(VRIN: Variable Response Inconsistency)는 수검자가 자신에게 심각한 정신병리가 있음을 솔직하게 인정한 경우나 심각한 장애를 겪고 있어서 문항에 솔직하게 응답한 결과로 본다. 또한 전형적으로 문항의 내용을 제대로 읽지도 않고 응답했거나, 수검자가 모두 '그렇다' 혹은 모두 '아니다' 반응으로 문항에 완전히 혹은 대부분 무선적으로 응답했기 때문이기도 하다. 이 척도는 내담자가 MMPI-2의 문항에 비 일관적으로 응답하는 경향이 있는지를 탐지한다(Friedman, et al., 2000). 실제보다 심한 곤란을 겪고 있는 것처럼 보이려는 의도를 가지고 응답한 사람일 경우와 내용이 유사하거나 상반된 문항에 대해 비 일관적으로 대답한 정도를 측정하며 80점 이상이 나오면 전체결과해석이 불가하다고 해석한다.

VRIN척도는 F척도 점수가 어떤 이유로 상승했는지 이해하는 데 도움이 된다. 수검자가 MMPI-2에서 일부로 혹은 의도적으로 대답했을 경우는, VRIN척도의 T-점수는 평균수준으로 나온다. F척도와 VRIN척도가 함께 상승하는 것은 수검자가 무선반응을 했을 가능성을 시사한다. F척도 점수는 높지만, VRIN척도 점수가 낮거나 보통 수준이라면, 수검자가 무선반응을 했거나 혼동하지 않음을 의미한다. 수검자가 모두 '그렇다' 모두 '아니다'로 반응했을 시 F척도의 점수는 높아지며 VRIN척도의 점수는 보통 수준에 머물게 된다(Greene, 1999). VRIN척도의 구성은 내용면에서 유사한 혹은 정반대인 문항들이 짝

지어진 67개의 문항반응이 쌍으로 구성되어 있다. 수검자가 서로 짝지어진 문항들에 비일관적으로 응답할 때마다 VRIN척도의 원점수가 1점씩 높아진다. 채점방식이 상당히 까다롭고 복잡하므로 이 척도를 채점할 때는 컴퓨터를 사용할 것을 권장한다(Friedman, et al., 2000). MMPI-2 매뉴얼에서는 VRIN척도의 원점수가 13점 이상(T≥80)일 때는 검사자료의 타당성을 의심할 수 있을 정도의 비 일관적인 응답을 의미한다.

● 고정반응 비일관성척도

고정반응 비일관성척도(TRIN: True Response Inconsistency)는 문항내용과 상관없이 무분별하게 '그렇다'로 응답하는 경향(모두 긍정) 혹은 무분별하게 '아니다'로 응답하는 경향(모두 부정) 때문에 비 일관적인 반응을 보인 사람들을 탐지하기 위해서 개발되었다. 두 경우 모두에서, 검사자료는 타당하지 않은 것으로 간주되어야 하며, 검사를 해석하지 않아야 한다. 어떤 문항 쌍의 경우에는 '그렇다-그렇다' 혹은 '아니다-아니다'로 반응했을 때 모두 채점되기 때문에, TRIN척도에서는 23개의 반응쌍이 나올 수 있다.

고정반응척도로서 문항의 내용에 상관해서 일률적으로 '예' 혹은 '아니오'로 대답했는지를 측정하며 80점 이상은 검사해석이 불가하다(Graham, 1990). TRIN척도의 원점수가 높을 때는 수검자가 무분별하게 '그렇다'로 반응하는 경향이 있고 TRIN척도의 원점수가 낮을 때는 수검자가 무분별하게 '아니다'로 반응하는 경향이 있다. MMPI-2 매뉴얼에서는 TRIN척도의 원점수가 13점 이상(T≥80, '그렇다' 방향으로)인 경우 혹은 원점수가 5점 이하(T≥80, '아니다' 방향으로)인 경우에는 검사자료의 타당성을 의심할 수 있는 무분별한 반응이 시사된다고 설명하고 있다.

● 무응답(?)척도

무응답(?, Cannot Say)척도는 수검자가 응답하지 않고 빠뜨린 문항의 개수를 의미하는 것이다('그렇다'와 '아니다' 모두에 응답한 경우도 포함된다).

(2) 과대보고척도

과대보고척도에는 비전형척도(F), 비전형-후반부척도(F(B)), 비전형-정신병리척도(F(P)) 등이 있다.

● 비전형척도: F

MMPI-2 매뉴얼에서 MMPI-2의 F척도는 60개의 문항으로 구성된다. F척도는 비 전형반응척도인데 원판의 F척도 문항들을 요인분석한 결과 F척도는 편집증적 사고, 반사회적 태도 혹은 행동, 적대감, 낮은 신체적 건강수준 등의 다양한 특성들을 평가하게 된다. F척도가 정신병리와 관련되기 때문에 이 척도의 점수는 임상 장면과 비임상 장면에서 각기 다른 의미를 가지는데 입원환자, 외래환자, 비임상집단에서는 다른 특이한 내담자의 각 임상적인 특성들이 적용되어야 한다(Friedman, et al., 2000). 일반인들과 다른 생각이나 행동의 정도를 측정하며 심각한 정신질환이 있을 경우 70점 이상의 높은 점수를 나타낼 수 있다. 80점 이상이면 검사를 성실히 하지 않았을 것이라고 보는 경향이 있다.

원판 MMPI의 비전형(F)척도는 문항내용을 제대로 읽지 않고 응답하거나 무선적으로 응답하는 것과 같은 '이상반응경향' 혹은 '비전형적인 반응경향'을 탐지하기 위해 개발된 것이다. 원판의 F척도 문항 64개는 MMPI 규준 집단에서 오직 10% 이내의 사람들만이 채점되는 방식으로 응답했던 문항들이다. 문항내용에 대한 이견 때문에 몇몇 문항이 삭제되고 MMPI-2의 척도들은 서로 상관이 있기 때문에, 일반적으로 F척도 점수가 높아지면 다른 임상척도들의 점수도 대개 상승하며, 특히 척도 6과 척도 8의 점수가 상승하는 경향이 있다.

F척도의 점수가 높아지는 이유는 내담자가 실제로 심각한 심리 문제를 겪고 있는 경우, 부정적인 방향으로 왜곡하거나 꾀병으로 가장하려는 시도를 한 경우 혹은 무분별하게 모두 '그렇다' 혹은 모두 '아니다'로 응답하는 경우이다. F척도가 상승되었을 때 실제 정신병인 아니면 의도적으로 자신을 부정적으로 보이려는 태도로 한 것인지 판별하게 된다. MMPI-1에서는 어떤 이유 때문에 높은 F척도 점수를 얻었는지 설명하기가 어려웠다. 그러나 MMPI-2에서는 VRIN척도, TRIN척도, F(B)와 F(P)척도가 추가되었기 때문에, F척도의 점수가 왜 상승하는지 의미하는 바를 설명하기가 훨씬 수월해졌다. 예를 들어 정상인들이 거의 응답하지 않으면 선정된 문항들로 구성된 F척도에 비하여 F(P) 척도는 실제로 심각한 정신병리를 반영할 가능성이 낮다(최정윤, 2012).

F척도의 점수와 해석은 〈표 6-4〉에 요약되어 있다.

표 6-4 F척도의 점수와 해석

F척도의 높은 점수	T≥100 (입원환자) T≥90 (외래환자) T≥80 (비임상 장면)	수검자가 검사자료를 무효로 할 정도의 타당하지 않은 반응 세트로 응답했을 가능성을 반드시 고려해야 한다. 무선적으로 아무렇게나 응답했을 가능성: 무선반응 여부를 탐지하려면 VRIN척도를 같이 살펴봐야 한다. VRIN척도의 T≥80이라면, 무선반응일 가능성이 크다. 모든 문항에 '그렇다'로 응답했을 가능성은 TRIN척도의 T≥80('그렇다' 방향으로)일 것으로 예상된다. 부정적인 방향으로 왜곡하거나 꾀병으로 가장하려는 시도를 한 경우는 Fp척도를 고려하는 것이 도움이 된다. 정신과 입원환자 중에 F척도의 T-점수가 100점 이상인 경우는 매우 심각한 정신병리를 지니고 있음을 시사한다.
	T=80∼99 (입원환자) T=70∼89 (외래환자) T=69∼79 (비임상 장면)	모든 문항에 '아니다'로 응답하면, 이 정도 범위의 F척도 점수를 얻게 된다. TRIN척도의 T≥80('아니다' 방향으로)일 가능성이 크다. 수검자가 자신의 증상이나 문제를 과장했을 가능성을 시사하며 '간절하게 도움을 청하려는(cry for help)' 목적으로 자신의 증상을 과장했을 수 있다. 그러나 이 수준의 높은 점수는 수검자가 실제로 심각한 문제를 지니고 있음을 의미하기도 한다.
	T=55∼79 (입원환자) T=55∼69 (외래환자) T=40∼64 (비임상 내담자)	타당한 방식으로 검사에 임했을 가능성이 크다. 때로는 수검자가 사회적, 정치적, 종교적으로 일탈된 확신을 가진 경우에 이런 수준의 점수를 얻기도 한다. 이 범위의 상담에 속하는 점수를 얻은 사람들은 자신의 심리 문제를 정확하게 보고했을 가능성이 높다.
F척도의 낮은 점수	T<54 (입원환자 및 외래환자) T<39 (비임상 장면)	F척도의 T-점수가 평균 이하 범위에 속하는 사람들은 자신의 심리 문제를 부인하거나 축소하여 보고했을 가능성이 있다. 이런 경우는 긍정왜곡 반응 세트를 고려해야 한다.

자료: Greene R. L(1991). *The MMPI-2/MMPI: An interpretive manual*. Boston: Allyn & Bacon. 재구성

● 비전형–후반부척도: F(B)

F(B)는 검사 시 후반부의 비전형 반응을 보여주는 척도이며 F(P)는 비전형 정신병리 척도이다. 이 척도들은 F척도가 상승했을 경우 그 원인이 정신병리에 있는지 확인하기 위한 것이다. F-F(B)-F(P)척도를 통해서 부정왜곡(over reporting: faking bad)의 경향을 탐색하며, 마지막으로 L-K-S척도를 통해서 긍정왜곡(under reporting: faking good)의 경향을 탐색할 수 있게 되었다. 개발된 척도들을 통해서 보다 체계적이고 정확하게 피검자의 수검 태도를 평가할 수 있게 되었다.

원래 MMPI-2의 규준자료를 수집하는데 사용된 시험용 검사지의 제작을 위해 개발된 것이었다. 처음에 개발된 F(B) 척도는 64개의 문항으로 구성되었지만 원래의 64문항 중에서 140문항만 포함되었다.

표준적인 F척도는 타당하다고 여겨지는 검사자료에서 F(B)척도의 점수가 상승했다면, 이것은 수검자가 검사지의 후반부에 제시된 문항들에 타당하지 않은 방식으로 응답했을 가능성이 있음을 의미한다(Graham, 1990). 이런 경우에는 검사지의 전반부에 배치된 문항들을 중심으로 채점되는 포준척도들(L, F, K 및 임상척도)은 해석할 수 있지만, 검사지의 후반부에 배치된 문항들을 중심으로 채점되는 보충척도, 내용척도 및 기타 척도들을 해석해서는 안 된다. F(B)척도는 지금까지 활용되지 않았던 새로운 척도이기 때문에, 검사자료가 타당한지 여부를 구분할 수 있는 최적의 분할 점에 관한 연구들이 매우 적은 편이다.

MMPI-2 매뉴얼에서는 F(B)척도의 점수가 유의미하게 상승(임상 장면에서 T≥110, 비임상 장면에서 T≥90)하고 F(B)척도의 T-점수가 F척도의 T-점수보다 적어도 30점 이상 높을 때는 검사의 후반부에서 수검태도가 변화했거나 문제의 가능성이 크므로 후반부의 문항들을 중심으로 채점되는 척도들은 해석하지 말라고 제안하고 있다.

● 비전형-정신병리척도: F(P)

F(P)는 비전형-정신병리척도이다. F척도가 상승했을 경우 그 원인이 정신병리에 있는지 확인하기 위한 것이다. 비전형적인 반응을 탐지하는 데 있어 F척도를 보완하기 위해서 비전형-정신병리(infrequency psycho-pathology)인 F(P)척도를 개발하였다. 임상 장면에서 MMPI-2의 F척도 점수가 상승하는 이유가 무선반응 혹은 부정왜곡 때문만이 아니라 적어도 부분적으로는 수검자가 실제로 심각한 정신병리를 지니고 있기 때문일 수도 있다는 점이 시사된다.

F(P)척도에 속하는 27개의 문항들은 MMPI-2 일반적인 내담자 집단뿐만 아니라 정신과 환자 집단도 채점되는 것으로 응답하지 않는 문항들이다. F(P)척도의 문항들은 실제의 정신병리를 반영할 가능성이 훨씬 낮다고 볼 수 있다(Graham, 1990). F척도가 높으면서 F(P)척도가 높으면 이는 부정왜곡하려는 태도를 나타내며 F척도가 높지만 F(P)가 높지 않다면 실제 정신병리를 포함한다(최정윤, 2012).

F척도와 더불어서 F(P)척도를 고려하면 부정왜곡을 보이는 사람들과 정신과 입원환자

를 더 잘 판별할 수 있다는 것을 보여주는데 MMPI-2 매뉴얼에서도 F(P)척도의 T-점수가 100점 이상이면 부정왜곡 혹은 무선반응이 시사된다고 설명하고 있다. 무선반응이라면, VRIN척도의 T-점수가 80점 이상으로 상승할 것이다.

(3) 과소보고척도

과소보고척도에는 부인척도(L), 교정척도(K), 과장된 자기제시척도(S) 등이 있다.

○ 부인척도(L)

L척도는 종전의 MMPI척도에도 존재해왔던 거짓말 척도이다(Greene, 1999). 좀 더 괜찮은 사람으로 보이고 싶어 하는 정도를 보여주는 것이며 순진한 거짓말이 분명한 질문에 '예'라고 대답하는 경우에 이 척도가 높아지며 대부분 사회경제적인 수준이 낮은 사람에게서 이 척도가 올라가는 경향이 있다. T-점수가 20~30점 정도로 비교적 낮게 나오면 이는 비교적 솔직하게 대답한 것이다.

내담자 혹은 수검자 자신을 실제보다 더 좋게 드러내려는 의도적이면서도 세련되지 않은 내담자의 의도를 알도록 구성된 것으로 기존의 L척도를 구성했던 15개 문항이 MMPI-2에서도 그대로 유지되었다. L척도의 문항들은 대부분의 사람들이 인정하는 사소한 결점이나 약점에 관한 것들이다(Graham, 1990). 자신을 의도적으로 매우 좋게 드러내려고 시도하는 사람들은 문제를 인정하지 않으려고 하며 L척도 점수가 높아진다.

비임상 장면(i.e. 직업선발, 친권평가 등)에서 MMPI-2 검사를 받는 사람들은 자신을 실제보다 긍정적으로 드러내고 싶어 할 수 있으며 이러한 동기로 인해서 L척도의 점수가 다소 상승할 수 있다. L척도가 상승했다고 해서 반드시 수검자가 심각한 심리적 증상이나 문제를 지니고 있고 정확하게 보고되지 않은 것이라고 말할 수는 없다. L척도의 점수와 해석은 〈표 6-5〉에 요약되어 있다.

○ 교정척도(K)

K척도는 교정성 척도이다. MMPI 반응에서 내담자 혹은 수검자가 비교적 세련된 거짓말을 하고 있다고 보아도 된다(Greene, 1999). K척도는 사회경제적인 수준이 높은 사람에게서 이 척도가 올라가는 경향이 있다(Friedman, et al., 2000). MMPI를 활용한 초기 경

표 6-5 L척도의 점수와 해석

L척도의 높은 점수	T≥80 (임상 장면 및 비임상 장면)	수검자가 정직하고 솔직하게 응답하지 않았을 가능성이 크며, 자신의 부정적 특성은 부인하면서 긍정적 특성을 강조하는 성향이 대부분의 사람들보다 더 심할 수 있다. 대부분의 다른 척도들의 점수가 실제와 다르게 낮아질 수 있으며, 심리적으로 더 잘 적응하고 있는 것처럼 보일 수 있다. 지나친 부인과 방어성향을 시사하는 검사자료는 해석이 불가능하다. L척도 점수가 이렇게 높이 상승한다면, 전형적인 긍정왜곡 프로파일과 비교해 보아야 한다. 전반적인 부정응답 성향으로 인해서도 이렇게 높은 점수가 얻어질 수 있으므로, 이런 수검 태도가 드러난 것인지를 가늠하기 위해서는 TRIN척도의 점수를 고려해야 한다.
	T=65~79 (임상 장면) T=70~79 (비임상 장면)	수검자가 문항에 정직하게 응답하지 않으면서 자신을 상당히 긍정적이며 잘 적응하고 있는 사람처럼 보이려고 시도했을 가능성이 있다. 이런 경우에는 MMPI-2의 다른 척도들에서도 수검자의 심리적 상태가 정확하게 반영되지 않았을 수 있으므로, 검사자료를 아예 해석하지 않거나 혹은 매우 조심스러운 해석이 요구된다. L점수 척도는 전반적인 부정응답 성향을 반영할 수 있으며, TRIN척도의 점수를 함께 고려해서 이를 평가 할 수 있다.
	T=65~69 (비임상 장면)	자신을 지나치게 긍정적으로 그려내려는 경향이 있음을 시사한다. 수검자에게 자신의 심리적 혹은 행동적 문제를 축소시켜 보고하는 방어성향이 있음이 시사되지만, 이점을 충분히 고려한다면 검사자료를 해석할 수 있다.
	T=60~64 (임상 장면 및 비임상 장면)	세련되지 못한 방어성향을 시사하며, 수검자가 그렇게 하고 싶다고 스스로 판단하는 범위 내에서 부정적인 특성은 부인하고 긍정적인 특성은 강조하는 모습을 보일 수 있다. 비임상 장면(예: 인사 선발, 자녀양육권 평가)에서 MMPI-2 검사를 받는 사람들의 L척도 점수는 이 같은 점수 수준을 보이는데 이것은 수검자가 심각한 심리적 증상이나 문제를 지니고 있으면서도 정확하게 보고하지 않은 것이라고는 말할 수 없다.
L척도의 보통 점수	T=50~59	이것이 L척도의 평균 범위이며, 이 정도의 점수는 타당한 검사자료임을 시사한다.
L척도의 낮은 점수	T<50	다른 타당도 척도들의 점수가 어떠한지에 따라서, 이 정도의 점수는 수검자가 정신병을 과장하거나 꾸며내고 있음을 의미할 수도 있다. 모두 '그렇다' 반응 세트로 응답했을 때에도 L척도의 T-점수가 상당히 낮아진다. 이러한 긍정응답 편향에 의해서 L척도 점수가 낮아진 것인지를 검토하는 데는 TRIN척도를 고려한다.

험을 통해서, L척도만으로는 몇 종류의 왜곡응답을 민감하게 탐지할 수 없다는 점을 알게 되었다. 교정(K: correction)척도는 정신병리를 부인하고 자신을 매우 좋게 드러내려는 수검자의 시도, 혹은 이와 반대로 정신병리를 과장하거나 자신을 매우 나쁘게 드러내려는 수검자의 시도를 효과적으로 탐지하기 위해 개발되었다.

높은 K척도 점수는 검사에 대한 수검자의 방어적인 태도와 연관되며, 낮은 K척도 점수는 예외적인 솔직성 및 자기비판적인 태도를 시사하는 것으로 간주된다(Graham, 1990).

K척도의 문항들은 수검자가 부인할 수 있는 여러 가지 다양한 영역의 내용들을 포괄하고 있다(예: 적대감, 의심, 가족불화, 자신감 부족, 지나친 걱정). K척도의 문항들은 L척도의 문항들에 비해 방어적인 사람이 문항의 목적을 알아차려 방어하는 가능성은 적다고 볼 수 있다.

매우 높은 K척도 점수는 전형적으로 방어성향을 시사하기는 하지만, 경미한 점수상승은 때때로 자아강도가 강함을 반영하기도 한다. K척도 점수의 상승이 어떤 경우에 임상적인 방어 혹은 긍정적인 특성을 보이는지를 명확히 구분하는 기준은 없다. 그러나 심리적인 문제를 겪고 있지 않는 것처럼 보이는 청소년의 K척도 점수가 약간 상승했다면, K척도 점수가 방어성향보다는 긍정적인 특성을 반영하고 있을 가능성을 고려해야 한다. K척도 점수와 해석은 〈표 6-6〉에 요약되어 있다.

표 6-6 K척도의 점수와 해석

K척도의 높은 점수	T≥65	수검자가 보통 사람들에 비해서 더 방어적인 태도로 검사에 임했을 가능성이 있음을 시사한다. K척도의 점수가 더 높을수록, 수검자가 임상적인 수준의 방어성향을 지니고 있을 가능성이 높다. 임상 장면에서 K척도의 T-점수가 65점 이상이라면, 이것은 프로파일의 무효가능성이 강하게 의심되는 긍정왜곡 반응을 시사한다. 높은 K척도 점수는 '아니다'로 반응하는 경향을 시사하기도 한다. 만약 K척도의 점수가 높고(T≥65) 이와 동시에 TRIN척도의 T-점수가('아니다' 방향으로) 80점 이상이라면, 수검자가 문항의 내용에 상관없이 '아니다'라고 응답했을 가능성이 매우 높다. 비임상 장면(예: 인사 선발, 자녀양육권 평가)에서는 K척도의 T-점수가 65~74의 범위에 속하는 경우가 매우 흔하므로, 이런 경우에는 무턱대고 검사자료가 무효일 가능성이 높다고 판단하지 않도록 유의해야 한다. 그러나 비임상 장면이라고 할지라도, 이 정도로 상승된 점수는 경미한 방어성향을 반영할 수 있으므로 MMPI-2의 다른 척도들을 해석할 때 충분히 감안해야 한다.
K척도의 보통 점수	T=40~64	수검자가 균형 잡힌 자기관을 가지고 있음을 시사한다. 수검자는 자신의 긍정적인 행동 및 성격특성뿐만 아니라 부정적인 모습도 인정했을 가능성이 높다고 볼 수 있다.
K척도의 낮은 점수	T<40	'그렇다'로 반응하는 경향 혹은 자신을 의도적으로 좋지 않은 방향으로 드러내려는 시도를 반영할 수 있다. 만약 K척도의 점수가 낮고(T<40) 이와 동시에 TRIN척도의 T-점수가('그렇다' 방향으로) 80점 이상이라면, 수검자가 '그렇다' 반응 세트를 보였을 가능성이 있다. K척도의 낮은 점수는 도움을 간청하기 위해서 자신이 겪고 있는 문제를 과장하고 있다.

○ 과장된 자기제시척도(S)

S척도는 '과장된 자기제시 척도'이며 인간의 선함에 대한 믿음이나 평정심이 크고 분노감 등의 부정적인 정서를 내담자가 부정할수록 S점수가 올라간다. MMPI-2에 응답하면서 자기 자신을 매우 정직하고, 책임감 있고, 심리적인 문제가 없고, 도덕적인 결점이 거의 없고, 다른 사람들과 매우 잘 어울리는 사람인 것처럼 드러내려는 경향을 평가하기 위해서 과장된 자기제시(superlative self-presentation)척도를 개발하였다. '과장된 자기제시' 태도는 인사선발 등의 장면에서 관찰된다. S척도의 문항들은 아래와 같이 다섯 개의 주요 내용차원으로 구성되어 있으며(Graham, 1990) 이는 인간의 선함에 대한 믿음, 평정심, 삶에 대한 만족감, 흥분이나 분노에 대한 부인 및 인내심, 그리고 도덕적 결함에 대해 부인을 의미한다. S척도의 점수와 해석은 〈표 6-7〉에 기재하였다.

(4) 기타 타당도척도

○ F-K 지표

고프(Gough, 1950)는 자신에게 심각한 정신병리가 있다는 인상을 주려고 하는 사람들의 경우에는 K척도에 비해서 F척도의 점수가 훨씬 더 상승한다는 것을 발견하였다. F척도의 원점수와 K척도의 원점수 간의 차이가 부정왜곡 프로파일(자신이 정신병을 가진 것처럼 응답하는 의미의 프로파일)을 탐지하는 유용한 지표로 기능할 수 있다고 제안하였다.

표 6-7 S척도의 점수와 해석

S척도의 높은 점수	T≥70	수검자가 매우 방어적인 태도로 응답하여 검사자료를 무효로 간주할 수 있음을 시사한다. 임상 장면에서는, S척도의 점수가 이렇게 상승한다면 다른 자료들을 해석하지 말아야 한다. 어느 정도의 방어성향을 보이는 것이 전형적인 비임상 장면에서는, S척도의 T-점수가 75점 이상일 때는 자료를 해석하지 말아야 하지만 S척도의 T-점수가 70~74점 범위일 때는 다른 척도들의 점수가 다소 과소 추정되었을 것이라는 점을 감안하여 해석할 수 있다. S척도의 점수가 높고(T≥70) 이와 동시에 TRIN척도의 T-점수가('아니다' 방향으로) 80점 이상이라면, 수검자가 문항의 내용에 상관없이 '아니다'라고 응답했을 가능성이 높다.
S척도의 보통 점수	T<70	수검자가 그리 방어적이지 않은 태도로 응답했으며 다른 척도들의 점수를 해석할 수 있음을 시사한다.

F척도의 원점수가 K척도의 원점수보다 더 높을 때는 언제든지 부정왜곡의 가능성을 고려해야 하며, F-K의 점수가 더 클수록 부정왜곡 프로파일일 가능성도 더 커진다.

MMPI-2에서 축소 보고하는 경향성에 대한 연구결과들을 메타분석했을 때, 실제 환자 집단과 증상을 꾸며 낸 집단을 변별하는데 F-K 지표가 유용하기는 했지만, F-K 지표의 유용성은 L척도 보다는 낮았고 K척도와는 유사하였다(Graham, 1990). 따라서 다른 타당도 척도들 대신에 F-K 지표를 활용해야 할 이유는 별로 없는 것 같다.

◉ 가장척도(Ds)

고프(Gough, 1954)는 정신병리를 가장하거나 과장하는 사람들을 가려내기 위해서 가장 (dissimulation: Ds)척도를 개발하였다. Ds척도는 전문가들에 의해서 정신병리를 반영하는 문항으로 판단되었지만 정신과 환자들은 일반적으로 반응하지 않는 문항들로 구성되어 있다. 하지만 이런 꾀병을 가려내는 데 있어서, Ds척도는 F척도만큼 효과적이지는 않다. MMPI-2에서는 Dsr(개정된 Ds)척도가 채점되는데 로저스(Rogers, 2003) 등의 메타분석 결과, 꾀병을 가려내는 데 있어서 Ds척도와 Dsr척도는 F 및 Fp척도만큼은 효과적이지 못하다.

◉ 부정왜곡척도(FBS)

개인적인 상해에 대한 보상을 청구하는 사람들 중에서 정서적 고통을 허위로 만들어 내는 경향(꾀병)을 탐지하기 위해서 부정왜곡(fake-bad: FBS)척도를 개발하였다. 반면 FBS 척도에 대한 후속 연구에서는 이 척도가 의도했던 목적에 부합하는 수준의 타당도가 지지되지 않았다.

MMPI-2에 응답할 때 정신병리를 가장하는 경향을 가려내는데 MMPI-2에서는 FBS척도를 표준적인 채점양식에 포함시키지 않고 있다.

◉ 모호-명백 지표(SO)

일부 연구자들은 MMPI와 MMPI-2의 모호-명백(subtle-obvious) 문항들에 응답한 상대적인 비율이 긍정왜곡 혹은 부정왜곡 반응 세트를 가려내는데 유용하다고 제안하였다. 그러나 이 지표가 꾀병과 연관되어 있다는 경험적인 증거는 부족하다. MMPI-2에서는 모호-명백 소 척도를 표준적인 채점양식에서 더 이상 제시하지 않고 있다.

MMPI-2를 실시했을 때 긍정왜곡을 하는 사람들은, 솔직하게 응답한 사람들에 비해서 Mp척도의 점수가 높을 것으로 예상된다. 하지만 Mp척도의 변별력은 L척도나 K척도보다 미흡했다. MMPI-2에서는 Mp척도를 표준적인 채점양식에서 제시하지 않고 있다.

● 사회적 바람직성척도(Esd)

에드워즈의 사회적 바람직성척도(Esd: Edwards Scial Dsirability)는 수검자가 그 문항에 채점되는 방식으로 응답했을 경우에 그것은 사회적 바람직성을 반영한다는 데에 10명의 평점자가 만장일치로 동의한 문항들로 구성되어 있다.

하지만 MMPI-2에서 정신병리를 축소 보고하는 경향성에 대한 연구들을 메타분석한 결과 Esd척도는 메타분석에 포함된 다른 척도 및 지표들에 비해서 축소 보고를 탐지하는 데 그리 효과적이지 못했다. MMPI-2에서는 Esd척도를 표준적인 채점양식에서 제시하지 않고 있다.

● 사회적 바람직성척도(Wsd)

위긴스의 사회적 바람직성척도(Wsd: Wiggins social desirability)는 사회적으로 바람직해 보이는 방향으로 반응하라는 지시에 따라서 MMPI에 응답한 연구 참여자들과 솔직하게 반응하라는 지시에 따라서 응답한 연구 참여자들을 변별하는 40개의 문항으로 구성되어 있다.

MMPI-2에서 축소 보고하는 경향성에 대한 연구들을 메타분석하면서, 베어(Baer)와 밀러(Miller, 2002)는 Wsd척도가 축소 보고를 탐지하는 데 효과적이며, 연구들 간에 상당히 안정된 변별력을 보여주고 있다고 보고하였다.

아직까지는 MMPI-2에서 Wsd척도를 일상적으로 사용해야 한다는 주장을 지지하는 충분한 증거가 없지만, Wsd척도는 MMPI-2에 실제보다 축소시켜 응답하는 경향을 연구하는데 포함되는 척도로 인정한다.

● 기타 속임수척도(Od)

Mp척도와 Wsd척도를 조합하여 문항을 선정한 뒤에 문항과 척도 간 상관이 낮은 문항들을 제거하는 방식으로 기타 속임수(other deception: Od)척도가 개발되었다. MMPI-2에서 축소 보고하는 경향성에 대한 연구들을 메타분석하는데 포함된 연구들을 살펴봤을 때, Od척도는 L척도 및 K척도에 비해서 축소 보고를 더 효과적으로 탐지하였다. 이 척도는 MMPI-2에 실제보다 축소시켜 응답하는 경향을 가려내기 위해서 일상적으로 사용되어야 한다는 주장을 지지하는 연구결과가 충분하지 않은 타당도척도이다. 그러나 이 척도는 앞으로 MMPI-2에 실제보다 축소시켜 응답하는 경향을 연구하는데 포함되어지는 척도이다.

(5) 타당도척도의 기준점수와 부정왜곡 및 긍정왜곡

타당도척도의 기준점수에서는 F척도일 경우 입원환자는 T-점수가 100점 이상, 외래환자는 T-점수가 90점 이상, 비임상 장면에 있는 내담자는 T-점수가 80점 이상일 때 높은 점수로서 간주된다. 만일 입원환자의 T-점수가 80~90점 이상, 외래환자는 T-점수가 70~89점, 비임상 장면에 있는 내담자는 T-점수가 65~79점 이상일 때 다소 높은 점수로서 간주된다. 그러나 입원환자의 경우 T-점수가 55~79점, 외래환자의 경우 T-점수가 55~69점, 비임상 장면에 있는 내담자의 T-점수가 40~64점일 경우 보통 점수로 간주된다.

L척도인 경우에는 모든 경우의 T-점수가 80점 이상이면 높은 점수로 간주하며 임상환자의 T-점수가 65~79점, 비임상 내담자의 T-점수가 65~69일 경우 다소 높은 점수로 간주된다. 또한 임상 장면의 내담자의 T-점수가 51~59점일 때, 비임상 장면의 내담자의 T-점수가 51~68점일 때 보통 점수로 인정한다. 그러나 임상 장면이든지 비임상 장면이든지 간에 T-점수가 50점 미만일 때는 내담자의 T-점수는 낮은 점수로 간주된다.

K척도인 경우 T-점수가 65점 이상이면 높은 점수로 간주되고 40~64점일 경우 보통 점수로 간주되며 40점 미만일 경우는 낮은 점수로 간주된다. S척도에서는 T-점수가 70점 이상일 때 높은 점수로 간주되며 70점 미만일 때 보통 점수로, 인정되는 경향이 있다.

타당도척도와 기타 타당도척도의 부정왜곡과 긍정왜곡의 관계는 다음과 같다.

타당도척도에서 F척도, L척도, K척도, S척도에 대한 T-점수와 부정왜곡 및 긍정왜곡과의 관계는 다음과 같다.

F척도의 경우, 입원환자나 외래환자는 T-점수가 90점 이상일 때 부정왜곡으로 간주되는 반면, 비임상 장면에서는 T-점수가 80점 이상일 때 부정왜곡으로 간주되어진다. 긍정

왜곡의 경우는 입원환자, 외래환자, 비임상 장면의 내담자의 T-점수가 54점 이하일 때 긍정왜곡으로 간주된다. L척도인 경우, T-점수가 50점 미만일 때 꾀병일 가능성으로 간주되며 T척도 점수가 80점 이상이면 전형적인 긍정왜곡으로 간주된다. K척도의 경우, T-점수가 40점 미만일 때 꾀병을 시사하기보다는 도움을 요청하는 경우로 추측되며 65점 이상일 때는 긍정왜곡이 암시된다. S척도의 경우, 부정왜곡은 문제가 없는 대신 점수가 70점 이상이면 매우 방어적인 태도의 긍정왜곡으로 간주된다. 또한 지표가 9점 이상일때 F-K 척도는 부정왜곡을, Ds척도와 FBs척도는 부정왜곡이나 꾀병으로 간주되는 경향이 있다.

(6) 타당도척도의 사례

대학생 내담자 K는 검사를 시작했을 때 자신의 시간에 비해 검사지의 문항이 너무 많다고 불평을 하였다. 그러나 그는 곧 검사에 집중을 해서 중간에 쉬는 시간 없이 약 40분 만에 검사를 끝마쳤다.

타당도척도를 보면 무선반응 비일관성(VRIN)척도의 T-점수는 48점으로 무선적으로 반응하지는 않았으며, 고정반응 비일관성척도의 T-점수는 50점으로 모두 '그렇다' 혹은 '아니다'로 반응한 것도 아님을 알 수 있었다. F척도에서 T-점수는 49점으로 평균 수준이었다.

비전형 후반부척도 F(B) T-점수는 50점이고 비전형 정신병리척도 T-점수는 46점으로 역시 평균 수준이었다. L척도의 T-점수는 40점으로 평균 수준이므로 미덕이나 실제 가지고 있지 않은 긍정적 특성을 보이지는 않는다. 그리고 S척도의 T-점수는 35점으로 평균 이하여서 자신을 매우 도덕적이고 책임감이 있으며, 심리적인 문제가 없는 사람으로 보이고자 노력하고 있지는 않다. K점수가 32점으로 다소 낮은 수치를 보였는데 K점수는 검사에 대한 방어성, 자아강도, 자기통제 등에 관한 내용이므로 이는 양호한 정신건강, 적응적, 통찰력, 독립성, 일상적 문제를 잘 처리하며 적절한 자기방어를 하고 있다는 증거가 된다. 일반적으로 대학생의 경우는 보통 대학생은 56~69점 사이에 있다. 그러나 피험자에게 나온 점수는 32점으로 평균적인 대학생들보다 낮은 수치를 보였는데 이는 자기방어에 취약하고 자기 문제를 스스로 해결할 수 없음을 인정하는 것으로도 볼 수 있고 심한 스트레스를 겪고 있는 것으로 판단할 수도 있다.

타당도척도를 전반적으로 보면 검사에 대해 개방적이고 솔직하게 접근하였으며, 협조하면서 내담자 자신의 상태를 과장했거나, 자신의 문제를 부정하거나 하는 모습은 보이지 않은 것으로 분석되었으므로 다음 임상척도는 잘 평가되어 질 수 있다.

4) 임상척도 프로파일

임상척도는 일반적으로 T-점수 70점 이상의 높은 점수는 정신과적 증세와 관련 있으며 T-점수가 30~60점 사이에 있을 경우를 정상범위로 본다.

척도 Hs(건강염려증)는 신체기능에 대한 과도한 집착 및 그와 관련되는 질환이나 비정상적인 상태에 의한 불안을 측정한다. T-점수가 65점 이상으로 높을 때에는 책임이나 심리적인 문제를 직접 처리하기를 회피하고 주변 사람들을 조종하기 위하여 실제적이거나 상상적인 신체증상을 호소하는 경우이다. 위장계통의 장애가 보편적이며, 만성적인 피로감 및 무력감을 호소하기도 한다. 65점 이상이면서 더 높은 또 다른 임상척도가 있을 때에는 그 척도가 나타내는 감정이나 행동과 관련되는 신체적 증상이 있음을 뜻한다. 이 척도가 높을수록 자신의 신체적인 고통에 대한 심리적 이유를 탐색하는 통찰력이 낮다.

D척도(우울증)는 MMPI 시행 당시에 느끼는 비관 및 슬픔의 정도를 나타내는 기분 척도이다. 주된 현상은 사기 저하, 미래에 대한 희망의 상실 및 생활환경에 대한 일반적인 불만 등이다. 이 척도는 신경증적 혹은 내인성 우울증보다는 반응성 혹은 외인성 우울증을 측정하기 때문에 환자의 기분이 변함에 따라 변할 수 있다. 높은 점수는 자신 및 환경에 대한 강한 불만을 나타내며 자신 및 상황에 대한 평가가 달라짐에 따라 척도 2의 점수도 변하게 된다. D척도의 하위유형은 D1척도(주관적 우울감), D2척도(정신운동 지체), D3척도(신체적 기능장애), D4척도(둔감성), D5척도(깊은 근심) 등이 있다.

Hy척도(히스테리)는 현실적 어려움이나 갈등을 부인하는 양과 형태를 측정하는 척도이다. 이 척도의 문항들은 서로 다른 두 종류로 구성되어 있는데, 그 하나는 특정한 신체적 증상을 나타내는 문항이며 다른 하나는 자신이 사회적으로 잘 적응하고 있으며 아무런 심리적 문제도 가지고 있지 않다고 주장하는 것을 나타내는 문항이다. 이 두 유형의 문항들은 정상인에게는 서로 상관관계가 없지만 히스테리적 역동을 중심으로 하는 성격을 지닌 사람들에게는 서로 밀접한 관련을 가지고 있어서 신체적 문제는 인정하나 걱정되는 것을 부인하는 형태로 나타난다.

스트레스에 당면하면 전환 신체증상을 일으켜 책임을 회피하려고 하며 부인하는 실제 영역은 다른 임상척도의 상승도와 비교해 봄으로써 알 수 있으며, 일반적으로 척도3보다 높은 척도가 나타내는 증상은 내담자가 인정하지만 그보다 낮은 척도가 나타내는 증상은 부인하는 경향이 있다. 하위척도는 Hy1(사회적 불안부인), Hy2(척도 애정욕구), Hy3(권태-무기력), Hy4(신체증상 호소), Hy5(공격성의 억제) 척도 등이 있다.

Pd척도(반사회성)는 '무엇인가와 싸우고 있는 것'과 관련되는 문항으로 구성되어 있다. 문항 내용의 영역은 다양하고 어떤 경우 모순되기도 하는데 주로 가정이나 권위적 대상 일반에 대한 불만, 자신 및 사회와의 괴리, 일상생활에서의 권태 등을 측정한다.

Hy척도처럼 외견상 모순되는 문항들을 동시에 채점하는 것이 큰 특징인데, 이들은 사회적 적응곤란을 인정함과 동시에 사회적 자신감을 주장한다. 이 '주장성'은 이 척도의 기본성질로, 정상인에게서 경미하게 높은 점수가 나올 경우 자기주장적이며 솔직하며 모험적이다. 그러나 높은 경우 낯선 상황에 빨리 적응하지만 좌절을 겪을 경우 이와 같은 장점이 공격성과 부적응적인 사회적 행동으로 변모한다.

검사 결과가 70점 이상이면 화가 나 있고 싸우며 주로 권위적 대상과 갈등을 겪고 있는 상황이다. 이러한 갈등은 행동보다는 적대감이나 반항심으로 나타날 수 있고 신뢰성이 결여되어 있고 자기중심적이며 무책임하고 충동적이며 좌절에 대해 견디는 힘이 낮다. 그리고 스트레스를 겪으면 반사회적 특성이 나타난다.

하위유형 척도로는 PD1(가정불화), Pd2(권위불화), Pd3(사회적 침착성), Pd4(사회적 소외), Pd5(내적 소외) 등이 있다.

Mf척도(남성성-여성성)에는 이에 속한 문항에 대해 남성이 여성적인 특성을, 여성이 남성적인 특성을 많이 나타낼수록 높은 점수를 얻게 된다. 이 척도는 역할 유연성을 들 수 있는데 남성에게서 이 척도가 높게 나타나면, 재미있고 인내심이 많고 통찰력이 높은 사람으로 본다. 적은 상승점수는 예민하고 호기심이 많으며 참을성이 많고 자신과 타인을 비교적 잘 이해하고 비행행동을 범할 가능성이 없다. T-점수가 60점 이상으로 상승할수록 나타나는 두 가지 행동의 특징이 나타나는데 하나는 심미론적이며 교육수준과 비례하거나 수동적이며 간접적인 방법으로 대처하는 성향을 가지고 있다.

척도 점수 검사결과 30점 정도면 전형적인 여성역할과 과도하게 동일시한다. 수동적이며 수줍어하고 양보심이 많고 무력하며 관계를 너무 염려한 나머지 대인관계에서 자기주장을 잘 하지 못하는 경향이 있다.

Pa척도(편집증)는 T-점수가 60~70점 사이일 때 대인관계에서의 민감성이 높다. 검사결과 60점 정도는 호기심이 많고 탐구적인 태도를 나타낸다고도 볼 수 있으나 스트레스를 받으면 의심성, 과민성 등으로 변질될 수 있다. 그리고 비판에 민감해지고 타인의 행동을 자신과 연관시키며, 정서가 불안하고 현실도피적 경향이 있다. T-점수가 70점 이상일 때 의심이 더해져서 다른 사람들이 악의를 가지고 있다고 생각하고, 그들을 경계해야 한다고 느낀다. 그리고 자기 정당성으로, '나는 당신을 위해 이 모든 것을 했는데 당신은 내게 어떻게 했는지 보라'와 같은 감정을 암시적으로 표현한다. 이 척도에는 네 가지 편집증 요인으로 실제적 박해, 상상적 박해, 망상 및 희망의 상실과 죄책감이 있고 다른 요인들은 신경증적 기질, 냉소적 태도 등이 포함되어 있다. 하위 척도로는 Pa1(피해의식), Pa2(예민성), Pa3(순진성) 등이 있다.

Pt척도(강박증)는 만성적 불안으로, 걱정을 많이 하는 성격형에서 나타나며 스트레스 상황을 측정한다. 강박증은 비합리적이라는 사실을 알고 있음에도 특정 행동이나 사고를 하지 않을 수 없는 상태인데 강박적인 행동 이외에도 비정상적인 공포, 자기비판, 자신감의 저하, 주의집중 곤란, 과도한 예민성, 우유부단 및 죄책감을 측정한다. 문항내용들은 다양한 강박적 증상의 성격적 근거를 측정한다.

검사결과 점수가 60점으로 경미한 상승은 조직하는 능력과 시간을 엄수하고 질서정연하게 행하는 능력을 나타낸다. 그러나 스트레스를 당하면 지나치게 걱정이 많아지고 우유부단하며 극히 사소한 일에 집착하는 등의 부적응적인 행동을 보일 수 있다.

Sc척도(정신분열증)에 속한 문항들은 다양한 사고, 감정, 행동 등의 장애, 특히 외부현실에 대한 해석의 오류, 망각, 환각 등을 다룬다. 감정반응의 위축 및 양면성이 보편적으로 나타나며 현실도피적, 공격적, 기태적 행동 등을 보인다. 그 밖에 사회적 소외, 가족 간의 갈등, 주의집중 및 충동억제의 곤란, 깊은 흥미의 결여, 자아정체에 대한 심한 의문 등의 내용으로 이루어진다. 하위척도들은 Sc1(사회적 소외), Sc2(정서적 소외), Sc3(자아통합 결여-인지적), Sc4척도(자아통합 결여-동기적), Sc5(자아통합 결여-억제부전) Sc6(기태적 감각 경험) 등이 있다.

Ma척도(조증)는 정신적 에너지를 측정하는 척도로 이 척도가 높은 사람일수록 정력적이고 무언가를 하지 않고는 견디지 못한다. 인지영역에서는 다양한 사고, 비약을 보이고, 행동영역에서는 과잉활동적인 행동을 보이고 안절부절못하며, 정서영역에서는 불안정, 흥분성, 민감성 및 기분의 고양 등이 나타난다. T-점수가 70점 이상으로 높아지면 정신적 에너지의 증대가 문제가 되어 행동에 대한 억제가 부족하고 화를 잘 내며 여러 가지 일에 관여하지만 완성하는 일은 별로 없다. 에너지로 모두 써 버릴 기회가 현실적으로 부족하며 환상이 그들 생활의 일부가 되어 있다. 검사결과 50점은 정상적인 활동수준을 보이며 하위 척도에는 경조증(Ma), 하위척도는 Ma1(도덕성), Ma2(신운동 항진), Ma3(냉정함), Ma4(자아팽창) 등이 있다.

Si척도(사회적 내향성)는 '혼자 있는 것을 좋아하는지'를 측정하는 척도이다. 사회적 상이 척도는 고립 혹은 일반적 부적응 및 자기비하 등이 주된 내용이다. T-점수가 70점 이상으로 높아지면 다른 사람을 회피하는 경향이 있는데 선천적인 내향성 때문이 아니라 과거에 대인관계에서 크게 상처받은 경험이 있거나 혹은 다른 임상척도의 상승이 나타내는 문제들이 그 사람을 압도하여 사람들을 회피하게 만들기 때문이다. 척도 Si는 내향성 수준으로, Si(1)은 자의식, Si(2)는 사회적 회피, Si(3)는 내적/외적 소외로 해석된다. 이 척도는 내담자 자신에게 도움을 줄 수 있는 사람들까지도 회피하기 때문에 다른 임상척도의 문제들까지도 악화시키는 경향이 있다.

5) 내용척도

15개의 내용척도(The content scales)와 내용 소척도는 불안척도, 공포척도(하위척도: 공포, 일반화된 공포, 특정공포 등), 강박성척도, 우울척도(하위척도: 우울, 동기결여, 기분부전, 자기비하, 자살사고 등), 건강염려척도(하위척도: 건강염려, 소화기 증상, 신경학적 증상, 일반적인 건강염려), 기태기적 정신상태척도(하위척도: 기태기적 정신상태, 정신병적 증상, 분열형 성격특성), 분노척도(하위척도: 분노 폭발적행동 등), 냉소적 태도척도(하위척도: 냉소적 태도, 염세적 신념, 의심 등), 반사회적 특성척도(하위척도: 반사회적특성, 사회적 태도, 반사회적 행동 등), A유형 행동척도(하위척도: A유형행동, 조급함, 경쟁욕구 등), 낮은 자존감척도(하위척도: 낮은 자존감, 자기회의, 순종 등), 사회적 불편감척도(하위척도: 사회적 불편감, 내향성, 수줍음 등), 가정문제척도(하위척도: 가정문제, 가정불화, 가족 내 소외 등), 직업적 곤란척도, 부정적 치료 지표척도(하위척도: 부정적 치료지표, 낮은 동기, 낮은 자기개방 등) 등이다. 중요한 것으로 내용척도는 T-점수가 65점 이상일 때, 내용 소척도는 모척도가 60점 이상, 소척도가 65점 이상일 경우에 높은 점수로 해석되는데 이것은 내담자가 호소하고 싶은 내용으로 간주된다.

6) 보충척도

MMPI-1의 보충척도(the supplementary, scales)는 타당도척도와 임상척도의 해석을 보충하여 임상문제와 장애의 범위를 넓히는 역할을 한다. MMPI-2의 보충척도는 예전의 MMPI의 불안척도(A), 억압척도(R), 자아강도척도(Es), 외상후 스트레스척도(PK), 적대감척도(Ho), 알코올중독척도(MAC-R) 등에서 남성적 성역할(GM)척도와 여성적 성역할(GF)척도가 새로 도입되었고 후에 중독인정척도(AAS), 중독가능성척도(APS), 결혼생활부적응척도(MDS)가 새롭게 추가되었다.

(1) 불안척도(A)

불안척도를 이루는 주된 내용은 주의집중의 문제, 부정적인 감정적 어조와 불쾌감, 활기의 부족과 비관주의, 부정적인 자기평가와 병적인 예민, 강박증과 생각에 잠기는 것이다. 65점 이상의 높은 점수는 정서적으로 괴로워하고 자신의 능력에 대해 자신감이 결여되어 있다고 묘사된다. 상황적인 스트레스나 개인적인 걱정거리에 대해 반응하는 것이 특징이다. 이렇게 높은 점수는 불안정한 상태를 반영하는데, 이는 심리치료를 시작하는 동기를 제공한다. 이 척도에 의해 평가되는 전반적인 부정적 정서는 장기간에 걸친 성격적 고민이라기보다는 현재 처한 상황에서 겪고 있는 스트레스를 반영하는 것이라고 할 수 있다. 예를 들어 44점 이하의 낮은 점수는 잘 적응되어 있고 큰 걱정거리가 없는 상태를 나타낸다(Friedman, Levak, Webb & Nichols, 2000). 불안척도의 높은 점수와 사회적 책임감척도의 낮은 점수와 상관관계가 있는 것으로 볼 수 있다.

(2) 억압척도(R)

이 척도에서 58점 이상의 높은 점수는 자신의 문제에 관해 이야기하는 걸 꺼려하며 의식적인 억압, 압박 그리고 주위에서 일어난 사건에 대한 억압을 반영하는 것일 수 있다. 후자의 경우 전형적으로 K척도와 척도3(히스테리 척도)이 높아진다. 경직되고, 성격이 지나치게 억제되어 있고, 자신의 행동에 대한 통찰력이 부족하다.

44점 이하의 낮은 점수는 자신이 겪고 있는 심리적 문제에 대해 기꺼이 나누고자 하는 경우로, 자신의 문제에 대한 자각을 억제할 필요성을 느끼지 못한다(Friedman, Levak, Webb & Nichols, 2000). 그러나 이는 그들의 문제에 대해 다른 사람들에게 책임을 돌리려는 태도를 반영하기도 한다.

불안척도와 억압척도를 연합하여 해석하면 감정적인 혼란이 중간 정도로 심각한 수준을 나타낸다. 문제를 처리하고자 노력하고 있지만 자신이 문제를 해결할 만큼 충분한 자원을 가지고 있는지에 대해서는 확신하지 못하는 상태로 볼 수 있다.

(3) 자아강도척도(Es)

T-점수가 65점 이상일 때, 감정적인 고통을 거의 경험하지 않으며 신체적인 증상도 거의 나타나지 않는다. 주의집중력이 뛰어나서 해야 할 일에 초점을 맞출 수 있으며, 정서적인 문제가 거의 없기 때문에 심리요법의 과정에 관심을 가질 필요성을 느끼지 못한다. 반면 T-점수가 44점 이하일 때는 심각한 정서적 고통을 경험하고 있다. 35점 이하로 내려간다면 내담자는 문제에 압도되었다고 느끼며 자신이 그 문제를 적절히 다룰만한 능력이 불충분하다고 여길 가능성이 있다(Friedman, Levak, Webb & Nichols, 2000). 그러나 이 경우, 실제보다 정신장애를 과장하는 것은 아닌지 의심해 볼 필요가 있다.

(4) 지배성척도(Do)

이 척도는 자신의 삶에 대한 지배성의 정도를 측정한다. T-점수가 65점 이상일 때, 자신의 인생을 돌보고 책임질 수 있다고 본다. 이들은 침착하고 확신감에 차 있고 자신의 능력에 대해 자신감이 있다. 현실적인 방식으로 문제에 대처하며, 어떠한 장애물을 만나든 스스로 이겨낼 능력이 있다고 믿는다. 또 주의력과 집중력이 뛰어나며 결정을 잘 내린다. T-점수가 45점 이하일 때는 충분히 연구되지 않았으나 자신의 삶에 대해 다른 사람들이 책임져주길 바라며, 자신의 필요를 채우기 위해 타인에게 의지하는 편이다(Friedman, Levak, Webb & Nichols, 2000).

(5) 사회적 책임감척도(Re)

사실상 이 척도에 관한 심리학 분야의 연구가 없었다. 65점 이상일 때에는, 사회적으로 적합한 방식으로 행동하며 타인과 쉽게 상호작용하는 매우 전통적인 사람으로 보고 있다. 45점 이하일 때에는 학창시절 다양한 행동적 문제가 있었을 것이라고 보며, 반사회적인 태도를 취하고 있다고 해석한다.

(6) 대학생활 부적응척도(Mt)

65점 이상의 높은 점수는 대개 정서적으로 괴로운 상태이며 근심이 많고 자신의 능력에 대해 자신감이 결여된 상태라고 본다. 상황적인 스트레스나 개인적인 걱정거리에 대해 반응하는 것이 특징이며 이 척도의 높이는 얼마나 불안정한지의 여부를 반영한다.

44점 이하의 낮은 점수는 잘 적응되었고 과도한 걱정이 없다고 본다. 충동적이고 행동적인 문제를 드러낼 수도 있으나 심각한 문제가 아니며 이렇게 낮은 척도는 임상 장면에서는 거의 나타나지 않는다(Friedman, Levak, Webb & Nichols, 2000).

검사결과 75점과 같은 높은 점수는 불안척도의 높은 점수(67점)와 사회적 책임감 척도의 낮은 점수(39점)와 상관관계가 있는 것으로 볼 수 있다. 개인적으로 정서적인 근심이 있고 자신의 능력에 대한 확신이 떨어지며 불안정하지만 이것은 성격적인 문제라기보다는 상황적인 스트레스에서 오는 것으로 볼 수 있다.

(7) 외상후 스트레스 장애척도(PK)

충격적인 스트레스 사건을 경험하고 나서 체험되는 불안에 관한 장애이다. 죽음, 생명의 위협, 심각한 신체손상을 유발하는 교통사고나 전쟁, 건물붕괴, 지진, 강간, 납치 등의 충격적인 사건을 경험하거나 목격하고 나서 이러한 불안경험이 자꾸 재경험되고, 흥분된 긴장상태가 지속되며, 사건과 관련된 자극을 회피하려는 증상이 1개월 이상 지속되는 경우를 말한다. 이 장애는 사건 직후에 생길 수도 있고 몇 년 후에 나타날 수도 있다.

(8) 결혼 부적응척도(MDS)

T-점수가 65점 이상일 때 결혼생활에서 심각한 걱정거리를 안고 있으며 배우자와의 소원한 관계를 짐작해 볼 수 있을 듯하다. T-점수가 45점 이하일 때는 보편적인 걱정이나 결혼생활에서 오는 스트레스가 거의 없는 경우이다(Friedman, Levak, Webb & Nichols, 2000).

(9) 적대감척도(Ho)

T-점수가 65점 이상일 때 남성의 경우 잘 흥분하며 위세부리기 좋아하고 요구를 잘하며 논란을 일으키는 사람으로 평가된다. 반면, 여성의 경우 신경질적으로 두려움이 많고 의기소침하며 편집증적인 경향이 있다고 해석된다. 공통적으로 괴로움이 있고 부정적인 정서를 경험하고 있다. T-점수가 45점 이하일 때는 자기 자신을 비교적 긍정적으로 표현하며, 다른 사람을 신뢰하고 다른 사람의 동기를 의심하지 않는데, 순진하다고 볼 수도 있다.

(10) 적대감과 과잉통제척도(O-H)

65점 이상의 높은 점수는 적대적인 충동을 과도하게 통제하고 있으며, 사회적으로 소외되어 있음을 보여준다. 이 경우 자신이 정신병자라고 진단되어도 어떠한 형태의 심리적인 증상이든지 인정하기를 꺼린다. 이들은 경직되어 보이고 걱정을 지나치게 표출하지 않는 것으로 보인다. 이들에 대한 중요한 의문은 자기기술이 정확한 것인지 아니면 겉으로 그런 것처럼 보이려는 것인지 하는 것이다. 임상가는 과소평가, 특별히 자기기만의 기준을 평가할 필요가 있다. 반면, 45점 이하의 낮은 점수는 자기가 신경질적이거나 주위에서 일어난 일에 대해 걱정하고 있다는 것을 인정할 수 있는 상태이다.

(11) 알코올중독척도(MAC-R)

맥앤드류(MacAndrew)의 알코올중독척도에서 65점 이상의 높은 점수는 충동적이고 위험을 각오하며 감각 추구적인 사람으로 표현된다. 이들은 빈번하게 알코올이나 자극적인 약물을 남용하는 경향이 있다. 이들은 억압기제와 종교를 통하여 자신의 반항적이고 태만한 충동을 통제하려고 한다. 또한 높은 수준의 에너지가 있고 피상적인 인간관계를 맺고 대개 심리적으로 환경에 적응하지 못하는 경향을 보인다. 45점 이하의 낮은 점수는 의기소침하며 지나치게 억제되고 과도하게 통제된 경우로, 알코올이나 진정제를 사용할 수 있다.

(12) 중독 인정척도(AAS)

T-점수가 65점 이상일 때 그들은 자신의 광범위한 약물 사용과 가능성 있는 중독을 인정한다고 본다. 이 척도를 이루는 대다수의 항목들이 과거형으로 쓰였는데 이를 통해 약물중독이 진행 중인지 아니면 예전의 행동양식을 반영하는 것인지 구분하는 것이 중요하다. 두 가지 질문(489번 나는 술이나 마약으로 인한 문제가 있다, 511번 일주일에 한번 혹은 그 이상 술에 취하거나 마약으로 인해 기분이 몽롱해진다)에 '예'라고 대답했을 경우에는 반드시 피검사자와 함께 탐색되어야 한다. 법적문제나 분노를 억제하는 데에도 문제가 있다.

T-점수가 45점 이하일 때 약물사용이나 중독이 없는 것이며, 이러한 자기기술이 다른 사람 등에게서도 공통되거나 일치하는지 확인하는 것이 중요하다.

(13) 중독 가능성척도(APS)

이러한 상태는 약물중독의 가능성이 판단된다. T-점수가 45점 이하일 때에는 그들 자신을 비교적 긍정적으로 묘사하고 있으며 화나거나 괴롭지 않다(Friedman, Levak, Webb & Nichols, 2000). 만약 그들이 약물을 남용한다면 그들은 이에 관해 어떠한 부정적인 결과를 경험하거나 알리지 않고 있다.

검사결과 63점으로 비교적인 높은 수치를 보이고 있다. 비교적 부정적인 정서 상태로 인해 중독가능성도 높아지기 때문에 부정적인 정서를 줄이고 긍정적인 정서를 갖도록 노력할 필요가 있다.

(14) 남성적 성역할척도(GM)

T-점수가 65점 이상이라면 자신감이 있고 결정을 잘 내리며 두려움이 적고 감정적인 고민을 거의 경험하고 있지 않은 것으로 표현된다. 매우 전형적인 남성적 흥미를 가지고 있고 또한 남성적 활동에 참여한다. T-점수가 45점 이하라면 정서적 고통을 겪는 정도가 심하고 두려움이 많으며 전형적인 남성적 활동에는 흥미가 별로 없으며 사회적으로 내향적이고 인생에 대해 냉소적인 시선을 취하는 경향이 있다(Friedman, Levak, Webb & Nichols, 2000).

(15) 여성적 성역할척도(GF)

65점 이상의 높은 점수는 손으로 무얼 만들거나 자리에 앉아서 하는 일을 좋아하는 내 성향을 포함하여 스포츠, 여행 등의 야외 활동은 거의 하지 않고, 전형적인 여성적 관심을 가지고 전형적인 여성적 활동에 참여한다. 사회적으로 책임감이 있으며 쉽게 다른 사람과 상호작용하고 약물을 남용하지 않는다. 45점 이하의 낮은 점수는 전형적인 여성 활동에 관심이 적고 약물을 남용할 가능성이 있다.

7) 성격병리 5요인척도

성격병리 5요인척도(PSY-5)는 공격성척도, 정신증척도, 통제결여척도, 부정적정서성척도, 혹은 신경증척도, 내향성척도 등으로 구성되어 있다.

MMI-2의 성격병리 5요인척도(PSY-5 Scales)는 성격특성에 대한 윤곽과 성격병리를 제공하기 위한 척도이다.

공격성척도(AGGR)는 인간의 주장성, 도구적 공격성, 웅대성 등과 관련 있다. 높은 점수(65 T 이상)는 다른 사람들을 위협하는 것을 즐기고 목표달성을 위한 방안으로 공격성을 사용할 수 있다.

정신증척도(PSYC)는 현실과의 단절을 평가 하거나 기이한 감각, 지각적인 경험, 혹은 다른 사람과 공유되지 않은 믿음 등과 관련된 척도이다. 높은 점수(65 T)는 정신증 경험, 관계 사고가 와해되고, 관계망상이나 편집증, 불신과 고립 등의 문제와 관련된다.

통제결여척도(DISC)의 높은 점수(65 T)는 덜 관습적이고 충동적이며 반사회적 성향으로 경력과 규칙위반을 자주하며 DISC의 낮은 점수(40T 이하)는 충동성이 낮고, 자기조정, 낮은 위험추구 경향, 내담자의 참는 정도 등과 관련된다.

부정적정서척도(NEGE)는 자기 비판적이며 죄책감, 혹은 내담자의 불안 등과 관련되는데 높은 점수는 모든 상황을 부정적으로 지각하고 기분부전 공포증과도 연관성이 높다.

내향성척도(INTR)는 비관, 부적응, 부정적인 정서, 낮은 사교성 및 낮은 근면성과 관련이 있다. 높은 점수(65 T)는 어울림을 경험하는 능력결여와 무쾌감(기쁨과 긍정적인 관여를 경험하는 능력이 제한) 등의 주제와 관련 있고, 낮은 점수(40 T)는 외향적이며 높은 긍정적 정서성으로 표현된다.

8) 재구성 임상척도

MMPI 2에서는 재구성 임상척도(The Restructured clinical scales) 프로파일을 만들었는데 MMPI-1이 본래의 목적과는 달리 정신분열증 혹은 동성애자 진단 등에 실패한 이유는 각각의 임상척도에 여러 가지 증상이 혼합되어 있기 때문이라고 간주하였기 때문이다. 이러한 점을 보완하기 위하여 한 가지 특징만을 갖는 재구성 임상척도를 만들었다(Tallegen, 2003). 매 척도는 한 가지 증상만을 순수하게 측정한 것으로 신뢰도를 높였다고 할 수 있다.

재구성 임상척도들의 프로파일들은 의기소침(RCd), 신체증상(RC1), 낮은 긍정 정서(RC2), 냉소적 태도(RC3), 반사회적 행동(RC4), 피해의식(RC6), 역기능적 부정정서(RC7), 기태적 경험 (RC8), 경조증적 상태(RC9) 등이다.

(1) 의기소침(dem)

스스로에게 낙담하고 비관적이고 의기소침하며 자존감이 낮은 정도를 측정하는 척도로, 75점 이상일 경우 정서적 무기력감이 심하고 내 힘으로 극복할 수 없는 곤란한 상황에 빠졌다고 생각한다. 검사결과 70점이며 비교적 높은 수치이다.

(2) 신체증상(som)

임상척도 Hs(건강염려증)와 상당히 많이 일치하지만 척도2(우울증)와도 긴밀한 상관관계를 보인다. 이 척도에서는 우울증상을 제외하고 신체증상을 호소하는 것만 측정하였다. 점수가 높을수록 건강에 대한 불안과 염려가 크고 신체화 경향성이 높은 것으로 볼 수 있다.

검사결과 49점이며 이는 임상척도1과 같은 점수이다.

(3) 낮은 긍정적 정서(lpe)

점수가 높을수록 우울증을 경험할 가능성이 높다. 비관적이고 사회적 상황에서 철수되어 있고 수동적이며 즐거움을 느끼지 못하는 경향이 많다. 스트레스 등을 효율적으로 감당하기 부족하다고 스스로 자각하고 있으며, 책임지고 결정짓고 일을 마무리하는데 어려움을 느낄 가능성이 많다.

(4) 냉소적 태도(cyn)

임상척도 Hy(히스테리)와 대응되며, 신뢰되지 못하고 진실하지 않으며 남을 배려함이 없고 타인을 이용한다고 생각하는 경향이 있다. 이 척도가 낮으면 순진하며 남을 잘 믿는다.

(5) 반사회적 행동(asb)

임상척도 Pt(반사회성)와 관련지어 볼 수 있으며, 척도4에서는 의기소침도 많이 반영하고 있는데 이 척도에서는 의기소침에 관련된 항목을 제외한 순수한 반사회적 척도를 측정한다. 이 척도가 높을수록 다양한 반사회적 행동에 관여하며 공격적인 행동 경향이 나타내고 적대적으로 비춰진다. 사회적 기대나 규범에 순응하는 것이 어려우며 법정문제를 야기할 가능성도 있다. 가족관계에서 갈등이 있거나 학업성적이 좋지 않을 가능성이 있다.

(6) 피해의식(per)

임상척도 Pa(편집증)와 관련성이 있으며 위에 제시된 척도와 마찬가지로 임상척도에서 의기소침에 관련된 항목을 제외하고 측정하였다. 이 척도가 높을수록 타인에게 학대받고 괴롭힘을 당한다고 느낄 수 있고 신뢰하는 관계형성에 어려움을 보인다.

(7) 역기능적 부정 정서(dne)

불안이나 짜증 등의 부정적인 정서를 측정하는데 임상척도 Pt(강박증)와 유사하다. 반추적인 사고가 특징이며 걱정이 많다. 원치 않는 생각이 계속 떠오르고 떨쳐버리기 힘든 강박적 사고와 행동을 한다.

(8) 기태적 경험(abx)

이 척도는 신체에 대한 망상적 사고를 포함한 정신분열증 여부를 측정하며 명백한 시각, 후각적인 환각을 경험할 가능성이 있다.

(9) 경조증적 상태(hpm)

지나치게 빠른 사고, 높은 에너지, 고양된 기분과 자존감, 흥분, 강한 성적욕구를 수반하며 과장된 자기 방어, 전반적 흥분감, 고양감, 수면감소, 공격성 등을 포함한 경조증적 증상을 나타낸다. 임상척도 Ma(조증)와 유사한 수치를 나타낸다.

9) 사례

내담자는 18세의 고등학교 청소년이며 가끔 두통을 호소하며 불면증과 어머니와의 심한 갈등을 가지고 있었다. X(가명)는 MMPI-2를 초기 상담에 시도하다가 두통(headache) 때문에 힘들어 했고 세 번째 상담에서 MMPI-2를 다시 시도하였다. 두통을 가끔 호소하는 청소년 내담자 X에게 머리가 아플 때는 검사를 시도하지 않고 자유로운 시간과 공간을 주기위해 검사를 강요하지 않는 대신, 상담시간 외의 시간을 내어 다른 상담 전문가가 본 상담소에서 MMPI-2를 실시하였다. 시간이 날 때마다 MMPI-2의 결과와 공통점을 발견하기 위해 미술심리치료, DAP, SSCT, HTP, 그리고 자아분화척도와 함께 종합적인 심리검사(full battery)를 시도하였다.

척도VRIN	TRN	L	K	S	Hs	D	Hy	Pd	Mf	Pa	Pt	Sc	Ma	Si
51	67	62	64	59	72	69	75	58	54	69	73	59	62	64

(1) MMPI-2 분석

MMPI-2의 경우 T-점수로서 L(거짓말척도), K(교정성척도), S(과장된 자기제시척도)에서 60점에 가깝거나 60점을 넘는 점수에 대해서는 방어성향(defensiveness)의 축소 보고일 가능성이 크지만 프로파일을 무효로 간주할 필요까지는 없다고 판단되었다.

L척도와 K척도가 일반적으로 60점 정도에서 혹은 그 이상에서는 다소 세련되지 못한 방어성향과 경미한 부인(denial)경향을 보이지만 S척도(과장된 자기제시척도)에서는 70점보다 낮은 점수를 보여줌으로서(TRIN척도의 T-점수가 '아니다' 방향으로 70~80점 이하) 다른 임상척도들을 해석할 때 방어적이지 않으며 임상척도들의 점수들을 그대로 해석할 수 있는 가능성을 가지고 있다. K척도 문항에서는 부인할 수 있는 다양한 내용들이 조금은 포함되었는데 상담사와 인터뷰를 하는 과정에서 동적가족화의 지나친 걱정, 어머니에 대한 적대감 등이 있었지만 MMPI-2에서는 크게 표현되지 않아 심하지 않은 약한 부인문제들을 보여주었다.

L과 K의 T-점수는 60점이 넘지만 F의 T-점수(57점)를 종합해 볼 때 자신의 문제를 인정하면서도 문제에 대해 약간 방어적으로 애쓰는 흔적들을 찾아볼 수 있었는데 그러한 방어가 비효율적이라서 실제로 문제를 해결하지 못하고 있는 상황으로 일중독과 같이 만성적인 적응 문제를 가진 것으로 분석할 수 있었다.

MMPI-2의 T-점수가 65점 이상인 척도들을 종합해 보면 다음과 같다.

- 내용 소척도 SOD1(내향성), 성격병리척도 INTR(내향성)등에 의하여 내향성과 사람들과 어느 정도 일정한 거리를 유지하는 대인관계 형성한다. Si2(사회적 회피)등에서의 정서적인 위축은 어머니와의 관계에서의 경험이 다른 대인관계에서도 반복되는 것으로 해석되었고, 어머니와의 갈등이 심하면서도 어머니의 혐오자극을 막기 위한 순종적인 태도가 모든 대인관계에서 위축된 행동으로 표현되는 것으로 추측되었다
- 임상척도인 Pa2(예민성) Pa3(순진), 내용 소척도인 DEP3(자기비하) 등은 예민성과 자기비하 내향성을 나타내는 척도점수들의 결과인데 이러한 척도의 해석에서는 스트레스에 과도한 반응을 보이고 다른 사람들의 태도를 예민하게 받아들이는 예민성과 심리적으로 미성숙 성향을 보여주었다. 그리고 자신의 어떤 행동이라도 행동에 대한 후회와 죄책감을 가지는 성향으로 파악되었다.

- 특수척도인 MCA(MacAndrew Addiction), APS(중독가능성) 그리고 AAS(중독인정) 등의 문제가 65~70점 이상으로 의미가 있는 것으로 보여 졌고 임상척도 Pt는 강박사고 강박행동, 반추적인 사고를 지니고 있고 견해나 태도가 경직되어 있는 것과 일치되었다.
- 자아강도 보충척도 Es(34)와 공격성과 적대감을 과잉 통제하는 임상척도 HY5와 보충척도 O-H A의 척도 점수를 볼 때 내담자는 불안정한 감정을 억제하고 스트레스 상황에서는 과민하게 반응하기 쉬운 것으로 판단되었다.

(2) 사례의 Full battery 심리검사 종합평가

내담자는 내향적이며 전환증상, 긴장감 호소, 스트레스 상황에서 부정과 억압으로 신체적 증상이 나타나고 만성적 불안, 긴장감이 많으나 감정억제 혹은 죄책감이 많은 편이었다. 그러한 이유로 가족관계에서 분노감이 많았으나 부인의 방어기제로 과거 심리치료가 힘들었다고 본다. 사소한 일에 걱정이 많고 주지화 방어기제를 사용하기도 하지만 관습적이며 권위에 대해 복종적인 편이다. 반추하는 경향이 있어 힘든 문제를 가진 인간(가족)관계, 특별히 어머니와의 관계에서 갈등이 있었고 힘든 사건이나 사람 등에 대한 생각을 떨쳐 버리지 못하고 반복적으로 무엇을 시도하려는 강박성과 관련 있는 것이 MMPI-2의 전반적인 해석이다. 이러한 결과는 다른 검사들과의 동일한 반응으로 해석되었다. 결론적으로 일에 집착하고 무엇을 계획해도 원리 원칙적이며 자신이 의도하던 계획이 이루어지지 않았을 경우 불안이 절정에 이르는 경향이 있으며 편두통을 겪게 되는 것으로 해석되었다.

7 로샤검사

1) 로샤검사의 기초

로샤(Rorschach)검사는 1921년 스위스 정신과 의사인 헤르만 로샤(Hermann Rorschach)가 만든 것으로 가장 대표적인 투사법 검사이며 임상 연구에서 가장 널리 사용되고 있다. 로샤검사는 일련의 막연하고 무의미한 잉크반점에 대해 한 사람에게서 일어나는 지각 반응을 분석하여 그 개인의 성격을 추론하는 정신진단검사라고 할 수 있다. 환자에게 모호하고 불규칙한 형태의 잉크 얼룩을 제시하여 투사되는 환자의 지각반응을 분석하고 그 개인의 불안, 긴장, 갈등을 측정하여 성격구조와 병적인 문제들을 해석하게 된다.

이 검사의 데이터는 데칼코마니 양식에 의한 대칭형의 잉크 얼룩으로 이루어진 무채색 카드 5장, 부분적인 유채색 카드 2장, 전체적인 유채색 카드 3장 등 총 10장의 카드로 구성되어 있다. 검사자는 모든 반응을 자세히 기록해야 하며 각 반응은 채점항목과 기준에 따라서 채점된다.

10장의 카드는 한 번에 하나씩 정해진 순서로 피검사자에게 제시되며 피검사자는 잉크의 얼룩처럼 그린 여러 장의 그림을 보여주고, 그 그림이 무엇처럼 보이는지를 물어보게 된다. 피검사자는 카드를 통해 여러 방향에서 잉크반점들을 지각할 수 있으며 각 잉크반점에 대해 여러 가지 반응을 할 수 있다.

먼저 검사자는 카드를 설명해주지 않고 연상되는 것을 표현하도록 하며 질문을 하면 간단한 대답을 해 줄 수 있다. 결과는 통계적인 연구자료에 의해 해석하고 반응의 특성과 검사 중에 피험자가 보인 행동, 카드에 대한 내용과 함께 다른 검사들과 함께 종합적으로 해석하게 된다. 교육과 훈련을 받은 임상가에 의해서만 실시되고 해석되어야 한다.

잉크브롯 기법은 먼저 15C에 추상적인 도형을 통해 시각적 자극이나 상상을 자극하는데 사용함으로 그 기원을 찾을 수 있으며 1895년에 비네(Binet)가 지능검사를 고안하는 과정에서도 이용되었다. 1898년에 디어본(Dearborn)은 흑백, 유색의 잉크 반점을 만드는 방법과 실험심리학에서의 잉크 반점 사용법이 제기되었고, 1910년 휘플(Whipple)이 최초로 표준화된 잉크 반점에 선을 보이면서 수집한 잉크 반점 실시 결과를 종합적으로 집대성하였다. 그 다음 형태와 움직임, 색채 반응은 어떤 종류의 심리적, 행동적 특징과 관련이 있다는 주장이 강조되면서 임상진단 도구로서 알려지기 시작하였다.

파슨스(Parsons, 1917)는 상상력이나 창의력을 평가하는 도구로서 잉크브롯 기법을 활용하였고, 1917년부터 로샤는 체계적으로 정신분열증 환자군의 잉크브롯 자극에 대한 반응 자료를 수집하기 시작하여 1921년 405명 피험자에 대한 반응을 분석하였다. 그리고 이러한 잉크브롯 기법이 특히 정신분열증 진단에 유용한 도구가 될 수 있다는 논문이 발표되었다.

1940~1950년대에는 임상가의 주요역할이 심리진단이었고 로샤검사는 1960~1970

년대에 임상가의 역할이 확대됨에 따라 일반적으로 사용되는 중요한 검사가 되었다. 잉크반점에 대한 정신분열증 환자의 반응과 정상인의 반응이 차이가 있다는 점을 발견하였으며 초기연구에서 로샤가 채점했던 주요항목은 현재 로샤검사 채점기준의 기초가 되었다. 라파포트(Rapapport)는 정신분석적 관점에서 로샤를 분석하였고 피오트로브스키(Piatrowski)는 로샤검사의 지각적인 해석에 자신의 견해를 통합시켰으며, 클로퍼(Klofer)는 로샤검사의 미흡한 부분을 지적하고 채점체계를 확장시키고자 노력하였으며 헤르츠(Hertz)는 경험적 연구를 통해 로샤의 개념적인 틀에 대한 이해를 도왔고 벡(Beck)은 로샤검사의 표준화 연구를 했다. 로샤검사의 체계적 연구를 재개했던 벡과 헤르츠는 로샤의 채점, 부호와 방식의 기본 틀을 그대로 고수하였고 특히 벡은 채점과 해석의 표준화, 규준의 설정, 양적 분석의 중요성을 강조하였다.

로샤검사의 발달 과정을 살펴볼 때 서로 다른 채점 체계를 지니고 있는 각 방식들이 로샤검사의 연구 작업을 방해하는 커다란 요인이 되어 왔음을 알 수 있다. 그 이유는 각 임상가와 연구자마다 다른 체계를 사용하거나 혼용함으로써 연구 결과의 비교나 반복 연구가 가능하지 않았기 때문이다. 이러한 문제점은 로샤검사의 Exner 종합체계의 발전을 구축하기에 이르렀다. 1951년 파스칼(Pascal)과 서텔(Suttell)의 채점체계가 개발된 이래 1958년에서 1978년 중에는 최소 6가지가 개발되었는데 가장 널리 쓰여지는 갓은 PASCAL-SUTTE, HAIN, HUTT-BRISKIN의 세 가지 체계였다(최정윤, 2012).

엑스너(Exner, 1978)는 로샤체계에 대한 상호비판을 분석하고 이를 통합하는 모든 체계들의 특징을 통합한 하나의 체계를 만드는 작업을 해서 1974년 로샤 종합체계를 내놓게 되었다. 엑스너의 출판물들은 Rorschach Test의 종합체계로 부르고 중요한 특징을 체계적으로 끌어올리려는 의도를 반영하게 되었다. 엑스너의 로샤종합체계방식은 미국이 중심이 되어 유럽이나 일본 등 국제 Rorschach Test 사회에서 많은 지지와 관심을 얻고 있다.

2) 로샤검사의 특징

로샤검사는 10개의 대칭적인 데칼코마니 형식의 카드로 이루어졌는데 1~7번 카드는 흑백이고 8~10번 카드는 컬러로 구성되어 있다. 로샤검사는 잉크반점의 어떤 위치를 보고 반응하는지와 잉크반점의 어떤 형태를 지각하는지, 그리고 어떤 내용을 반응했는지를 에 대한 분류로 채점기준이 사용된다. 검사 재료는 10개의 대칭으로 된 잉크블롯 카드이며 카드에 새겨진 순서와 위치에 따라 제시된다.

카드 I, IV, V, VI, VII는 무채색, II, III은 검정색과 붉은 색채, VIII, IX, X은 여러 가지 색채가 혼합되어 있다. 이 카드들의 특징은 체계화가 되어 있지 않고 불분명하며 뚜렷한 의미가 없다는 점으로 다양한 함축적인 의미가 포함되어 있다. 이와 같이 불분명한 다양한 함축적 의미가 암시되는 자극카드에 각 피험자는 다양한 반응을 투사할 수 있다.

로샤의 검사자극에 의한 내담자의 감각과 기억의 통합과정이 '무엇처럼 보이는지'를 반응하는 것으로 표현하게 된다. 내담자의 검사반응에서는 감각과 기억들을 연합하는 과정에 개인차가 있으며 이 다양한 차이로 말미암아 같은 자극에 대해 다양한 반응을 하게 된다. 내담자가 검사에 임하게 되면 연상되는 것을 반응하도록 요구되며 성격을 다차원적으로 접근할 수 있어서 인간의 현실지각 능력, 적응능력, 사고 감정과 인간관계를 알 수 있다.

로샤는 반응과정을 지각과정 및 통각과정으로 보았으며 검사반응은 피검자가 검사자극이 기억 속에 저장된 비슷한 것이 무엇인지를 지각하고 자발적으로 연결시키는 연상과정을 가진다. 반응과정에 관여하는 요소들은 내담자 개인의 기본적인 심리적 특성을 알아내는데 도움이 되며 내담자의 잠재적인 대답을 결정하는데 중요한 역할을 한다(Exner, 1978). 그 과정은 자극을 전체 혹은 부분으로 분류하며 피검자의 장기기억에서 끌어낸 상상된 대상과 잉크반점의 특성에 따라 전체로, 때로는 부분들로 나누어 무엇인지 지각하는 과정을 가지는데 개인이 겪는 심리적인 상태의 변화가 로샤 반응에 반영된다. 시각적 정보처리의 시간간격은 자극에 노출된 이후에 잠재적인 대답이 분류된다.

3) 검사절차와 실시방법

검사단계는 먼저 검사받기 원하는 이유와 평가과정에서 모든 절차를 내담자에게 설명해야하고 피검자의 질문에 적절히 답을 해 준다. 피검자가 검사를 받는 이유는 무엇인지, 검사의 결과를 누가 받게 되고 어떻게 사용되는지를 알고자하면 알려줄 의무가 검사자에게 있다. 검사의 초기단계에서 자리배치는 옆자리(side by side)에서 검사를 시행하는 것이 좋다.

유의사항으로는 검사자는 언어를 피검자가 한 말을 그대로 기록해야 하며 가능한 이야기를 하지 않고 피검자에게 설명이 필요할 때만 개입할 수 있다. 질문단계에서 검사자는 10개의 카드를 모두 실시한 후 질문을 하게 되는데 질문의 목적은 새로운 정보를 얻어내기 위한 것이 아니라 반응단계에서 내담자가 지각한 것을 분명히 표현하게 하는 것이다. 질문은 주요한 세 가지 요소인 '영역', '반응결정인', '내용'에 초점을 둔다. 질문은 검사자가 피검자에게 부정적으로 줄 수 있는 영향이나 단서를 줄이도록 하며 또한 간단하게 질문에 대한 응답을 해야 하는데 피검자가 말하는 언어방식, 태도, 검사 자극 등을 정확히 분석하고 이해할 수 있어야 한다.

로샤검사에 대한 내담자 반응이 이해되지 않을 때에는 '영역'에 해당하는 질문으로서 '어느 부분을 보았는가?'와 '보이는 것이 무엇인가?'에 대한 반응결정인과 내용에 대한 것을 질문해야 한다. 주의해야할 것으로 검사자는 직접적인 유도질문을 피하는 것이 좋고 검사자가 궁금한 사항을 질문하는 것도 피해야 한다.

4) 로샤검사 반응채점과 해석

반응의 채점은 '로샤검사에 대한 반응'을 '로샤부호로 바꾸는 과정'으로 각 부호의 빈도, 백분율, 비율, 특수점수를 산출하여 자료들을 체계적으로 요약하고(Allen, 1978), 피검자의 전반적인 반응 스타일과 행동을 참고로 하여 심리적 특징을 평가할 수 있다.

엑스너(Exner)의 종합 체계 방식은 기본적으로 반응영역(피검자가 브롯의 어느 부분에 반응했는가?), 반응 위치의 발달질(위치 반응은 어떤 발달수준을 나타내는가?), 반응의 결정요인(반응을 결정하는데 영향을 준 브롯의 특징은 무엇인가?), 형태질(반응된 내용을 자극의 특징에 적절한가?), 반응내용(반응은 어떤 내용 범주에 속하는가?), 평범반응(일반적으로 흔히 일어나는 반응인가?), 특수점수(특이한 언어반응이 일어나고 있는가?), 조직활동(자극을 조직화하여 응답했는가?) 등이 포함된다.

반응단계에서 나타난 모든 요소들이 빠짐없이 모두 채점되어야 하지만 간략하게는 반응위치, 반응결정인 반응내용, 평범반응의 4개 항목을 선택해서 사용하기도 한다. 혼합반응에서도 피검자가 응답한 내용을 빼놓지 않고 채점해야 하는데 반응채점의 주요원칙으로서 피검자가 자유연상 단계에서 자발적으로 응답한 반응만 채점되며 질문단계에서 검사자의 질문을 받고 유도된 반응은 원칙적으로 채점되지 않는다.

엑스너의 종합 체계 방식으로서 반응영역, 반응 위치의 발달질, 반응의 결정요인, 형태질, 반응내용, 평범반응, 특수점수, 조직활동 등의 채점반응과 해석은 다음과 같다.

(1) 반응 영역(location)

'반응위치'에 대한 채점은 브롯의 어떤 부분에서 반응이 일어났는가를 판단하는 과정이다. 대부분의 피검자는 쉽게 반응이 일어난 위치를 말하지만 때로는 그렇지 않은 경우도 있다. 때로 피검자가 쉽게 위치를 말하지 못하는 경우가 있는데 이런 경우는 "손가락으로 그 부분을 짚어 보세요."라는 지시를 준다. 종합적인 방식에서 반응위치 채점은 기본적으로 벡(Beck)의 분류 방식에 따르고 있는데 전체반응 W, 부분반응 D, 드문 부분반응인 Dd 반응으로 채점되고 카드의 흰색 부분에 대한 반응은 공백 반응 S로 채점된다.

반응기록과정에서 반응 기록지를 준비하여 두고 반응위치와 특징을 즉시 기록해 두어야 하는데 W반응은 반점의 전체를 사용했을 경우이며 전체 반응은 일부분이 제외되면 전체 반응으로 채점되지 않는다. D반응은 부분반응이며 흔히 사용되는 반점영역으로 79개 부분반응을 정하고 카드별 반응 위치표에 각 부분반응의 번호가 매겨져 있다. 각 반응의 위치를 표시할 때 위치 번호를 함께 기록한다. Dd반응은 드물게 사용되는 반점영역으로 전체반응이나 부분반응으로 분류되지 않는 반응이다. 주의해야 할 것은 '부분반응'과 '드물게 사용되는 반응'의 차이점으로서 반응내용이 각각 분리된 사물로 나타나면 D로 채점되고 새로운 특이한 하나의 사물로 나타나면 Dd로 채점된다. 카드별 반응 위치표에 포함되어 있지 않는 위치공백반응은 단독으로 공백반응만 채점하게 되거나 드문 위치반응으로 채점되며 'Dd99'로 기록된다. S반응은 흰 공간이 사용된 경우인데 다른 위치와 연결되어 반응하여 WS, DS, DdS와 같이 부가적으로만 채점되어 다른 반응위치의 기호와 같이 사용할 수 있다.

반응영역의 기호는 〈표 6-8〉, 발달질 평가기준은 〈표 6-9〉, 위치반응과 발달질 평가는 〈표 6-10〉, 결정요인 기호들과 채점 기준은 〈표 6-11〉, 형태질 평가 부호와 기준은 〈표 6-12〉, 반응내용의 기호와 분류 기준은 〈표 6-13〉, 평범반응내용은 〈표 6-14〉에 요약되었는데 모두 엑스너(Exner, 2002)와 엑스너와 위너(Exner & Weiner, 1994)의 해석기준에 맞추어 재구성하였다.

표 6-8 반응영역기호

기호	정의	기준
W	전체반응 (whole response)	브롯의 전체가 응답에 사용된 경우에 한하여 W로 채점한다.
D	부분반응 (common detail response)	흔히 반응되는 브롯이 사용되었을 때 D로 채점된다. 따라서 정상집단의 반응 빈도를 기준으로 하여 정상집단의 반응 가운데 반응 빈도가 95% 이상 빈번하게 응답된 영역이 반응에 사용되었을 때 D라고 채점한다.
Dd	드문 부분반응 (unusual detail response)	반응빈도가 5% 미만으로 드물게 반응되는 영역이다. 이 반응은 대부분 크기가 작은 영역에서 응답되지만 반드시 그렇지는 않다. 때로는 전체 반응에서 일부를 제외한 큰 부분에서 반응되는 경우도 있고 위치반응표에 모든 Dd반응이 제시되어 있지는 않다. W, D반응으로 분류되지 않는 반응은 Dd반응으로 분류해도 된다. 위치반응표에 기록되지 않은 Dd반응은 Dd99로 분류된다.
S	공백반응 (white response)	공백반응은 카드의 흰 공백부분에 대해 반응이 일어나는 경우 채점된다. 공백반응 S는 독립적으로 채점되지 않고 WS, DS, DdS와 같이 부가적으로 채점된다.

표 6-9 발달질 평가기준

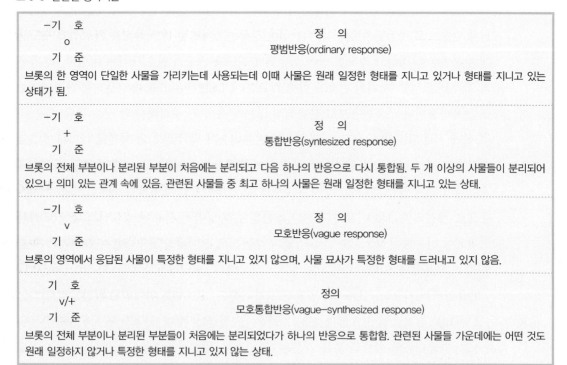

-기 호 ㅇ 기 준	정 의 평범반응(ordinary response)
브롯의 한 영역이 단일한 사물을 가리키는데 사용되는데 이때 사물은 원래 일정한 형태를 지니고 있거나 형태를 지니고 있는 상태가 됨.	
-기 호 + 기 준	정 의 통합반응(syntesized response)
브롯의 전체 부분이나 분리된 부분이 처음에는 분리되고 다음 하나의 반응으로 다시 통합됨. 두 개 이상의 사물들이 분리되어 있으나 의미 있는 관계 속에 있음. 관련된 사물들 중 최고 하나의 사물은 원래 일정한 형태를 지니고 있는 상태.	
-기 호 v 기 준	정 의 모호반응(vague response)
브롯의 영역에서 응답된 사물이 특정한 형태를 지니고 있지 않으며, 사물 묘사가 특정한 형태를 드러내고 있지 않음.	
기 호 v/+ 기 준	정의 모호통합반응(vague–synthesized response)
브롯의 전체 부분이나 분리된 부분들이 처음에는 분리되었다가 하나의 반응으로 통합함. 관련된 사물들 가운데에는 어떤 것도 원래 일정하지 않거나 특정한 형태를 지니고 있지 않는 상태.	

표 6-10 위치반응의 발달질 평가의 예

카 드	반 응	부호화
(카드1)	여자의 주변에서 춤추는 두 마녀(W)	W+
	산호 조각(D1)	Dv
	언덕(Dd24) 위를 올라가는 두 유령(DdS30)	Dds+
	코를 비비는 두 마리 개(D6)	D+
(카드2)	어떤 종의 지도(W)	Wv
	카드고드름(Dd25)–	Ddo
(카드3)	퍼즐 조각들(W)	Wv
	거울을 통해 자기 모습을 보는 사람(D1)	D+
	메기 한 마리(D2)	Do
(카드4)	그루터기에 앉아 있는 남자(W)	W+
	구름을 동반한 폭풍우(W)	Wv/+
	양쪽에 하나씩 있는 한 켤레 구두(D6)	Do
(카드5)	박쥐(W)	Wo
	Z–ray의 내부(W)	Wv
	미국 지도(W)	Wo
(카드6)	찢겨진 모피(D1)	Dv
	곰가죽 양탄자(D1)	Do
	언덕에 있는 수풀(D3)	Dv
(카드7)	목걸이(W)	Wo
	대양에 떠 있는 섬(WS)	WSv/+
	둥지(D6)에서 미끄러진 새(Dd25)	Dd+
(카드8)	밝게 빛나는 샹들리에(W)	Wo
	해부된 동물의 단면(W)	Wv
	막대기에 걸려있는 찢겨진 천(D5)	Dv/+
(카드9)	폭발(W)	Wv
	버섯 구름 모양의 원자 폭발(W)	Wo
	말라버린 혈액(Dd28)	Ddv
(카드10)	바위 주위를 함께 헤엄치고 있는 해저동물들(W)	W+
	물고기나 게 등 물속의 여러 가지 동물들(W)	Wo
	중심(D3)에 보석이 있는 부처(DdS29)	DdS+

피검자가 질문단계에서 자신이 본 것에 대해 영역을 구체적으로 설명하지 않은 로샤영역의 채점은 내담자로 하여금 손가락으로 대신 짚어보도록 하고 내담자에게 영역을 지적하여 제시하도록 하며 영역사용을 확실히 하도록 한다.

(2) 반응 위치의 발달질(developmental quality of location)

로샤검사의 영역사용에 있어 예리한 상상력을 나타내는가 하면 단순하고 구체적인 방신으로 잉크반점을 지각한다. 이러한 피검자의 차이를 인지과정의 차이로 보고 구분하여 채점한다. 로샤에서 어떤 발달수준을 나타내는지에 대한 '위치반응에 대한 질적 평가'는 피검자의 인지 기능에 대한 정보가 제공되며 피검자의 인지기능의 발달수준을 평가하며 지각의 정확도를 표현해주는 형태질과는 구분되어진다. '위치 반응'은 '반응영역'을 채점한 후에 그에 대한 '질'을 채점함으로써 해석적 가치를 높일 수 있다.

통합반응(+)은 두 가지 또는 그 이상의 대상이 분리되어 있지만, 서로 의미 있는 관계 속에 있다. 보통반응(O)은 브롯의 한 영역이 단일한 사물을 가리킨다. 모호-통합반응(v/+)은 두 개 이상의 사물이 분리되어 있고, 의미 있는 관계 속에 있지만 두 사물은 형태가 없다. 모호반응(v)은 브롯의 한 영역에서 한 사물에 대해 응답하며 형태는 없다.

(3) 반응의 결정요인(determinants)

반응의 결정요인은 '반응을 결정하는 데 영향을 준 브롯의 특징이 무엇이며 피검자가 지각을 형성하는 데 영향을 준 잉크반점의 특성이 무엇인지'에 대한 것이다. '결정요인'의 채점은 어떤 브롯의 특징이 내담자 지각 형성에 영향을 미쳤는지 알려주는데 결정요인을 채점하는 목적은 반응을 일으킨 복잡한 지각-인지과정에 관한 정보를 얻기 위한 것이다. 결정인은 이러 복잡한 인지적 과정에 대해 중요 정보를 줄 수 있으며 각각의 결정인은 피검자가 자극 영역을 해석하는 방식을 반영하고 있다(최정윤, 2012).

결정인에 대한 주의사항으로서 검사자가 자발적으로 보고한 것이 아니라면 기호화해서는 안 되며 피검자에게 직접 "왜 이런 영향을 미쳤는가?"라는 식으로 질문하는 것은 주의를 요한다.

반응의 결정요인의 세 범주 안에서 9가지 내용으로 분류하고 있는데 9가지 내용은 형태(Form), 인간, 동물, 무생물의 움직임(Movement), 색채(Color, chromatic), 무채색(Color, achromatic), 음영-재질(Texture Shading), 음영-차원(Shading Dimensionality), 음영-확산(Diffuse Shading), 형태-차원(Form Dimensionality), 쌍반응과 반사반응(Pairs and Reflection) 등이다.

아홉 가지 반응으로 표현되는 복잡한 지각-인지 과정에 관한 정보는 크게 세 가지 범주로 나눌 수 있는데 첫째는 형태를 포함하는 것, 둘째는 색채를 포함하는 것, 셋째는 음영을 포함하는 것이다.

반응의 9가지 결정요인은 다음과 같다.

◉ 형태 결정인(form determinant)

형태반응은 브롯의 모양에 따라 반응이 결정되는 경우로서 모양방식으로 응답하는 경우이다. 형태반응은 쉽게 인지될 수 있는데 피검자가 형태를 직접 언급하기도 하고 때로는 형태가 지각되었음을 간접적으로 나타내기도 한다. 직접 형태를 언급하지 않더라도 모양을 지각한 경우 형태 결정인이 채점된다. 드물기는 하지만 사물의 원래의 조건이 일정한 형태를 갖추지 않은 경우라도 채점될 수 있는데 "꼭대기가 비구름처럼 불규칙적이고 좁다."라고 응답하면 F로 채점된다.

◉ 움직임 결정인(movement determinants)

동작반응은 인간의 움직임(M), 동물의 움직임(FM), 무생물의 움직임(m)으로 나누어진다. 인간의 동작 반응은 '과격하거나 논쟁하는' 등의 적극적 반응과 '평상시의 행동의' 소극적 반응으로 구별되며 적극적 인간 운동반응은 'Ma'로, 소극적 인간 운동반응은 'Mp'로 표시된다. 동물움직임과 무생물 움직임 적극적 반응은 FMa, ma로 소극적 반응은 FMp, mp로 기록한다.

M반응은 자발적으로 움직임이 언급되어야 M으로 채점된다. 예를 들면 연상단계에서 "두 사람이 있다."고 응답하였다가 질문단계에서 피검자가 자발적으로 "두 사람이 무언가를 들고 있다."고 말한다면 연상단계에서 이미 움직임을 지각하였으나 표현하지 않은 것으로 간주하여 M으로 채점된다. 그러나 이러한 자발적 표현 없이 "세 사람이 있다."고 반응한다면 F로 채점된다. 동물이나 무생물이 인간과 같은 활동을 보일 때도 M으로 채점되는데, '행복한 바닷물'과 같은 경우이다. 감각적 경험이나 정서적 경험이 추상적으로

표현되는 경우에도 채점이 되는데 예를 들어 "두 사람이 웃고 있다.", "아동이 사랑을 느끼고 있다." 등과 같은 경우이다.

동물 움직임 반응(FM)은 흔히 볼 수 있는 원래의 동물의 움직임을 지각한 경우 채점된다. "여우가 걷는다.", 혹은 "새가 난다." 등이다. 동물의 원래의 동작이 아닌 경우는 응답과정에 공상이 관여되었음을 나타내는 것은 M으로 채점되는데 "용이 노래를 한다." 혹은 "새가 춤춘다." 등의 예이다.

FM도 적극적 움직임과 소극적 움직임 반응으로 구별하여 FMa, 혹은 FMp로 분류된다. '용'과 같이 상상의 동물의 움직임은 모두 FM로 채점된다. 무생물의 움직임 반응 m반응은 인간이나 동물이 아닌 무생물의 움직임을 나타낼 때 채점되는데 예를 들면 "불이 타오르고, 폭발하고 있고, 피가 떨어지고, 폭포 물이 떨어지고, 나무가 기울어져 있다."의 경우이다. 또한 '팽팽하게 퍼진 가죽, 옷걸이에 걸린 외투' 같이 자연스럽지 않은 긴장상태를 나타내기 때문에 'm'으로 채점된다.

● 색채 결정인(chromatic determinants)

반응 결정인으로 색채가 개입되는 경우 순수색채반응(C), 색채-형태반응(CF), 형태-색채반응(FC), 색채명명반응(Cn) 등이 있다. 순수색채반응(C)은 연상단계에서 형태의 개입없이 순수하게 색채만을 근거로 하여 반응되는 경우로서 '피, 아이스크림, 물감' 등이다. '피'라고 응답하고 난 다음 형태에 대한 언급이 전혀 없는 경우 C로 채점되는 반면, '둥근 모양으로 번진 핏자국'이라고 응답하였다면 CF반응으로 채점된다. '피'자체가 지니고 있는 형태가 문제가 아니라 피검자가 응답할 때 형태를 개입시키고 있느냐가 기준이 된다.

색채-형태반응(CF)는 형태자체가 불분명한 대상에 애해 색채반응이 개입되는 경우에 채점된다. CF반응은 순수색채반응과는 차이가 있는데 예를 들면 '초콜릿 아이스크림', '붉은 색의 불길'과 같이 형태가 비교적 막연하다는 점에서 FC와도 차이가 있다. FC로 응답될 수 있는 내용일 지라도 피검자가 형태를 강조하지 않는다면 CF로 채점된다.

형태-색채 반응(FC)은 형태가 분명하게 제시되면서 색채가 개입되는 경우로서 '빨간 바지' 혹은 '위의 해부도'와 같은 예를 들 수 있다. 형태가 일차적으로 결정요인이 되고 색채는 이차적인 결정 요인이다.

색채명명반응(Cn)은 색채의 이름이 반응으로 이용되는 경우에 채점된다. 피검자가 위치를 가리키는 수단으로 단순히 색채를 언급하는 경우가 있는데 "이 빨간색 부분은 모자와 같다."라고 응답한다면 이는 색채명명반응이 아닌, 위치를 구별하기 위한 단순한 진술이므로 Cn으로 채점되지 않는다.

"매우 아름다운 꽃이라고요?"라고 검사자가 질문할 때, 내담자가 "네. 매우 아름답게 보입니다."라고 응답한다면 F라고 채점되어야 한다. 색채반응을 채점하면서 주의할 점은 피검자들이 자발적으로 색채가 결정인으로 사용되었음을 쉽게 말하는 것은 아니므로 검사자가 질문을 함으로서 색채 결정인을 유도하는 일을 피해야 한다.

● 무채색 결정인(achromatic determinants)

무채색반응은 결정인으로 검정색, 회색, 흰색을 사용했을 때 채점된다. 순수무채색반응(C')은 매우 드문 반응으로 예를 들면 카드V에서 "석탄 같다. 색깔이 까맣기 때문이다."라고 하는 경우이다.

무채색-형태반응(C'F)은 무채색 내용이 일차적으로 결정인으로 사용되고 형태가 이차 결정인으로 사용되는 경우이다. '하얀 구름이 덮인 까만 하늘'은 C'반응보다는 C'F반응으로 분류된다.

형태-무채색 반응(FC')은 주요 결정인이 형태이고 무채색은 정교화와 명료화 과정에서 부차적으로 사용될 때 채점된다.

● 음영-재질 결정인(shading texture determinants)

| 음영 결정인(shading determinants) | 음영의 밝고 어두운 특징을 결정요인으로 사용하며 T, Y, V를 채택하였다. V는 음영이 드러나는 반응만을 포함하며 Y는 무채색 반응으로 응답되는 경우는 제외시켰다.

| 재질 결정인(texture determinants) | 브롯의 음영이 사물의 표면적인 촉감을 나타내는데 사용되는 경우로서 '부드러운, 거친, 털이 많은' 등의 형용사로 표현된다. 순수재질반응(T)는 형태가 전혀 사용되지 않은 드문 반응으로 '나무', '양털', '얼음', '기름' 등이 있다. 반응과정에서 형태가 언급된다면 T보다 TF반응으로 채점된다.

재질-형태반응(TF)는 일차적으로 음영이 재질을 나타내는데 사용되고 이차적으로 형태가 반응을 정교화하고 명료화하는 과정에서 추가되는 경우에 채점된다. "뭔가 맛있고 구운 것 같은 생선 같네요. 생선튀김이네요."라는 경우 언급되는 사물이 구체적으로 형태를 지니고 있다 하더라도 일차적으로 음영특징을 재질로 지각하고 난 다음 형태를 추가하고 있기 때문에 TF로 채점된다.

형태-재질 반응(FT)은 일차적으로 형태가 지각되고 난 다음 반응을 정교화하고 명료화하는 과정에서 재질이 추가되는 경우에 채점된다.

● 음영-차원 결정인(shading-demensionality determinants)

반점의 명암 특징을 깊이나 입체로 해석하는 경우로 음영을 사용하여 브롯의 평면적 모양을 깊이나 거리, 입체가 있는 모양으로 바꾸게 되는데 이러한 반응 가운데 깊이에 관한 반응이 더 자주 일어난다.

순수차원반응(V)은 매우 드문 반응으로서 형태는 사용되지 않고 음영특징에 근거하여 깊이나 입체감이 지각되는 경우이다. '깊이', '전망', '나를 향해 찌르고 있다.' 등이 있다. 이러한 반응에 형태 묘사가 개입된다면 VF로 채점된다. 차원-형태 반응(VF)은 깊이나 입체를 나타내는 음영특징을 일차적으로 강조하고 명료화나 정교화를 위해 브롯의 형태를 추가한다. 형태-차원반응(FV)은 형태가 강조되고 음영이 명료화와 정교화를 위해 사용되는 경우이다.

● 확산음영 결정인(the diffuse shading determinants)

음영이 일반적인 확산을 나타내는데 사용되기도 하는데 재질이나 차원과 연관되지 않는 모든 음영반응은 확산 음영반응으로 채점된다. 순수음영반응(Y)은 형태 개입 없이 브롯의 밝고 어두운 특징만을 언급한 경우 채점되며 특정한 형태를 지니고 있지 않은 '안개', '어두움', '연기' 등이 있다.

음영-형태반응(YF)은 반응을 결정하는데 브롯의 밝고 어두운 특징이 일차적 결정 요인이며, 형태가 정교화나 명료화의 목적으로 사용되는 경우 채점된다. 형태가 없는 '구름', '그림자', '연기' 등이 있다.

형태-음영반응(FY)은 형태가 일차적 결정 요인이고 명료화나 정교화의 목적으로 음영을 사용한 경우에 채점된다. 예를 들면 특정한 모양의 '구름', '더러운 얼굴' 등이 있다. 음영이 단순히 형태의 윤곽을 나타내는데 사용되는 경우가 있는데 이런 경우는 'FY'가 아닌 'F'로 채점되어야 한다.

◉ 형태-차원 결정인(form dimensionality determinants)

종합방식에서만 채점되는 것으로 FD는 브롯의 형태나 크기, 다른 부분과의 관계를 근거로 하여 조망이나 입체감을 지각하는 경우에 채점된다. 흔한 FD반응은 IV번 카드에서 "저 여자가 소파에 기대고 있다." 등에서 채점된다.

◉ 쌍반응과 반사반응(pairs & reflection response)

쌍반응은 브롯의 대칭성을 근거로 하여 2개의 사물을 반응하는 경우로 '둘'이라는 단어가 사용되거나 '이쪽에 하나가 있고 저쪽에 하나'로 표현되는 것이나 '곰들', '개들'과 같은 복수 반응들은 쌍반응으로 채점된다.

반사반응은 브롯의 대칭성에 근거하여 사물이 반사되고 있음을 언급한 반응이며, Rf와 Fr이 있다. 반사-형태 반응(rF)은 브롯의 대칭성에 근거한 반사가 일차 결정 요인이고 형태가 이차적인 결정 요인이며 구름, 그림자, 바위, 비가 있다. 형태를 강조하는 경우는 Fr로 채점되어야 한다.

표 6-11 결정요인 기호와 분류 기준

결정요인 기호		분류 기준
형태 결정인	F(형태반응)	브롯의 형태를 단독적으로 보고 반응하는 경우이다.
움직임 결정인	M(인간움직임반응)	인간동작을 보이거나 동물이나 가공적 인물이 인간과 움직임을 보이는 경우이다.
	FM(동물의 움직임반응)	동물의 움직임을 지각한 반응에 대해 채점된다. 움직임은 동물의 자연적인 움직임으로 자연적인 동작이 아닌 경우에는 M으로 채점된다.
	m(무생물의 움직임반응)	생명이 없는 사물의 움직임이다.
색채 결정인	C(순수색채반응)	브롯의 색채만을 근거로 하여 반응한다.
	CF(색채-형태반응)	브롯의 색채가 일차적으로 주요 결정요인이며 형태는 이차적인 결정요인으로 사용한다.
	FC(형태-색채반응)	브롯의 형태가 주요 결정요인이고 이차적으로 색채가 개입되었을 때이다.
	Cn(색채명명반응)	브롯의 색채에 대해 이름을 붙이는 경우에 채점된다. 이 경우 색채 명명이 단순히 위치를 지적하는 것이 아니고 실제의 반응으로 나타난 경우이다.

(계속)

결정요인 기호		분류 기준
무채색 결정인	C'(순수무채색반응)	브롯의 무채색, 즉 회색, 검정색, 흰색의 무채색이 반응을 결정한다.
	C'F(무채색–형태반응)	회식, 검정색 흰색의 무채색이 반응을 결정하는데 일차적으로 작용하고 이차적으로 형태가 결정요인으로 개입한다.
	FC'(형태–무채색 반응)	일차적으로 형태에 의존하고 이차적으로 무채색이 결정 요인으로 사용한다.
음영–재질 결정인	T(순수재질반응)	브롯의 음영이 형태가 개입되지 않는 순수한 재질 현상을 나타낸다고 지각되는 경우이다.
	TF(재질–형태반응)	브롯의 음영이 재질을 나타낸다고 일차적으로 지각되고 이차적으로 사물의 윤곽을 나타내거나 자세하게 묘사되는데 형태가 개입된다.
	FT(형태–재질 반응)	기본적으로 형태에 따라 반응을 지각하고 이차적으로 음영의 특징이 재질을 나타내는 것으로 해석되는 경우이다.
음영–차원 결정인	V(순수차원반응)	음영의 특징이 형태를 개입시키지 않고 차원이나 깊이만을 나타내는 것으로 해석된다.
	VF(차원형태반응)	일차적으로 음영이 깊이나 차원을 나타내는 것으로 지각되고 이차적으로 형태가 지각되는 경우이다.
	FV(형태–차원반응)	브롯의 형태에 근거하여 일차적으로 반응이 결정되고 음영이 깊이나 차원을 나타내는데 이차적 결정요인으로 개입되는 경우이다.
확산음영 결정인	Y(순수음영반응)	형태를 개입시키지 않고 브롯의 밝고 어두운 특징에 따라서만 반응이 결정된다.
	YF(음영–형태반응)	브롯의 밝고 어두운 특징을 근거로 하여 일차적으로 반응이 결정되고 형태는 이차적으로만 개입된다.
	FY(형태–음영반응)	주로 브롯의 형태에 의존하여 반응이 결정되고 이차적으로 음영 특징이 반응을 결정하는 요인으로 작용된다.
쌍반응	(2)	브롯의 대칭성에 근거하여 두 개의 동일한 사물을 지각하는 경우 채점된다. 사물들은 모든 점에서 동일해야 하며 반사나 거울에 비친 모습이라고 반응되는 경우 쌍반응이 아닌 반사반응이다.
반사반응	rF(반사–형태반응)	브롯이 대칭적인 성질에 근거하여 반사되거나 거울에 비친 모습을 나타낸다.
	Fr(형태–반사반응)	브롯의 대칭성에 근거하여 반사되거나 거울에 비친 모습으로 지각되는 경우 반응된 사물은 일정한 형태가 있다.

● 혼합반응(blend)

한 반응의 결정요인이 2개 이상일 때 혼합결정인으로 점수가 매겨 지는데, 혼합결정인에서는 반응을 결정하는데 개입된 모든 결정요인들이 채점되어야 한다. 결정요인들 사이에 마침표를 찍고 동등한 정도의 중요성으로 취급한다. 혼합반응은 일어난 순서에 따라

기록한다. 'F반응'이 혼합반응으로 채점되는 경우는 매우 드물며 F반응이 혼합 결정요인으로 채점되는 경우는 신경학적 장애나 정신 지체 같은 인지적 손상을 의미한다. 혼합 결정인 반응에 나타나는 여러 사물들은 서로 가까이 있고 의미 있는 관계 속에 있는 것으로 표현된다. 혼합 결정인은 음영 결정인들이 혼합되는 경우이다. 표면적으로 음영 결정인이 혼합되어 있는 것처럼 보일지라도 실제로는 단일한 음영반응이 단지 그렇게 표현되고 있는 것은 아닌지 검토되어야 한다.

(4) 형태질(form quality)

형태질은 반응된 내용이 자극의 특징에 적절한가를 점검하는 것이다. 형태질은 얼마나 지각을 잘 했는지를 채점하는 것으로 적절한지 혹은 왜곡되었는지를 평가한다. 우수하고 정교한 반응일 때 (+)로 부호화 하는데 정확한 형태의 상용, 적절한 형태 및 적절하고 질적으로 상승된 수준에서의 반응을 의미한다. 보통의 (o)은 일반적으로 지각되는 사물을 묘사하고 명백하고 쉽게 이해될 수 있는 방식으로 브롯의 특징이 사용된다.

드문반응은 (u)로 기호화 하고 흔희 반응되지 않은 낮은 빈도의 반응으로 반응내용이 브롯의 특징과 크게 부조화되지는 않는다. 왜곡된 반응일 경우는 (−)로 부호화 하며 브롯의 특징이 왜곡되고 인위적이며 비현실적으로 사용되는 것을 의미한다.

표 6-12 형태질 평가 부호와 분류 기준

기 호	정 의	분류 기준
+	우수하고 정교한 superior overlaborated	매우 정확하게 형태가 사용됨에 따라 형태가 적절하면서도 질적으로 상승된 수준에서 반응한다. +반응은 부분들이 구별되고 형태가 사용되고 명료화되는 방식이 독특하다.
o	보통의 ordinary	흔히 지각되는 사물을 묘사함에 있어 명백하고 쉽게 이해될 수 있는 방식으로 브롯의 특징이 사용된다. 반응내용이 평범하며 반응의 내용들을 쉽게 알 수 있다. 반응내용이 풍부하고 독특한 우수한 형태질의 수준과 구별된다.
u	드문 unusual	낮은 빈도의 반응으로 반응내용이 브롯의 특징과 크게 부조화 되지 않는다. 바르고 쉽게 알아볼 수 있으나 흔히 일어나는 반응이 아니다.
−	왜곡된 minus	반응과정에서 브롯의 특징이 왜곡되고 인위적이며 비현실적으로 사용되며 무시하는 반응이다. 반응과 브롯의 특징이 조화 되지 않는다. 반응된 형태를 지각할 만한 브롯의 특징이 없는 상태에서 독단적으로 형태가 지각된다.

(5) 반응내용(contents)

반응내용은 '반응이 어떤 내용 범주에 속하는가?'를 의미한다. 반응은 반응내용을 채점하고 로샤기록에서 자주 나타나는 평범 반응들을 목록에서 대조하여 채점하는 것이다. 일적으로 '흔히 일어나는 반응인가?'에 대한 평범반응, '특이한 언어반응이 일어나고 있는가?'에 대한 특수점수, '자극을 조직화하여 응답했는가?'를 질문하는 조직활동, '사물을 대칭적으로 지각하고 있는가?'에 대한 쌍반응 모두 채점되어야 한다.

로샤반응들은 내용별로 채점되며 내용채점에 사용되는 기호는 인간반응[i.e. 전체인간 H, 가상적 전체인간(H), 인간의 부분 Hd, (Hd), 인간 경험 Hx], 동물반응[전체동물 A, 가상적 전체동물(A), 동물의 부분(Ad), 해부 An], 예술 Art, 인류학 Ay, 피 Bl, 식물 Bt, 의복 Cg, 구름 Cl, 폭발 Ex, 불 Fi, 음식반응 Fd, 지도 Ge, 가구 Hh, 풍경 Ls, 자연 Na, 과학 Sc, 성반응 Sx, X레이 Xy 등이다.

한 반응에 2개 이상의 내용이 포함될 때 해당되는 내용을 모두 포함시켜야 하지만 다음 2가지 경우는 예외이다. 자연반응, 식물반응, 풍경반응이 동시에 반응되는 경우 자연 반응에 모두 포함시키고 식물이나 풍경반응을 따로 채점하지 않는다.

예를 들면 "이 동물은 물속에서 돌 위를 걷고 있는데 이 나무에 가까이 가려고 하고 있다."라고 반응한다면 반응내용은 동물 4, 돌 LS, 물 Na, 나무 Bt로 분류되지 않고 동물 A와 자연 Na 반응으로 채점된다. 만약 자연반응이 포함되지 않고 풍경과 식물반응만 있는 경우는 두개 반응 중 하나만 채점된다. "한 동물이 이 나무 옆에 있는 돌 위를 오르고 있다."라고 응답된다면 A, Bt 혹은 A, Ls라고 채점된다. 이와 같이 자연, 풍경, 식물반응의 채점을 예외로 규정한 이유는 한 반응이 소외지표에 지나치게 영향을 미치는 것을 막기 위해서이다. 2개 이상의 반응내용을 기록할 때 가장 중심적인 내용을 맨 먼저 기록한다.

일반적으로 중심적인 내용이 처음 언급된다. 예를 들어 "그림인데, 어떤 사람의 모습이고 그는 모자를 쓰고 있고 나무 옆에 서 있다." 이 경우 반응내용은 Art, H, Cg, BT로 채점된다.

예외적인 경우도 있는데 중심적인 내용이 맨 처음 언급되지 않을 수 있다. 예를 들면, "자, 이건 나무 같은데, 그 곁에 사람이 있군요.", 그리고 "그 옆에는 나무가 있고 이 여자는 모자를 쓰고 있어요." 이 경우 중심적인 내용은 사람이므로 채점은 H, Bt, Cg로 된다.

표 6-13 반응내용의 기호와 분류 기준

기 호	분류 기준
H(전체 인간)	전체 인간의 모습이 지각될 때이다.
(H)(전체 인간, 가공적, 신화적 인간)	거인, 악마, 귀신, 천사, 이상한 나라의 엘리스와 같은 가공적, 신화적 전체 인간의 모습이 지각될 때이다.
Hd(인간 부분)	불완전한 부분적인 인간의 모습이 지각될 때, 사람의 머리, 팔, 다리 등이다.
(Hd)(인간 부분, 가공적)	신의 손, 악마의 머리, 괴물의 발과 같은 가공적, 신화적 인간의 신체 부분이다.
Hx(인간 경험)	사랑, 우울, 행복, 소리, 냄새, 공포 등 인간의 정서나 지각 경험에 반응한다.
A(전체 동물)	전체 동물 형태가 지각될 때이다.
(A)(전체 동물, 가공적 동물)	용, 날아다니는 붉은 말, 유니콘, 마술개구리 등과 같이 가공적 신화적 동물형태가 지각된다.
Ad(동물 부분)	불완전한 동물의 형태가 지각된다. 동물 가죽이 포함된다.
(Ad)(동물 부분, 전체적이거나 신화적)	날개 돋친 천마의 날개와 같이 신화적, 가공적 동물의 신체 부분이 지각된다.
Ab(추상 반응)	추상적 개념, 즉 공포, 우울, 행복, 분노, 상징, 추상예술 등을 지각하는 경우이다.
Al(알파벳)	2, 4, 7 혹은 A, M, X와 같이 숫자나 글자이다.
An(해부)	사람이나 동물의 골격, 근육, 내부 기관이 지각될 때 예를 들면, 골격, 두개골, 갈비뼈, 심장, 폐, 위, 간, 척추 등이다.
Art(예술)	추상적이든지 구상적이든지 간에 그림이나 다른 예술 작품, 가문의 문장(a family crest), 조각품, 보석류, 샹들리에, 촛대, 투구 장식, 배지, 인장, 데커레이션 등을 말한다.
Ay(인류학)	특정한 문화의 역사적 배경을 지닌 유품. 토템 기둥, 로마 시대의 투구, 선사 시대 도끼, 화살촉 등을 말한다.
Bl(피)	동물이나 인간의 피반응이다.
Bt(식물)	꽃, 나무, 숲, 해초와 같은 식물 반응이며 나뭇잎, 꽃잎, 나무 둥지, 뿌리 등 부분 반응이다.
Cg(의복)	모자, 장화, 벨트, 바지, 넥타이 등과 같은 의복 반응이다.
Cl(구름)	구름 반응, 변형된 안개, 노을 반응은 자연 반응으로 분류되거나 독자적인 반응이다.
Ex(폭발)	흔히 카드 IX에서 나타나는 원자폭탄이나 폭풍에 의한 폭발 반응. 불꽃놀이 반응이 포함된 m 반응이 동반된다.
Fi(불)	불과 관련된 반응으로 연기, 타오르는 촛대, 램프의 불꽃 등이다.
Fd(음식)	음식과 관련된 반응으로 아이스크림, 요리된 새우, 구운 닭, 사탕, 껌, 스테이크, 야채 등이다.
Ge(지도)	특정한 또는 비 특정한 지도, 섬, 만, 반도 등 내용이 실제로 지각된다면 풍경으로 분류된다.
Hh(가구)	의자, 양탄자, 식기, 침대, 램프, 컵, 은그릇 등 가구이다.
Ls(풍경)	풍경이나 해저의 풍경 반응으로 산, 산맥, 언덕, 섬, 동굴, 바위, 사막, 늪 혹은 산호초 등이다.

(계속)

기 호	분류 기준
Na(자연)	식물이나 풍경으로 분류되지 않은 자연 환경의 다양한 내용들로 예를 들면 해, 달, 유성, 하늘, 물, 대양, 강, 얼음, 눈, 비, 안개, 진눈깨비, 무지개, 폭풍, 회오리바람, 밤, 빗방울 등이다.
Sx(성반응)	성 기능과 관련된 성 기관과 성행위로 예를 들면 남근, 자궁, 가슴, 고환, 월경, 유산, 성교, 성교는 이차반응으로 채점된다. 일차 내용은 H, Hd, An이다.
Sc(과학)	과학과 연관되거나 과학의 산물, 혹은 과학적 상력의 산물이다. 예를 들면 현미경, 망원경, 무기, 로켓, 발동기, 우주선, 광선총, 비행기, 배, 기차, 자동차, 전구, TV안테나, 전파탐지기 등이다.
Xy(x-선)	뼈, 내부 기관의 X선 반응으로 Xy가 채점되면 An은 채점되지 않는다.
Vo(직업적 반응)	피검자의 직업과 연관되는 반응으로 이차반응으로만 채점된다.

흔치않은 내용(idiographic contents)은 반응내용이 표준분류에 포함되지 않은 내용들이다. 이러한 경우, 반응기록지에는 이 내용을 기록한다. 그러나 겉으로 보기에 흔치않은 반응처럼 보인다 할지라도 검토해보면 표준분류에 해당되는 경우가 있으므로 유의해야한다. 예를 들면 시험관(test tube)은 겉으로 보기에 매우 드문 반응이지만 'SC'로 분류될 수 있다. 그러나 두 가지 경우는 예외이다. 자연반응, 식물반응, 풍경반응이 동시에 반응되는 경우 자연 반응에 모두 포함시키고 식물이나 풍경반응을 따로 채점하지 않는다.

예를 들면 "이 동물은 물속에서 돌 위를 걷고 있는데 이 나무에 가까이 가려고 하고 있다."라고 반응한다면 반응내용은 동물(A), 돌(LS), 물(Na), 나무(Bt)로 분류되지 않고 동물(A)과 자연반응(Na)으로 채점된다.

만약 자연반응이 포함되지 않고 풍경과 식물반응만 있는 경우는 두개 반응 중 하나만 채점이 요구된다. 예를 들면 "한 동물이 이 나무 옆에 있는 돌 위를 오르고 있다."라고 응답된다면 A와 Bt 혹은 A와 Ls로서 채점된다. 이와 같이 자연, 풍경, 식물반응의 채점을 예외로 규정한 이유는 한 반응이 소외지표에 지나치게 영향을 미치는 것을 막기 위해서이다.

(6) 평범반응(popular responses)

카드 1로부터 카드 10에 표현된 평범반응은 로샤검사의 7,500개 반응 기록지에서 전체 반응수의 1/3이상 빈번하게 반응되는 내용 13개를 추출하여 정하였다. 일반적으로 흔히 일어나는 반응이며 정상적이며 정신적으로 건강한 특징을 포함한다. 내용분류를 하고,

표 6-14 평범반응의 예

카드1(W, 박쥐/나비)	카드6(W or D9, 동물 가죽)
카드2(D1, 동물의 전체형태, 곰)	카드7(D1 or D9, 인간얼굴, 머리)
카드3(D9, 인간 인형모습)	카드8(D1, 동물 전체)
카드4(W or D7, 인간, 거인, 괴물)	카드9(D3, 인간, 마귀, 괴물)
카드5(W, 나비 혹은 박쥐)	카드10(D1, 게 혹은 거미)

관습적으로 반응하는 내담자의 정상적인 특성을 반영하여 평범반응인 P점수를 채점한다. 평범반응과 내용 및 위치가 매우 유사하지만 정확하게 일치하지 않는 경우 평범반응으로 채점되지 않는다.

(7) 특수점수(special score)

특수점수는 특이한 언어반응이 일어나고 있는가에 대한 것으로서 양적인 점수가 아니며 특이한 반응의 특징을 기호화한 점수이다. 14개의 범주로 나누어져 있으며 특이한 언어반응(unusual verbalization), 보속성과 통합실패(perseveration & integration failure), 특수내용(special content), 개인반응(personalization) 및 특수색채(special color) 등으로 분류된다.

특이한 언어반응은 세 가지의 반응은 일탈된 언어반응(DV, DR), 부적절한 반응합성(INCOM, FABCOM, CONTAM), 부적절한 반응논리(ALOG)이다.

일탈적 언어표현은 부적절한 단어를 사용하는 반응으로 신조어와 관용표현이 속하며, DR은 일탈되거나 왜곡된 어휘를 사용하는 것으로 부적절한 구, 우회적 반응이 속한다. 부적절한 반응논리는 반점의 부분이나 이미지를 부적절하게 하나의 대상으로 합쳐서 압축한 반응을 말한다. 예를 들어 '머리는 닭인 여자'는 INCOM으로 표현된다. FABCOM은 두 가지의 대상을 있을 수 없는 방식으로 관계하고 있을 때 채점하는데 예를 들어 "개 두 마리가 축구를 하고 있다."이다. COMTAM은 두 가지 이상의 인상이 비현실적으로 하나의 반응으로 중첩된 것을 의미하는데 예를 들어 '사람박쥐' 등이다. ALOG는 피검자가 자신의 반응을 정당화하기 위해서 비합리적인 논리를 말할 때 채점되는데 예를 들어 '이것은 신발이다. 사람 발 옆에 있으니까.' 등으로 표현된다.

일탈된 언어반응의 점수와 부적절한 반응합성 점수는 반응의 기괴한 정도에 따라 수준

1과 수준2로 나뉘며 수준2가 더 심한 경우이다. 즉 경한장애나 중간 정도의 장애를 보이는 반응과 심각한 장애를 구별한다.

보속성과 통합실패는 인지장애 또는 뚜렷한 심리적인 집착을 드러내는 것으로 같은 반점을 보고 두 가지나 그 이상의 동일한 반응이 나타나거나 각기 다른 반점을 보고 똑같은 반응을 반복하는 것이다. 카드 내 반응 중에서 세 가지 종류 이상의 반응은 보속성으로 채점한다. 내용반복은 동일한 카드 내에서가 아니라 뒷 카드에서도 앞 카드에서 말한 대상이 동일하게 반복될 때 채점되며 기계적 반복은 지적, 신경학적 손상이 있는 수검자들에게 흔히 나타나는데 동일한 대상을 기계적으로 반복해서 보고하는 것을 의미한다.

특수내용은 특수한 인지적 특징이나 자아의 특징을 투사적으로 나타내는 반응들인데 공격적인 내용(AG)은 운동반응에 '싸우는', '파괴적인', '논쟁하는', '매우 화난' 등 뚜렷하게 공격적인 반응내용을 포함하고 있을 때 채점한다. 협조적인 운동반응(COP)은 두 가지 이상의 대상이 적극적, 협조적으로 상호 작용하는 운동반응을 했을 때 채점하는데 손상된 내용(MOR)은 '죽은', '파괴된', '깨어진', '오염된', '상처 입은' 대상으로 지각될 때나 반응한 대상이 우울한 감정이나 특징들을 나타낼 때 채점한다.

추상적인 내용(AB)은 사람의 정서나 감각적 경험을 포함하는 반응내용이나 추상적이고 상징적인 표현을 구체적으로 반응할 때 채점된다. 즉 인간의 지각이나 정서적 경험과 관련되는 내용과 주제가 명백하고 특정한 상징적 의미를 지니고 있는 경우이다. 예를 들면 '독재자를 상징하는 조각', '여성의 아름다움을 상징하는 춤', '악마를 상징하는 가면', 혹은 "이것은 우울을 생각나게 한다.", "이것은 끔찍한 냄새와 연관이 있다." 등과 같은 내용들이다.

개인적인 반응은 개인의 지식이나 경험을 언급하는 경우에 채점되며 특수색채의 색채투사(CP)는 피검자가 색채를 잘못 말했을 때, 그것이 언어적 실수가 아니라 색채지각을 잘못하고 있을 때 채점된다.

(8) Z점수(조작활동 점수)

자극을 조직화하여 응답한 것에 대한 Z점수는 인지적 조직활동과 관련된 점수이다. 자극의 조직화와 복잡성에 대해 점수를 부여한다. 형태를 포함하는 반응 가운데 조건이 충족되면 채점되는데 첫째는 전체 위치반응(W)에 발달 수준이 존재하는 경우, 둘째는 2개 이상의 부분이 서로 의미 있는 관계 속에 있는 경우, 셋째는 서로 인정하지 않은 부분들이 의미 있는 관계를 이루는 경우, 넷째는 공백반응(S)이 다른 부분반응과 의미 있게 통합될 때이다.

5) 사례

(1) 11살 K의 사례

K는 11살로 두 명의 동생과 아버지와 함께 산다. 어머니는 돌아가시고 경계가 밀착되고 경직된 아버지와의 가족경계를 가지고 있으며 아버지는 과잉보호와 맏딸로서 역할을 항상 강조해온 분으로 K는 지시적인 양육 환경에서 양육되었다.

K는 로샤검사 결과 특징적인 것이 있다면 그림 두 개를 제외하고는 모두 동물들의 그림으로 반응을 하면서 평범반응이 아닌 것 중에서도 네 개 이상을 아기 강아지로(피검자는 '강아지'라고 하기보다는 '아기 강아지'로 표현함)로 묘사를 하였다. 재미있는 것은 TAT 검사, HTP 및 다른 모든 검사에서도 아기 강아지 모습이라고 자주 묘사하였고 '동물'이나 '개' 혹은 '강아지'보다는 '아기 강아지'로 명칭하였다. HTP와 로샤와 TAT검사에서 자주 반복되는 언급의 이유를 생각해 볼 수 있었는데 아동답게 피검자가 동물 중에서 특별히 '강아지'를 좋아해서일 수도 있지만 계속해서 '아기 강아지'라는 용어를 사용하면서 묘사한 것을 보면 어린 시절에 애착의 대상이자 친근한 대상임을 알 수 있다. 이러한 용어들은 '포근함' 혹은 '유년시절'을 상징하기도 하며 어머니와 같은 포근함을 느끼게 하거나 과거에 대한 향수나 추억을 추측해 볼 수 있다. 과거의 고민 없고 편안했던 시간을 회상하는 것일 수도 있으므로 만약 병리적으로 본다면 '퇴행'의 측면에서 생각해 볼 수도 있겠다. 모든 검사에서 자주 나타나는 '어머니'의 이미지와 동일시하는 것으로 '아기 강아지'의 이미지는 '어머니'의 존재와 '친근함', '안정성' 등의 정서를 상징한다.

종합해볼 때 내담자의 묘사는 마치 어린 시절에 자체 혹은 하기 싫은 것을 지속적으로 행할 필요가 없는 것과 같이 아주 어리고 편안한 시절에 대한 그리움으로 상징된다면 가족 배경 혹은 성장과정과 관련해서 어머니의 존재가 피검자에겐 친밀하고 가까운 존재일 수도 있지만 장녀로서의 책임감을 다하려는 양가감정적인 마음으로 해석할 수도 있다. 상징적인 면에서 추측을 하자면 죽은 어머니와의 분리가 아직 완전히 이루어지지 않거나 강아지를 안고 편안히 즐길 수 있는 어린 시절로의 '퇴행'으로 해석되었다.

(2) 정신분열증인 P의 사례

P는 15세의 남학생이다. 평소 말수가 적고 소극적인 편이어서 주변에 친구가 많지 않았다. 고등학교에 입학하면서 마치 성격이 변한 듯 짜증이 많아지고 사소한 일에도 불같이 화를 내는 모습을 보이기 시작하였다. 그 정도가 심해져 어느 날 P가 형의 잔소리가 듣기 싫다며 칼을 휘두르기도 하였다. 또한 식구들과 대화를 하지 못하고 방문을 걸어 잠그는 등 혼자 있기를 고집하였으며 친구들과도 어울리지 않는 모습을 보였다. 학업에도 집중을 못하였고 때로 안절부절못하며 불면을 호소하였다. 성적이 급격하게 저하되고 충동적으로 감정을 폭발하는 일이 잦아지자 이를 염려한 부모에 의해 내방하였다.

앞의 채점반응 표를 중심으로 P의 반응분석 요인들을 다루고 평가하였다. P의 로샤반응의 결과는 먼저 형태질과 평범반응에서 문제가 재기되었다. 청소년 P의 경우 나쁜 형태질반응으로서 비율이 70% 이하가 나왔고 인지 기능의 손상이 60% 이하로 표현되었는데 현실지각의 부정확성이 뚜렷하게 시사된다. 나쁜 형태질반응이 70% 이하라고 반드시 인지적 장애를 의미하지는 않지만 다른 부가적인 자료들이 분석된 것을 볼 때 내담자의 현실검증력 지표가 낮았고 낮은 형태질 수준은 병리적 수준에 이르는 지각적 부정확성을 의미하고 있다. 로샤검사에서 극단적으로 나쁜 형태질은 그 맥락에 상관없이 현실검증력의 손상을 의미한다.

형태질 마이너스 반응이 병리적인지의 여부를 판단하기 위해서는 그 맥락과 왜곡의 정도를 확인해야 했는데 마이너스 반응이 처음 몇몇 카드에만 국한되어 있는 경우가 있었으므로 검사초반부터 심각성을 느낄 수가 있었다. P는 특정 갈등과 관련된 영역뿐 아니라 모든 영역에서 마이너스 반응을 보였는데 P에게 보이는 형태질 마이너스 반응 중 대표적인 경우가 공간반응이었다. 즉 분노 혹은 적개심의 경험을 다루는 어려움이 있으며 지각적 왜곡으로 해석되었다.

P의 네 개 이하의 평범반응(P)은 관습적으로 지각할 수 있는 능력의 손상을 의미하는데 11세 이상인 P의 네 개 평범반응 개수는 정신분열중의 진단준거를 삼을 수 있다. 부적절한 인간운동 반응을 보였는데 성인에 비해 인간운동 반응의 비율이 적은 편이고 그 형태질이 나쁘기 때문에 대인관계에 대해 관심이 있긴 하나 부적절하거나 비현실적이다. 순

수인간반응은 인간운동반응과 마찬가지로 대인관계에 대한 관심을 반영하는데 P는 한 개 이하의 순수인간반응이 관찰되어 사회적 관심이 결여되어 있고 부적응적인 수준을 사회적 거리를 두고 있는 상태로 해석되었다. 즉 현실검증력의 전반적인 문제로 간주되었다.

P의 다른 특징으로서 P의 인간운동 반응은 사회적 기술의 부족과 대인관계에서의 왜곡된 지각 및 망상적 사고와 관련되어 있어서 정신분열증 진단에 적용되었다.

또한 공격반응(AG), 병적반응(MOR) 혹은 성반응(SX)으로 채점되는 반응 등은 P가 자신의 사고활동을 제대로 통제하지 못하기 때문인 것으로 해석될 수 있었다. 더 나가서 대인관계에 대한 관심이 실제 경험보다는 상상 안에서 인간이 아닌 대상에만 관심의 초점을 두었고 그 내용은 (H), Hd, (Hd), A, (A), Ad 및 (Ad) 등에 집중되었다.

결론적으로 P는 정신분열병 환자의 특징이 두드러지며 안정적이고 상호적 대인관계 형성의 토대가 되는 사회적 기술 및 타인에 왜곡된 반응은 P에게 있어 문제의 특징들로 보여 졌다. 더 나가서 P의 태도와 언어반응을 주시하였는데 인간운동 비율이 낮은 것으로서 정신병리를 시사하는 P는 특이한 언어표현에서도 나타났다. 즉 이탈적 언어표현(타인에게 분명하게 의사전달이 되지 않는 특이한 방식으로 언어를 사용), 이탈적사고 반응(단절된 생각들이 뒤섞여서 하나의 사고가 다른 사고로 심하게 도약되는 것) 등이 보였고. 부적절한 반응합성(현실적인 고려를 하지 않은 채 자신의 주관적 인상이나 생각들을 합쳐서 개념 형성을 함) 등이 P의 검사반응으로 표현되고 있어 정신분열증과의 관련성이 있다는 결론을 내릴 수 있었다.

8 문장완성검사

문장완성검사(SSCT: The Sacks Sentence Complete Test)는 여러 가지 형식이 있으나 기본형식은 완성되지 않은 문장을 완성하는 것이다. 문장완성검사는 다른 검사들에 대한 부가적 내용을 제시해 줄 뿐 아니라 중요한 역동적 내용을 표명해주며 다른 검사들에 의해 같은 해석적인 병적 요인들을 확인해 줄 수 있는 간단하면서도 유용한 투사검사이다.

본서에서는 종전에 활용하던 문장완성검사(SCT)가 아니라 현재 투사적 심리검사로 쓰이고 있는 SSCT와 아동용 문장완성검사를 다루고 있다.

1) 문장완성검사의 특징

문장완성검사는 완성되지 못한 많은 문장들을 아동, 청소년 그리고 성인들이 구두로 혹은 글로써 완성하는 것으로, 국내에 여러 형태가 번역되어 나와 있다.

문장완성검사는 무의식적인 부분보다는 의식적인 면이 많이 드러나 있는 검사로서 이 검사 결과를 각 범주별로 묶어서 내담자 가치관에 대한 요소들을 잘 반영되도록 한다(Le Xuan Hy, 1998). 그러나 투사검사로서 문장완성검사는 내담자 자신의 자아상과 대인관계, 가족관계, 성역할 등을 알아보기 위한 검사이기도 하다. 내담자의 심리적인 갈등, 공포, 걱정, 야망 및 후회 등과 같은 요소가 밝혀지는 경우가 많으며 문장의 첫 부분을 제시하고 미완성된 뒷부분을 자유롭게 완성하도록 하므로 내담자의 의식적 연상과 투사된 내면상태를 알 수 있다. 미완성 문장에 대한 반응만으로도 형식적 특성에 대한 분석과 내용적 특성에 대한 진단을 가능하게 하는데 숙련된 상담자라면 문장에 나타난 감정적 색채나 문장의 맥락을 통해 내담자의 태도, 주의를 쏟고 있는 특정 대상이나 영역을 보다 잘 제시하여 문장의 전반적 흐름과 관계에 대한 피검자의 성격의 복잡한 패턴이 표현되게 하는 것이 가능하다(Le Xuan Hy, 1998).

문장완성검사는 갈튼(Galton, 1879)의 자유연상검사와 카텔(Cattell, 1893)의 단어연상검사로 부터 발전하여 성격진단을 위한 투사기법으로 확립되었다. 주요 학자로는 에빙하우스(Ebbinghaus, 1897), 텐들러(Tendler, 1930), 로데(Rohde, 1946) 등이 있는데 특별히 청년기 내담자의 욕구, 내적 갈등, 감정, 적응상의 어려움 등에 대해 파악하고자 할 때를 위하여 문장완성검사를 활용하도록 하였다.

단어연상검사와의 차이점으로는 단어연상검사는 단일 단어에 의해 유발될 수 있는 연상의 다양성이 많지 않으나 문장완성검사는 문장에 나타난 문장의 맥락과 정서적 흐름에 의해서 피검자의 태도, 내담자의 특정 문제의 영역이 투사되어 내담자문제의 특성과 성격을 분석할 수 있다.

로샤검사가 성격의 기본구조와 원초적 욕구에 초점을 두고 TAT가 관계역동적인 측면과 방어에 초점을 두는 반면, 문장완성검사는 의식적, 전의식적, 무의식적인 생각과 감정을 알 수 있다.

문장완성검사의 분석을 보면 형식적 특성으로서 반응시간, 단어 수, 표현의 정확성, 질, 수식 어구, 단순성, 강박성, 장황성 등이 있고, 내용 특성으로는 정서, 강도, 소극성,

상징성 등이 있다(Le Xuan Hy, 1998). 이러한 형식적 특성과 내용적 특성을 통해서 불완전 문장에 대한 반응으로부터 정서, 태도, 기제들에 관한 가설을 이끌 수 있고 의식, 전의식, 무의식적인 생각과 감정을 명료하게 할 수 있다.

2) 성인용 문장완성검사

SSCT검사는 삭스(Joseph M. Sacks)에 의해 개발되었다. 가족, 성, 자기 개념, 대인관계라는 네 가지 영역에 관한 중요한 태도를 이끌어 내는 미완성 문장을 3개씩 만들어서 기존 문헌의 문장완성검사 문항을 포함시켰다. 이러한 방식으로 280개 문장을 얻고 유의미한 문항 4개씩 선택하도록 하여, 많이 선택된 문항들을 최종 검사 문항으로 결정하였는데, 현재 50개 문항이 널리 사용되고 있다. 검사를 하는데 30분 정도가 소요된다. 반응내용을 분석하여 가족관계 및 자기 자신의 과거, 현재와 미래에 대한 자아상을 기초로 내담자에게 중요한 문제를 파악하도록 한다. 그리고 더 나가서 내담자에게 도움을 줄 수 있는 방향으로 이끌 수 있다.

삭스(Sacks, 1984)는 SSCT의 네 가지 대표적 주제영역에 대해 문장완성으로 표현하도록 하였는데, 이는 가족 영역, 성적 영역, 대인관계 영역, 자기 개념 영역에 대한 정보를 제공해 준다. 그리고 일반적 요약으로는 주된 갈등과 혼란 영역, 태도 간의 상호관계, 성격구조 등이 있는데 성격구조의 내용으로는 내적 충동과 외적 자극에 대한 피검자의 반응정도, 정서적 적응, 성숙도, 현실검증 수준, 갈등을 표현하는 방법 등이 있다(한국미술심리상담협회, 2011).

문장완성검사의 주제별 내용으로서 아버지와의 관계, 어머니와의 관계, 가족들에 대한 태도, 과거에 대한 태도, 미래에 대한 태도, 자신의 능력에 대한 태도, 두려움에 대한 태도, 죄책감에 대한 태도, 목표에 대한 태도 등을 문장을 완성하는 것이다.

문장완성검사 결과의 해석으로서 검사자는 문장완성검사를 통해 얻은 피검자의 인성에 대한 임상적인 인상을 면담이나 다른 투사검사 및 행동관찰 등을 통해 얻은 정보에 통합시켜 분석하거나 판단하는 것이 바람직하다. 그러나 이런 방법은 검사자의 편견이 작용할 수 있는 우려가 있으므로 대체로 채점기준을 내용과 감정의 유형, 대답의 보편성에 두는 경향이 있다.

SSCT검사의 문항의 내용과 SSCT 채점방법은 〈표 6-15〉에 요약하였다.

표 6-15 SSCT검사의 문항과 채점기준 및 해석

I. 문항

• 가족 영역

아버지와의 관계	평점

2. 내 생각에 가끔 아버지는
19. 대개 아버지들이란
29. 내가 바라기에 아버지는
50. 아버지와 나는

해석적 요약

어머니와의 관계	평점

13. 나의 어머니는
26. 어머니와 나는
39. 대개 어머니들이란
49. 나는 어머니를 좋아했지만

해석적 요약

가족에 대한 태도	평점

12. 다른 가족과 비교해서 우리 집안은
24. 우리 가족이 나에 대해서
35. 내가 아는 대부분의 집안은
48. 내가 어렸을 때 우리 가족은

해석적 요약

여성에 대한 태도	평점

9. 내가 바라는 여인상은?
25. 내 생각에 여자들이란

해석적 요약

남성에 대한 태도	평점

8. 남자에 대해서 무엇보다 좋지 않게 생각하는 것은?
20. 내 생각에 남자들이란?
36. 완전한 남자상은?

해석적 요약

이성 관계 및 결혼생활에 대한 태도	평점

10. 남녀가 같이 있는 것을 볼 때
23. 결혼생활에 대한 나의 생각은
37. 내가 성교를 했다면
47. 나의 성생활은

(계속)

해석적 요약

친구나 친지에 대한 태도   평점
6. 내 생각에 참다운 친구는
22. 내가 싫어하는 사람은
32. 내가 제일 좋아하는 사람은
44. 내가 없을 때 친구들은

해석적 요약

권위자에 대한 태도   평점
3. 우리 윗사람들은
31. 윗사람이 오는 것을 보면 나는

해석적 요약

두려움에 대한 태도   평점
5. 어리석게도 내가 두려워하는 것은
21. 다른 친구들이 모르는 나만의 두려움은
40. 내가 잊고 싶은 두려움은
43. 무엇보다도 좋지 않게 여기는 것은

해석적 요약

죄책감에 대한 태도   평점
14. 무슨 일을 해서라도 잊고 싶은 것은
17. 어렸을 때 잘못했다고 느끼는 것은
27. 내가 저지른 가장 큰 잘못은
46. 무엇보다도 좋지 않게 여기는 것은

해석적 요약

자신의 능력에 대한 태도   평점
1. 나에게 이상한 일이 생겼을 때
15. 내가 맡고 있는 내 능력은?
34. 나의 가장 큰 결점은
38. 행운이 나를 외면했을 때

해석적 요약

과거에 대한 태도   평점
7. 내가 어렸을 때는
33. 내가 다시 젊어진다면
45. 생생한 어린 시절의 기억은?

(계속)

해석적 요약

미래에 대한 태도   평점
4. 나의 장래는?
11. 내가 늘 원한 것은?
16. 내가 정말 행복할 수 있으려면
18. 내가 보는 나의 앞날은?
28. 언젠가 나는

해석적 요약

목표에 대한 태도   평점
30. 나의 야망은 ?
41. 내가 평생 하고 싶은 일은?
42 내가 늙으면

해석적 요약

II. SSCT 채점기준과 해석

부적절한 반응이나 갈등 등의 요소를 고려하고 검사자의 판단에 의존하여 주제척도에 따른 다음 범주들에 대해서 평가한다. 그 평가로서 내담자에게 심한 손상으로 간주되는 내용들은 2점으로, 경미한 손상으로 채점되는 내용들은 1점으로, 유의한 손상으로 파악되지 않는 것은 0점으로 채점한다. 그리고 확인이 불능하고 충분한 증거가 부족하면 채점하지 않는다.

2점: 심한 손상으로 이 영역의 정서적 갈등을 다루기 위하여 치료적 도움이 필요하다고 보인다.
1점: 경미한 손상으로 이 영역에 대한 정서적 갈등이 있는 것으로 보이지만 치료적 도움 없이 이를 다룰 수 있을 것으로 보인다.
0점: 영역에서 유의한 손상이 발견되지 않는다.
x: 확인 불능, 충분 증거가 부족하다.

자료: SSCT. 한국미술심리상담협회 자료집, 103-105

3) 아동용 문장완성검사

아동용 문장완성검사에는 슬레이터-갤러거(Slater-Gallagher)의 아동용 문장완성검사 등이 있는데 한국에서는 번안하여 표준화되어 사용하고 있는 아동용 문장완성검사는 한국 문화에 맞게 번안한 것으로 총 60문항으로 구성되어 있다. 특히 이 검사는 자기, 가족, 친구, 학교 등 4가지 영역에 대해 어떻게 지각하고 있는지를 측정하는 검사이다(Drozd & Flens, 2005). 특별히 아동용 검사는 다른 투사법(i.e. 어린이 로샤, CAT)에서 얻은 정보

를 보충하는데 사용하는 경향이 있다. 아동용 문장완성검사의 특징으로는 문장에 나타난 감정적 색채나 문장의 맥락을 통해 내담자의 태도, 주의를 쏟고 있는 특정 대상이나 영역이 보다 잘 제시될 수 있고 내담자에게 반응의 자유와 가변성도 허용할 수 있다(한국미술심리상담협회, 2012).

문장완성검사의 유형으로 국내에 여러 형태가 번역되어 나와 있는데 아동용 문장완성검사의 질문 문항 60개와 채점표는 〈표 6-16〉에 기재되었다.

표 6-16 아동용 문장완성검사 문항

아동용 문장완성검사

이름: _____(남, 여) 나이: _____(세) 학년: _____ 실시일: _____

> 다음의 낱말로 시작되는 문장을 완성시켜 보십시오.
> 반드시 자기의 생각을 솔직하게, 하나도 빠뜨리지 말고 모두 쓰시오.

1. (P) 친구들이 좋지만 _____ .
2. (F) 우리 아빠는 _____ .
3. (S) 내가 하고 싶은 일을 하지 못하게 되면, 나는 _____ .
4. (S) 내가 알고 싶어 하는 것은 _____ .
5. (E) 우리 선생님은 _____ .
6. (S) 바보 같게도 내가 무서워하는 것은 _____ .
7. (E) 우리 선생님에게 화가 날 때는 _____ .
8. (P) 많은 남자아이들은 _____ .
9. (P) 내가 가장 좋아하는 친구는 _____ .
10. (E) 수학은 _____ .
11. (P) 많은 여자아이들은 _____ .
12. (E) 학교의 가장 나쁜 점은 _____ .
13. (F) 엄마와 아빠가 함께 있을 때 _____ .
14. (S) 내가 더 행복해지려면 _____ .
15. (P) 친구들이 알지 못하는 두려움은 _____ .
16. (S) 내가 가장 하고 싶은 일은 _____ .
17. (F) 우리 가족은 _____ .

(계속)

18. (F) 우리 엄마는 _____.

19. (E) 학교에서 내가 힘들어 하는 일은 _____.

20. (F) 내가 아빠에게 바라는 것은 _____.

21. (E) 선생님이 하시는 일은 _____.

22. (S) 나에게 가장 좋았던 일은 _____.

23. (F) 나는 아빠를 좋아하지만 _____.

24. (S) 내가 가장 걱정하는 것은 _____.

25. (P) 친구들이 귀찮다고 생각할 때 _____.

26. (S) 내가 가장 슬펐을 때는 _____.

27. (P) 여러 명이 함께 하는 운동은 _____.

28. (P) 많은 친구들은 _____.

29. (S) 내가 점점 자라고 있다는 것을 생각하면 _____.

30. (P) 나아가 어린아이들은 _____.

31. (E) 체육시간은 _____.

32. (F) 가족들이 나를 대하는 태도는 _____.

33. (E) 학교의 친구들은 _____.

34. (F) 아빠와 내가 함께 있으면 _____.

35. (S) 내가 가장 잘못 했던 때는 _____.

36. (E) 학교에서 _____.

37. (P) 아이들이 나를 놀리는 이유는 _____.

38. (P) 아이들과 술 마시는 것은 _____.

39. (F) 엄마와 내가 함께 있으면 _____.

40. (E) 여름에 학교에 갈 수 없게 된다면 _____.

41. (E) 선생님이 나를 바라보면 _____.

42. (F) 우리 가족은 나를 _____.

43. (S) 나에게 가장 좋지 않았던 일은 _____.

44. (P) 나보다 나이가 많은 아이들은 _____.

45. (P) 나와 가장 친하게 지내는 아이는 _____.

46. (P) 나는 엄마를 좋아하지만 _____.

47. (S) 내 몸은 _____.

48. (E) 학교 수업이 끝나면 _____.

49. (F) 나의 형제(자매)는 _____.

50. (S) 내가 화가 날 때 _____.

51. (F) 내가 엄마에게 바라는 것은 _____.

52. (E) 학교 수업은 _____.

(계속)

53. (F) 부모가 나에게 어떤 일을 하라고 하면, 나는 _____ .

54. (E) 중학교(혹은 고등학교)에 갈 생각을 하면 _____ .

55. (P) 친구랑 담배 피우는 일은 _____ .

56. (S) 내가 가장 잘 꾸는 꿈은 _____ .

57. (P) 내가 없을 때 친구들은 _____ .

58. (S) 나에게 힘든 일이 생긴다면 _____ .

59. (E) 나는 책을 읽을 때 _____ .

60. (F) 내가 가족에게 바라는 것은 _____ .

	긍정적		중립적		부정적		무응답		부적절함	
	N	%	N	%	N	%	N	%	N	%
자기(S)										
가족(F)										
또래(P)										
교육(R)										

자료: 한국미술치료협회 자료집(2012). 102-105

검사결과의 해석은 일반적으로 성격적 요인은 지적 능력 측면, 정의적 측면, 정신역동적 측면, 지향적 측면으로 이루어지며, 반면에 결정적 요인은 신체적 요인, 가정적/성장적 측면, 그리고 대인적/사회적 측면에서 이루어지는데 그 분석을 통해 그 개인의 성격이나 적응 상태를 이해하게 된다. 해석할 때 주의할 점으로서는 아동들의 행동은 엄마에 대한 태도, 아버지에 대한 태도, 가족, 교육 등 네 가지 영역에 대한 아동의 지각과 이러한 환경과의 아동의 상호작용 평가를 분석함으로서 평점을 낸다. 아동의 지각은 아동의 욕구지향과 자아평가를 조사함으로써 쉽게 파악할 수 있다. 교육적 혹은 치료적 중재를 개발하기 위해 내용을 분석할 때 참고할 사항으로 왜곡되거나 갈등적이거나 맥락에 맞지 않는 사고과정을 확인하고, 부정확하고 억제적이고 방어적인 지각을 확인하는 등 결과를 해석하고 분석할 때 주의를 요한다.

아동용 문장완성검사의 문항은 다음과 같다.

4) 사례

(1) 15세 청소년 A양의 문장완성검사 분석

● 가족영역

| 아버지와의 관계(1점) |　　내 생각에 아버지와 어릴 때는 가까운 사이였는데 자상하기보다는 권위적이었으며 가끔 아버지는 혼자 고립되었다고 생각되므로 내가 느끼는 일반적인 아버지의 상은 가족에 대한 존경이나 사랑이 없는 것으로 인식된다.

| 어머니와의 관계(0점) |　　나의 어머니는 자녀에 대해 과잉보호하면서 의식주를 강조하는 태도를 보여 왔다(이 자녀에 대한 양육과 사랑으로 간주한다). 일반적으로 어머니들은 걱정이 많지만 어머니가 나를 사랑했었는지에 대해서는 잘 모르겠다.

| 가족들에 대한 태도(1점) |　　일반적인 가족은 결속력이 있다. 그러나 다른 가족과 비교해서 우리 집안은 표면적으로는 드러나지 않지만 부정적이며 사랑이 결여되었다고 본다.

● 종합적 평가

A는 아버지와의 관계가 과거형으로 머물러 있고 아버지와의 교류가 거의 단절된 상태로 나타난다. 아버지가 분노보다는 아버지가 고립되었다는 연민의 감정이 드러나 있으며 의사소통을 하기 위한 바람이 드러나 있다. 어머니와의 관계에서는 어머니가 자신을 사랑했는지에 대해 확신하지 못하고 자신의 정서나 감정을 돌보거나 이야기를 잘 들어주지 않는 것에 대해 불만을 토로하는 부분을 통해 드러나 있다. 전체적으로 부모님과 가정에 대하여 분노, 슬픔, 아쉬움, 연민 등의 혼란되고 복잡한 감정을 느끼고 있는 것으로 보인다.

(2) 16세 청소년 V군의 문장완성검사 분석

● 자아상

| 과거에 대한 태도(1점) |　　내가 어렸을 때의 시골집에 대한 기억이 생생하다. 그러나 내가 다시 젊어진다면 나는 전혀 다른 방식으로 살 것이다.

| 미래에 대한 태도(0점) |　　나의 장래는 잘 모르겠다. 언젠가는 '내가 정말 좋아하는 일

을 찾겠지'하는 바람이 있지만 행복할 수 있으려면 힘든 일들과 오해를 잘 극복해야 한다고 생각한다.

▎ 자신의 능력에 대한 태도(2점) ▎　　내가 믿고 있는 내 능력은 무한하지만 충분히 계발되지 못한 것 같다. 행운이 나를 외면했을 때 나는 후회가 많다.

▎ 두려움에 대한 태도(2점) ▎　　어리석게도 내가 두려워하는 것은 사람들이 나를 어떻게 평가하느냐이다. 내 두려움은 다른 친구들이 나란 존재를 받아들일 수 없을 때이며 내가 잊고 싶은 것은 두려움인데 때때로 두려운 생각이 나를 휩싸일 때 나는 주저앉는다.

▎ 죄책감에 대한 태도(2점) ▎　　내가 저지른 가장 큰 잘못은 자기 자신의 인생을 스스로 책임지지 않았던 것 같다.

　엄마가 날 거부하던 모습이 기억나고 엄마와 함께 있을 때 집안일을 도와주지 않았던 것이며 지금 무엇보다 좋지 않게 여기는 것은 내가 나를 위하여 노력을 하지 않은 것이다.

▎ 목표에 대한 태도(2점) ▎　　나의 야망은 현재로서는 없다. 내가 늙으면 나 혼자 이 세상에 남겨질까봐 두렵다.

○ 종합적 평가

V는 과거에 대한 태도를 보여주는 문항에서 시골이 생각나지만 이는 자신이 불확실하다는 상태를 표현해 준다.

　전혀 다른 방식으로 살 것이라는 것에서 지나온 행로에 대해 자신이 가진 것보다 후회하고 있음을 표현하고 있다. 자신의 장래에 대해서 비전보다는 두려움과 무의미함을 호소한다. 취업을 준비하거나 환경을 바꾸는 것은 진로를 정하지 못하고 있는 것으로 평가되며 현실적인 일에 어려운 상황이고 준비되지 않은 자신의 현실을 보여주고 있다. 가장 큰 결점은 대인관계에서 어려움을 가지는데 대인관계에서 사람들의 자신에 대한 평가를 힘들어 하며 두려움을 가진 것으로 평가된다. 자기 자신의 인생을 책임지지 않은 것이 가장 큰 잘못이라고 말하는 것은 과거를 향한 자신의 죄책감이 많은 편이다. 그러나 심리적인 문제를 극복하기 위해 노력하고 있음을 알 수 있다.

(3) 14세 청소년 M에 대한 문장완성검사 분석

● 대인관계

▎친구나 친지에 대한 태도(대인자각 2점) ▎   내 생각에 참다운 친구는 상대방의 역사를 이해하려고 노력하는 사람이며 겸손한 사람이다.

　내 친구들에 대해 민감하며 웃는 사람을 볼 때 자주 냉소함과 비웃음을 느낀다.

▎윗사람들에 대한 태도(2점) ▎   아버지, 어머니, 그리고 친척 어른들은 권위적일 때가 많기에 나는 다소 부담감을 느끼고 긴장을 하는 경향이 있다.

● 종합적 평가

M은 친척이나 친구에 대한 친근감이 없으며 자신이 친구들에게 중요한 존재가 아니라고 생각하고 있는 것뿐 아니라 그것을 투사하여 친구들이 자신을 잘 이해하거나 좋아하지 않을 것이라 생각한다. 권위에 대한 피해의식이 많고 반사회적인 성향보다는 부정적인 편견을 가지고 있으므로 인간관계에서 고립되어 있다. 좋아하는 사람이나 싫어하는 사람에 대해서는 막연한 판단력을 갖는 반면, 윗사람과의 관계는 직접적인 것보다 어렵고 원만하지 않을 것이라는 추측을 할 수 있다.

(4) 16세 P양의 문장완성검사 분석

● 성역할을 바라보는 관점

▎여성에 대한 태도(1) ▎   내가 바라는 여인상은 외모도 좋지만 지성을 가진 여자이며 그렇게 되었으면 한다.

▎남성에 대한 태도(1) ▎   남자에 대해서 좋지 않게 생각하는 것은 권력적인 품격과 행동이다.

　남자는 겉과 속이 다른 것 같다. 이 세상에 완벽한 남성상은 존재하지 않는다.

▎이성관계 및 결혼생활에 대한 태도(X) ▎   결혼생활에 대한 나의 생각은 아직은 잘 모르겠지만 일반적으로 결혼 후에 알 것이다.

○ 종합적 평가

P는 여자에 대한 정체성이 뚜렷하지만 반대 성에 대해서는 명확히 구분하려는 무의식적 특징이 보이며 부정적인 태도로 일관하고 있다. 또 지성을 외모보다 가치 있는 것으로 생각한다. 이성에 대해 적대적인 것보다는 이성과의 관계에서 다소 어려움이 있으며 실제적인 관계에 대한 경험이 적은 것 같다. 이성관계에 대한 관심이 없지만 이것이 성관계에 대한 호기심을 부정하는 것이 아닌 것으로 평가된다.

❾ 간이정신진단검사

1) 간이정신진단검사란?

간이정신진단검사(SCL-90-R: Symptom Checklist-90-Revision)는 분명한 증상을 기술한 문항들로 이루어져 현재 가진 문제증상들의 증감을 알아보는 유용한 검사이며 MMPI-2와 함께 심리적인 문제를 이해하는 데에 많은 도움을 주고 있다. 간이정신진단검사는 심리적인 문제가 있는 환자의 증상에 대해 대부분 포괄하고 있으며 이는 9가지 범주로 나눌 수 있고 90문항으로 되어 있다(Cho, 2010). 더 나가서 심리치료나 약물치료를 받는 환자의 증상이 증가하거나 감소하는 상태를 알아보는 데 유용하다.

2) 진단 내용

(1) 신체화(SOM)

신체화란 심리적 원인으로 인해 나타나는 다양한 종류의 신체적 증상을 호소하는 것을 의미하며 의학적 검사에서는 아무런 신체적 결함이 발견되지 않는 경우 신체화로 간주된다. 이 증상을 지닌 사람들은 통증, 소화기증상, 성적증상, 유사신경학적증상 등을 호소하며 이 범주에 속한 문항은 '머리가 아프다.', '목에 무슨 덩어리가 걸린 것 같다.' 등 구체적인 신체적 증상을 기술하는 내용으로 이루어져 있다.

(2) 강박증(O-C)

강박증은 불안을 유발하는 부적절하고 반복되는 강박사고와 불안을 완화시키기 위한 부적절한 반복행동이 있는지를 보여주는 척도이다. 강박사고는 성적이거나 불경스러운 생각, 더러운 것에 오염될지 모른다는 생각, 불확실함에 대한 생각 등 부적절한 생각이 반복적으로 떠올라 통제할 수 없는 상태를 말한다. 강박행동은 그러한 생각으로 인한 불안을 감소시키기 위해 반복되는 여러 가지 부적절한 행동이다. 강박증(O-C)에 대한 태도나 행동은 '쓸데없는 생각이 머리에서 떠나지 않음', '만지고 셈하고 씻고 하는 것과 같은 행동을 반복하게 됨' 등으로 이루어진다.

(3) 대인민감성(I-S)

대인민감성은 대인관계에서 불편함, 부적절감, 열등감 등을 느끼며 타인의 말이나 행동에 대해 민감하게 반응하는 예민한 상태를 의미한다. 대인민감성(I-S)의 범주에 속한 문항으로는 '다른 사람들이 못마땅하게 보임', '쉽게 기분이 상함' 등이 있다.

(4) 우울증(DEP)

우울증은 기분장애 중 하나로써 주로 우울하고 슬픈 기분을 느끼며, 일상생활에 대한 의욕이 없고 즐거움을 느끼지 못하는데, 불면증 혹은 수면과다증 등으로도 나타난다. 또한 매일같이 안절부절못하는 행동이나 느린 행동을 보이며 피로, 무가치감과 죄책감에 시달리고 주의집중력과 판단력 저하 등의 증세를 보이기도 한다. 죽음이나 자살에 대한 생각이 증가하는데 우울증(DEP) 범주에 속한 문항으로는 '신경이 예민하고 마음이 안정이 안 됨', '울기를 잘함' 등을 들 수 있다.

(5) 불안(ANX)

이 척도는 생활 속의 여러 가지 일에 대하여 지나친 불안을 느끼고 과도한 걱정을 하는지의 여부를 측정한다. 이러한 걱정은 잘 조절되지 않고, 초조하여 주의집중이 어려우며, 수면곤란, 근육이 긴장되기도 한다. 불안(ANX)에 대한 문항의 내용들은 '별 이유 없이 깜짝 놀람', '심장이 마구 뜀' 등의 문항이 이에 속한다.

(6) 적개심(HOS)

분노, 공격, 자극과민, 울분, 격분 등의 부정적인 사고를 포함하는 감정 및 행동의 정도를 측정하는 척도이다. 적개심(HOS) 범주의 문항들은 '자신도 걷잡을 수 없이 울화가 터짐', '고함을 지르거나 물건을 던짐' 등의 문항이 포함된다.

(7) 공포불안(PHOB)

이 척도는 특정한 대상이나 상황에서 심한 불안을 느껴 회피행동을 나타내는 정도를 측정한다. 공포를 느끼는 대상에 따라 여러 가지 유형으로 구분되는데 특정 공포증은 뱀, 거미 등과 같은 특정한 동물에 대해 공포를 느끼거나 피를 보거나 높은 곳에 올라섰을 때 등과 같은 특정 상황에 대해 공포를 느끼는 경우이다. 광장공포증은 넓은 공간이나 엘리베이터나 비행기 등의 상황에 대한 공포를 의미하며, 공황장애와 함께 나타난다. 사회공포증으로 회피하는 경우에 측정되는 척도이다. 공포불안(PHOB)에 속한 문항으로는 '혼자서 집을 나서기가 두려움', '사람들 앞에서 쓰러질까봐 걱정함' 등이 있다.

(8) 편집증(PAR)

편집증은 타인의 의도를 적대적인 것으로 해석하는 불신과 의심을 주된 특징으로 한다. 이러한 성격을 지닌 사람은 다른 사람이 자신을 부당하게 이용하고 피해를 주고 있다는 왜곡된 사고를 하며, 배우자를 자주 의심하는 등 망상이 주된 특징이다. 편집증(PAR)척도를 나타내는 문항에는 '사람들이란 믿을 것이 못 된다는 생각이 듦', '다른 사람들이 내 공로를 인정하지 않음' 등이 포함된다.

(9) 정신증(PSY)

정신증은 부적응의 정도가 매우 심각한 심리적 장애를 뜻하며 환각이나 망상 같은 현실 왜곡적 증상이 두드러진다. 현실판단력에 두드러진 장애를 보이므로 직업이나 학업과 같은 사회적 적응이 불가능한 경우가 대부분이다. 정신증의 가장 대표적인 장애가 정신분열증이므로 왜곡된 사고 감정, 망상과 행동 등을 포함하는 문항들로 구성되어 있다.

3) 사례

중학생 Y는 일반적으로 우울하고 활력이 없으며 일상생활에 대한 의욕이 감소한 것으로 보였고 항상 Y에 대해 남자답지 못하고 공부를 못한다고 생각하는 아버지와의 관계에서 위축된 태도를 보였다. 아버지가 집에 있는 시간이면 초조해져 자신의 일에 집중하지 못하고 같이 있는 시간을 피했으며 학교에서도 학업에 대한 부적응 문제를 보여 왔다. 대인 관계에서는 가장 친한 친구 외에 동료를 잘 믿지 못하고 친하지 못한 동료들에 대한 반감을 보이는 경우도 있었고 우울하며 자신에 대한 열등감 등으로 상담이 시작되었다.

Y에 대한 SCL-90-R 검사 결과로서 신체화(SOM)에 대한 T점수가 45점, 강박증(O-C)에 대한 T점수가 60점, 대인민감성(I-S)에 대한 T점수가 56점, 우울증(DEP)에 대한 T점수가 60점, 불안(ANX)에 대한 T점수가 50점, 적개심(HOS)에 대한 T점수가 44점, 공포불안(PHOB)에 대한 T점수가 63점, 편집증(PAR)에 대한 T점수가 61점, 정신증(PSY)에 대한 T점수가 68점이 나왔다.

Y의 SOM에 대한 T점수는 45점으로 신체화 증상이 거의 없다는 것을 알 수 있다. Y의 O-C에 대한 T점수는 60점이었는데 주의집중이 잘 안되고, 결단력이 부족하며, 매사에 정확하게 일을 제때에 해내지 못하는 등의 어느 정도의 강박증상이 있는 것으로 확인되었다. 검사결과 Y의 I-S에 대한 T점수는 56점으로 중간 정도의 수치를 보이고 있는데 친밀한 관계가 아닌 지인들과의 사이에서는 이러한 부적절감을 느끼고 다소 민감하긴 하지만 정도가 심하지 않은 것으로 보여 졌다. 또한 Y의 DEP T점수는 60점으로 우울하고 활력이 없으며 일상생활에 대한 의욕이 감소한 것으로 그의 행동과 일치하며 일상에 대한 흥미를 완전히 잃어버리지 않도록 좋아하는 일에서 즐거움을 찾는 등 적절한 활동이 요구되었다. Y의 ANX에 대한 T점수는 50점으로 불안에 관해서 큰 문제는 없는 것으로 보인다.

Y의 PHOB에 대한 T점수는 63점으로 두 번째로 높은 점수였는데 이 척도의 점수가 비교적 높게 나타난 것은 최근 같이 사는 어떤 한 명의 가족, 즉 아버지와의의 불화로 인한 불안이 오래 누적되었기 때문인 것으로 보이며, 아버지가 집에 있는 시간이면 초조해져 자신의 일에 집중하지 못하고 같이 있는 시간을 피하는 형태의 증상으로 표출되었다. Y의 PAR에 대한 T점수는 68점으로 가장 높은 수치를 보였다. 근래에 아버지에 대해서 의

심과 피해망상 등에서 비롯된 언어 공격으로 인해 심리적인 괴로움을 겪는 적이 많았는데 피해적인 증세가 오랫동안 지속되면서 P에게도 전이되어 사람을 믿지 못하고 사람의 의도를 적대적인 것으로 해석하게 되었고, 외부의 사람들까지 불신과 의심의 태도를 전이시켜 보고 있다는 걸 알게 되었다. 이것이 이 척도의 점수가 가장 높게 나온 이유일 것이라고 보고 있다.

Y의 정신증척도를 나타내는 문항에는 '누가 내 생각을 조정하는 것 같다.', '나의 사사로운 생각을 남이 아는 것 같다.' 등의 사고의 장애 등이 포함되었다. 검사결과 Y의 PSY에 대한 T점수가 61점이 나왔는데 이는 중간 정도의 수치로, 관계에서 망상적인 사고가 피해적이며 불합리적인 신념을 포함하는 것으로서 학업에 다소 부적응하고 있는 현재 상태를 반영하고 있는 것으로 분석되었다.

다른 검사와의 종합적이며 전반적인 검사결과는 아버지에 대한 심리가 트라우마로 집에서 뿐 아니라 학업성적이나 학교의 인간관계에서도 불합리적인 신념을 비롯하여 학업에 부적응하고 있는 상태를 반영하고 있는 것으로 분석되었다.

10 상황–특성불안검사

1) 아동 · 청소년의 불안

불안이라는 개념은 행동을 예언하고 설명하기 위한 편리하고 논리적인 개념이다. 외부에 두려움을 야기하는 대상이 있을 경우 '공포'란 용어를 사용하고 그런 대상이 없이 경험하는 두려움을 불안(Angst)이라고 하였다. 'Angst'의 가장 가까운 말은 두려움(dread)이며, 공포(phobia), 경악(fright), 공황 또는 당황(panic), 걱정(apprehension) 등의 용어로 사용하기도 하였다. 이 용어의 뿌리를 찾아보면 고뇌(anguish)나 분노(anger) 등과 같은 어원을 갖고 있으며 정확한 정의가 어렵다.

아동기에 있는 아동과 청소년의 불안에 대한 주제는 우울감 및 자살, 대인관계와 학업문제에 대한 위기와 관련되어 있다. 불안과 긴장수준이 높을 경우에는 일반적으로 융통성이 결여되고 주의집중이 잘 안 된다. 불안정감, 근육경련, 몸짓, 말더듬과 실언 등이 증가하고 단기기억, 지각적 변별력, 능숙한 운동반응, 반응시간 및 복잡한 과제에 대한 학습 능력이 감소된다. 더 나가서 학습되고 습관적인 반응 등이 적절하지 않는 상황에서도 증가하거나 되풀이 하게 되고 새로운 행동의 습득이 불가능하게 된다.

청소년의 불안은 정서의 한 유형으로 신체생리적 요소, 인지적 요소, 행동적 요소로 간주된다. 불안과 같은 정서반응은 말초신경계의 자율신경계(ANS)와 관련이 있는데 자율신경계 가운데서 교감신경계(SNS)의 불안반응과 관련된다. 불안은 오랜 인간의 역사를 통해서 임박한 위험에 대한 신호로 교감신경계의 흥분을 일으키는 것으로 유기체에게 위험이나 위협에 직면해서 싸울 것인지 아니면 도피할 것인지(fight or glight)를 준비하도록 한다. 교감신경계의 반응들을 보면 뇌에는 피가 많이 흐르게 되어 판단을 신속히 하게하고 신속한 대응을 할 수 있도록 준비한다.

아동기 불안의 생리적 특징으로 숨 쉬는 것이 가빠지고 피부전도반응으로 손바닥에 땀이 나기도 한다. 내분비선에도 다양한 변화가 일어나는데 싸움이나 도피를 위한 경계태세를 갖추도록 혈당을 높이고 교감신경계를 자극하는 아드레날린과 노아드레날린 등의 내분비물을 방출한다. 이외에도 CNS의 반응인 근육긴장이 증가된다. 불안의 인지적 특성은 생리적 변화에 따른 정서적이며 주관적 경험이므로 불안은 주관적 고통으로 경험되며 이런 고통은 예상되거나 또는 예기된 위협에서 비롯되어진다.

정신분석이론의 프로이트는 불안의 정서적인 특성을 강조하며 불안은 생의 위협신호로서 불쾌정서로 개념화된다. 랑랑(Lang-Lang)의 불안에 대한 개념은 '실체개념'보다는 '구성개념'으로 이해하는데 불안은 모든 이들에게 동일한 상황에서 구체적으로 같은 방식으로 일어나는 반응이 아니며 관찰가능하지 않기 때문이다.

2) 상황-특성불안검사의 특징

일반적으로 아동과 청소년은 불안의 자기보고에 기초해서 공포와 불안경험에 대한 단일평정척도를 만들 수 있다. 이런 척도는 내담자의 보고에 기초해서 지금까지 많은 불안척도들이 이러한 방식으로 개발되었다. 어떤 것은 일반적인 불안을 평가하는 것이고 어떤 것은 특정한 상황에서의 불안을 평가하는 것이다. 후자의 경우는 예를 들어 '뱀 공포증'을 평가하는 것처럼 특정한 상황에서의 공포불안을 평가하고자 하는 경우이다. '불안'의 연구에서 서로 엇갈리는 결과를 산출했다고 한다면 이것은 불안의 측정방식의 차이에서 비롯된 것일 수 있다.

자기보고형 불안검사에는 테일러(Taylor, 1960)의 외현적 불안검사, 스필버거(Spielberger, 1970) 등의 상황–특성불안검사(STAI: State-Trait Anxiety Inventory), 대인불안 측정도구인 대인평가척도(FNE: Fear of Negative Evaluation), 사회적 회피척도(SAD: Social Avoidance & Distress Scale) 등이 있는데 한국에서는 스필버거 등의 특질상태 불안척도가 많이 사용되고 있다.

스필버거(Spielberger, 1970) 등의 상황–특성불안검사는 자기 보고식 검사로 다른 검사들과 공통점을 이룬다. 공포상황의 위계를 정한 후 청소년이 어느 상황까지 불안 없이 잘 견딜 수 있는지 알아볼 수도 있고, 불안 상황에서 견딜 수 있는 시간을 측정치로 사용된다(Hambleton, et al., 2004). 한국형 상황–특성불안 검사는 한국의 서강대학교 심리학과 김정택(1978) 신부가 번역하였으며 내담자 혹은 피검사자들은 지금 이 순간 자신이 느끼고 있는 바를 척도에 표시하게 되어 있으며 점수가 높을수록 불안의 정도가 심함을 의미한다. 상태불안이란 현재 내담자의 상태가 불안한지를 측정하는 것이고, 특성불안이란 내담자의 특질, 성격상 불안이 많은지 적은지를 측정하는 것이다.

공포와 불안의 자기보고는 불안의 인지적 특성을 평가하는 적절한 방식이지만 적절한 내용타당도가 보장되려면 불안을 일으키는 많은 변인들에 대해 정확한 평가가 이루어져야 한다. 자기보고가 타당하려면 불안이나 고통의 상황이나 자극을 알아야 하고, 이런 상황의 속성 중에 주요한 것이 무엇인지, 어떤 회피행동을 하는지, 상황에 적절히 대처하는지, 불안을 일으키는 신념이나 기대, 욕구 등에 대해 알아야 한다.

불안에 대한 언어적 보고를 얻기 어려운 상황에서도 심리생리적 검사가 가능하다. 특히 피부전도와 심장박동 기록을 통한 생리적 측정방식은 적절한 불안검사로 표현된다(Hambleton, et al., 2004). 자율신경계의 교감활동(fight or flight system)을 나타내는 변인들은 상호 관련되어 있고, 긴장과 불안의 경우 내담자의 경험에 따라 교감신경의 흥분이 증가된다는 것이다. 내담자가 그들이 얼마나 두려운지 말할 수 없을 때에는 교감활동이 그들의 실제 경험을 더 정확히 나타낼 것이라고 가정한다.

결론적으로 STAI 등의 자기보고 평정척도 공통점은 생리적 측정치가 다른 불안지표와 서로 상반되는 정보를 나타낼 수 있다고 가정하며 객관적인 관찰로 측정되기는 어렵지만 여러 가지 평가방법을 활용하여 불안의 측정이 자기 보고방식으로 가능하다고 본다. 불안행동을 측정하기 위해서는 행동검사가 자주 사용된다. 특정한 상황에서 불안이나 공포를 경험할 경우, 내담자가 불안상황을 신체적으로 직면시켜서 불안이 일어나기 전, 불안할 동안 혹은 불안이 일어난 이후 등에 나타나는 행동특징을 자기보고식으로 기록할 수 있다. 상황불안척도는 현재의 내담자의 느낌과 가장 일치하는 점을 알기 위하여 현재에 느끼는 감정에 관한 내용들을 문장으로 만들었고 특성불안검사는 사람들이 자신을 표현하는데 사용되는 문장들로 4단계 평정으로 만들었다.

상황-특성불안검사(STAI)는 일시적인 상황불안과 지속적인 특성불안을 측정하기 위한 목적으로 각각 20개씩의 문항으로 구분되는데 각 문항은 4개의 평정척도(매우 그렇다, 다소 그렇다, 별로 그렇지 않다, 전혀 그렇지 않다)로 구성되어 있다.

상황-특성불안검사의 문항은 〈표 6-17〉에 기재되었다.

표 6-17 상황-특성불안검사

지금 현재의 느낌	전혀 그렇지 않다	조금 그렇다	보통 그렇다	매우 그렇다
1. 나는 마음이 차분하다				
2. 나는 마음이 든든하다.				
3. 나는 긴장되어 있다.				
4. 후회스럽고 서운하다.				
5. 나는 마음이 편하다.				
6. 나는 당황해서 어찌할 바를 모르겠다.				
7. 나는 앞으로 불행이 있을까봐 걱정하고 있다.				
8. 나는 마음이 놓인다.				
9. 나는 불안하다.				
10. 나는 편안하게 느낀다.				
11. 나는 자신감이 있다.				
12. 나는 짜증스럽다.				
13. 나는 마음이 조마조마하다.				
14. 나는 극도로 긴장되어 있다.				
15. 내 마음은 긴장이 풀려 포근하다.				
16. 나는 만족스럽다.				

(계속)

지금 현재의 느낌	전혀 그렇지 않다	조금 그렇다	보통 그렇다	매우 그렇다
17. 나는 걱정하고 있다.				
18. 나는 흥분되어 어쩔 줄 모르겠다.				
19. 나는 즐겁다.				
20. 나는 기분이 좋다.				
특정불안검사				
1. 나는 요즈음 기분이 좋다				
2. 나는 쉽게 피로해진다.				
3. 나는 울고 싶은 심정이다.				
4. 나도 다른 사람처럼 행복했으면 좋겠다.				
5. 나는 마음을 빨리 정하지 못해서 실패를 한다.				
6. 나는 마음이 놓인다.				
7. 나는 차분하고 침착하다.				
8. 나는 너무 많은 어려운 문제가 밀어닥쳐 극복할 수 없을 것 같다.				
9. 나는 하찮은 일에 너무 걱정을 많이 한다.				
10. 나는 행복하다.				
11. 나는 무슨 일이건 힘들게 생각한다.				
12. 나는 자신감이 부족하다.				
13. 나는 마음이 든든하다.				
14. 나는 위기나 어려움을 피하려고 애쓴다.				
15. 나는 울적하다.				
16. 나는 만족스럽다				
17. 사소한 생각이 나를 괴롭힌다.				
18. 나는 작은 실수가 자구 생각난다.				
19. 나는 착실한 사람이다.				
20. 나는 걱정거리가 생각나면 매우 긴장된다.				

자료: Spielberger, C. D.(1983). *Manual for the State–trait anxiety inventory*. New York: Consulting Psychologists. 재구성

7 CHAPTER

미술심리검사

1 DAS 그림검사

1) DAS 그림검사의 특징

실버(Silver, 1988)의 DAS(DRAW-A-STORY) 그림검사는 제시되는 14개의 자극 그림들 중 두 가지를 선택한 후 어떠한 관계가 있는지 상상하여 그림을 그리고 이야기하는 아동이나 청소년들을 위한 검사이다. 언어적으로 제한된 반응을 보이거나 그림을 그리는 것에 어려움을 호소하는 피검자들의 심리상태를 평가하는 유용한 검사로 알려져 있다.

　DAS 검사법은 그림을 그릴 때 참고할 수 있는 그림자극을 제공하여 우울상태의 아동의 평가를 주 목적으로 개발된 그림 검사이다. DAS 검사는 초기에 언어장애를 가진 아동들의 의사소통 방법으로 사용되었으나 점차 정서적인 표현에 대한 자극을 끌어내는 아동의 심리검사로 발전되었다. 특별히 우울하고 위축된 아동이 그림을 그리는 것 자체를 힘들어 할 때 유용하다. 또한 뇌 문제나 인지적인 어떠한 이유로 그림을 시작하는 행동자체가 어려운 아동인 경우에도 구체적인 그림자극인 DAS를 보여주고 그 자극을 끌어내므로 아동의 문제를 쉽게 선별해 낼 수 있다(한국미술심리상담협회, 2012).

DAS는 아동의 심리검사뿐 아니라 청소년 혹은 성인의 심리진단 도구로도 활용되면서 한국에는 많이 알려지지는 않았으나 심리적인 어려움을 이해하는데 중요한 검사도구로 활용되고 있다. 더 나가서 DAS는 아동이나 청소년이 가지는 공상적 사고의 진단도구뿐 아니라 정신건강문제와 관련하여 치료기법으로 적용될 수 있다는 점에서 유용하다.

내담자들이 동일한 DAS 자극에 대해서도 각각 다른 지각으로 반응을 다르게 하는 것은 내담자 개개인의 성격을 반영하는 것인데 내담자의 특질과 스트레스 상황에서의 대처방안을 알아내고 내담자 자신이 이야기를 엮어서 만드는 것으로 진단뿐 아니라 치료적인 방안을 제시하기도 한다.

2) DAS의 유용성

정신건강의 문제가 있거나 이상심리의 아동과 청소년에게는 그냥 사람을 그려보라고 하거나 집을 그리거나 혹은 가족이 행동하는 모습을 그리라는 것이 무리가 될 때가 많은데 이때 내담자에게 무리를 주지 않으면서 실시하는 DAS 검사가 유용하다. DAP(Goodenough, 1926), HTP(Buck, 1948), 혹은 KFD(Burns & Kauffman, 1972)를 내담자에게 그냥 그리라고 요구할 때 내담자의 심리적인 영역에서 더 힘들어질 수 있다. 이렇게 잘 알려진 투사검사들은 기술적인 부분에서 아동이 방어를 할 수 있는 가능성이 많은 반면, DAS는 아동 내담자에게 치료사가 한 단계 더 쉽게 접근할 수 있는 유용한 검사이다.

DAS에서 사용되는 자극 그림은 A와 B형 두 가지가 있다. 그림 B형을 만든 이유가 그림 A형에 나타난 자극들이 부정적인 환상을 자극하는 경향이 있으므로 그 부정성을 상쇄하기 위해서라고 알려져 있다. 부정적인 환상이나 적응의 문제가 있을 때는 B형의 그림을 내담자에게 먼저 제시한 후 치료가 종료 될 시기에 사후 검사로 A형의 그림을 사용해야하는 것이 유용하다. DAS의 장점은 DAP, HTP, 또는 KFD 등의 검사보다 탈 구조화되어 있으므로 개인과 집단에서 모두 사용이 가능하다.

3) DAS의 실시방법

그림검사의 대부분은 도화지에 피검자 혹은 내담자가 자유롭게 그림의 주제를 선택하고 그리게 하거나 혹은 피검자가 그림을 그리지 않더라도 자신이 선택한 그림의 이야기를 엮어서 만드는 것이 요구된다. 먼저 검사자 혹은 상담사가 14개의 그림을 보여주면서 2개의 그림을 선택하도록 하며 그 선택한 그림들을 자극화로 사용하기 위하여 자신이 선택한 그림이나 자극화를 보면서 어떠한 일이 일어나고 있는지를 상상해 보도록 하는 과정이 요구된다(한국미술심리상담협회, 2012). 그리고 그 상상에 따라 2개의 그림들을 연합하여 하나의 그림을 그리게 한 후(혹은 그리지 않더라도) 두 개의 그림의 제목을 붙이고 이 그림에 맞는 주제에 대한 이야기를 자유롭게 상상하여 하도록 한다.

그 다음 단계로 그림이 완성되면 이야기를 기록하고 그 이야기 뒤에 있는 의미에 대한 대화를 상담사와 같이 나누고 현실에서 내담자와 유사한 점이 있는지 등을 토론하면서 나눔의 시간으로 카타르시스를 경험하고 현 상황에 대한 대안을 갖도록 한다.

검사를 실시하는 방법은 다음과 같다. 먼저 검사를 요구하는 데 있어 내담자에게 "그림 중 두 개를 선택하여 두 개의 그림 간에 어떤 일이 일어나고 있는지 상상해 보라."고 요구한다. 상상이 끝나면 생각한 것을 그리라고 하는데 선택한 그림을 고쳐도 되고 생각을 더해서 그림을 그려도 좋다는 메시지를 전달한다. 만일 그리는 것이 너무 부담스럽다고 이야기한다면 두 그림에 대한 연관성이 있는 이야기를 표현해 달라고 요구할 수 있다. 그 다음단계로 현재의 내담자의 감정이 어떤지 표현해 달라고 요청하거나 물어본다. 다음 단계는 현재 언급한 이야기가 자신의 현실적인 상황에서 어떤 것과 동일한지, 어떻게 적용되는지에 대해 알려달라고 요구한다.

DAS 검사의 A형 그림과 B형 그림은 〈그림 7-1〉, 〈그림 7-2〉에 기재하였다.

4) DAS의 채점과 해석

5점 척도로 평가를 하게 되는데 가장 긍정적인 주제는 5점, 가장 부정적이고 문제가 되며 비정상적인 주제는 1점으로 점수를 주게 된다. 내담자 혹은 피검자가 양가적인 주제로 언급하거나 분명하지 않은 주제에는 중간 점수인 4점을, 주고 가벼운 정도의 부정적인 그림의 주제에는 2점과 3점을, 가벼운 정도의 긍정적인 그림의 주제에는 5점과 6점의 점수를 주게 된다(한국미술심리상담협회, 2012). DAS의 채점 기준과 해석은 〈표 7-1〉에 제시되었다.

다음 그림들 중 2개를 선택하세요. 그들 간에 어떤 일이 일어나고 있는지 이야기를 상상해보세요. 상상이 끝나면 생각한 것을 그려주세요. 선택한 그림을 고쳐도 되고 여러분의 생각을 더하여 그림을 그려도 좋습니다. 다 그린 후에는 그림에 관한 이야기를 글로 표현해주세요. 현재의 기분이 어떤지도 표시해 주세요.

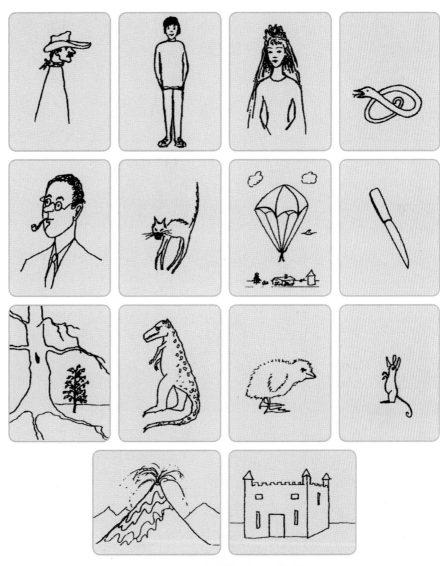

그림 7-1　DAS에서 활용되는 그림(유형 A)
자료: DAS. 한국미술심리상담협회 자료집, 92

다음 그림들 중 2개를 선택하세요. 그들 간에 어떤 일이 일어나고 있는지 이야기를 상상해보세요. 상상이 끝나면 생각한 것을 그려주세요. 선택한 그림을 고쳐도 되고 여러분의 생각을 더하여 그림을 그려도 좋습니다. 다 그린 후에는 그림에 관한 이야기를 글로 표현해주세요. 현재의 기분이 어떤지도 표시해 주세요.

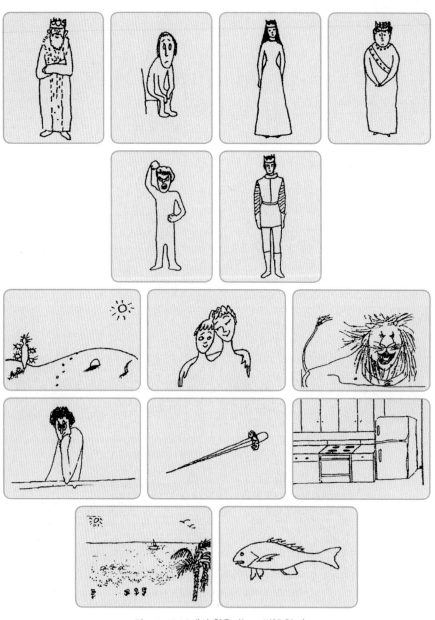

그림 7-2 DAS에서 활용되는 그림(유형 B)

자료: DAS. 한국미술심리상담협회 자료집, 93

표 7-1 DAS 해석기준

점 수	해 석
1점	매우 부정적인
	내용: 슬프고 외롭고, 고립, 돕는 사람이 없는, 자살, 위험
	관계: 파괴적, 살인자로 생명을 위협하는 관계
	형식: 공간 활용이 1/4 이하, 배짱, Stick figure
	이야기: 슬픔, 매우 불행
2점	다소 부정적인
	내용: 좌절, 두려움, 불행, 불운
	관계: 스트레스, 적대적인 관계
	형식: 공간 활용이 1/3 이하, 세부 묘사나 변화가 거의 없음
	이야기: 놀람, 화남, 불행
3점	중립적인
	내용: 부정과 긍정적 측면, 함께 공존, 갈등, 균형
	관계: 불투명, 감정 없음, 무감각
	형식: 공간 활용이 2/1 이하, 세부 묘사, 어느 정도 묘사가 첨가
	이야기: 좋다, 행복
4점	다소 긍정적인
	내용: 행운이지만 패배적인
	관계: 우호적
	형식: 공간 활용이 2/3 이하, 세부 묘사, 어느 정도 표현적인 묘사
	이야기: 좋음, 행복
5점	매우 긍정적인
	내용: 행복, 성취감
	관계: 양육, 보살핌
	형식: 전체 사용, 세부 묘사, 높은 수준의 표현적 묘사
	이야기: 매우 행복함

자료: DAS. 한국미술심리상담협회 자료집(2012). 95

5) DAS 검사의 유의사항과 주의할 점

상담사 혹은 검사자는 DAS를 활용할 때 주어진 그림들을 그대로 가지고 그림검사를 계속하는 것보다는 내담자가 자유롭게 그림자극을 바꿀 수 있고 변형해도 된다는 지시를 해야 한다. 그래서 내담자가 그림들을 자유롭게 이용할 수 있고 변형할 수 있고 부담스럽지 않게 DAS검사를 활용할 수 있도록 도와야 한다.

DAS 그림검사를 시도할 때는 격려적인 분위기를 제공하는 하는 것이 중요하고 아동이 자신이 표현하고자 하는 바를 충분히 드러내도록 지지적 분위기를 제공해야 한다. 그림을 완성하고 난 뒤 내담자가 선택한 두 그림에 대해 의미를 분명하게 하기 위해서 스스로 설명하도록 충분한 시간을 주어야 하는데 필요하면 질문으로 반응을 유도하도록 한다.

주의할 점으로서 그림에 나타난 내용이 부정적이라 할지라도 그 아동이 반드시 이상심리를 가졌거나 아동기 우울증, 정상이 아니라고 판단해서는 안 되며 아동의 정서 및 행동적인 특징에 대해 아동의 상황을 듣고 나서 종합적(full battery) 심리검사들을 함께 평가해야 한다. 아동들은 정서적인 상황에 따라 감정과 인식에 영향을 크게 받을 수 있기 때문이다.

6) 사례

유치원에 다니는 7살 남자 아동인 N은 어머니와 아버지 사이에서 부모에 대한 양가감정을 가지고 있다. N의 엄마는 N에게 많은 기대를 가지고 있었으나 바쁜 사업문제로 일 중독적인 아버지가 자신의 일에만 관여하거나 가족을 등한시할 때마다 N의 부모는 싸움이 잦았고 서로 적대감을 표현하면서 N을 자신의 편으로 만들기 위한 싸움을 많이 하였다. N에 대한 두 부모의 양육방식이 달랐고 과잉보호하는 어머니와의 연합되었던 N은 바람직한 역할모델이 없는 아버지에 대한 양가감정을 가지며 성장하였다. 이러한 양육문제는 N의 발달문제에 많은 영향을 주었고 심하지는 않았지만 N은 야뇨증의 문제도 보여왔다.

상담사가 N에게 두 그림을 선택하라고 했을 때 N은 B유형 그림 가운데, 영토 확장을 위해 서로 싸우고 있는 왕들로 지각하는 두 사람의 그림을 선택하여 표현하면서 화해하는 시기를 놓쳤다고 언급하였다. N의 그림은 공간의 1/3 이하로 활용되었고 그림을 설명하는 동안 N은 세부 묘사나 주제의 변화를 보이지 않았다. 묘사하는 두 왕의 관계는 적대적인 관계로 불행한 결말, 두려움 등으로 주제의 내용을 언급하였는데 특별히 화해를 하지 못하는 상황에 대해서 N의 불행감과 좌절감이 표현되었으며 DAS의 채점방식에 의해서 2점으로 채점되었다.

2 HTP 검사

HTP(House, Tree, Person) 검사는 벅(Buck, 1948)에 의해 소개되었고, 벅과 해머(Buck & Hammer)는 HTP 그림을 발달적으로 도입하여 평가하였다. 졸스(Jolles)가 제시한 목록에서는 이 세 가지 요인을 자세하게 서술하고 있고, 해머(Hammer)는 HTP의 임상적 적용을 확대시켰다. 코피츠(Koppitz, 1968)의 발달적인 점수체계와 인물화 분석도 현재 사용되고 있다. 이 검사는 진단적이며 종이는 환경을 의미하고 HTP는 자신을 어떻게 지각하는가에 대한 표상으로서 신체상이 투사됨으로써 그 사람의 충동이나 불안, 갈등 및 보상적 욕구로 표현된다. 그림검사에 있어 마코버는 정신 분석학적 관점에서 보았는데 신체, 생리, 심리 및 대인 관계적 측면이 투사되어 그림에서 표현된다. 특별히 표현이 어려운 사람에게 쉽게 적용할 수 있는데 피검자의 투사검사반응은 상징적인 의미로 해석될 수 있다. 그림에는 이러한 신체상이 투사됨으로써 그 사람의 충동이나 불안, 갈등 및 보상적 욕구가 표현된다.

HTP는 실시가 쉽고, 시간이 많이 걸리지 않으며 채점의 절차 없이 그림을 직접 해석하고 연령, 지능 예술적 지능에 영향을 받지 않으며 심리치료적 효과도 있다. HTP는 연필 그림뿐만 아니라 색채를 사용하였으며 검사방법은 집, 나무, 사람을 각각 따로 그리도록 하여 각 그림에서 연상되는 무의식을 표출하게 함으로써 언어화한다.

또한 유아와 아동에게는 자기가 생각하는 집, 나무, 사람을 그려보는 아동의 표현이나 그림의 상호반응의 임상적 가치에는 제한이 있지만 그에 대한 보충으로 KHTP(동적 집, 나무, 사람 그림검사)가 개발되었다.

그림검사의 유용성은 연령, 지능 예술적 지능에 영향을 받지 않으며 실시가 쉽고, 시간이 많이 걸리지 않으며 채점의 절차 없이 그림을 직접 해석하고, 피검자의 투사문제를 바로 목격할 수 있으며, 언어 표현이 어려운 사람에게 쉽게 적용할 수 있다.

1) HTP의 검사과정

백지종이, 연필, 지우개, 초시계 등을 준비하고 검사지 상단에 번호를 적는다. 검사자는 아동이나 청소년에게 집, 나무, 사람 순서로 그리도록 하는데 그림의 질과 상관없이 자유롭게 그리도록 하고 그림에 대한 정서나 느낌을 자유롭게 말하도록 한다. 그림을 그리는 데 잘 연출하지 못하는 것과 상관없는 것을 강조하고 자유롭게 그려보도록 지시한다. 질문으로는 이 그림에 대한 아동과 청소년 감정이나 느낌을 자유롭게 이야기해보라고 지시한다.

2) 그림에 대한 질문내용

그림에 대한 질문에 대한 자세한 내용은 다음과 같다.

(1) 집 그림에 대한 사후 질문

'누구의 집인지', '누가 살고 있는지', '집의 분위기는 어떠한지', '무엇으로 지어졌는지', '나중에 어떻게 될 것 같은지', '그림이 마음에 드는지', 그리고 '어디에 있는 집 인지' 등에 대해 질문한다.

(2) 나무 그림에 대한 사후 질문

'어떤 종류의 나무인지', '몇 살쯤 된 것 같은지', '나무가 살아 있는지', '나무는 강한 나무인지, 약한 나무인지'와 같은 질문이다.

(3) 사람 그림에 대한 사후 질문

'인물이 누구인지', '몇 살인지', '무엇을 하고 있는지' 등에 대한 내용으로 직업, 행동, 생각, 기분 등이 있으며 건강여부와 미래의 여부 등을 질문한다.

3) 검사의 태도와 소요시간

그림을 그리고 있을 때의 피험자의 행동은 그림을 해석하고, 증후와 해석을 결부시키는 데 있어서 중요한 단서를 제공한다. 세부 묘사가 불충분하고 무엇인가 생략되고 어렵게 그려진 그림이라도, 피험자가 성실하게 그렸을 경우와 아무렇게나 그렸을 경우 그 의미가 다르다. 일반적으로 각각의 그림을 완성하는데 소요되는 시간은 대체로 10분 정도이다. 그림을 그리는데 소요되는 시간이 2분 이하로 짧을 때와 30분 이상 걸릴 경우를 구분한다. 30초가 지났는데도 그리려 하지 않는 경우는 그림에 대해 어떤 갈등을 가지고 있는 경우가 많다. 특히 어떤 그림에 오랜 시간을 소요하는 경우 강박적 경향을 갖는 경우가 많으므로 유의를 해야 한다.

4) HTP의 종합적 해석지침

HTP 해석의 지침으로는 구조적인 해석과 내용적인 해석이 있다

구조적 해석은 '그림에 대한 정보를 읽는 방법'을 중심으로 해석하며, 그림의 위치가 무엇을 의미하는지, 그림의 크기, 또는 그림을 그려나간 순서 등을 고려하는 해석의 그림의 구조적 요소들이 포함된다. 반면, 내용적 해석에는 집과 나무와 사람에 대한 각 반응이 반영된다(Burns, 1987). 예를 들어 '과거, 현재, 미래에 원하는 집의 의미가 무엇인지?' 등을 반영하며 나무해석으로서 무의식적이고 원시적인 자아개념 투사, 성격구조적 갈등과 방어, 그리고 적응정도 등을 해석한다. 자화상(신체적 자아, 심리적 자아), 이상적 자아, 중요한 타인 혹은 인간에 대한 지각 등이 사람 그림에서 반영된다.

5) 그림의 크기와 순서 및 위치

(1) 크기

그림의 크기와 용지의 여백 부분과의 관계는 피험자와 환경, 피험자와 부모와의 관계를 나타낸다. 레비(Levy, 1986)에 의하면, 일반 사람들은 인물화를 20cm 정도 크기로 그리며 용지의 2/3 정도의 공간을 사용한다.

그림의 크기는 피험자의 자존감, 자기 확대욕구, 공상적인 자아에 대한 단서를 제공한다. 작은 그림은 자신이 환경에 대한 부적응적인 면을 시사해 주는데 무력감, 열등감, 불안감 등의 감정으로 표현되고 자기억제가 강한 사람에게서 보여진다. 반면, 큰 그림은 과장된 경향성, 부적절한 보상적 방어, 공격적 경향, 과잉행동 및 조중적이며 충동적인 정서 상황을 반영한다. 일반적으로 HTP에서는 인물상의 크기는 심상을 평가하는데 있어 표준 종이위치에서 도화지의 상부에 그려질 경우는 통찰력 결여문제 혹은 낙천주의 등으로 해석되며 낮은 에너지 수준을 가지고 있다. 사람 그림에 대한 인물화는 높이와 관련이 있는데 우울한 감정과 인물화 위치는 반비례한다.

그림이 불완전함에도 불구하고 다시 그리려고 하지 않는 것은 거부반응일 수도 있으며 어느 부분을 지워버리는 것은 그 부분이 상징하는 것에 대한 피험자의 강한 갈등을 의미할 수 있다.

하나의 그림에서 어떤 부분을 몇 번이고 고쳐 그리거나 그리다가 그만두는 내담자는 그 영역이나 그 영역이 상징하는 것에 대한 갈등을 나타내며, 그 갈등에 직면하는 것을 싫어한다고 생각할 수 있다. HTP 검사에서 지우개를 적당히 사용하는 사람은 순응성이 있으나 지나치게 사용하는 경우는 불안감, 우유부단함, 불확실성과 자신에 대한 불만을 나타낸다. 그림을 지우고 다시 그린 그림의 경우는 처음의 그림보다 나은 경우에는 바람직한 것이지만 그렇지 않은 경우는 기질적 질환을 나타내는 수가 있다.

(2) 순서

그림의 순서는 첫째, 집, 나무, 인물화의 각 그림을 전체로 보고 다른 그림과 비교하는 것과 둘째, 한 개의 그림 중에서 부분이 그려지는 순서를 의미한다. 해머(Hammer, 1998)에 의하면, 경계선급의 정신질환자는 한 그림에서 다음 그림으로 넘어갈 때마다 정서반응을 나타내며, 장애를 분명히 보이는 경우가 있다. 일반적으로 HTP에서는 집 그림에서 나무 그림, 그리고 인물화로 순차적으로 대인관계 영역으로 들어감에 따라 곤혹스러움이 공포로 되고 공포는 공황 상태로 변하는 경향이 있다.

순서를 볼 때 각각의 그림을 살펴보면, 일반적으로 집 그림은 지붕, 벽, 문, 창문, 인물화는 얼굴, 눈, 코, 입, 목, 몸, 팔, 다리의 일반적인 순서 경향을 보인다. 그러나 이 같은 순서로 그림을 그리지 않는 피험자라 할지라도 그림의 순서는 임상과 상호 관련이 있다. 예를 들어 인물화에서 얼굴의 내부를 먼저 그리고 윤곽을 나중에 그리는데 인물의 얼굴을 맨 나중에 그리는 사람은 대인관계에 문제를 보이는 것으로 타인과의 정서적 접촉을 즐거워하지 않는 경향이 있다.

(3) 위치

그림의 위치는 도화지의 중앙에 있는 것이 보통이다. 인물화의 중앙의 위치는 정상적이고 안정됨을 의미하지만 도화지의 정중앙에 있을 경우는 불안전감과 완고한 경향이 있다. 그림의 위치가 전체적으로 왼쪽에 치우쳐 있는 것은 자의식이 강하고 내향적인 성향으로 과거로 퇴행, 공상적인 경향, 여성적 경향성을 보이고 전체적으로 오른쪽으로 치우쳐 있는 것은 남성적 특징과 남성에 대한 지나친 동일시를 나타낸다(Koppitz, 1968).

도화지의 상단에 있는 그림인 경우는 높은 수준의 열망, 부적합한 낙천주의 등을 표현하며 도화지의 하단의 그림은 현실성과 우울감, 불안정감, 부적합한 감정, 패배주의적 태도와 관련된다. 도화지의 가장자리나 혹은 하단에 그려진 그림은 불안정, 낮은 자존감, 지지에 대한 욕구, 의존 경향성과 독립된 행동에 대한 두려움, 새로운 경험에 대한 회피 등을 의미한다. 졸스(Jolles)의 연구에 의하면 집, 나무, 사람 그림 등의 어떤 그림이든 왼쪽에 그리는 것은 충동의 만족을 나타내며 오른쪽에 그리는 것은 지적 만족을 표현한다. 그림이 도화지의 아래쪽 가장자리에 접해 있는 경우는 불안감이 강하고 더구나 그림이 작고 선이 약한 경우에는 우울 경향성이 강한 것으로 해석된다. 용지의 왼쪽 귀퉁이 그림은 불안이 강하고 새로운 경험을 피하고 과거로 퇴행하고자 하는 사람에게서 보여진다.

집, 나무, 사람의 그림이더라도 용지의 안에서 완성되지 않고 화지의 아래, 위에서 잘려지거나 화지의 가장자리에서 잘려지는 경우가 있다. 오른쪽으로 절단된 그림은 지적 통제를 하고자 하는 경향이 있으며 미래로 도피하고자 하는 욕구를 솔직하게 받아들이기를 두려워하는 경향으로 해석된다. 더 나가서 도화지의 왼쪽에 그림이 잘려져 있는 경우는 과거에 고착하는 경향과 충동성으로 표현된다. 종이의 아래 면에서 잘려지는 것은 성격 통합이 결여되어 있고 병적인 경향이 많은데 대부분 절단된 그림은 나무 그림에서 현실에서 얻지 못하는 문제들로 표현하며 공상을 통해 얻고자 하는 것으로 해석되어 질 수 있다.

6) 그림의 방향과 원근법

피험자가 사용하는 방향에 따라 피험자의 환경에 대한 태도와 감정 및 대인관계의 평가와 등을 알 수 있다. 인물을 정면으로 그리는 것은 여성에게 많은 편인데, 완전히 정면을 향하여 그려진 경우는 경직성이 있어 타협이 되지 않는 성격으로 시사되며 내면에 불안감이 있어 반동형성의 방어기제 등이 사용되어 질 수 있다.

집 그림이 한 면만 그려져 있고 문이 그려져 있지 않거나 완전히 옆으로 향하여 한쪽 팔과 한쪽 다리만 보이는 인물화를 그리는 것은 환경에 직면하는 것을 두려워하는 자기 폐쇄적 사고와 진실된 자기를 감추고 익숙한 것과 접촉하려는 경향이 있는 사람에게서 나타난다.

정면을 향한 몸체에 얼굴을 옆으로 돌려 그린 것은 사회적으로 무엇인가 부적응적이며, 사회접촉에 죄의식을 느끼고, 어느 정도 부정직하며 신체를 노출시키려는 경향이 있음을 의미한다. 얼굴을 옆으로 그리고 몸체는 정면을 향하며 다리는 옆으로 향하게 그리는 것은 통찰력의 빈곤과 판단력의 빈약감이 있는 것으로 해석된다(Koppitz, 1968). 남성의 그림으로서 남자의 상을 옆으로 혹은 여자의 상을 정면으로 그리는 것은 자기방어가 강한 것을 표현해 준다. 왼쪽 오른쪽처럼 측면으로 서 있거나 뒷면을 보이는 인물화는 도피적인 경향을 나타내며, 인간관계에서도 자폐적으로 보여진다.

원근법에는 앙시도(아래에서 올려다본 그림)와 조감도가 있다. 일반적으로 앙시도나 조감도는 모두 특별한 것으로 피험자의 부적응 상태를 의미한다. 올려다 보는 그림은 피험자가 환경에 접근하기 어려워하는 감정을 표현하며 인물화일 경우 올려다 보는 그림은 자신이 열등한 존재라는 감정과 자기비하적인 평가를 가지고 있다. 특히 올려다 보는 집은 가족으로부터 행복을 전혀 얻지 못하고 있다고 생각하는 아동이나 청소년에게서도 보여진다. 조감도는 피험자가 환경에 방관자적 태도를 나타낸 것으로 집 그림일 경우, 청소년 피험자 중 자신을 우월한 인간으로 보며 가족을 벗어나 가족이나 가정환경에 부여된 가치를 근본적으로 거부하는 청소년에게서 주로 나타난다.

멀리 보이는 그림은 움츠러드는 사고를 가질 수 있고 타인에게 근접하기 어려운 감정을 나타내는 아동이나 청소년들에게서 많이 나타나고 있다. 그리고 가정환경을 극복할 수 없다고 믿고 있는 경우가 많고 가족에게도 위로를 받을 수 없다는 감정을 지닌 아동과 청소년에게서 보여 지는 경향이 많다. 반면, 가까이 보이는 아동이나 청소년의 그림은 가족과의 관계가 따뜻하다고 볼 수 있다.

7) 세부 묘사, 생략왜곡, 절단 및 회전그림

그림을 구성하는 부분을 어느 정도 상세하게 그리는가를 말하는 세부 묘사(details)는 피험자가 일상생활에서 실제적인 면을 의식하고 처리해가는 능력과 관계가 있다. 그러나 필수 구성부분만을 너무나도 주의 깊게 그리는 것은 환경 및 타인에 대하여 융통성이 결여된다. 반대로 평균이상의 지능을 가진 사람이 필수 구성부분을 그리지 않는 것은 지적 붕괴가 시작되고 있거나 현저한 정서적 혼란이 있음을 의미한다. 적당한 세부 묘사가 결여된 것은 피험자가 움츠러드는 경향이 있고, 때로는 우울증이 있는 사람에게도 나타난다.

그림의 어떤 부분이 생략되거나 왜곡되어 있는 경우에는 그 부분이 아동이나 청소년 피검자에게 있어서 갈등이 되고 있음을 의미한다. 그림의 특정한 부분이 아니라 그림 한 장 전체에 걸쳐서 생략이나 왜곡을 보이는 것은 적절한 세부 묘사가 결여된 것과 같은 의미를 가지고 있다. 외부세계에 주의가 적고 관심이 결여된 사람은 창문이 생략된 그림을 그리는 경우가 많고 시각의 문제를 가진 아동이나 청소년은 눈이 없는 사람의 그림을 그리는 경우가 있다.

그림의 절단은 그림이 용지의 끝이나 부분적으로 잘려지는 것을 의미하는데 용지의 하단에서 절단된 그림은 마음의 충동이 강하며 그것을 강하게 억제하여 아동과 청소년 성격의 통합을 유지하고자 하는 성향을 의미한다. 나무 그림 외에는 보이지 않는데 용지의 윗부분에서 절단된 그림은 이러한 그림은 피험자가 행동하기보다는 사고하는 것에 관심이 높고 지적인 면에 대한 성취욕구가 강하며 현실생활에서 얻을 수 없는 만족을 구하고 있음을 의미한다. 용지의 왼쪽에서 절단된 그림은 미래를 두려워하여 과거에 고착하며, 자신의 감정을 자유롭고 솔직하게 표현하려 하고, 타인에게 의존적이며, 같은 것을 강박적으로 반복하려는 경향을 나타낸다(Burns, 1987). 용지의 오른쪽에서 절단된 그림은 과거로부터 미래로 도피하려는 욕구와 자신의 감정을 솔직하게 표현하거나 경험하는 것을 두려워하는 경향이 있다. 일반적으로 나무 그림 이외의 절단된 그림들은 생활공간으로부터의 일탈과 행동에 대한 강한 통제를 보이거나 사회생활에 잘 적응하지 못하는 사람에 의해 그려지는 경우가 많다.

용지를 제시한 방향과 다르게 용지를 회전시켜서 그리는 것은 공격성과 거부경향을 나타내는 것으로 1회 이상 회전시키는 것은 병적이며, 한 쪽 방향으로 계속 회전시키는 것은 아동이나 청소년의 강박성이나 고집을 의미한다.

HTP의 집, 나무, 사람 그림에 대한 해석은 Burns의 Kinetic House-Tree Drawings Manual과 한국미술심리상담협회(2012)의 HTP 자료를 재구성하여 〈표 7-2〉, 〈표 7-3〉, 〈표 7-4〉에 요약하였다.

표 7–2 HTP의 집 그림 해석

그 림		집(HOUSE)
전체적 인상		전체적인 인상을 분석하고 적는다.
체크 항목		해 석
형식적 분석	태도	집을 그리는 태도 행동 등을 검토하며 해석하는데 그림을 그리고 있을 때의 피험자의 태도와 행동은 그림을 해석하고, 증후와 해석을 결부시키는 데 있어서 중요한 단서 제공
	소요시간	개개의 그림을 완성하는데 소요되는 시간은 아동, 청소년의 적응상태 혹은 정신 상태를 의미
	순서	집, 나무, 인물화의 각 그림의 순서는 임상문제와 관련됨 경계선급의 정신질환자는 한 그림에서 다음 그림으로 넘어갈 때마다 정서반응과 장애경향 장애를 보임 집 그림에서 나무 그림, 그리고 인물화로 순차적으로 대인관계 영역으로 들어감에 따라 곤혹스러움이 공포로 되고 공황 상태로 변하는 경향
	위치	중앙의 위치는 정상적이고 안정됨. 과도한 중앙 위치는 불안전감과 특히 대인관계에 있어서의 완고함 경향 도화지의 상단의 경우는 높은 수준의 열망, 종종 부적합한 낙천주의 경향 도화지의 하단의 경우는 불안정감, 부적합한 감정, 우울증적 경향, 패배주의 경향 도화지의 가장자리나 혹은 하단에 위치는 불안정, 낮은 자신감과 관련 및 지지욕구와 관련, 의존 경향성, 독립된 행동에 대한 두려움, 새로운 경험에 회피 경향
	필압 및 선농담	그림의 윤곽선이 진하지만 그림 안의 선들은 윤곽선만큼 진하지 않을 경우는 문제성격의 경향 진한 집의 벽이나 나무줄기의 윤곽선은 현실과의 접촉에 대한 억압 경향 지면의 선이 진한 것은 현실수준에서 생긴 불안감 등을, 진한 선은 불안감을 가지고 공상에서 만족을 구하는 경향 약한 선은 자신감이 없는 폐쇄적인 사고의 경향 대인공포증과 자기 폐쇄적인 만성정신분열증, 알코올중독자는 인물화의 윤곽을 진하게 그림 연한 선으로 불연속적인 스케치 풍으로 그리는 것은 자신의 주장이 없는 소심한 아동과 청소년에게서 보임
	크기	그림의 크기는 피험자의 자존감, 자기확대의 욕구, 공상적인 자아에 대한 단서 제공 큰 그림은 환경에 대한 적의와 공격성이 강한 경향, 환경으로부터의 압력에 자기확장 경향, 작은 그림은 자신이 환경에 부적응적이며 작은 존재로서 무력감, 열등감, 불안감, 폐쇄감의 표현, 자기억제 경향
	세부 묘사	세부 묘사는 피험자가 일상생활에서 현실감과 일을 처리해가는 능력과 관련 이상지능을 가진 사람이 필수 구성부분을 그리지 않는 것은 지적 붕괴나 현저한 정서적 혼란 경향 필수 구성부분만을 그리는 것은 환경 및 타인에 대하여 유연성 있는 접근의 문제 지나치게 상세한 그림을 그리는 것은 자신과 외계와의 관계의 통합문제 환경에 대해 강박적 성격, 정서장애자, 신경증 환자, 초기분열증, 뇌기질장애자 등과 관련 그림에서 적당한 세부 묘사가 결여된 것은 아동·청소년의 우울증 경향
	생략왜곡	갈등이 있거나 관심이 적은 경우에는 그림의 어떤 부분이 생략 또는 왜곡됨, 그림의 특정한 부분이 아니고 그림 한 장 전체에 걸쳐서 생략이나 왜곡은 적절한 세부 묘사의 결여
	원근법	조감도나 올려다 보는 그림은 부적응 상태, 열등한 존재감정, 자기비하적인 평가, 위화감, 폐쇄적인 사고, 소외 경향 멀리 보이는 그림은 움츠러드는 사고, 두려운 근접의 감정, 환경에 대한 극복의 어려움, 가까이 보이는 그림은 친근감 경향

(계속)

그림	집(HOUSE)	
체크 항목	**표 현**	**해 석**
지붕	그물무늬의 음영 넣기	강한 의식과 수반된 죄의식, 강조는 공상에 대한 과잉 통제의 경향
벽	튼튼한 벽 얇은 벽 과잉 강조된 수평적 차원 과잉 강조된 수직적 차원 부서진 벽	완강한 자아 경향 약한 자약한 자아, 트라우마 경향 실용주의적 경향 적극적인 환상 경향 분열된 성격 경향
문	문의 생략 문을 마지막으로 그림 작은 문 큰 문 측면의 문 닫힌 덧문	심리적인 어려움 사람과의 접촉 거부 경향 수줍음이나 현실도피 경향 사회적 접근 의미 현실 도피 경향 극단적인 철회 경향
창문	창문이 그려지지 않음 많은 창문 쳐진 창문 작은 창문	철회, 혹은 편집증적 경향 개방과 환경적 접촉에 대한 갈망 수줍음 의미 수줍음, 심리적인 거리감
굴뚝	굴뚝크기의 강조 굴뚝 생략	힘, 가족의 심리적 관심, 성적 관심, 창조력에 대한 관심 수동성, 가족 안에서 심리 정서 결핍
방	특별한 방과 관련된 그림을 그린 사람의 정체성, 방과 관련된 부정적 혹은 긍정적 경험 의미	
그린 후의 질문	'누구의 집인지', '누가 살고 있는지', '집의 분위기는 어떠한지', '무엇으로 지어졌는지', '나중에 어떻게 될 것 같은지', '그림이 마음에 드는지', 그리고 '어디에 있는 집인지' 등에 대한 질문의 필요성	

(내용적 분석)

표 7-3 HTP의 나무 그림 해석

그림	나무(TREE)
전체적 인상	전체적인 인상을 분석하고 적는다.
체크 항목	**해 석**
태도	세부 묘사가 불충분하고 그림의 필수 부분(집 그림의 창문과 문)이 생략되거나 조잡하게 그려진 그림이라도, 피험자가 성실하게 그렸을 경우와 아무렇게나 그렸을 경우 그 의미가 다름
소요시간	일반적으로 개개의 그림을 완성하는데 소요되는 시간은 10분 정도임 그림을 그리는데 소요되는 시간이 2분 이하로 짧을 때와 30분 이상 걸릴 경우와 지시를 하고 나서 30초가 지났는데도 그리지 않는 경우 피험자의 갈등의 경향 어떤 그림에 오랜 시간을 소요하는 경우 피험자는 완벽 성향과 강박적 경향

(형식적 분석)

(계속)

체크 항목		해 석
형식적 분석	순서	보통 줄기부터 시작하여 잎으로 그려나가며 화가나 표면적으로 통합되어 있는 사람은 뿌리부터 그림 지면의 선을 먼저 그리고 나무를 나중에 그리는 것은 타인에게 의존적이며 타인으로부터 인정받고 싶은 욕구 의미 나무를 그리고 지면의 선을 그리는 것은 행동에 있어서 처음에는 침착하지만 불안감 상징 뿌리부터 그리는 것은 통합을 의미
	크기 및 위치	지나치게 큰 그림은 환경에 대한 적의와 공격성, 환경으로부터의 자기확장, 긴장감과 조급한 경향 큰 그림은 활동과잉, 과장적인 편집증, 공격적인 정신병질자에게서 보여지고 작은 그림은 환경에 부적응적이며 무력감, 열등감, 억제 강함, 폐쇄성을 의미 과소한 나무는 모성 의존의 경향 과대한 나무는 공격적 경향, 지배욕구, 과잉 보상적 행동, 환상, 과민감 의미 언덕 위의 나무는 지배욕구가 강하고 권위를 무시하거나 자기중심적인 경향성을 의미 언덕 꼭대기에 홀로 서 있는 나무는 과대감, 우월감, 고립감, 자율성을 위한 노력 결여 및 비현실적 경향 왼쪽으로 기울어진 나무는 과거에 고착, 미래에 대한 불안, 내성적 성격, 자폐적, 자기애적 성격 의미 오른쪽으로 기울어진 나무는 충동적 정서에 대한 두려움, 성격적 불균형을 의미
	선의 종류와 필압	강한 필압은 개인들의 극도의 긴장감 유기체의 상태 의미(예: 뇌염, 간질상태, 공격적 양가적이며 단적인 면). 약한 필압은 부적절한 적응상태, 주춤거리며 우유부단, 두려움이 많고 불안, 낮은 에너지 수준, 우울증 상태 의지 상실의(정신분열증에 의한 무위) 경향성 혹은 낮은 지능, 감정 표현의 억제 경향
	지면의 선	내담자의 불안감 표현, 무엇인가 필요한 틀을 그림으로써 안정감을 얻음 강하고 진하게 그린 지면선은 불안감 의미 지면선이 경사를 이루며 양끝이 내려간 선은 고립을 의미 오른쪽이 내려가는 경사는 미래의 불확실성을 의미 오른편이 올라가 있는 경사는 미래를 향한 노력의 경향
	투시화	정서적, 기질적 원인으로 인해 성격의 통합을 상실, 현실검증의 장애 경향 지각의 문제 투시화는 병적인 징조로 정신분열증 환자에게 보임
	생략왜곡	어떤 부분이 생략되거나 왜곡되어 있는 경우에는 그 부분의 갈등의 경향 한 장 전체에 걸쳐서 생략이나 왜곡을 보이는 것은 적절한 세부 묘사가 결여됨

체크 항목		표 현	해 석
내용적 분석	나무 껍질	나무의 동물 떨어진 사과 나무 껍질 벗어짐 상세히 그려진 것	연속적으로 박탈 경험 의미 거리감, 죄의식 의미 어렵고 난폭한 생활 의미 강박감, 완고함, 강박관념을 통제 경향
	줄기	꼭대기가 가는 줄기 줄기에 음영 줄기의 상처 좁은 줄기 흔들리는 줄기	약화된 활력 의미 만연된 불안 경향 외상경험 의미 불확실한 적응 의미 환경에서의 압력, 긴장 의미

(계속)

체크 항목		표현	해석
내용적 분석	가지	조직화와 조화로움	균형, 양육과 성장을 위한 환경과 접촉을 의미
		유연성, 크기, 수, 균형	
		엄밀한 좌우 대칭	통제를 위한 강박적 욕구
		좌우비대칭	안정에 대한 관심, 애착, 독립성 의미
		꺾여져 있거나 잘린 가지들	외상 거세에 대한 감정 의미
		죽은 가지들	생활의 일부에서의 상실감 및 공허감을 의미
		접하지 않은 줄기	공상적 사람들 미안함, 과거에 집착 경향
		부러진 가지들	기회를 찾는 경향
		늘어진 가지	미안함, 과거에 집착하는 경향
		위로 뻗은 올라간 가지	기회를 찾아감
		줄기에 비해 큰 가지	만족을 얻기 위한 지나친 노력의 부적절함 의미
		가지 위의 나무집	위협적인 환경에서의 보호
	뿌리	죽은 뿌리	초기 생활에서의 강박적 우울증적인 감정을 의미
		손톱, 갈퀴와 같은 뿌리	의지하고 있는 사람이나 장소 의미
		가장자리에 그려진 뿌리	불안정감, 안정에 대한 욕구
	지면의 선	양끝이 내려간 지면 것	자신이 고립되었고 어머니에 대한 의존심을 의미
		오른쪽이 내려가는 경사	미래가 불확실한 위협감
		오른편이 올라간 경사	미래에 대한 노력
잎		커다란 잎들은 부적합성과 관련된 의존성임	
		잎을 맨 먼저 그리는 것은 마음의 안정성이 없고 표면적인 허영적 방식을 의미함	

나무 유형	
크리스마스 나무: 의존 욕구가 강함 의미	
죽은 나무: 철수, 심리적으로 매우 혼란되어 있고 죄책감으로 자살 욕구소유, 깊은 부적절감 및 열등감, 무가치감, 무감동, 예후가 나쁜 신경증, 분열성(schizoid) 성격, 정신분열증 등의 가능성	
열쇠구멍처럼 생긴 나무: 반항적, 적대적 충동, 검사에 비협조적이거나 동기가 적으며 잠재적인 정서적 폭발 가능성	
남근 모양의 나무: 부적응 경향, 9~10세 이상의 남자가 그렸다면 성적 관심과 미성숙한 경향, 8세 미만의 아동이 그렸다면 정상임	
묘목: 미성숙이거나 퇴행적이며 나무에 투사된 나이는 피검자의 심리는 사회적 성숙 수준과 관련됨	
나무에 의해 생긴 그늘: 불안함, 태양이 그려진 후 이로 인해 그늘이 졌다면 강박적 경향	
나란히 있는 나무와 각각 독립적인 가지: 정신증이나 기질적 뇌손상 경향	
위에서 내려다보이는 나무: 우울, 패배감의 경향	
떨어지는 사과나무: 거리감이나 죄의식의 경향	
동물이 있는 나무: 동일시하는 존재임	

표 7-4 HTP의 사람 그림 해석

그림		사람(PERSON)
전체적 인상		전체적인 인상을 분석하고 적는다.
체크 항목		해 석
형식적 분석	원칙	인물화는 자기의 현실상이나 이상상을 나타내며 자기에게 있어서 의미 있는 사람, 일반적인 사람을 인지하는 방식
	유용성	인물화는 자기 방어와 자아정체성 의미 인물화는 특별한 공포나 불안, 강박적인 것, 자신의 성적 역할을 의미
	해석	인물화 해석은 그림 후의 질문과 피험자와의 면접 등을 통해서 전체적으로 해석함
	동적인 움직임	운동은 정신적으로 피로해 있고 에너지 수준이 낮으며 의존적인 경향의 사람이 그리는 경우가 많음 어떤 연령의 피험자의 그림에서도 인물화에 전혀 운동성이나 동작이 나타나 있지 않는 것은 문제가 있음 무용이나 적극적인 활동을 표현한 경우 확장적 운동은 활동적인 경향, 혹은 심하면 침착성이 없는 성격을 표현함 수축적 운동은 외계로부터의 압력으로 좌절된 것 같은 동작, 피곤함 기대거나 웅크림의 표현은 자신이 직면한 상황에 대응하여 행동을 변화시켜 나가는 가소성 경향을 의미
	그림 순서	인물화를 그리는 순서는 얼굴을 먼저 그리며 다음에 몸통 그리고 손, 발을 그려가는 것이 일반적임 특히 얼굴의 부분만을 매우 상세하게 그려 완성하려는 청소년은 강박적인 성격 경향 동체부터 그리는 사람은 자기개념이 충분히 형성되지 않을 가능성 먼저 의복을 그리려고 하는 사람은 인간관계에 문제와 냉정한 성격 경향 다리부터 그려나가는 것은 성에 대한 관심과 갈등 혹은 성도착의 가능성을 의미 얼굴을 마지막으로 그리거나 얼굴 내부를 먼저 그리고 윤곽을 나중에 그림은 타인과의 관계를 거부하는 경향 손을 먼저 그리는 것은 죄악감 혹은 인간관계에 문제 경향
	방향	모든 그림이 완전히 정면을 향하여 그려진 경우는 어느 정도 경직성으로 타협의 문제, 내면에 불안으로 반동 형성 경향. 인물을 정면으로 그리는 것은 여성에게 많고, 남성 피험자가 정면상의 인물을 그리는 것은 노출증의 가능성 측면으로 서 있거나 배면을 보이는 인물화는 도피적인 경향, 자폐적이고 자기고집대로 외계와 접촉 가능성 정면을 향한 몸체에 얼굴을 옆으로 돌려 그린 것은 사회적으로 무언가 잘 되어가지 않으며, 사회접촉에 죄의식을 느끼고, 어느 정도 부정직하며 신체를 노출시키려는 경향 얼굴을 옆으로 하고 몸체는 정면을 향하며 다리는 옆으로 향하게 그리는 것은 통찰력과 판단력의 빈약을 나타내며, 남성으로서 남자의 상을 옆으로 그리고 여자의 상을 정면으로 그리는 것은 자기방어성을 의미
	대칭	대칭성의 결여는 피험자의 불안전감과 신체적면에 부적응감 의미 좌우 대칭성이 지나치면 경직성, 강박적이고 충동성의 통제, 타인과 거리감, 억압과 지적 만족 추구 경직된 대칭성은 우울증 경향, 기계적이며 기괴한 대칭성은 망상형 정신분열증의 경향 인물화의 정확한 대칭성은 강박성, 죄책감에 괴로워하는 경향 대칭성은 자기통합 경향 대칭성을 무시하면 조증이나 히스테리적 경향
	생략왜곡	그림의 어떤 부분이 생략되거나 왜곡되어 있는 경우 피험자에게 있어서 갈등의 경향, 그림의 특정한 부분이 보다 전체에 걸쳐서 생략이나 왜곡을 보이는 것은 적절한 세부 묘사가 결여됨

(계속)

체크 항목		해 석
형식적분석	세부 묘사	보통 이상의 지능을 가진 사람이 필수 구성부분을 그리지 않는 것은 지적 붕괴 및 현저한 정서적 혼란 의미 필수 구성부분만을 주의 깊게 그리는 것은 환경 및 타인에 대하여 유연성 있게 접근이 어려움 의미 지나치게 상세한 그림은 그리는 것은 외부관계를 통합하지 못하는 경향 환경에 대해 지나친 관심을 가지고 중요한 것과 그렇지 않은 것을 구별하지 못하면 강박성, 정서장애자, 신경증 환자, 초기분열증, 뇌기질장애자 등의 경향 세부 묘사의 결여는 우울증 경향

체크 항목		표 현	해 석
내용적분석	인물	인물화 크기	인물화의 자존심과 활동성에 비례하는 크기 성별과 관계없이 피험자의 약 과반수는 남성상이 여성상보다 큼 이성상을 지나치게 크게 그리거나 적게 그리는 것은 성적역할의 혼란을 의미
		만화, 추상적인 인물	검사에 대한 자기방어적인 태도와 경계심, 인간관계에 불안 경향 자기개념이 확립되어 있지 않고 타인에 대하여 적의를 보이며, 인간관계 회피 동성상 또는 이성상의 하나를 만화적, 추상적으로 그림자기를 숨기거나 이성에 대한 거부적인 태도, 성적 관심 은폐 경향
	성차의 표현	처음 그리는 성	인물화에서 이성상을 먼저 그리면 이성에 대한 성적 관심이 강하거나 의미 있는 사람이 이성 혹은 심리적으로 밀착된 경우임. 성의 동일시에 혼란이 있는 경우 성적 역할에 혼돈 및 동성애 가능성 보임 여성이 남성보다 이성상을 먼저 그리는 경우가 많음 이성상을 먼저 그리는 피험자에 대한 연구에 의하면 성범죄자, 동성애자, 알코올중독자, 약물중독자, 정신장애자들의 경향
	팔과 손	유아적, 야만적, 공격적 경향 경직된 팔 흐느적거리는 두 팔 오른편으로 기계적 수평 팔 강화된 팔, 특히 근육이 강조된 팔 길고 강한 팔 매우 짧은 팔 팔과 손의 생략 죄책감, 도벽, 자위행위 희미한 손 음영이 있는 손 큰 손, 과장된 손 마지막에 그려진 손 큰 손가락들	팔의 상태와 위치는 사람의 신체적 상태 및 유형 혹은 환경과의 접촉을 의미 강박적이며 억압된 성격 무능력을 말함 환경에 대해 무감동한 접촉, 퇴행의 경향 공격적 경향 탐욕적이고 보상적 야망, 신체적 강건함 야망의 결여, 부적절감 경향 죄의식, 극단적인 우울증, 일반적인 무력감, 환경에 대한 불만, 강한 철회 의미 이성의 부모들에게 거절 사회적 상황에서 신뢰감결여나 일반적 신뢰감의 결여, 생산성의 결여 공격적 혹은 자위 행동과 관련된 불안이나 죄의식 경향 공격성, 억제된 충동을 의미 부적절한 환경에 접촉하기 거부함. 유아적, 야만적, 공격적 경향 성인에게 보여 질 때에는, 강한 압력으로 퇴행과 유아적 공격성
	얼굴	얼굴 생략 희미한 안면 얼굴의 과도한 강조	특히 측면일 경우 철회 경향 개인 상호 간의 관계에서의 소심함 및 자의식을 의미함 개인 상호 간의 관계가 분명치 않고 피상적임 부적절한 환경적 접촉, 치료에서의 나쁜 예후로서 만족한 인물화 부적절함과 약함을 공격적 · 사회적으로 현저한 행동으로 보상

(계속)

체크 항목	표 현	해 석
내용적 분석 머리	큰머리 현저하게 작은 머리	보통보다 큰 머리는 과대평가, 고도의 열망, 사람의 체격에 대한 불만, 두통에 대한 사전 징후, 이하의 지능을 뜻하며 정상적인 아동 그림 의미 지적으로, 사회적으로 혹은 성적으로 부적절한 감정이나 무기력, 열등감, 혹은 약함 등을 의미
머리카락	매력적인 머리카락 웨이브지고 매력적인 머리카락 머리카락의 생략이나 부적절함	활력에 대한 노력, 성적 징후 의미 자기도취, 청년기 여성의 경우에는 정신 신체적 증상 혹은 천식 혹은 성적 비행 경향, 정교한 자기도취 성적 비행 경향성이 낮음
입	입의 강조 입의 생략 짧고 진한 선의 입 웃는 입 벌린 입 이쑤시개와 입	퇴행적 방어, 구강기, 구강기적 성격을 강조, 야만적 경향성, 언어 문제성을 의미 심리신체적 천식의 상태, 우울상태, 의사소통 거부 경향 강한 공격적 충동을 의미 아동의 경우는 정상적이나 성인의 경우는 부적응 부적절한 정서 경향 구강적 수동성 경향 구강적 성애 경향
귀	강조된 귀	강조된 큰 귀 혹은 머리카락을 통해 입에 대한 여러 가지 취급법
목	현저하게 긴 목 현저하게 짧고 굵은 목	지성과 정서 사이의 상징적인 연결 인물화의 해석에서 의존성과 관련 완고하고 형식적이며 도덕적인 의존성 의미 난폭하고, 완고하며, '저돌적인' 경향을 보이고 충동적 경향
다리, 발	긴 다리 아래 부분 다리 그리기를 거절 길게 늘어진 발 작고 특히 가느다란 발 발을 그리지 않는 경우	자율성에 대한 강한 욕구 성적 혼란이나 병리적 위축 강한 안정감에 대한 욕구와 상당한 거세 불안의 가능성 불안정감, 위축, 의존성과 다양한 정신 신체적 상태 회피나 도피의 경우
눈	검고 날카로운 눈 음영의 눈 큰 눈 텅 빈 눈 생략된 동공 조잡한 눈썹, 남성의 속눈썹	의심, 관계망상 혹은 다른 편집증적 특징 경향 공격적 표출 행동 불안사회적 의견에 대한 과민성, 외향적인 경향 작은 눈에 비해 큰 안구는 강한 시각적 호기심과 죄의식 경향 환경을 인식하는 것에 관심 없음, 내향적 자기도취 야만적이고 난폭하며 노골적 성향과 동성애적 경향
의복	남성의 큰 유방 속옷을 입거나, 알몸 인물에 비해 너무 큰 옷 속이 비쳐 보이는 옷 단추의 강조 소맷부리의 단추가 강조 호주머니의 강조 커다란 호주머니가 강조	강한 구강적 의존 욕구 유아적, 성적으로 부적응적인 성격들, 성적인 것을 훔쳐봄, 과시적 경향 부적합성과 자기모멸감 성적인 것을 훔쳐보거나 과시적인 경향 의존적, 유아적, 부적합한 성격, 퇴행(중앙에 기계적으로 그림) 의미 의존성에 대한 강박상태 유아적, 의존적 남성, 애정 혹은 모성의 박탈로 종종 정신병리 경향 어머니에 대한 정서적 의존성과 관련된 갈등, 청소년의 남성다워지려는 노력 경향

(계속)

체크 항목		표 현	해 석
내 용 적 분 석	의복	넥타이의 강조 불확실하게 그려진 넥타이 길고 눈에 띄는 넥타이 신발 강조 신발, 레이스 등을 강조	부적절한 성적인 감정(청소년들과 40세 이상의 남성) 약한 성욕에 대한 절망, 성적인 관심 의미 발기불능의 두려움에 대한 지나치게 보상적인 성적 공격성 커다란 신발은 안정에 대한 욕구 의미 사춘기 소녀의 강박적이며 지나치게 여성의 특징 의미
	손가락	갈고리 같고 곧은 선들, 뾰족한 손가락 단단히 쥔 주먹 손 없고 손가락만 존재 짙게 음영이 있거나 강조된 손가락 현저하게 큰 손가락들	유아적, 야만적, 공격적 경향 공격성과 반항 경향 아동화에서 흔하며 성인은 퇴행 유아적 공격성, 공격적 경향성 죄책감, 도벽이나 자위행위와 관련 공격적인 경향성
	턱	강조된 턱	공격적이며 지배적인 경향의 가능성, 강한 충동 경향 허약한 감정에 대한 보상의 가능성
	자세의 특징	벌리고 선 자세(도화지 중앙) 공중의 다리, 비스듬한 자세 갈수록 희미해지는 선으로 그린 그림	공격적인 저항이나 불안정 경향 만성적 알코올중독, 의존성 경향 히스테리, 정신병 혹은 히스테리성 정신병 경향
그린 후의 질문		'인물이 누구인지', '몇 살인지', '무엇을 하고 있는지' 등에 대한 내용으로 직업, 행동, 생각, 기분 등의 질문과 건강 여부와 미래의 여부 등을 질문	

3 동적 가족화 검사

1) 검사의 특징

동적 가족화 검사(KFD: Kynetic Family Drawing)는 가족화에 움직임을 통한 일종의 투사화로, 가족의 역동성을 파악하기 위한 가족화이며 이 검사는 번스와 코프먼(Burns & Kaufman, 1972)에 의해 발전되었다.

KFD는 내담자의 주관적 판단에 의존해서 그린 가족의 역동, 가정환경 및 가족지각에 의한 감정이 전달하는 그림 검사이며 가족 안에서 과거의 경험이나 거족의 현재의 상태에 의존하고 있다. 소요시간은 약 30~40분으로서 A4 용지, 연필, 지우개, 검정 사인펜으로 그림을 그릴 수도 있고 색연필이나 크레용으로 색을 표현하는 것도 허용함으로서 색채 심리도 파악하고 있다.

특별히 아동의 그림일 경우는 가족의 역동성(dynamics)으로서 일반적으로 인물묘사의 순위가 표현됨으로서 가족 내의 일상적 서열을 반영하는 경우가 많기 때문에 특정인물이나 자기상이 제일 먼저 그려진 경우에 내담자의 가족 내 정서적 위치가 분석되어야 한다. 중요한 것으로 가족의 행위에 대한 해석은 그림의 양식, 상징 등을 함께 고려하여 전체적 관점에서 해석되어야 한다.

2) 검사의 실시방법

내담자를 포함해서 내담자의 가족 모두에 대해서, 무엇인가를 하고 있거나 어떠한 행위를 하고 있는 사물이 아닌 가족의 그림을 그리면서 자신의 그림을 빼트리지 않도록 주의를 준다. 주의사항으로서는 치료사가 무엇인가를 암시하는 듯한 응답은 절대로 피하고, 완전히 비지시적, 수용적 태도를 취한다. 그림이 완성 후에는 그림 속의 인물상을 그린 순서, 각각의 인물상과 연령에 대해서와 무엇을 하고 있는 지의 행위 종류, 가족 중 생략된 사람이 있는지 여부, 가족 외에 추가된 사람이 있는지와 그림 속의 인물상을 그린 순서 등(Burns et al., 1972)을 파악하게 된다. 특별히 가족 중 생략된 사람이 있으면 확인하고 용지의 여백에 기입을 하도록 한다.

인물화로 그림 후 질문 내용으로는 먼저 가족들 중에서 빠진 사람은 없는지 확인하고, 있다면 누구인지 물어 본다. 그리고 가족들이 무엇을 하고 있는지에 대한 질문을 하거나 혹은 그림에서 각자 따로 어떤 일을 하고 있는 경우라도 각 가족원별로 무슨 일을 하는지에 대해 질문한다. 더 나가서 누구부터 그렸는지에 대한 질문과 그린 순서대로 번호를 붙이고 아동이나 청소년 내담자가 누구인지를 기재하도록 한다.

아동 내담자 혹은 청소년 내담자인 경우는 자신이 어디 위치하고 있는지, 소속되는지에 대한 질문을 한다. 그리고 그린 가족에 대해서 행복한지를 질문하고 아픈 사람이나 혹은 가족들이 앞으로 어떻게 달라졌으면 좋겠는 가에 대해 묻는다(한국미술심리상담협회, 2012).

3) 검사의 해석

그림을 그린 내담자 본인에게 설명을 듣고 분석을 한 이후 동적 가족화의 해석은 5개의 진단영역인 인물상의 행위(actions), 양식(styles), 상징(symbols), 인물관계의 역동성(dynamics, 즉 거리, 위치, 크기, 거리 방향, 생략) 및 인물상의 특성(figure characteristics) 등으로 분류하여 분석한다.

(1) 인물상 행위

아동은 부모나 자기상을 중심으로 그리게 되는데 가족구성원 안에서 부모는 자녀 성격형성의 중요한 장을 형성해주기 때문이다. 일반적으로 아버지상은 TV 시청, 신문 보기, 일하는 모습 등으로 표현하고 어머니상은 가사 일을 하고 있는 모습을 많이 볼 수 있다. 내담자가 아동이라면 TV 보기나 공부 혹은 노는 것으로 그려져 있다. 가족행동은 그림의 상징, 환경, 양식, 가족의 역할 등을 고려하여 전체적 관점에서 해석되어야 한다. 인물상의 행위(figure actions)는 자녀에게 있어서 부모는 성격형성의 중요한 역할을 한다. 행위의 상호작용 측면을 알 수 있는데 가족모두가 상호작용하고 있는 그림을 그리는지 혹은 일부가족이 상호작용을 하고 있는지, 그리고 상호작용 행위가 없는 그림을 구분하여 가족의 전체적 역동을 분석할 수 있으며 인물의 행위를 중심으로 가족 내 역할유형이 분석된다.

(2) 가족화 양식

가족화 양식(figure styles)은 일반적인 양식, 구분, 인물하선, 상부의 선, 하부의 선, 포위 등으로 구분하여 해석한다. '일반적 양식'은 신뢰감이 있는 가족관계를 경험하고 있는 그림으로서 온화한 우호적인 상호관계를 암시하는 그림을 분석하게 되므로 그림의 해석을 고려해야 한다. '구분'은 하나 또는 그 이상의 직선이나 곡선을 사용하며, 그림에서 극단적 표현들로 인물들을 의도적으로 분리하거나 혹은 용지를 접거나 몇 개의 사각형의 테를 만들고 그 안에 가족성원을 그리며 구분하는 경우이다. 이것은 애정 표현이 허용되지 않는 내성적인 아동에게 표현되는데 가족으로부터 감정을 분리시키고 구분시키려는 욕구를 표현한다(한국미술심리상담협회, 2012). '인물하선'은 특정인물상 아래에 선을 굿는 경우이며 특정 가족구성원에 대해서 불안감과 상호관계적 경계를 표현한다.

'상부 선'은 한 선 이상이 인물상 위에 그려진 경우로서 용지의 상부에 그린 선은 불안 걱정, 혹은 공포가 있음을 의미한다. 반면, '하부의 선'은 내담자가 한 선 이상을 전체적 하단을 따라서 그리는 것으로 가족에 대해 구조 받고 싶은 욕구가 강할 때, 가족의 역동성이 파괴적일 때 표현된다(Burns & Kaufman, 1972). '포위'는 가족구성원을 어떤 사물이나 선으로 둘러싸는 경우로서 위협적인 개인을 분리하거나 치우고 싶은 욕구로 표현하는 것으로 가족과의 관계에서 긍정적인 감정을 갖지 못할 때, 가족원에 대해 마음을 닫아 버리는 양식이다. 만일 두 인물을 함께 포위할 때 둘 사이를 밀접하게 동일시하는 경향이 있다.

(3) 상징

동적 가족화에서 구체적으로 나타나지는 않지만, 간혹 감정을 집약적으로 표현하는 경우로서 임상 장면의 환자들은 책상, 부엌, 싱크대 등을 많이 첨부시키며 일반 내담자들은 군에서는 TV, 의자, 책상 등을 많이 첨부시킨다.

가족화에서 '상징(figure symbols)'으로서 공, 축구공 그밖에 던지는 물체, 빗자루, 먼지 털이 등의 그림들은 '공격성'이나 '경쟁심'이 상징된다. 태양, 전등, 난로 등이 열과 빛이 적절할 때는 '안정감' 혹은 '희망'이 표현되지만 강렬하고 파괴적일 때는 '애정'이나 '양육'의 욕구 혹은 '미움' 등이 표현되기도 한다(Burns & Kaufman, 1972). 물과 관계되는 모든 것, 비, 바다, 호수, 강 등은 '우울감정'이나 혹은 '억울함'이 상징되어진다. 자전거, 차, 오토바이, 기차, 비행기 등은 '의존요인'에 의한 '힘의 과시'로 분석되며 칼, 총, 날카로운 물체, 불, 폭발물 등은 '분노', '거부', '적개심'의 상징으로 해석될 수 있다.

(4) 인물관계의 역동성

인물관계의 역동성(figure dynamics)을 나타내는 주변 상징들에는 인물상 간의 거리, 인물 크기, 인물상의 방향, 인물의 위치, 인물상의 생략, 타인의 묘사 등이 있다.

'인물상 간의 거리'는 피험자가 지각하는 가족관계의 친밀성 정도나 혹은 정서적 거리를 의미하는데 인물상 간의 거리 등을 통해서 가족 간의 감정을 읽을 수 있다. 인물 모습이 겹쳐지거나 접촉되어 있는 그림은 두 가족 간의 친밀함이 존재함을 의미한다. '인물 크기'는 가족에 있어서의 존재 태도를 나타낸다고 볼 수 있는데. '크기'에서 키를 작게 표현함은 경멸이나 무시함의 의미가 될 수 있다. 반면, 키가 큰 것은 존경받는 대상을 나타내거나 혹은 권위의 대상, 긍정적이든지 부정적이든지 간에 중심적 위치에 있음을 의미한다(한국미술심리상담협회, 2012). 극도로 큰 인물은 내적 통제의 부족함을 시사하기도 한다. '인물방향'이 '정면', '측면', '등면' 중 어느 것인가하는 상징적 의미가 크다. 내담자의 가족관계로서 얼굴의 방향을 고려한다면 정면은 긍정, 옆면은 반 긍정 혹은 반 부정, 뒷모습이 보이게 그린 것은 특정 가족에 대한 부정적 감정으로 해석할 수 있다(Burns & Kaufman, 1972). 그리고 경사진 인물을 그릴 경우 소심한 성격을 시사하며 절도 등의 행위도 고려할 수 있다.

'인물의 위치'로서 용지를 상하로 구분했을 때, 윗쪽으로 그려진 인물상은 가족 내 리더로서의 역할이 있고 반대로 아래쪽은 억울함이나 위축됨으로 상징된다. 좌우로 구분했을 우측은 외향성과 활동성 등의 주제가 관련되어 있고 좌측은 내향성 혹은 침체성적인 주제와 관련이 있다. 일반적으로 중앙부에 그려진 인물상은 문자 그대로 가족의 중심인물인 경우가 많으나 아동이 중앙부에 자기상을 위치시켰을 때는 자기중심성이나 미성숙한 인격과 관련되어 있다. 적절히 적응하는 사람들은 남녀 모두가 자기상을 우측에 그리는 경우가 많다. 자기상을 남자는 우측에, 여자는 좌측에 그리기 쉬운데 좌측에 그린 아버지 또는 남자가족과 우측에 그려진 어머니 또는 여자가족에 대해서는 해석상 특히 주의가 요구된다.

'인물의 생략'이나 '인물을 지운 흔적'은 지워진 개인과의 양가감정 또는 갈등이 있고 강박적이거나 불안정한 정서적인 문제일 때도 표현된다. 가족을 생략한 경우는 아버지를 가족구성원과 동일 장면에 두기 어려울 정도로 적의나 공격, 불안 등의 부정적 감정을 안고 있다. 가족구성원을 용지의 뒷면에 그리는 경우는 그 개인과의 간접적인 갈등이 있을 가능성을 시사한다.

동적 가족화 안에서 '타인을 묘사'하는 경우, 가족구성원이 아닌 다른 사람에 대한 친밀함으로 표현될 수 있으며, 가족 내의 어느 누구에게도 마음을 주거나 마음을 터놓을 수 없는 가족 간의 소원함이 지적된다.

(5) 인물상의 특성

인물상의 특성(figure characteristics)으로는 신체 부분의 생략, 과장, 얼굴 표정, 회전된 인물상 정교한 묘사, 필압, 음영, 윤곽선 형태 등이 있다. '신체부분의 생략'에서는 아동이 팔을 생략하는 경우는 도벽적인 내용을 포함할 때가 많은 반면, '신체부분의 과장'이나 신체부분의 확대 등의 내용이 많은 경우 신체부분의 기능에 대한 집착을 의미한다. KFD 해석에 있어 확실한 지표인 '얼굴의 표정'은 내담자의 직접적 감각에 근거한다. 얼굴표정은 많은 경우 내담자나 환자의 정서적인 문제 혹은 감각으로 표현되기도 한다.

회전된 인물상이나 인물이 기울고 옆으로 누워있는 경우는 가족에 대한 인지나 인식기능이 없을 때 표현되는데 가족성원과의 분리감정으로서 가족에 대한 거부 등으로 해석된다. 특별히 아동의 경우는 보편적으로 강한 불안과 정서가 통제되지 않음을 보여준다. 그림이 정확하고 정교하며 질서가 있을 경우, 환경 구성에 대한 관심이나 욕구를 반영하는 것이지만 과도한 표현이 되었을 때 강박적이고 불안정한 심리상태를 의미한다.

'필압'은 충동성을 의미하는데 필압의 선이 굵고 강하게 나타나면 외부적으로 에너지가 나타나고, 공격적이고 활동적인 경향이 강한 반면, 반대로 필압이 약하고 가는 선으로 나타날 때 우울하고 소극적인 내담자일 경우가 많다(한국미술심리상담협회, 2012). 그림의 음영은 불안, 공격성 등을 반영하는데 '신체부분에 음영'이 그려질 경우 그 신체부분에의 몰두, 고착, 불안, 공격성 등의 감정을 표현하며 정신신체증상의 호소와도 관련 된다.

'윤곽선 형태'로서 윤곽선을 정밀하게 그리는 아동이나 내담자는 강박적 사고와 관련이 있다. 일반적 윤곽은 강박적 사고를 의미하며 내담자가 가족의 인물상을 빈틈없이 그리거나 너무 정확한 묘사한다면 과도하게 집착되어 있음을 시사한다.

4 인물화 검사

1) 검사의 이해

아동은 그리고 싶은 것을 그릴 때 주로 인물을 그리기 때문에 인물화로 주제를 지정하는 것은 제약을 받지 않는 대중성 있는 주제인 것이며 이는 '인물화' 기법의 이론적 근거라고 할 수 있다. '인물'을 그릴 때 아동은 본인이 볼 수 있는 점을 그리려고 하는 경향이 표현되며 사물에 대해서 알고 있는 점을 그리려고 하는 경향이 있다. 그림은 리얼스틱(realstic)한 과정이므로 아동이나 청소년들은 자기 몸의 큰 결함을 그릴 수도 있는 반면, 이는 정신적인 결함을 표현하기도 한다. 아동·청소년은 말로 표현하지 않는 자신의 감정 상태를 형태화 시킬 수 있고 그 과정 속에 심리적으로 투사하기 때문에 일반적으로 인물화 검사는 자아강도, 자아허약, 정서불안, 의타성, 자폐성, 열등감, 정신발달, 미숙, 신경증, 정신병리 등과 같은 증상을 진단할 수 있다.

'인물화에 의한 지능측정'을 발표한 구디너프(Goodenough)는 인물화를 그리게 함으로써 지능발달의 수준을 판정하려 했지만 DAP의 방법이 그대로 아동의 성격진단을 위한 투사법으로 발전했다. 1926년 구디너프에 의해 시도되어 체계화되기 시작한 DAP는 인물화를 통하여 자기의 신체 또는 자신을 표현하게 되며, 그 속에 자신의 욕구, 흥미 및 갈등 등의 인격의 중요한 면이 투사될 수 있는 것으로 다른 투사적 검사들을 보조하는 검사 도구로 사용되었다.

마코버(Machover)는 1949년경에 그린 인물화에서 인간의 성격의 중요한 측면을 지적하여 성격의 중요 부분을 진단하는데 공헌을 하였다. 그는 인간의 그림의 상징적인 의미와 구조적인 요인을 모두 고려하여 투사적 그림에 심리학적 의미를 부여하였다. 그러나 그는 진단에는 충분한 임상적 경험이 필요하다고 강조하였다. 마코버의 '인물화(DAP: Draw A Person) 검사'의 투사에 대한 연구는 임상적 적용에 관한 대부분의 연구들에 대해 중요한 영향을 주었다. 마코버의 공헌은 아동의 발달수준과 정서 지표를 측정할 수 있는 별도의 척도를 만들었다는 점에서 의미를 갖는다.

레비(Levy)는 인물화 검사가 자아개념, 주위환경의 인물, 이상적 자아상, 습관과 정서, 인성과 사회의 전반적인 태도를 측정할 수 있다고 강조하였다. 반면, 해머(Hammer)는 묘사된 그림을 보면서 느끼는 정서적인 연상에 따라 해석하는 방식을 제안하였다. 그의 인물화 검사에 대한 연구는 묘사된 인물의 각 부분의 특징보다 각 신체 부분들의 관계가 중요하다고 보았다. 예를 들어 '각 신체부분들의 비율이 정확하게 조화되어 있는지' 혹은 '남자와 여자의 모습이 어떤 차이를 보이고 있는지' 등이 중요 단서로 제공되는 것이다. 해머는 인물화가 인위적인 역동적 자극을 제시하여 가설을 입증할 수 있고 정신과적 질병 분류보다는 개인의 성격이나 행동특성을 중심으로 다루어져야 한다고 하였다.

인물에게 제시되고 있는 내용에 대한 해석과 전체적인 해석이 형식적 해석이나 모양에 대한 해석보다 효과적임을 강조했고 인물화 검사가 아동에게 실시되었을 때 어른보다 유용한 자료가 수집될 수 있다고 보았다. 해머는 개인을 그리는 인물화 검사보다 집과 나무 사람, 가족 그림이 병행될 때 풍부한 자료가 제공된다고 강조하고 성과 연령이 구분되어 연구될 때보다 정확한 연구결과를 기대할 수 있다고 지적하였다.

인물화 검사는 아동의 지적 수준을 조사하고 청각장애와 신경의 결함 등을 가진 아동을 밝혀내는 유용성이 있다. 인물화 검사에 의해 측정하는 '지능'의 개념은 지적 성숙이나 개념적 성숙이며 선천적이고 잠재적인 정신능력보다는 학습에 의해 수정되는 지적성숙을 의미한다.

2) 검사 과정

인물화 검사는 혼란스럽지 않고 자유로운 분위기가 좋고 아동들이 일반적으로 사람을 그리는 작업에 대해 흥미를 느끼기 때문에 비교적 거부감 없이 실시할 수 있다. 실시방법으로는 실시하기 전에 보고 그릴 만한 것은 전부 치운다. 검사방법은 개인검사, 집단검사로 활용되어 질 수 있고 검사대상 연령은 3~12세로서 남녀 그림 각각을 주어진 종이에 각각 그리게 한다. 검사의 내용은 남녀 그림 각각을 60개의 단위로 나누어진 신체 각 부위의 유무, 신체 각 부위의 그려진 수에 따라 채점한다(한국미술심리상담협회, 2012).

인물화 검사의 과정은 사람을 그리라고 한 후 질문이 있을 경우 원하는 대로 전체 모습을 그리도록 한다. 검사의 공동 지시로서 인물화는 반드시 연필로 그려야 할 것과 절대로 그림을 보고 그려서는 안 되는 점, 시간은 얼마든지 주는 점(김동연, 공마리아, 1998) 등을 알려주어야 한다. 한 장의 그림을 그리고 나면, 반대되는 성의 인물을 한 장 더 그리게 하여 남자와 여자, 두 사람의 인물을 그리도록 한다. A4용지, 연필, 지우개 등을 준비하고 그림에 대한 표현은 피검사자의 자유로운 선택에 맡기도록 하지만 질문에 구체적인 대답은 하지 않도록 한다

검사는 집단적에서 일정한 지시로써 실시하게 되지만 개별적으로 실시할 수도 있다.

특히 학령 전 아동이나 특수적으로 연구할 필요가 있는 아동에 대해서는 개별적으로 해야만 한다. 집단에서는 잘 그리려고 하지 않거나 그리다가 찢거나 파괴하는 아동을 감독하기 위해서 보조자가 필요하다. 개별적으로 실시할 경우에는 그림의 모호한 부분을 분명히 하기 위해서 검사가 끝난 후 질문을 할 필요가 있다. 검사자는 그린 그림에 대해서 이야기 해달라고 요청하는데 아동의 주의를 그림에만 집중시키도록 노력해야 한다. 검사자가 요구를 하거나 암시를 주어서는 안 되며 아동이 어떤 모호한 부분을 똑똑히 구별하지 못할 때는 그린 것에 대해 물어서 반응과 명칭을 그림에 기입해 두어야 한다.

3) 검사의 유용성

인물화 검사는 다른 것을 표현하는(나무나 집) 그림보다 자기상을 잘 나타내 주기는 하지만 반대로 피검자가 경계심으로 방어하려는 생각을 높여주기도 한다. 운동 신경을 매개로 하는 인물화 기법은 실시하기 쉽고 사용 자료가 간단하고(연필, 고무 종이) 한 시간 이내로 가능하다는 장점이 있는데 외국인에게도 실시할 수 있으며, 문맹자도 가능하다. 그리고 검사의 목적이 숨겨져 있으므로 솔직한 점을 심리검사로 활용할 수 있다.

4) 검사 해석상의 주의

인물화 검사에서는 아동이나 청소년은 말로 표현하지 않는 자신의 감정 상태를 형태화할 수 있는 중개물을 조작하고 정리하는 과정 속에 투사하므로 연필은 시각적 공간을 조작하는 도구가 된다.

인물화 검사의 해석적 원리로 주의할 사항들이 있다. 먼저 하나의 사람 그림 그 자체를 근거로 하기보다 피검자의 여러 가지 정보와 기록을 기초로 해서 실시하는 것이 타당하다. 제목을 주어서 그린 그림보다 자유화가 훨씬 심리학적으로 의미가 있는데 아동은 그림을 그릴 때 특유한 그림의 틀이나 스타일로 그리게 된다. 먼저 그리는 인물의 성은 아동의 성역할에 대해 가지고 있는 이미지와 관계가 있는데 두 성의 표현을 비교하여 해석해야 한다.

인물화는 머리, 눈, 코, 입, 목, 몸통, 손, 발 등을 필수적으로 그리게 하는데 그려져 있는 양식을 통해 그림을 그린 아동의 심리적 상태나 조건의 징표(sign)를 볼 수 있다(한국미술

심리상담협회, 2012).

그림은 전체로서 해석되어야지, 부분적으로 해석하지 않는 것이 좋으며 마지막으로 그림의 색채는 인성과 성격연구에 매우 중요한 역할을 하는 것으로 요약되어 질 수 있다.

5) 검사의 해석

인물화 검사의 해석은 임상적 해석방법으로 자의식을 해석하는 방법이 있고, 인물화의 인성영역, 정서영역, 저학년의 학업성취 등을 해석하게 된다.

인물화는 프로이트의 투사(projection)개념으로 자신과 많이 관련된 것의 특질과 정서적 구조 사회적 관계를 다른 사람에게 전가하는 경향으로서 해석되고 있으며 더 나가서 마코버(Machover, 1978)는 인물화를 인간의 머리, 얼굴, 손, 발, 몸, 어깨, 목 등 신체 각 부분에 대하여 구별하며 여러 가지 상, 자세, 연령, 복장으로 성격을 추리할 수 있다고 보았다. 인물화 분석은 각 신체 부분들의 관계나 각 신체부분들의 비율이 정확하게 조화되어 있는지가 인물 신체묘사의 상징적 해석의 특정보다 더 중요하다. 상담사의 질문에 의한 아동의 언어적 서술과 문화적 다양성을 고려하는 것이 인물화 분석에 있어 중요한 요소가 되며 남아와 여아의 차이를 고려하여 분석하는 것이 유용하다.

DAP의 해석은 마코버(Machover, 1978)와 스미스와 핸들러(Smith & Handler, 2006)의 책을 정리 요약하여 다음과 같이 그림의 크기와 위치, 그림의 순서, 인물의 움직임, 신체 부분의 상징적 해석 및 신체적 강조와 생략, 다양한 내용의 인물화 분석 등의 주제로 구분하여 살펴보기로 한다.

(1) 그림의 크기와 위치

인물화의 상대적 크기는 피검사자의 환경과의 관계로 분석되는데 인물의 크기가 작으면 개인은 위축되고 환경의 요구에 대해 열등감과 부적당함을 시사한다. 반면, 인물의 크기가 크면 우월한 자아상, 공격적이며 환경과의 관계를 맺는 경우가 많다. 또한 이상적 자아상에서 인물의 크기가 크면 열등감을 보상하려는 시도의 표현이다.

인물화는 아동의 자아상보다는 이상적 자아상 또는 부모상을 반영하기도 한다. 부모상이 투사되는 경우 큰 인물은 강하고 능력 있는 부모상에 대한 해석으로서 위협적이며 벌을 주는 부모상을 반영하기도 한다.

그림의 위치에 있어서는 인물화가 종이의 중앙에 그려져 있다면 자아중심적 경향과 관계가 있다. 그러나 그림의 위치가 종이 중앙 아래에 그려져 있는 인물화는 안정된 성격일 수도 있는 반면, 그림의 위치가 위에 그려져 있다면 불안정한 자아상과 연관이 있다. 더 나가서 인물화가 종이의 왼편에 위치하면 내성적이거나 자아의식적인 성향을 보일 수 있는 반면, 안정된 상황으로 보이지만 내면에는 패배감 또는 우울감 등을 가지고 있는 가능성도 있다.

(2) 그림의 순서

일반적으로 남아든지 여아든지 간에 피검사자가 항상 동일한 성의 인물을 먼저 그리는 경향이 있는데 그렇지 않고 이성을 먼저 그리는 경우에는 이성부모나 혹은 이성에 대한 강한 애착과 의존, 혹은 성 정체감의 혼돈이나 도착적인 성향 등이 의심된다. 이성을 먼저 그리는 경우에는 문화적인 다양성을 고려해야 하지만 동성연애자로 해석될 수도 있다.

(3) 인물의 움직임

인물의 자세나 움직임이 경직되고 동작 등이 적은 그림은 강박적이거나 억압되어 있는 불안의 가능성과 억제의 표현을 시사한다. 기대고 서있거나 앉아있는 모습은 정서적으로 위축되고 활동력이 낮으며 우울정서의 가능성이 많지만 활발한 동적인 움직임을 보이는 경우, 충동적이며 운동 활동에 대한 충동성을 시사하기도 한다.

인물의 표현이 활동적이긴 하지만 초조해 보이고 안절부절못한 표현이 보일 경우 정서장애의 조증상태(hypomanic state)의 가능성이 시사되므로 다른 심리검사를 병행해야 한다.

(4) 신체부분의 상징적 해석

머리는 자아개념과 관련이 있고 머리 부분만 강조될 때는 아동이 공상적인 경우가 많다. 그리고 지적이나 머리 부분의 신체고통과 관련이 되기도 한다. 머리를 나중에 그리는 경우는 대인관계의 장애를 보일 수 있으며, 머리나 얼굴 등이 잘 보이지 않고 희미하면 수줍음이 많은 편이다. 머리카락은 성적욕구 혹은 호기심을 의미하는데 머리카락이 지나치게 강조되면 성적 부적절함의 표현일 수 있다.

눈은 의사소통의 수단이 되는데 눈이 강조되거나 크면 응시하는 모습일 때는 망상적일 수 있고 만일 눈동자가 생략되었다면 자기도취적이고 자아중심적인 경향으로 해석된다. 눈을 감고 있다면 현실접촉의 회피나 혹은 정신병적 상태로서 분석되며 현실감이 결여되어 있다. 정신병리적인 측면에서는 정신증적인 문제를 가지고 있을 때 눈을 감거나 무의미한 인물을 그리는 경향이 많다.

귀는 크기와 형상의 왜곡이 중요한데 망상과 깊은 연관성이 있고 코는 성기를 상징적으로 표현하며 성적 무력감이 있을 때 그리는 경우가 많다. 또한 입은 구강적 고착을 상징하는 것으로 구강적 공격성의 표현이 될 수 있다.

턱은 위계, 권력, 혹은 주도권을 표현해 주며 사회적인 상징이 될 수도 있다. 아동 자신을 그린 인물화에서 턱이 강조되면 공격적 경향, 강한 욕구, 무력감에 대한 보상적인 심리적 부담감 등이 관련되어 있다.

목은 충동에 대한 통제성을 상징하는 것으로 가늘고 긴 목은 충동통제의 어려움이 많다.

팔의 방향이 신체에 가까이 붙어 있을수록 수동적이며 방어적으로 해석되며 외부로 향하여 뻗쳐 있을수록 공격성이 강조된다.

인물화의 손이 강조되어 있다면 현실에서 접촉이 어렵거나 현실에 대한 불충분함, 혹은 무력감에 대한 보상적 시도로서 조정하려는 경향을 나타내며, 손이 희미한 경우 대인관계와 관계의 조정행동에서 불안 등이 표현된다.

인물화의 손을 희미하게 표현한 경우에는 대인관계가 좋지 못하거나 대인관계를 조정하는 데 있어서 불안함이 있음을 보여준다. 손이 생략되어 있으면 현실접촉의 어려움, 내담자의 죄의식으로 해석되는 반면, 손이 너무 강조되면 현실감이 충분하지 못하거나 열등감에 대한 보상적 시도를 하려는 경향이 많다. 손톱이 자세히 그려져 있으면 강박적 경향을 보여 준다. 인물이 주먹을 쥐고 있는 그림은 수동 공격적이거나 충동적인 정서성을 시사한다. 다른 부위에 비해 발과 다리에 지나친 관심이 향하거나 다른 부분보다 먼저 그려지면 실망이나 우울감과 연관시켜 볼 수 있다.

특히 의복의 장식이 화려하거나 장식을 강조함은 의존성이 많은 것으로 해석될 수 있는데 단추는 의존적, 유아적 열등감을 느끼는 성격을 반영해주며 독특하게 가슴부분에 붙어 있는 주머니는 애정결핍을 상징하며 의존적인 성격으로 분석될 수 있다.

신체부분이 과장되게 강조되어 있거나 그림자처럼 희미할 때는 심리적 갈등의 가능성이 있다. 더 나가서 신체 부분이 왜곡되어 있거나 생략되어 있을 때에도 심리적 갈등이 표현된 신체적 부분과 연관되어 있음을 시사한다. 신체내부를 투명하게 그려 장기 등이 보일 때 아동·청소년의 빈약한 현실성, 낮은 지적기능 혹은 현실 왜곡 등으로 해석된다.

(5) 다양한 내용의 인물화 분석

먼저 아동이 자기 자신을 그리는 경우는 남으로부터 인정을 받고 싶은 마음이 강한 경우가 많으며 한 인물을 크게 강조해서 그리는 그림은 자신에 대한 과시욕이나 리더십이 강한 경우가 많다. 인물화에서 사람의 뒷모습을 그리는 그림은 억압을 당하고 있거나 피해의식으로 다른 사람에 대한 미움을 표현하는 것으로 해석되어 질 수 있다. 옆으로 비스듬히 누워 있는 인물화를 그리는 경우는 부모로부터 많은 통제를 받고 있을 수 있고 부모 보다는 친구가 결여되고 없는 상태를 표현하기도 한다.

팔을 빼놓고 그리는 인물화는 부모가 과잉보호를 하는 경향이 있으므로 팔의 필요성을 느끼지 못하는 경우로 해석될 수 있다. 그리고 머리나 팔, 다리를 끊어서 그리는 경우는 신체부분에 대해서 열등감을 가진 경우로 해석될 수 있다. 손바닥을 펼쳐 그리는 그림은 인간관계가 좋고 친근한 심리적인 표현으로서 양보심과 협동심 있는 어린이일 가능성이 높다. 그러나 신체 중에서 하체를 길게 그리고 발을 크게 그리는 것은 정서적으로 욕구불만이 있는 경우로 볼 수 있다.

액세서리의 경우 목걸이나 팔찌 등의 장식품을 많이 그리는 경우는 호기심이 많고 낭비벽이 심한 경우로 해석되나 때로는 히스테리컬(hysterical)한 성향을 표현해 주기도 한다.

인물화 검사의 종합적 해석은 〈부록 3〉에 기재되었다.

6) 정신병리와 인물화검사

마코버(Machover, 1985)에 의하면 선을 처리하는 방법에 변화가 없고 단순하고 미숙한 느낌을 주는 인물화로 크기가 작은 것은 에너지 수준이 낮고 위축된 자아의 표현으로 퇴행적인 정신분열성 환자에게서 보여진다. 작은 인물화일지라도 표정이 비교적 활동적이며 선에 힘이 있는 것은 알코올중독자나 다른 중독의 아동이나 청소년 등에게서 보여 지며 억압당하는 사람일수록 작은 인물화를 그린다. 현저하게 작은 그림들은 열등감, 무능력감 혹은 부적절한 감정, 소심하며, 철회적 경향을 가진 사람, 불안정감, 심한 우울증적 경향성, 낮은 자아 강도 퇴행적인 경향을 의미한다.

용지 전체를 사용하여 그리되 그림을 순서대로 그리지 않고 여기저기 산만하게 그리는 사람은 조증 환자에게서 많고, 히스테리성의 정신질환자는 도화지 중앙에 인물상을 그리며, 정신지체인 및 기질장애환자는 신체가 망가지거나 머리를 비교적 상세하게 그리거나, 큰 인물을 그리는 경향이 있다. 큰 그림은 활동과잉의 조증 경향의 사람, 과장적인 편집증, 공격적인 정신질환자에게서 나타나고, 크고 균형과 통합이 불충분하고 선이 단순한 인물화는 정신지체인 기질적 장애아동이나 청소년에게서 보여진다.

비행청소년의 그림은 크게 그리는 경향이 있는데 이것은 환경에 대한 적대감과 과잉행동을 보이는 것으로 생각할 수 있다. 또한 환경으로부터의 압력에 대해 긴장감이 강하며 조급한 청소년에게서도 보여진다. 정신질환의 염려가 있는 비행소년이 연필을 비스듬히 사용하여 막연하고 특수한 선으로 윤곽을 그리는 것은 불안을 표현한 것이다.

투시화는 정서적, 기질적 원인으로 인해 성격의 통합을 상실하거나 현실검증의 장애로 아동자신과 외부 인간관계를 바르게 다룰 수가 없어 양자가 구별되지 않는 상태를 의미한다. 일반적으로 투시화는 병적인 징조이며 정신분열증 환자에게 나타나기 쉽다. 예를 들어 여성의 유방이 비치게 그린 것, 인간 내장을 그린 것, 옷의 소매에 팔이 비친 그림 등의 투시화들은 정신분열증으로 의심이 가지만, 수정을 충분히 하지 않은 결과로 인한 부주의로 볼 수 있다. 반면, 취학 전의 아동이 투시화를 그렸을 경우는 현실검증력이 확립되지 않은 연령이기 때문에 정상적인 것이라고 할 수 있다.

대칭성 결여는 아동, 청소년 피검자의 불안전감을 의미하며, 신체적면에 부적응감을 가지고 있음을 의미한다. 좌우 대칭성이 지나쳐서 경직된 인상을 주는 것은 강박적이고 충동성의 표현을 통제하려고 할 때, 타인과 거리감이 있는 경우, 억압이나 지나친 지적 만족을 추구하는 것으로 해석된다. 경직된 대칭성은 우울한 사람에게서 보여지며, 기계적이고 형식적이며 기괴한 대칭성은 망상형 정신분열증 내담자에게서 보여진다. 사람 그림에 있어 자로 잰 것처럼 정확하게 대칭적인 것은 강박증이 아동이나 청소년이 신체의 부조화를 두려워하며 죄책감에 괴로워하거나 자기통합을 위협하는 충동을 통제하고자 할 때 표현된다. 그러나 주의가 산만해지고 통제력을 갖지 못한 조증이나 히스테리적 경향성을 지닌 청소년은 대칭성을 무시하기 쉽다.

상세하게 그리지 않아도 될 그림에서 지나치게 상세한 그림을 그리는 아동과 청소년은 외부와의 관계를 적절히 통합하지 못하는 것으로, 환경에 대해 지나친 관심을 가지고 중요한 것과 그렇지 않은 것을 구별하지 못하는 강박적인 증세, 정서장애, 신경증 환자, 초기분열증, 뇌기질 장애 등을 가지고 있는 것으로 해석된다.

8

CHAPTER

지능검사

1 지능검사의 이해

본서에서 지능검사로는 다중지능검사, 스탠포드–비네 지능검사와 한국 고대 비네 검사 등을 포함한 비네지능검사, 한국판 웩슬러 지능검사를 포함한 웩슬러(Wechsler)의 지능검사 등을 다루고 있다. 이러한 지능검사 유형들을 설명하기에 앞서 전반적인 지능검사의 이해 및 방법을 먼저 다루어 보고자 한다.

1) 지능의 정의

'지능'이란 어떤 일을 효율적으로 수행할 수 있는 능력이라는 의미로 사용된다. 지능검사는 그 개인이 학습한 것을 측정한다. 언어적이든지 비언어적이든지 간에 모든 검사과제의 내용은 문화를 반영하는 것으로 한 문화 내에서 배운 것이라 할 수 있다. 지능의 정의에 대한 최근 경향은 지능이 복합능력으로 무한히 개발될 수 있다는 것이다. 심리학자들은 인간의 능력을 측정하기 위해 다양한 측정도구를 개발하고 임상실험을 거쳐 인간의 지능을 측청하려고 노력하였다. 지능이란 인간의 지적 능력을 나타내는 대표적인 심리학적 개념이다. 인간 스스로가 문제를 의식하고 이를 의도적으로 해결하고자 할 때 사고를 통하여 합리적으로 해결하는 기능이며 사고력이나 문제해결력의 의미를 가지고 있다.

한편 지능이란 적응력이며 인간이 잘 살아가기 위해 활용하는 모든 정신 기능을 말한다. 환경의 특성을 이해하고 이용하며, 필요에 따라서는 환경을 변화시키고 창조하는 지능은 구체적인 것(기계적 도구, 감각활동)보다 복잡하고 추상적인 것(아이디어, 상징, 관계, 개념, 원리 등)을 판단·추리·사고·통찰력과 같은 고등정신능력을 사용해서 다루는 능력이다. 그리고 지능은 학습 및 경험을 통해서 몸에 익혀가는 능력으로 보는 학습능력을 의미하는데 지능이 높은 사람은 지적인 학습을 보다 잘할 수 있는 능력이 있고, 그에 반해 지능이 낮은 사람은 지능이 높은 사람에 비해서 그 능력이 덜하다.

지능은 인간이 마치 어떤 사물을 관찰하듯이 관찰하거나 만져볼 수 없는 과학적 상상을 통해 형성한 구인(construct)이므로 지능검사는 고정된 실험조건하에서 정신기능을 측정하게 된다. 그러므로 검사결과가 의미 있도록 하기 위해서는 표준화된 절차에 따라 검사가 실시되어야 한다.

비네(Binet)는 지능을 뚜렷한 방향을 설정하고 그것을 유지해 가는 방향성, 자기 비판의 능력, 목표 달성을 위해서 적응할 수 있는 능력으로 정의했다. 로버트 스텐버그(Robert Sternberg)는 지능의 삼위론을 제안했고, 세 요인들은 서로 상호작용하는 다양한 요인으로 구성되어 있다고 보았다. 인지적 지능 구성요인은 정보처리를 다루며, 어휘, 독해와 같은 구성하는 결정화 능력과 추상, 유추와 같은 유동적 능력으로 구성된다. 창의적 능력의 지능은 새로운 상황과 정보를 다루는 능력으로서 실용적 지능의 기능은 실용적 지능과 사회적 지능의 요인을 의미한다. 심리학자들에 의하면 지능이 단일 능력인지 혹은 많은 별개의 능력인지 의견의 불일치를 보이고 있다. 어떤 이론가들은 지능이 모든 인지적 경향을 띤 과제들의 수행에 영향을 미치는 기본 능력이라고 믿는다.

이전의 지능검사와 다른 최근의 다중지능은 가드너(H. Gardner)박사에 의해 창시되었는데 그는 기존의 문화와 다른 지능이론을 제시하였다. 가드너(Gardner)의 다중지능이론, 스텐버그(Sternberg)의 삼원지능이론 등의 최근 지능이론에서는 지능을 단일능력 요인이 아닌 복합능력 요인으로 본다. 최근 지능이론은 종전의 지능이 학습에 관련된 능력만을 강조하고 있다고 비판하고, 실제적 능력을 학습능력에 추가하고자 한다. 그리고 사회적·문화적 맥락을 반영하는 지능모형 추구한다.

종전의 지능은 유전적 요인과 환경적 요인에 영향을 받는다고 믿는 반면, 다중지능이론은 지능이란 과거의 경험에 의해 영향을 받고 미래 변화에 열려 있는 현재 상태로서 정의하고 있다. 지능검사 점수는 다른 정보와 함께 사용하는 것으로 바람직함이 강조되고 지능검사가 인간의 잠재능력 개발에 도움을 주기 위해서는 한국인의 인지 구조에 알맞은 지능검사 도구 개발 노력이 필요하다고 보는데 다양한 지능 검사결과 분석을 통한 바람직한 활용 방법에 대한 연구가 필요하다는 견해가 유용하다.

지능의 측정에 있어서 지능 테스트는 과학적 원칙 기초하여 구성하여 개발된 것이라고 믿어왔지만 지능의 측정에 대한 과학적 이론이 빈약하며 측정하는 능력은 범위가 제한되어 있는 경향이 있다. 지능 검사 점수가 개인의 전체 능력을 의미하는 것이 아니며 측정하고자 하는 것과 검사 점수가 실제로 의미하는 것이 일치하지 않는 경향이 있다.

로젠탈 교수와 제이콥슨(Lenore Jacobson)의 실험은 미국 샌프란시스코의 한 초등학교에 다니는 전교생을 대상으로 지능검사를 하고 지능검사 결과와 상관없이 무작위로 한 반에서 몇 명의 학생들을 명단에 선택하여 지적 능력이나 학업성취가 높은 학생들로 여기고 믿게 하였다. 8개월 후 이전과 같은 지능검사를 다시 실시하였는데 명단에 선택된 학생들이 나머지 학생들보다 점수가 높게 나오고 학교 성적도 크게 향상된 것을 확인하였다. 즉 교사기대와 긍정적인 배려 혹은 격려가 지능에 영향을 끼치는 요인으로 작용하였으며 심리적인 기대가 학생의 성적 향상에 큰 영향을 미친다는 것을 입증하게 된 것이다. 이러한 '피그말리온 효과' 실험은 실제 지능보다 많은 영향을 주고 있음이 입증되었다.

일반적인 지능검사에 대한 이해는 상담사의 기대 혹은 환경적 격려는 내담자의 지능과 의사결정을 하는 데에 큰 영향을 줄 수 있다. 결론적으로 상담자들은 내담자를 돕기 위해 지능측정에 관한 정확성, 검사의 활용능력 및 바람직한 기대 등을 모두를 갖추어야 한다.

2) 지능검사의 방법

지능검사의 방법에는 개인 지능검사와 집단 지능검사 등이 있다. 개인 지능검사의 장점은 개인의 인성의 측면과 다양한 행동을 관찰하고 판단하는 기회를 갖는다. 개인 지능검사는 몇 가지 소 검사 점수를 제공하기 때문에 상담자는 이러한 소 검사 점수들 간의 차이가 큰 내담자에게 특별한 주의를 기울여야 한다. 이러한 경우 차이에 중요한 영향을 미친 요인을 확인하는 시도가 필요하다. 반면, 집단 지능검사는 실시와 채점에 요구되는 시간에서 기인검사에 비해 매우 효율적이다. 더 나가서 집단 지능검사는 모든 교육수준에서 사용되고 있으며 산업체, 군대, 연구 목적으로도 확장되어 사용되고 있다.

그러나 소 검사 점수에 영향을 미치는 정서적, 신경학적, 병리학적 문제에 관해 많은 연구가 있는데 여러 하위검사들의 신뢰도가 다양하므로 이 하위검사들 간에 얻어진 각각의 점수는 신뢰하기 어렵다. 더 나가서 집단 지능검사는 개인 지능검사에 비해 신뢰도나 타당도가 낮고, 각 개인의 구체적인 지적특성을 파악하는 데 어려움이 있기 때문에, 최근 상담에서는 집단 지능검사보다 개인 지능검사를 주로 사용한다.

2 다중지능검사

1) 다중지능검사 본질

다중지능검사(Multiple Intelligences Test)는 하버드 대학교의 발달심리학자 하워드 가드너(Howard Gardner) 박사가 기존의 지능검사, 지능 지수 등을 비판, 새로운 접근을 시도하며 주창한 이론으로 인간에게는 9가지 지능이 있다고 보는 것이다. 일반적으로 학습능력이나 공부를 잘하면 '지능이 높다'는 인식을 가지고 있고 학습능력이나 공부가 아닌 다른 분야에서 뛰어나면 '재능이 있다'고 한다. 그러나 다중지능이론에 의하면 '지능'은 서로 독립적이지만 발현될 때에는 서로 교류되며 상호 관련된다는 것을 강조하고 있다.

다중지지능의 핵심은 개인의 다양한 적성을 고려하여 지능의 평가가 이루어져야 하며, 개인이 갖고 있는 강점 규명이 있어야 한다. 학생, 차동이나 청소년 내담자에게 그것을 계발할 수 있는 기회를 주어야 하는데 기존의 획일적인 교육에서 벗어나 강점 지능, 잠재력을 극대화 시킬 수 있는 새로운 교육이나 상담의 개혁이 필요하였다. 기존의 언어적 능력, 논리 및 수학적 능력만을 지나치게 강조하는 종래의 지능은 지양해야 하며 인간이 지니고 있는 다양한 능력에 대응할 수 있는 아동과 청소년에 대한 지도와 대처방안이 필요하다는 것에 초점이 맞추어 진다(Armstrong, 2002).

종전에는 '지능'이 IQ와 관련되어 있다고 생각해왔으며 IQ종류는 IQ, EQ(Emotional IQ), MQ(Money IQ) 등으로 구성되어 있다. 그러나 실제 지능은 이러한 지능들보다 더 다양하다는 데서 출발한다. 이것이 '다중지능' 이론의 핵심이다. 다중지능을 주창한 가드너 박사는 기존의 '지능관'에 회의를 갖고 1983년 다중지능이론을 제시했는데 인간에게는 크게 언어지능, 논리수학지능, 공간지능, 신체운동지능, 음악지능, 인간친화지능, 자기성찰지능, 자연 친화지능, 실존지능 등으로 구분된다고 보았다. 기존과 달리 다중지능이론에서는 모든 사람이 갖고 있는 다양한 재능의 지적 능력을 '지능'이라 부르며 다중지능이론에서는 우리가 흔히 '재능'을 의미하는 것에 대해 이를 '지능'이라고 본다. 가드너(Gardner, 2006)는 지능을 '특정 문화 내에서 가치 있는 것을 창조해내는 능력'이라고 정의해왔는데 인간에게 있는 각각의 독립된 다양한 지능은 뇌의 각 영역과 관련되고 IQ와 EQ의 통합적인 접근으로 이론을 정립하였다.

언어지능은 뇌의 왼쪽 전두엽의 브로카 중추(Broca's center)와 뇌의 왼쪽 측두엽의 베르니케 중추(Wernicke's area)가 담당한다. 논리 수학적 지능은 좌 전두엽과 두 정엽과 관련되어 있으며 음악적 지능은 우측두엽과 그리고 신체 운동적 지능은 운동영역과 신체성 감각영역과 관련이 있다. 학습능력이 좋든지, 수학능력이 좋든지, 음악에 재능이 있든지 혹은 그림을 잘 그리든지, 악기를 잘 다루든지, 인간관계에서 친화력을 가질 때도 인간의 모든 성취의 밑바탕에는 지적능력이 깔려있으므로 '재능'이라고 보지 않고 '지능'이라고 부른다.

인간은 다른 지능들보다 강점지능이 발달할 수 있도록 잠재되어 있다. 다중지능 영역에서 모든 지능이 골고루 발달하지만 몇 개 혹은 한두 개 영역에서 급속도로 발달을 한다. 즉 소수의 특이한 지능영역이 다른 사람과 비교하였을 때 더 발달하게 되고 가장 높은 지능이 발달하게 되면 다른 지능과 유기적으로 상호보완하면서 모든 지능들이 발달하게 된다(Gardner, 2006). 결론적으로 남다른 재능과 개성을 발견하고 나름대로의 재능을 발전시켜 나가는 것이 다중지능이론의 핵심이다. 청소년의 학습이나 공부만이 지능을 발달시키는 것이 아니고 아동과 청소년에게 뛰어난 재능인 지능을 찾아 계발하고 부족한 부분에 대해 보완할 것을 강조하고 있다. 더 나가서 발달하지 않는 지능영역을 그대로 방치하지 않고 서서히 발달 시켜 주는 것이 필요한데 많이 발달하고 있는 지능영역을 발견하여 더욱 강화시켜 주고, 부족한 지능영역을 보완하는 방향에서 지능발달이 이루어진다.

부모나 교사는 아동이나 청소년에게서 약한 지능을 찾으면 적절한 자극으로 강화시킬 수 있으며 경험을 어떻게 경험을 체험시키느냐에 따라 그에 상응하는 지능을 발달시키게 된다. 각 지능 영역을 자극하는 경험을 통해 아동이나 청소년에게 특별히 강한 지능을 찾아내고 그에 맞는 학습 환경을 제공하고자 하는 것이 다중지능이론의 핵심이다.

2) 다중지능의 영역

다중지능검사를 통해서는 8개 지능 영역(잠재영역은 제외)에 있어서 지적 경향, 각 지능과 관련된 29개 하위 기능에 대한 개인의 경향, 두 개의 연구 척도(기술과 혁신)에 대한 개인의 성향, 그리고 마지막으로 각 검사 문항으로부터 특수한 지적 활동과 활동 결과에 대한 정보를 얻을 수 있다.

전통적인 지능 이론은 지능을 언어적 지능과 수학적 지능으로 구별된 개인의 일반적인 능력으로 평가하는 반면에, 가드너에 의해서 제안된 다중지능이론은 지능을 사회 속에 직면해 있는 문제를 해결하는 지적 능력이나 풍부한 환경과 자연스런 상황에서 그 문화권이 가지는 가치를 두고 있는 산물을 창조하는 능력을 인정한다. 가드너는 언어지능, 논리수학지능, 공간지능, 신체운동지능, 대인관계 지능, 음악지능, 자기이해 지능, 자연친화지능과 실존지능 등 구별되는 아홉 가지의 지적 능력으로 지능을 구분하였다. 이 지능들은 독립적이기 때문에 한 영역의 지능이 높다고 해서 다른 영역의 지능이 높을 것으로 예측하기 어려울 뿐만 아니라 어느 특정 지능의 우수성을 논할 수 없고 각 지능들이 서로 동등하다고 보고 있다.

언어지능(Linguistic Intelligence)은 단어의 소리, 리듬, 의미를 파악하는 능력으로 언어의 다른 기능에 대한 민감성 등과 관련된 능력, 말이나 글로 자기를 표현하는 지능으로 언어지능이 뛰어나다면 글이나 말로써 상세히 표현할 수 있으며 언어의 다양한 기능을 민감하게 파악할 수 있다. 언어지능은 문학가, 시인, 언론인에게서 높게 나타날 수 있으며 기존 지능검사에서 언어검사와 관련이 있다. 논리-수학지능(Logical-Mathematical Intelligence)은 숫자나 기호, 규칙이나 법칙 등 수학적인 상징을 이해하고 창조하는 능력인데 언어적지능인 IQ는 논리수학지능과 높은 상관이 있다. 이 지능은 논리적이고 수리적인 사고, 연역적이고 귀납적인 사고와 관련되는 능력으로 수학자, 과학자에게서 볼 수 있다. 또한 논리-수학적 지능이 뛰어난 이들의 특징은 문제에 대해 추론을 잘 이끌어내며, 문제파악을 체계적이고 과학적으로 하고 숫자 등을 잘 기억하게 된다.

공간지능(Spatial Intelligence)은 본 것을 그림으로 표현할 수 있는 능력을 의미하고 도형이나 그림, 지도 등의 상징을 잘 활용할 수 있는 능력, 그리고 3차원의 시각적이고 공간적인 세계를 정확히 지각해 내고, 내용을 변형시켜 새로운 시공간적인 작품을 창조하는 능력이다. 이 지능은 디자이너, 조각가나 항해사 등에게서 높게 나타난다. 신체-운동학적 지능(Bodily-Kinesthetic Intelligence)은 신체적인 힘을 의미하기보다 그것을 얼마나 잘 이해하고 다룰 수 있는지에 대한 지적 능력이다. 또한 운동, 균형, 민첩성, 태도 등을 조절하는 능력인데 청소년의 운동능력 혹은 무용동작 등에 민감한 능력을 가지고 있다면 신체운동지능이 높은 것이다.

인간친화지능인 대인관계 지능(Interpersonal Intelligence)은 다른 사람들과 교류하고, 이해하며, 그들의 행동을 해석하는 능력이다. 다른 사람들의 감정이나 동기 등을 인식하고 구분할 수 있는 능력, 남을 잘 이해하고 사귀는 능력, 원만한 인간관계 형성과 유지를 위한 지능이다. 이 지능이 높은 사람은 다른 사람에 대한 감정이입이 뛰어나며 함께 일하는데 탁월한 능력을 보이며 다른 사람의 감정을 민감하게 알아차린다. 예를 들어 상담사, 유능한 정치인, 지도자 또는 성직자 등의 경우는 대인관계 지능이 높은 편이다. 연극은 결합지능으로서 몸짓(제스처)과 얼굴표정 등을 활용하여 의도된 행동을 이끌어내는 신체운동지능과 대인관계지능이 결합된 예술행위라 본다.

음악지능(Musical Intelligence)은 멜로디나 리듬으로 재능을 표현하는 능력으로서 리듬과 멜로디가 창의적이면 음악지능이 높은 것이다. 음악의 형태를 잘 감지하고, 음악적 유형을 잘 구별할 뿐만 아니라 다른 음악 형태로 변형시키는데 재능이 많다. 가드너(Gardner)가 21세기에 매우 중요하다고 보았던 자기성찰지능 혹은 자기이해 지능(Intrapersonal Intelligence)은 자신의 장단점을 파악하고 내면의 동기와 욕구, 감정과 의도를 인식할 수 있는 능력으로 자기 자신을 이해하고, 느낄 수 있는 인지적 능력이다. 현대사회에서 자신의 욕구와 필요, 열망을 정확하고 신속하게 이해하는 것이 요구되어진다. 자기이해 지능은 '나는 누구인가?, 왜 이렇게 행동하는가?' 등 자기존재에 대해 이해하는 능력으로 자기이해 지능이 높은 사람은 자아존중감이 높고 자기가 처한 문제를 해결하는 능력이 많다. 반대로 자기이해 지능이 낮은 사람은 자신을 주변환경으로부터 독립된 존재로 인식하는데 어려움을 겪을 가능성이 많다. 자연친화지능인 자연탐구지능(Naturalist Intelligence)은 자연 현상에 대한 유형을 규정하고 분류하는 능력이며 동물, 식물, 지구, 천체, 환경보존 같은 자연 현상에 관심을 갖고 탐구하는 능력을 의미한다. 동물학자, 식물학자, 천문학자, 생태학자, 해양학자 등에게서 높게 나타나는데 자연을 이해하고 보듬는 능력으로 지구상에 존재하는 다양한 동식물의 종을 분류, 인식하고 이들 생물체와의 공존과 조화를 추구하는 능력이다.

실존지능(Existence Intelligence)은 종교적인 사고를 할 수 있는 능력으로서, 뇌에 해당 부위가 없을 뿐만 아니라 아동기에는 거의 나타나지 않기 때문에 다른 지능과는 다르게 간주되는 지능인데 다중지능발달평가척도에 실존 지능은 아직까지 포함되고 있지 않다.

3) 다중지능발달평가척도

다중지능검사들은 오즈본, 뉴튼, 패스크(F. Osborne et al, 1992)에 의한 다중지능 도전(MIC: Multiple Intelligence Challenge), 오즈본(F. Osborne, 1992)에 의한 7개의 능력 평가(SEVAL: Self Evaluation of Seven Useful Abilities), 틸(Teele, S., 1992)에 의한 다중지능 틸 검사(Teele Inventory of Multiple Intelligneces), 시어러(C. Branton, 1996, 1998)에 의한 다중지능발달평가척도(MIDAS: Multiple Intelligence Developmentat Assessment Scales)가 있다.

음악지능, 언어적 지능, 신체적-운동지능 논리수학지능 공간지능, 인간친화지능 자기성찰지능 자연친화지능 등으로 구성되어 있는 다중지능을 측정하기 위한 검사는 현재 다수의 교육기간 및 상담기관에서 시행되고 있는데 미국의 다중지능연구 및 상담실 소장인 시어러(C. Branton Shearer) 박사의 다중지능발달척도가 유용하게 활용되고 있다. 다중지능을 평가하는 가장 좋은 방법은 각 지능에 관련된 다양한 종류의 과제, 활동, 그리고 경험에서의 수행 능력에 대한 평가로서 브랜든 시어러(B. Shearer) 박사의 다중지능발달척도(MIDAS: Multiple Intelligence Development Assessment Scales)검사는 다중지능연구소에서 표준화한 검사다. 인간에게는 8가지의 다중지능이 있고 그 지능 중 강점지능과 약점지능의 파악을 통해 특성화 된 적성을 찾을 수 있다는 이론이다.

시어러(Shearer, 1994)에 의해서 개발된 MIDAS는 두 가지 유형으로 개발되어 있다. 다중지능발달평가척도(MIDAS)는 14~19세의 청소년들을 위한 평가이고 어린이용 다중지능발달평가척도(MIDAS-KIDS)는 어린이를 위한 평가이다. 어린이용 다중지능발달평가척도는 다시 세 가지로 종류로 개발되었는데 4~8세 어린이의 부모에 의해서 사용될 수 있는 'My Young Child', 9세 아동을 위한 'My Child', 10~14세의 아동들에게 사용되는 척도는 'All about Me'로 자기 보고식으로 되어 있다.

다중지능연구소의 초·중·고등용 검사는 서울대학교에서 다중지능으로(교육심리학) 박사학위를 받은 전문가들이 MIDAS검사의 국내 적용을 위해서 재표준화하여 개발한 검사이다.

한국형 MIDAS 검사 중 유아용 다중지능검사는 유아들에게 적합한 수행평가방식으로 개발하였고 한국의 재표준화는 초등학생 1,518명, 중학생 920명, 고등학생 883명(이상 표준화 본 검사인원)을 대상으로 실시하였다. 예를 들어 초등학교 저학년(1~3학년용)과 고학년(4~6학년용)으로 구분하여 활용하는 다중지능발달평가척도의 활용은 먼저 검사의 결과치는 각 학년별로 따로 통계 처리한 표준점수로 환산한다. 어린이가 가진 소질과 적성 중 가장 뛰어난 것이 무엇이며, 가장 보완이 필요한 부분이 무엇인지를 파악하고, 자신의 능력 수준을 또래 어린이들과 비교 진단하고 그 이후 강점발견 검사를 하게 된다. 어린이가 강점을 십분 발휘하여 학습 효과를 높일 수 있는 학습방법 제시한 후, 진로에 대한 질문을 통해 어린이의 관심을 재평가하는 방식으로 되어 있다.

다중지능검사, MIDAS-MYC는 진학진로정보검사와 함께 2단계로 구성되어 있는데 첫 번째 단계에서는 어린이의 진로, 진학을 위한 검사문항으로 이루어져 있고, 두 번째 단계에서는 8개의 다중지능과 23개의 하위 영역을 측정하도록 되어 있다. 즉 어린이의 진로, 진학에 도움 줄 수 있도록 8개의 지능을 파악하는 것이다.

다중지능발달척도에서의 여덟 영역은 다중지능발달평가척도의 영역과 핵심 요소에는 8가지 영역(음악적 지능, 신체 운동적 지능, 논리적 지능, 공간 지능, 언어 지능, 대인관계 지능 개인이해 지능, 자연주의적 지능 등) 이외에도 '실존지능영역'이 포함된다. 실존지능은 앞에서도 언급한 대로 뇌에 해당 부위가 없을 뿐만 아니라 아동기에는 거의 나타나지 않기 때문에 다중지능발달평가척도에 포함되고 있지 않았다.

시어러(Shearer, 1998)의 다중지능발달평가척도의 자기 보고식 질문형식은 인지 능력, 참여, 판단을 요구하는 일상생활에 관한 활동에 대해서 질문으로 이루어지는데 질문의 내용은 모호함, 추측의 영향, 단순한 견해를 최소화하기 위해서 관찰 가능한 활동 등이 포함되어진다. 5점 라이커트(Likert) 척도로 이루어 진 각 문항은 '항상 그렇다(5)'로부터 '전혀 그렇지 않다(1)'로 구분되며 그 내용은 특별한 활동에 참여하는 시간의 빈도 및 시간 간격을 묻는 질문, 활동에 대한 수행능력의 현실적 평가에 대한 질문, 열의 정도를 묻는 질문 등으로 분류된다. 이 척도는 피검사자가 일반화된 질문을 하거나 또는 실제 지식수준을 넘는 대답을 하지 않도록 각 문항에 '모른다', '적용되지 않는다'는 응답반응을 포함하였다. 이러한 반응들은 척도 점수에 포함되지 않는 것으로서 각 척도에 대해서

퍼센트 점수가 전체 반응 수에 대해서만 계산이 된다. 평가결과는 각 척도별 전체 점수를 각 영역수로 나눈 퍼센트 점수이다.

다중지능발달평가척도는 자기보고의 형식으로 이루어져 있으며 다중지능발달평가척도의 질문 형식은 인지능력, 참여, 판단을 요구하는 일상생활에 관한 활동에 대해서 묻는 것으로 방식으로 되어 있다. 다중지능검사 질문은 관찰 가능한 활동을 강조하는 특별한 활동에 참여하는 시간의 빈도 또는 시간 간격과 그 활동에 대한 수행 능력의 현실적 평가 그리고 열의정도를 질문하게 된다. 시어러(Shearer) 박사는 다중지능발달평가척도의 개발과 함께 처리를 위한 컴퓨터 프로그램을 개발하였는데 개인이 응답한 결과를 이 컴퓨터 프로그램에 입력을 하면 다중지능의 여덟 개 영역과 두 개의 연구척도 그리고 하위 영역 별로 개인의 프로파일이 산출되어진다. 그러나 다중지능발달평가척도의 결과는 하나의 참고자료이며, 학업성취도, 기존의 다른 검사, 그리고 아동 정보에 대한 관찰 결과들과 함께 병행하여 해석되어야 한다고 강조하고 있다.

다중지능이론은 한 가지 지능을 결정하기 위한 유형이론이 아니며, 적절한 격려와 환경적인지 그리고 학습을 동하여 상당히 높은 수준까지 지능발달이 될 수 있으며, 각 지능도 다양한 방법으로 접근을 해야 한다. 따라서 다중지능발달평가척도의 결과는 학생에게 알맞은 교육 프로그램을 계획하고 진로계획을 세우는데 출발점으로 활용이 되어야 한다. 유의사항에 있어 첫째, 다중지능발달평가척도를 실시하는 경우에 '모르겠다', '적용되지 않는다'라고 응답하는 항목이 너무 많은 경우에는 그 영역의 프로파일을 산출하는 것이 불가능하다. 그러므로 검사를 실시하는 경우에 될 수 있으면 많은 문항에 응답을 하도록 요구하여야 하며 불성실한 다중지능발달평가척도의 프로파일에 대한 검토가 이루어져야 한다.

두 번째, 다중지능발달평가척도의 결과를 처리하는데 있어서 이미 개발되어 있는 프로그램을 사용하지 않는 경우는 한 문항이 한 가지 지능 이상으로 분류가 될 수 있다는 것에 유의하여야 한다.

세 번째, 다중지능발달평가척도 결과는 상대적으로 사용되지 않고 준거지향적으로 사용되어야 한다. 결과로 나타난 각 영역 혹은 하위 영역별 프로파일에 대해서 다른 사람의 점-수와 비교하여 사용하는 상대점수가 아니라 0~40점은 낮은 점수로, 40~60점은 중간점수로, 60~100점은 높은 점수로 해석하여 활용한다. 네 번째, 다중지능발달평가척도의 각 영역별 프로파일은 강점과 약점을 파악하여 교육 프로그램이나 직업 계획을 세우는데 활용을 할 수 있다(김명희 & 정태희, 1996). 결론적으로 다중지능발달평가척도를 활용하여 각 영역과 하위 영역별 프로파일의 결과는 미래의 직업 계획을 세우거나 교육 프로그램을 작성하는데 활용을 할 수 있다.

마지막으로, 현재 다중지능발달평가척도는 나이별로 분류되어 자기 보고식으로 번역되어 있다. 그러나 다중지능발달평가척도가 한국에서 본격적으로 사용되기 위해서는 한국말로 번안되어 있는 검사로서 타당도와 신뢰도 등에 대한 연구를 필요로 하므로 결과를 해석함에 있어서 주의가 필요하다(김양분 외, 1999).

각각의 세로 항목에 해당하는 지능(실존지능 빠짐), 음악지능, 신체운동지능, 논리수학지능, 공간지능, 언어지능, 인간친화지능, 자기성찰지능, 자연친화지능 등 다중지능 간이검사의 평가방법은 세 단계로 구분된다. 다중지능 간이검사의 채점은 답안의 번호가 1인 경우는 1점, 2는 2점, 3은 3점, 4는 4점, 5는 5점을 준다. 두 번째, 표의 세로 항목별로 점수합계를 낸다. 세 번째, 세로 항목별로 점수를 다음공식에 넣어 100점 만점으로 환산한다. 각 지능 점수는 (총점-7)/7×25로 표현된다.

3 비네 지능검사

개인지능 검사에는 비네(Binet) 지능검사가 있는데 아동이 성장함에 따라 인지능력이 증가된다는 것을 증명하는데 유용한 검사이다. 알프레드 비네(Alfred Binet)는 정부 당국의 요구에 의해 학교에서의 학업 성취를 예측할 수 있는 검사를 해결할 수 있는 도구를 위한 검사 항목을 연구하면서 시몽(Simong) 박사와 함께 지능 검사를 고안하여 1905년에 발표했다.

비네는 프랑스적인 구체성과 통찰성을 지닌 실험적 연구가로서 그의 실험은 자연적 상태에 있어서의 종합적인 방법에 의한 것이었다. 그는 특별히 심리학을 선택함으로서 지능검사이론을 확립하는 것에 영향력을 미쳤다.

본격적으로 비네는 심리학 연구에 기초하여 표준화된 검사 방법의 사용을 활용하고 개인 간의 차이에 영향을 받으면서 지능검사를 개발하였다. 지능검사에 대한 비네의 초기연구는 인간의 심리는 독립된 많은 능력에 기초하고 있다는 능력심리학(faculty psychology)의 이론을 가정하고 있는데 비네는 마음의 능력을 11가지로 나누고 이들 각각에 대한 개별적인 검사를 만들고자 하였다. 이 11가지 마음의 능력은 심상, 기억, 주의력, 상상력, 이해력, 의지력, 동작기술, 시각적 공간의 판단력, 도덕적 감각, 심미적 평가 그리고 피암시성 등이다.

비네(Binet)의 이론은 1897년 미국에 도입되어 인간심리학의 보조로서 동물을 사용하는 실험실적 연구의 기조를 제공하기도 하였지만 비네(Binet)는 피아제(Piaget)의 아동심리학에 관심을 가지면서 '지능의 실험적 연구(L'etude experimental de l'intelligence. 1903)'를 발표하였다. 비네(Binet)는 연합주의를 반대하고 사고의 관념적인 연합보다도 그 배후에 있는 행동이나 자아의 기능이 초점을 두고 지능을 해석하였다. 갈튼이나 카텔과는 달리, 비네는 자신의 이론을 바탕으로 만든 지능검사가 타당하다고 생각하지 않았지만 그 검사가 타당하기 위해서는 검사점수가 나이에 따라 증가되어야 하며, 학업성취와 정적으로 비례하며 상관되어야 한다고 생각하였다

비네는 지능을 한 개인의 속성으로 보기보다 행동의 한 속성으로 보고 동기, 의지, 기억, 성격, 판단 등과 분리될 수 없다고 보았다. 그리고 지능의 척도를 지적 잠재력에 대한 지표로 보았으며 관찰가능한 개인차를 기술하기 위해서 다양한 의미로서 '지능'이라는 용어를 사용했다. 검사 프로파일의 점수는 피검자의 배경정보, 관찰행동, 각 문제해결 과제에 대한 접근방식을 알고 있는 상태에서 해석할 때 가장 의미가 있다.

비네는 기억, 사고, 최면, 지각 등을 연구하기 시작하면서 심리학적으로 업적을 세우게 되는데, 그것이 바로 시몽과 함께 발표한 정신이상자의 지적 수준 판별을 위한 새로운 방법을 활용한 검사 등을 개발하였고 비네-시몽 지능척도(Binet-Simon Scale)를 개발하였으며 나이-표준방법(age-standard method)을 사용한 도구였다. 지적인 성취와 관련하여 측정하는 것으로 곤란도가 높은 순으로 배열시킨 30개의 문제로 구성되었는데 판단력, 이해력, 그리고 추리력 등을 강조하면서 다양한 종류의 기능들을 포괄하도록 고안된 검사였다. 비네는 이 같은 판단, 이해 추리력 등의 기능들을 지능의 필수요소로 간주했다. 비네-시몽 지능척도는 심리학자들에게 객관적이고 양적인 방법으로 어린이의 지적 수행을 측정할 수 있게 하였으며, 어린이의 낮은 학업성적의 원인을 진단할 수 있게 해주었다.

비네는 지능검사의 개정판이 제작되면서 행동 등의 예언을 가정할 수 있게 되었는데

이것은 스탠포드-비네 지능검사(Stanford-Binet Intelligence Test)의 기초가 되었다.

4 스탠포드-비네 지능검사와 고대 비네 검사

스탠포드-비네 지능검사(Stanford-Binet Intelligence Test)는 가장 잘 알려진 지능검사로, 다른 지능검사의 타당도를 확인하는 데 표준으로 사용되어 왔으며 현재는 현대판 비네 검사의 개정판인 스탠포드 비네(Stanford-Binet Intelligence) 지능검사가 사용되고 있는데 스탠퍼드 대학의 루이스 터먼이 비네 검사를 미국에 도입하고 확산시켰기 때문에 스탠퍼드라는 용어가 첨부되었다. 이 검사는 학업 성취의 예측이 주된 업무로서 비네(Binet)에 의해 발전된 정신연령의 개념을 사용하면서, '지능지수(IQ)'가 고안되었다.

비율 IQ를 활용하는 지능점수의 문제점은 모든 문항에 정확히 대답한다면 최대 20세 이하의 정신연령이다. 따라서 20세 이상의 어떤 사람도 자동적으로 100 이하의 IQ를 받는다. 그러므로 비율 IQ는 이러한 문제를 피하기 위해 편차 IQ로 대치되었다. 편차 IQ는 개인의 지적 수준을 그 연령집단 평균치에서 이탈된 상대적 위치로 나타내어 비율 IQ의 단점을 보완해 준다.

한국의 고대 비네검사는 4~15세 아동을 대상으로 하고 있는데 스탠포드-비네 검사(1937년 판)를 모델로 하여 고려대학교에서 한국판으로 표준화하였고 이후 1971년에 개정되었다. 이전 판과 검사내용은 같으나 비율 IQ를 편차 IQ로 변환하였으므로 검사결과는 정신연령(mental age)으로 표시되고 이것은 다시 IQ(intelligence quotient)로 환산할 수 있다. 검사 대상 연령은 만 4~15세 미만이지만 정신장애자는 성인이라도 만 14세로 간주한 IQ환산표를 볼 수 있다.

검사 내용은 어휘, 기억, 추상추리, 수 개념, 지각기능, 사회능력과 같은 다양한 능력을 평가하도록 되어있고 연령별로 6개씩 문항이 배열되어 있다. 검사 실시 도중에 피검자의 성격, 대인 행동의 태도, 말 등을 관찰함으로써 피검자의 특성을 알 수 있다. 고대 비네검사는 어휘력 검사(i.e. 'misanthrope'의 의미는 무엇인가?), 이해력 검사(i.e. 사람들은 왜 돈을 빌리곤 하는가?), 언어 연관력 검사(i.e. 오렌지, 사과, 배의 공통점은 무엇인가?) 등의 질문들이 추가 되었다.

고대 비네(Binet) 검사는 1937년도 스텐포드 비네검사(Stanford Binet Intelligence Scale)의 개정판을 기초로 하여 한국에서는 전용신 등이 만든 것으로 시간과 노력의 낭비로 인하여 일반 학교에서는 거의 실시하지 않으나 집단 지능검사의 실시결과 양극단에 있는 아동들을 대상으로도 실시되기도 한다.

5 웩슬러 지능검사

웩슬러(Wechsler, 1939)는 지능을 인지적 요소뿐 아니라 정서적이고 행동적인 요소도 포함하는 전체적인 능력으로 보았으며 성격의 다른 부분들과 분리될 수 없다고 보았다. 웩슬러(Wechsler)는 지능을 목적으로 행동하며, 합리적으로 사고하고, 자기 환경을 효과적으로 다루는 개인의 총체적 혹은 전체적 능력으로 정의하였다. 웩슬러(Wechsler) 검사는 '지능'을 환경에 대한 적응력과 의미 있게 행동하는 능력으로 정의하고 있다. 웩슬러(Wechsler)의 성인용 지능검사 도구는 언어성 검사와 동작성 검사의 하위 요인들을 활용하여 인간의 지능을 보다 합리적으로 측정할 수 있도록 개발되었다. 다른 지능검사와 다른 특징은 지능을 한가지의 기능을 나타내는 지표로 보는게 아니라 여러 가지 수행능력을 점검해서 합친다는 것으로 소 검사를 통해 지능의 측정뿐 아니라 심리적 적응상태, 성격적 특성, 정신 병리적 특징, 뇌손상 상태 등을 평가할 수 있는 정보를 제공한다.

웩슬러의 기능적 지능은 지능의 여러 측면을 측정함으로써 양적인 평가를 할 수 있으며 지능검사는 문항의 점수들보다 피검자의 행동관찰이나 검사과제에 대한 개인의 반응양식이 더 중요할 수 있다. 이론가, 연구자, 임상가로서 검사 자료를 새롭게 합성할 수 있도록 훈련을 받아야 한다. 웩슬러 지능검사가 비네식 검사와 다른 점은 검사가 영역별 소검사로 묶여 있으면서, 난이도별로 구성되어 있고, 편차지능을 사용한다는 점이며 이러한 특성은 임상적으로 유용한 정보를 제공해 주는데 일반 지능수준에 대한 평가뿐 아니라 영역별 검사해석 및 산포도나 프로파일 및 패턴 등의 해석을 통해 내담자들의 특징을 파악할 수 있게 해주어 임상평가에 매우 유용하다(Kaufman, 1994). 그리고 성격 평가 및 임상적 진단을 위해 매우 유용한 검사로 현재까지 개발된 개인용 지능검사 중에서 정교하고 신뢰할 수 있는 대표적 검사라고 할 수 있다. 다른 검사와 마찬가지로 임의적인 행동표본으로 구성되어 있는데 지능검사 이외에 인지, 임상, 신경심리학적 검사를 병행해서 실시하는 것이 정신병리 진단에 도움을 준다.

웩슬러 지능검사는 네 가지 유형으로 분류되는데 웩슬러 지능검사 성인용 검사인 K-WAIS가 있고, 만 6세에서 16세에 실시하는 청소년용 지능검사인 K-WISC-III가 있으며 아동용 검사인 KEDI-WISC와 그리고 유아용 K-WPPSI 등이 있다. 아동용 검사인 KEDI-WISC 한국교육개발원 웩슬러 지능검사로 만 5세부터 15세까지 실시하는데 이는 교육과정에서 가장 빈번히 사용되는 지능검사이다. 일반적으로 검사 결과의 평균을 100이라고 보는 반면, 130 이상은 최우수, 120 이상은 우수, 85~110은 평균, 70~85면 경계선 지능, 70 이하라면 정신 지체로 평가되고 있다.

1) 유아용 웩슬러 지능검사

아동용 웩슬러 지능검사는 먼저 유아용 웩슬러 지능검사(WPPSI-R)가 있다. WPPSI는 4~6세 반 정도의 아동을 위해 WISC를 확장하였는데 유아용 웩슬러 지능검사(WPPSI)로 명명 되었으며, 1989년에 개정되어 WPPSI-R이 되었다. WPPSI-R는 11개의 하위검사를 포함하고 있는데 이중 10개가 IQ점수에 포함된다. 하위검사 중 8개는 웩슬러 지능검사(WISC)로부터 확장되었고 그 후 3개의 하위검사가 추가되었다. 1989년에 개정된 WPPSI-R을 1996년에 한국판 K-WPPSI로 표준화하였다.

2) 아동 · 청소년 웩슬러 지능검사

(1) 지능검사의 특징

비네(Binet)의 검사가 학교에서의 학업 성취를 예측하는 것에 특성을 가지는데 비해 웩슬러(Wechsler) 지능검사는 스탠퍼드-비네 검사와 비슷한 정신 능력을 검사한다. 초기에는 아동의 초등학교 입학여부를 결정하기 위한 검사였으며, 인간의 행동보다는 정신 지체아를 식별해내는 것에 중점을 두었다. 아동용 웩슬러(Wechsler) 지능검사는 사고장애, 충동성, 문제해결방법, 학습장애 등에 대한 정보 등을 제공한다. 웩슬러의 기능적 지능은 검사로 측정한 지적능력 자체가 이슈가 되고 지능의 여러 측면을 측정함으로써 양적인 평가를 할 수 있다. 지능검사는 문항의 점수들보다 피검자의 행동관찰이나 검사과제에 대한 개인의 반응양식이 더 중요할 수 있는데 검사자는 이론가, 연구자, 임상가로서 검사 자료를 새롭게 합성할 수 있도록 훈련을 받아야 한다.

아동용 웩슬러 지능검사에는 종전에 나왔던 KEDI-WISC가 있는데 5세부터 15세까지의 아동에게 실시되는 표준화된 검사이다. KEDI-WISC는 언어성 지능지수, 동작성 지능지수, 전체지능지수로 표시하며 나이에 상관없이 환산점수 10과 지능지수 100이 그 나이의 평균으로 간주한다. 표준편차는 16이며, 표준편차범위는 IQ 85~115로 84%가 여기에 속하며 두 번째 표준편차범위는 IQ 70~130으로 98%가 속한다.

KEDI-WISC 검사는 피검사자의 지적능력에 대한 다양한 정보를 제공하는 검사로 언어성 검사영역(상식, 산수, 이해, 어휘, 공통성, 숫자문제)과 동작성 검사(빠진 곳 찾기, 차례 맞추기, 토막 짜기, 모양 맞추기, 미로 찾기)영역에서 총 12개의 소 검사로 구성되어 있는데 소 검사 점수들의 패턴은 유용한 정보를 제공해 주므로 이 검사는 진단적 도구로 사용된다.

미국 전집에서 아동을 더 잘 대표할 수 있는 규준 집단을 표집하기 위해 WISC는 1974년 개정되었고(WISC-R) 세 번째 개정 증보판이 1991년에 출판되었는데 이것이 WISC-III이다. 한국에서는 WISC를 기초로 하여 K-WISC(1974)가 표준화되었으며 한국교육개발원에서 KEDI-WISC(1991)를 개발하여 사용하다가 최근에 WISC-III를 바탕으로 K-WISC-III(2001)가 한국판으로 제작되었다. 이 검사는 6~16세 아동을 위해 웩슬러 벨레뷰 지능검사를 이보다 낮은 연령으로 확장한 것이다. 더 많은 아동용 문항을 개발하고, 더 많은 흑인 및 여성의 그림을 검사도구에 포함시켰다.

아동·청소년 웩슬러 지능검사(K-WISC-III)의 규준은 성별, 나이, 지역, 부모의 교육수준 등을 고려하여 만 6~16세까지의 남녀 아동을 대상으로 제작하였다. 이를 위하여 전국에서 3000여명이 아동이 표집 되었으며 그 결과 4개월마다 규준이 따로 제작되었다. 아동의 연령별 소 검사 환산점수의 활용은 중요성을 갖고 있다. 즉 성인의 경우 지적인 능력 변화가 거의 없기 때문에 연령별 소 검사 환산점수가 크게 차이나지 않지만 아동은 연령에 따른 발달이 크게 차이나기 때문에 연령별 환산점수가 중요하다.

K-WSIC-III 검사의 구성 및 측정내용으로서 이전 KEDI-WISC에 포함되어 있는 12개의 소 검사에 '동형찾기'라는 새로운 소 검사가 첨가되었다. 보충검사인 숫자와 미로 소 검사는 언어성 및 동작성 IQ점수를 계산하는데 사용되지 않지만, 시간이 허용되고 검사

자가 아동의 능력에 대해 더 많은 정보를 알아보고자 할 때 실시할 수 있다.

아동용 지능검사인 K-WSIC-III와 KEDI-WISCI의 차이점은 소 검사 간 실시순서에서 현저한 차이가 있다. KEDI-WISC와 K-WISC-III의 소 검사 간 실시순서를 비교한다면 KEDI-WISC는 상식, 빠진 곳 찾기, 공통성, 차례 맞추기, 산수, 토막 짜기, 어휘, 모양 맞추기, 이해, 기호, 숫자, 미로 순으로 실시하지만 K-WISC-III는 아동지능검사와 다르게 빠진 곳 찾기, 상식, 기호 쓰기, 공통성, 차례 맞추기, 산수, 토막 짜기, 어휘, 모양 맞추기, 이해, 동형 찾기, 숫자, 미로의 순으로 실시하게 된다.

만 6세에서 16세 아동은 K-WISC-III와 K-WPSSI를 모두 사용할 수 있으나 지적능력이 낮은 아동들은 K-WPSSI를 사용하는 것이 바람직하다. 1991년 개정된 WISC-III를 도안하여 도구를 제작하였으며 문화적 차이를 고려하여 문항들을 수정, 보완하였다. 소 검사의 신뢰도, 채점자간 신뢰도, 요인 구조분석, 성별 및 지역 차이에 대한 분석을 포함하여 표준화를 위한 연구를 통해 출판되었다.

웩슬러 성인용 지능검사에 비해 웩슬러 아동용 지능검사는 아동이 문항을 틀렸을 때 성인용 검사에 비해 검사를 더 빨리 중지하도록 하는 유용성이 있다(Prifitera & Saklofske, 1997). 웩슬러(Wechsler) 아동용 검사는 문제 난이도 비약이 큰 편인데 이는 대상이 연령에 따라 지적 능력이 급속히 변화, 발달되는 아동 시기이고, 연령별로 난이도 수준이 다른 문항으로 구성되기 때문이다.

(2) 지능검사의 지침

● 검사초기의 지침

검사의 시간은 50~70분정도(세 개의 보충검사 10~15분 추가)로서 피 검사자에 대한 사전 지식을 가지고 공감대를 형성해야 하는데 검사를 위한 라포를 형성하고 유지해야 한다. 피검사자가 검사실에 들어오면 부드럽고 자연스러운 태도로 시작하지만 피검자가 검사를 마칠 수 없는 경우는 피검자의 능력이 최대로 발휘할 수 있는 분위기에서 시행해야한다.

피검자가 검사를 마칠 수 없는 경우는 피검자의 능력이 최대로 발휘할 수 있는 환경에서 다시 시도해야 하는데 피검자의 상황에 따라야 한다. 피검자의 말을 그대로 적고, 모호한 응답에 대해서는 다시 질문하여 확인하여야 하며 개인용 지능검사라는 특성을 잘 살려 피검자의 행동특성을 잘 관찰하도록 한다(최윤정, 2012).

검사를 할 때는 외부 간섭이 없는 조용하고 안락한 장소를 선택하고 검사 도구들은 검사자 뒤에 있는 의자에 놓아두어야 하는데 아동이 기록용지나 지침서를 보게 하지 말아야 하며 검사 도구를 원활히 능숙하게 잘 다루어야 한다. 그리고 초시계는 아동이 볼 수 없도록 다루는 것이 좋다.

● 검사 전반과정 지침

검사를 시작할 때는 공통성, 모양 맞추기, 이해, 숫자 소 검사는 모든 아동이 문항 1부터 시작한다. 기호 쓰기와 동형 찾기는 아동의 능력에 관계없이 모든 아동의 연령에 따라서 A형 또는 B형을 실시하고 그 외 다른 소 검사들은 연령에 따른 시작점에서 시작한다. 만일 신체장애아의 검사를 할 때는 아동의 한계 및 아동이 선호하는 의사소통 방식에 친숙해지고 아동의 특성에 따라 표준 적절차를 변형해야 하는데 예를 들면 시각 장애-언어성 검사로 산출한다. 지적으로 혹은 다른 임상적 문제가 있는 아동은 처음인 1번부터 시작해야 한다. 연령에 따른 시작점을 지닌 검사는 모두 7개로 그중 빠진 곳 찾기, 상식, 산수, 어휘, 소 검사의 경우 만일 아동이 처음 두 문항에서 완벽한 점수를 얻으면 실시하지 않은 앞 문항들에 대해 만점을 준다.

두 문장에서 완벽한 점수를 얻지 못하면 두 문항을 통과할 때 까지 역순으로 실시한다. 예를 들어 7번 문항에서 성공하고 8번 문항에 실패 했다면 역순으로 6번 문항을 한다. 6번 문항을 통과하면 역순으로 2문항을 연속 성공하였기 때문에 소 검사를 진행시킬 수 있고, 아동은 15문항에서 만점을 받는다. 그리고 검사자는 9번 문항으로 진행한다. 시행하지 않았지만 점수를 받은 문항은 5번 문항에 5라고 쓴다.

시간제한을 위해서 언어성 소 검사와 모든 동작성 소 검사는 초시계를 사용해서 시간을 재야하는데 시간을 잴 때 주의를 산만하게 하거나 은근히 압력을 주어서는 안 된다. 질문을 반복하거나 지시를 명확히 하는데 걸린 시간도 수행시간에 포함된다. 개인용 지능검사라는 특성을 잘 살려 피검자의 행동특성을 잘 관찰하도록 해야 한다(최윤정, 2012).

3) 성인용 웩슬러 지능검사

웩슬러(Wechsler) 성인용 지능검사의 특징은 정서적인 질환을 평가하거나 진단하는데 중요한 단서가 되는 많은 자료를 제공해 준다. 정신질환 상태에 있는 사람을 평가하는 것은 언어성 IQ와 동작성 IQ를 비교하고 하위검사 점수들의 형태를 분석함으로써 가능하다. 인간의 무한한 잠재적 능력을 지능지수 하나의 기준으로 논의한다는 것은 문제를 내포하고 있는 것으로 지적될 수 있다. 웩슬러 지능검사는 검사자와 피검자 사이에 바람직한 관계형성이 쉬우며 세밀한 관찰이 가능하므로 검사를 정확히 할 수 있고, 진단적 단서를 얻기에 용이한 편이다. 구조화된 객관적 검사로서 1~2시간 정도로 실시시간이 길고 시간 제한을 가지고 있는 소 검사들이 있으며, 투사적 함축성을 지닌 문항들이 있어서 진단에 단서가 되기도 한다. 그리고 피검사자의 반응에 대한 양상, 응답한 내용, 반응속도, 검사에 임하는 태도 및 행동 등을 관찰함으로써 피검사자의 특성과 문제 등을 파악할 수 있다.

(1) 성인용 지능검사의 특징

WAIS-R(Wechsler Adult Intelligence Scale-Revised) 검사는 가장 많이 사용되었던 개인용 지능검사이며 최근에는 WAIS-IV가 활용되고 있다. 성인용 웩슬러(Wechsler) 지능검사의 진단기능을 알기 위해서는 각 소 검사가 어떤 기능을 갖고 있는가를 잘 이해하는 것은 중요하다. 이 검사는 성인용 지능검사이지만 청소년 학생들에게도 사용가능(16~64세)한 편차지능계수 사용(Deviation IQ)하여 개인의 지적 수준을 그 연령집단에서 이탈된 상대적 위치로 지능을 나타낼 수 있다. 편차 지능계수란 각 연령 집단에서 개인지능이 상대적 위치로 평가되는 것으로 규준 집단평균에서 이달된 지능계수를 의미한다.

이 검사는 6개의 언어성 검사와 5개의 동작성 검사로 지능검사 구성 11개의 소 검사의 원점수가 평가치로 환산되고 이에 언어성 검사의 평가치, 동작성 검사의 평가치, 전체 평가치가 계산되며 환산표에 따라 언어성 IQ, 동작성 IQ, 전체 IQ가 구해진다.

웩슬러 성인지능 검사는 내담자의 지능지수를 나타내 주며 내담자의 인지적 능력을 평가하고 교육적, 직업적 능력을 비롯한 여러 가지 능력을 알아보는데 용이하게 사용되고 있다.

지능검사를 통해 내담자의 잠재적인 능력을 추론해 볼 수 있는데 그러기 위해서는 이 검사만이 아니라 다른 여러 검사를 통해 얻은 자료를 통합적으로 분석하여 내담자의 능력을 판별해야 할 것으로 보인다. 모든 문제를 구두나 동작으로 제시해주고 결과도 검사자가 직접 기록하므로 문맹자에게도 실시 가능하며 현재의 지능수준 이외에 병전 지능수준 추정하여 현재의 기능장애정도를 알 수 있으며 구성상의 특징으로 개인 내의 비교도

가능하다.

웩슬러 지능검사 해석에는 두 가지의 주요한 해석 과정이 있는데 하나는 개인 간의 해석(규준분석 과정)이며, 또 하나는 개인 내적 분석으로서 검사 상 개인이 가지고 있다고 보는 총체적 능력 안에서의 장점과 약점에 대한 분석이다. 개인 간의 해석 또는 규준 분석과정은 한 피검자의 검사를 표준화 집단의 같은 연령대의 다른 피검사자의 검사에 비추어서 상대적으로 비교 평가한다. 단일하고 명확하게 규정된 수량적 의미를 갖고 있어서 통계분석에 적절하게 사용할 수 있다. 개인 내적분석은 검사 상 개인이 가지고 있다고 보는 총체적 능력 안에서의 동작성 지능(PIQ: Performance IQ)와 언어성 지능(VIQ: Verbal IQ) 간의 차이를 해석하는 것이다.

개인내적 분석에 있어 웩슬러는 동작성 지능과 언어성 지능의 점수 차이는 문화적 차이와 교육적 차이에 기인되는 것으로 언급한다. 동작성 지능과 언어성 지능은 서로 다른 능력을 측정하고 있기 때문에 비교 해석하는 부분에 무리가 있다(Prifitera, et al., 1997). 동작성 지능은 언어성 지능에 비해 감각 운동적 요소, 정서적 요소를 잘 반영하는데 동작성 검사의 하위검사들은 시각 및 음성, 지각 운동과제로 이루어져 있다. 반면, 웩슬러 검사의 언어성 하위검사들은 청각 음성과제로 이루어져 있다. 지능을 측정하는데 편차지능지수(Deviation IQ)를 활용하며 전체지능지수(Full IQ Score: 평균이 100, 표준편차 15), 언어성 지능지수(Verbal IQ Score), 동작성 지능지수(Performance IQ Score)로 구성되어 있다.

한국판 성인용 웩슬러 지능 검사인 K-WAIS는 한국 상황에 알맞은 내용으로 전면적인 표준화 작업을 통해 제작하였다. 이 검사는 웩슬러(Wechsler) 검사로서 정의한 지능의 개념, 이성적 사고, 그리고 효율적인 환경통제에 대한 개인적인 능력을 가지고 있다. 이 검사는 타당도가 높은 편이며 바꿔 쓰기와 숫자 외우기의 신뢰도는 검사-재검사 신뢰도로서 높은 편이다. K-WAIS는 국내에서 현재 가장 널리 사용되고 있는 지능검사로서 개인의 복잡한 인지구조뿐만 아니라 개인의 성격적, 정서적 측면을 해석하고자 하는 종합적이며 역동적 입장을 취함으로써 실제임상 및 상담 장면에서 유용한 자료를 제공하여 왔다. 또한 신경심리연구결과가 축적됨에 따라 신경심리학적 진단에도 도움을 주고 있으며(최윤정, 2012). 더 나가서 기존의 축적된 연구결과와 임상적 해석을 종합하여 개인의 인지적 기능과 구조, 특성 및 인지적 장애를 충분히 진단할 수 있다.

K-WAIS의 특징은 성인용 지능검사이나 대상 연령이 중·고등학생뿐만 아니라, 대학생에게도 사용할 수 있다. 한국 대부분의 지능검사는 아동용이나 학생용으로서 성인의 지능측정은 곤란하였다. 종래의 지능검사는 생활연령과 정신연령을 비교한 IQ 산출법으로 연령 집단별 지능지수에 차이가 있을 수 있어 IQ의 항상성에 문제를 야기할 수 있었다. 그러나 이 검사는 편차지능계수(Deviation IQ)를 사용하므로 개인의 지적수준을 그 연령집단 평균치에서 이탈된 상대적 위치로 지능을 정확히 표현할 수 있다. 더구나 KWAIS는 집단검사가 아니라 개인검사이기 때문에 검사자와 피검자 사이에 바람직한 라포(rapport)를 조성하기가 쉬우며 동시에 검사과정에 있어 관찰이 가능하기 때문에 검사를 정확히 할 수 있으며 피검자의 성격적인 특성을 알아 볼 수 있어 진단적 단서를 얻을 수가 있다. 더 나가서 모든 문제를 구두나 동작으로 제시해주고 결과를 직접 기록해 주므로 문맹자에게도 검사를 실시할 수 있는 장점이 있다.

지능검사를 할 때는 일반적인 사항으로서 피검자가 검사를 마칠 수 없는 경우는 피검자의 능력이 최대로 발휘할 수 있는 분위기에서 시행해야한다. 정답의 여부를 가르쳐 줄 수 없으며 피검자의 상황에 따라야 실시하도록 한다. 피검사에 대해 먼저 알려주어야 하는 이유는 저항과 불안을 유발하기 쉽기 때문인데 피검자가 한말을 그대로 적고, 모호한 응답에 대해서는 다시 질문하여 확인하여야 하며(최윤정, 2012) 개인용 지능검사라는 특성이라는 것을 고려하여 행동특성을 같이 잘 관찰하도록 해야 한다.

(2) 성인용 지능검사의 분석

웩슬러(Wechsler) 지능검사의 분석은 양적 분석, 질적 분석, 종합적 해석 등 총 세 가지로 나누어진다.

● 양적 분석

양적 분석에는 현재 지능(지능수준의 분류, 백분위, 오차범위)과 병전지능의 파악, 두 검사 간의 비교, 소 검사 간 점수 분산 분석 등이 있다.

| 전체 지능지수 |　　전체 지능지수는 어떤 소 검사의 점수보다 신뢰할 수 있는 점수이므로 전체 지능지수, 지능수준, 백분위, 오차범위에 대한 기술을 요한다. 이러한 과정에서 유의할 점은 개인의 전체 지능점수는 내담자의 지적 성취수준과 어느 정도 일치하는

지 아니면 불일치하는지를 검토해야 한다. 개인 지능수준 자체는 매우 우수한 수준이지만 학업성적이나 지적인 성취가 매우 문제가 있다면 이유를 밝히도록 해야 한다.

┃ 언어성검사, 동작성검사의 구성과 채점 ┃ K-WAIS의 특징으로서 목적에 맞는 유용한 행동의 잠재능력을 표준화된 질문과 과제를 통해 개인적 전반적인 능력을 평가하는 심리측정도구이다. K-WAIS에서는 WAIS-R의 실시방법과 마찬가지로 모두 12개의 검사를 실시하며 언어성과 동작성으로 나누어 검사된다. 먼저 언어성 검사의 한개 소 검사와 동작성검사의 한개 소 검사를 번갈아가며 실시하도록 하는데 이는 피검자가 흥미를 잃지 않고 관심을 지속적으로 유지하며 검사를 받도록 하기 위한 것이다.

11개의 소 검사 중 6개의 언어성 검사는 언어성 IQ를, 5개의 동작성 검사는 동작성 IQ를 대변한다. 언어성 검사는 기본지식문제(기본지식, 장기기억, 초기학습환경 정도), 숫자 외우기(청각적 단기기억과 주의력), 어휘문제(학습능력과 일반개념 정도, 언어적 이해력, 어휘개념), 산수문제(수개념의 이해와 주의집중력), 이해문제(일상경험의 응용능력이나 도덕적, 윤리적 판단능력), 공통성문제(유사성의 관계 파악능력과 추상적 사고능력, 논리력) 등으로 구성되어 있다.

언어성 검사의 기본지식 문제는 29개로서 개인이 갖고 있는 기본 지식의 정도를 측정한다. 숫자 외우기는 총 14개로서 청각적 단기기억과 주의력을 측정하는 검사이며 검사자가 숫자를 불러주면 수검자가 이를 바로 따라서 말하거나 거꾸로 따라서 말하기, 외우기의 두 부분은 각기 따로 실시해야 한다. 이 검사는 감정이나 불안 등으로 인하여 피검자의 불안정 때문에 점수가 낮게 나오므로 대상에 맞게 선정하는 보충검사이다.

어휘문제(35개의 문항)는 학습능력과 일반개념의 정도를 측정하는 검사로서 검사자가 단어의 뜻을 물어보면(i.e. 나무?, 개척하다?) 피검자는 이에 답하도록 되어 있다. 어휘문제는 바로 따라 외우기 7문항과 거꾸로 따라 외우기가 7문항으로 구성되어 있으며, 각 문항마다 2시행이 있다. 어휘판을 이용해서 측정하는 어휘문제는 일반지능을 표현해주고 있으며, 학습능력과 일반개념의 정도를 측정하게 된다.

산수문제는 수 개념 이해와 주의집중력을 측정한다. 이해문제(16개)는 일상경험의 응용능력이나 도덕적, 윤리적 판단능력을 측정한다(i.e. 음식을 왜 익혀서 먹어야 합니까?). 공통성문제(14개 문항)는 유사성의 관계 파악 능력과 추상적 사고능력을 측정한다(i.e. 사과와 복숭아의 공통점은 무엇입니까?)

동작성검사는 빠진곳 찾기(시각적 예민성을 측정), 차례 맞추기(전체상황에 대한 이과 계획능력), 토막 짜기(지각구성능력과 공간적 표상능력, 지각적분석-통합력), 모양 맞추기(지각능력과 재구성능력), 시각-운동 협응능력, 바꿔 쓰기(단기기억능력 및 민첩성, 시각-운동속도) 등으로 구성되어 있다.

빠진 곳 찾기는 소책자로 된 20장의 그림카드를 도구로 사용해 사물의 본질적 부분과 비본질적 부분을 구별하는 능력과 시각적 예민성을 측정한다. 차례 맞추기는 전체상황에 대한 이해력과 계획능력을 측정하며 10세트 그림카드로 구성되어 있다. 토막 짜기는 9가지 그림카드로 9가지 나무토막을 이용해 그 그림과 같은 모양으로 만드는 것인데, 이 검사는 지각구성능력과 공간적 표상능력, 시각-운동 협응능력을 측정하게 된다. 모양 맞추기는 각 문항에 맞는 4개의 그림 조각들을 이용해 하는 검사로 지각능력과 재구성능력, 시각-운동 협응능력을 측정한다. 바꿔 쓰기는 단기기억능력 및 민첩성, 시각-운동 협응능력을 측정하는 검사이다.언어성척도 및 동작성 척도의 채점 방법은 다음과 같다.

언어성 검사의 '기본 지식 문제' 척도는 는 29개의 문항으로 구성되어 있으며, 개인이 소유한 기본 지식의 정도를 측정 한다. 정답을 맞춘 문항에 1점씩 주어 점수를 계산하며, 최고 득점은 29점이다.

동작성 검사의 '빠진 곳 찾기' 척도는 20개의 문항으로 구성되어 있으며, 20장의 그림카드를 도구로 사용하는데 이 검사는 사물의 본질적인 부분과 비본질적인 부분을 구별하는 능력과 시각적 예민성을 측정한다. 정답을 제시하면, 각 문항에 1점씩 준다. '숫자 외우기' 척도는 바로 따라 외우기 7문항과 거꾸로 따라 외우기 7문항으로 구성되어 있으며, 각 문항에는 제 1시행과 제2시행이 있는데 이 검사는 청각적 단기기억과 주의력을 측정한다. 각 문항에 대해 두 시행 모두 성공하면 2점, 한 시행만 성공하면 1점, 모두 실패하면 0점을 주어 채점한다. '차례 맞추기' 척도는 10개의 문항으로 구성되어 있으며, 10벌의 그림카드 세트를 도구로 사용한다. 이 검사는 전체 상황에 대한 이해력과 계획능력을 측정한다. 시간과 배열순서에 따라 점수를 준다. '어휘문제' 척도는 35개의 단어 목록으로 구성되어 있는데 이 검사는 일반지능을 나타내는 중요한 지표로서 학습능력과 일반 개념의 정도를 측정한다. 표준화되어 제시된 채점기준에 따라 0에서 2점까지의 점수를 부과한다.

'토막 짜기' 척도는 9개의 문항으로 구성되어 있으며, 모형이 그려진 9장의 카드와 9

개의 나무토막을 도구로 사용하는데 이 검사는 지각구성능력과 공간적 표상능력, 시간-운동협상능력을 측정한다. 제한시간 내에 토막을 성공적으로 완성시키면, 시간에 따라 0에서 7점까지의 점수를 부과한다. 척도 '산수문제'는 16개의 문항으로 구성되어 있으며, 수 개념의 이해와 주의집중력을 측정한다. 정답을 말하면, 1점씩 주고 10번부터 16번까지의 문항은 정확하고 빠르게 문제를 풀면 각 문항당 1점씩의 가산점을 준다. '모양 맞추기' 척도는 4개의 문항으로 구성되어 있으며, 4개의 상자에 들어있는 모양 맞추기 조각들을 도구로 사용한다. 이 검사는 지각능력과 재구성능력, 시각-운동협응능력을 측정한다. 완성된 그림에 표시되어 있는 X선의 수가 점수가 된다. '이해문제' 척도는 16개의 문항으로 구성되어 있으며, 일상경험의 응용능력이나 도덕적, 윤리적 판단능력을 측정한다. 표준화되어 제시된 채점기준에 따라 0에서 2점까지의 점수를 부과한다.

'바꿔 쓰기' 척도는 7개의 연습문항과 93개의 본 문항으로 구성되어 있으며, 검사는 연필과 지우개를 사용하여 검사용지에 실시한다. 이 검사는 단기기억능력 및 민첩성, 시각-운동협응능력을 측정한다. 정확하게 써 넣은 문항마다 1점씩 주며 단 7개의 연습문제는 점수에 포함시키지 않는다. '공통성 문제' 척도는 14개의 문항으로 구성되어 있으며, 유사성의 관계파악능력과 추상적 사고능력을 측정한다. 표준화되어 제시된 채점기준에 따라 0에서 2점까지의 점수를 부과한다.

▌ **언어성과 동작성 지능검사의 비교** ▌　　두 지능지수인 동작성 지능지수와 언어성지능지수 의 차이를 살펴봄으로써 여러 가지 지적, 정의적 특성에 관한 진단에 도움을 얻을 수 있다. 뇌 기능적으로 볼 때 일반적으로 좌반구는 언어적 자극을, 우반구는 시공간적 자극을 처리하므로 결과적으로 V(언어성지능)가 P(동작성지능) 보다 크면 좌반구가 발달됨을 시사하고, V가 P보다 작으면 우반구가 기능적으로 발달됨을 의미한다.

일반적으로 V-P의 차이가 13점 이상일 경우 설명할 가치고 있다고 보고 이는 종종 뇌손상으로 연결되어 지는데 25점을 초과하는 경우 신경학적 문제가 있음을 시사한다. 언어성 IQ와 동작성 IQ의 차이가 15점 이상이면 감각양식에 강점과 약점이 있다는 증거이므로(Prifitera, et al., 1997) 상담사는 상황을 파악하여 아동에게 검사의 정보를 전달하는 방법이나 학습양식의 요인들을 결정해야 한다. 그러나 다른 보조 자료나 관찰 없이 언어성동작성 불일치를 신경적 기능장애라고 결론지으면 안 된다.

언어성 지능과 동작성 지능의 차이가 유의한 수준인가를 분석하는데 있어 만일 단순하게 유의한 수준의 차이라면 특정하게 뇌손상이나 정신장애와 연관되는 점수 차이로서가 아니라 단지 언어성과 동작성 기능의 차이가 유의한 수준에 있다고 해석을 내리는 것이 타당할 것이다. 만약 두 검사 간 지능점수의 차이가 유의하거나 두 검사 간 점수 차이가 20점 이상의 경우는 의미가 있다고 볼 수 있으며 이러한 차이가 비정상적 수준의 차이인지를 검토해야 하는데 비정상적인 수준의 차이라면 뇌 손상이나 정신장애와의 관련 가능성을 검토해야 한다.

언어성 지능과 동작성 지능이 유사한 경우는 언어성 과제와 동작성 과제를 다루는 능력이 유사할 때 피검자는 문제해결을 위해 언어적 능력을 이용해서 언어적 문제를 처리하는 것뿐 아니라 시각적 분석과 운동 기능을 요하는 과제에서도 동등한 능력을 발휘할 수 있다고 보는 것이다. 이러한 경우 추론, 개념화, 판단, 계획 능력은 언어적 표현과 분석 또는 시각-운동 표현 및 분석을 통해 동등하게 다루어져야 한다.

언어성 지능이 동작성 지능보다 높은 경우는 시각-운동 기능보다 언어적 표현, 분석, 회상 능력이 우수한 사람으로 주지화 방어기제를 많이 사용하고, 성취동기가 높고 언어적 관심이 많은 경향이 있다. 그러나 행동, 동작성 기술, 기계적 응용 능력은 떨어진다. 진단 및 병리적 측면에서 언어적 기술을 강조하는 문화적 가치들에 의해 성장했을 가능성이 많은 경우로 볼 수 있고 단어들이나 언어적 개념들에 특수한 의미들을 부여하여 강박적인 성향이 있는 경우에 언어성 지능이 높을 수 있다.

우울증 환자의 경우 느린 정신운동 능력 때문에 시간제한이 있는 동작성 과제들에서 낮은 점수를 반영하게 된다. 운동 능력에 특정한 영향을 미치는 뇌 영역에 상해를 입은 기질성 장애 환자도 전반적인 동작성 지능 점수가 낮을 수 있다. 분열적(schizoid) 성향이 있는 환자나 관념적인 내담자나 편집증적 성향이 있거나 정신분열증인 경우 다른 사회적 관심들을 철회하기 위해서 단어들과 언어적 상징들에 의존하므로 언어성 지능이 높을 수 있다. 더 나가서 주지화 방어가 강하고 관념적 성격 양식을 지닌 정신분열증 환자들의 경우 이들이 갖는 정신분열증적 혼란은 언어적 기술보다는 지각 및 시각-운동 분석 능력에 더 쉽게 영향을 미칠 수 있으므로 동작성 지능이 언어성 지능보다 낮아 질 수 있다.

동작성 지능이 언어성 지능보다 높은 경우를 말하자면 병리적 측면에서 동작성 지능이 높은 사람은 충동적이고 행동-지향적인 양식이 지배적인 과잉행동 성향을 많이 보이게 된다. 일부 정신분열증 환자들은 언어성 검사들에서 보이는 반향어, 이야기 의미에서 벗어나는 말, 의성어 등의 언어적 내용들로 인해서 동작성 지능에 비해 언어성 지능이 낮아지게 된다.

언어 능력과 관련한 뇌 부위에 신경학적 문제를 갖고 있는 기질성 뇌손상 환자들은 언어성 지능은 떨어지는 반면 동작성 지능은 그대로 유지된다. 반영적 사고 성향에 비해 행위나 활동을 더 선호하는 사람으로 기계적 활동에 대한 관심, 우수한 시각적 분석능력, 또는 잘 조정된 운동 반응을 보이게 된다. 언어적 기술을 강조하지 않는 사회 및 문화적 배경 또는 이에 영향을 미친다.

언어성 지능점수와 동작성 지능 점수간의 불일치가 비정상적으로 클 때는 실질적인 장애가 있음을 보여주는 증거이기도 하지만 검사자는 불일치를 설명하기 위한 가설을 수립하기 위해서 모든 검사 결과들을 검토하여야 한다. 불일치 점수가 30점 이상인 경우의 유의미한 불일치는 정신증적 진행, 기질적 손상 또는 유의미한 발달상의 문제가 있음을 나타낼 수 있다.

▌소 검사 간 분석 ▌ '어휘분산'은 어휘점수를 기준으로 하여 각 소 검사가 유의한 점수 차이를 보이는 지를 검토하는 방식이다. 일반적으로 어휘가 지능의 수준을 잘 대표할 뿐만 아니라 다른 소 검사에 비해 부적응 상태에서도 점수 저하가 잘 나타나지 않기 때문에 다른 소 검사를 비교하는 기준치로 선정되어 원래의 지적 기능에 비해 현재 지적 기능의 효율성이 얼마만큼 저하되었는지를 평가하게 된다.

'평균치분산'은 언어성 검사에서는 언어성 평균치로 동작성 소 검사에서는 동작성 평균치와 비교하는 방식이다. 이러한 방식은 피검자의 현재 성취수준을 나타내는 평균치와 비교하여 특정 기능에 유의한 차이가 있는 지를 알아보고자 하는 것이다. 변형된 평균치분산은 평균치 분석 시 한두 개의 소 검사 점수가 지나치게 높거나 낮을 경우 이러한 점수를 제외한 평균치를 계산하여 변형된 평균치와 다른 소 검사 간 점수 차이를 알아보고 이를 통하여 현재의 성취 수준과 비교할 때 특정 기능이 유의한 차이가 있는지를 알아보는 방식이다.

▌지능의 분류 ▌ IQ는 같은 연령집단의 사람들과 비교했을 때 한 사람의 능력이 어느 수준에 있는지를 나타내주는 서열척도(Ordinal scale)이다. 지능은 지능검사 동안의 피검

자의 반응을 평가하는 것뿐 아니라 검사 이전의 행동기록도 비교 검토해야 한다. 성격과 마찬가지로 지능도 지적 능력 이외 다른 요인들의 함수이며 측정이 불가능한 요인들이 모든 지능수준의 분류에 영향을 주기 때문에 이 요인들의 평가는 특별히 심각한 정신지체 개인이나 집단을 규정하는데 중요하다.

| 이상심리와 지능검사 |　　불안장애나 신경증적인 증세보다 정신증의 경우는 상식이나 어휘 소 검사를 중심으로 극단적인 분산을 보이며 이해문제 차례 맞추기에서 점수가 비교적 낮다. 쉬운 문장에서 실패하는 경향이 많으며 빠진 곳 찾기와 산수문제에서 문제가 있다. 집중력이 어려운 반면, 공통성, 어휘 소 검사와 토막 짜기 점수에서도 낮은 점수를 보이는 것이 공통적이다. 질적 분석은 개별적인 문항의 반응으로 차례 맞추기 공통성 어휘 소 검사 등에서의 반응을 분석하는 것이 중요하며 비논리성을 보이거나 조리가 없거나 부적절성, 괴이한 언어 등의 반응, 망상장애 등을 보여준다. 즉각적인 기억 손상이나 숫자 외우기에 이상이 없다.

불안장애의 경우에는 숫자 맞추기 산수 바꿔 쓰기, 차례 맞추기, 점수가 낮은 경향이 있으며, 우울증 의 경우는 언어성 검사 중 공통성 점수가 낮고 주로 동작성 소 검사에서 낮은 점수를 보이는 특징이 있으며(Prifitera & Saklofske,1997). 사고의 와해가 없는 편이지만 반응이 느리고 공통성점수가 낮은 편이다. 반사회적 성격장애는 구체적으로 우울증과는 반대로 언어성 지능보다는 동작성 지능이 높고, 차례 맞추기, 바꿔 쓰기 등의 점수가 높은 편이며 개념형성점수가 낮은 경향이 높다(최정윤, 2012).

● 질적 분석과 종합적 해석 가설

질적 분석에는 피검자의 반응의 구체적인 내용, 반응방식, 언어와 행동분석 등이 있다. 종합적 해석가설은 강점과 약점이 되는 소 검사를 검토하고 소 검사의 공유하는 기능이 있는가를 검토하고, 설정된 잠정된 가설들이 상호모순이 되지 않는 방향으로 가설들을 통합한다.

한 지능검사로부터 얻은 질적 자료는 대개 추론적이며, 검사가 측정하는 내용과 특정 반응들이 나타내는 것에 대한 검사자의 해석에 의존한다. 모든 행동이 여러 요인들에 의해 결정되고 검사자의 개인적 해석이 충분히 타당하지 않기 때문에 두 경우 모두 확신하기가 어렵다.

검사자들은 검사들에서 피검자의 성공 또는 실패가 요인분석 연구를 통해 입증된 주요 능력들에서의 강점 또는 약점에 기인한 것이라고 가정한다. 하지만 검사들에서 높고 낮은 점수들이 주로 능력의 양에 의해서 결정된다고 하는 가정은 비지능적인 요인들이 검사 수행에 영향을 준다는 사실을 부인하는 것은 아니다. 정서, 불안, 동기, 내향-외향 등은 검사점수에 영향을 미치기는 하지만 전체적인 검사결과를 무효화시킬 만큼 큰 영향을 미치지 않는다. 따라서 성격 요인과 같은 비지능적 요인들의 영향력은 한 개인의 전체적 지적 능력의 유의미한 특징들로 고려해야 한다. 만약 한 개인이 강박, 추동 결여, 불안으로 인해 계속해서 자신의 지적 자원들을 사용할 수 없는 경우에 그는 기능적으로 (functionally) 정신 지체된 사람이라고 할 수 있다.

(3) 검사해석상 유의사항

해석요인으로는 운동성 지능 대 비언어성 지능, 유동지능 대 결정 지능, 언어적 결함, 이중 언어, 운동 협응 능력의 문제, 시간압력 등의 요인들이다. 장의존성-장독립성 강점과 약점을 결정하는 방법으로는 전체 수행 점수와 하위 검사의 점수를 자세히 비교 검토함으로써 아동의 강점과 약점을 파악할 수 있다. 언어성 표준점수의 평균과 동작성 표준점수의 평균을 구한 후 언어성 표준점수의 평균에서 각 언어성표준 점수를 빼고, 동작성 표준점수의 평균에서 각 동작성 표준점수를 뺀다. 그 점수가 4점 이상이면 유의미한 강점으로, 4점 이하면 유의미한 약점으로 간주 될 수 있다.

웩슬러 검사해석의 주의사항은 두 가지이다. 첫 번째, 지능검사 시행과정에서 관찰되는 개인의 행동특징, 반응 내용은 인지적 발달과 성숙의 중요한 결정요인이 되면 인지적, 성격적 평가에 있어서도 중요한 자료를 제공할 수 있다(Prifitera, et al., 1997). 두 번째, 지능검사를 구성하는 과제들은 인위적인 문항 표집의 결과이므로 지능 검사의 결과를 일반적인 상황에 일반화 시키는 것은 신중하게 검토되어야 한다. 검사결과의 일반화는 검사 결과와 반응 행동을 전체적으로 종합한 임상가의 판단을 거쳐서 결정되어야 한다. 지능검사 결과는 관찰된 행동, 과거력, 다른 검사 결과들을 종합하여 해석을 내릴 때 가장 유용하다.

웩슬러 검사는 신뢰도와 타당도가 크며 척도 점수의 차이를 해석할 정보가 안내 책자에 자세히 소개 되어 있다(Kaufman, 1994). 검사에서 나온 점수들은 학업 성취와 높은 상관관계가 있으며 두 지능지수의 차이를 살펴봄으로써 아동의 지적, 정의적 특성에 관한 진단에 도움을 얻을 수 있다.

이 검사의 유용성은 사용하기에 편리하도록 구성되어 있으며 강력한 객관적 및 투사적 정보를 제공해 준다. 반면 단점으로는 일부 검사 질문 문항들은 문화적인 차이가 있을 수 있다 만일 전체 IQ가 40미만일 경우에는 정신지체 수준을 평가하는 데는 다른 검사들보다 유용하지 못하다. 이 검사는 학습장애 진단용으로만 사용할 수 있는 제한점이 있다.

소 검사 점수는 다른 아동에 비해 이 아동의 능력이 어디에 있는지를 판단하고 또한 같은 연령대의 다른 아동에 비해 상대적으로 갖고 있는 강점과 약점을 평가하기 위해 사용될 뿐만 아니라, 이 아동이 주어진 교육환경에서 어려움을 겪고 있는지 여부 등 교육이나 치료적 단서를 제공하기 위해 사용된다(신민섭, 2005). K-WISC-III의 소 검사들은 저마다의 고유한 능력을 가지고 있을 뿐만 아니라 몇 개의 소 검사들끼리 묶어서 공유하는 능력을 지니고 있다.

(4) 사례

J에게 실시하는 검사가 지능 검사의 일종이었기 때문에 내담자는 검사를 실시하는 도중에도 약간의 불안과 긴장이 있었다. J의 뜻대로 되지 않는 것들이 많아지고 점점 어려운 문항들이 나오면서 약간 의기소침해하는 듯 보이기도 했고, 자존심이 상한 듯 보이기도 했다. 많은 사람들이 이러한 검사를 하면서 어려움을 느끼며 내담자의 경우는 잘하는 편에 속한다는 말의 격려를 해주었고 내담자는 검사를 실시하면서 더욱 적극적으로 임하는 모습을 보였다.

기본지식문제를 풀어나갈 때에도 자신의 수행정도에 만족하지 못하고 불안을 보였으며 수행정도에도 불안하거나 확인을 하려 하였다. 숫자외우기는 바로 따라 외우기는 일반적으로 잘 수행하나 거꾸로 따라 외우기는 점점 숫자가 많아질수록 외우기의 어려움을 보였다.

어휘문제에서 어휘에 관한 설명을 할 때, 처음에는 쉬운 문항들이 많아 설명을 잘 하였으나 문항이 어려워지면서 자세하게 설명하려 하였고, 그에 따라 올바르지 않은 대답도 더 첨가되기도 했다. 중간 중간 어려운 문항에서 주춤하거나 머뭇거리는 모습을 보였으나 대체로 끝까지 잘 수행한 것으로 보인다. 어떠한 문항은 자신이 알고 있음에도 불구하고 말로 표현하는 것에 어려움을 보이기도 하였다. 산수문제의 경우 J는 문항의 뒤로 갈수록 어려웠던 것은 뒤로 갈수록 문제가 어렵고, 오답이 나오는 경우도 잦아졌다. 주로 암산으로 푸는 문제데 대해서 틀린 문제를 제외하고는 거의 제한시간 내에 계산을 끝냈다. 공통성 문제에서는 처음에는 많은 문제를 풀어냈으나 지친 모습을 보이고 나중에는 J의 경우 집중력이 떨어져 산만해지고 대답을 제대로 하지 못하는 경우가 많았다.

J는 검사 시간이 점점 길어지고 문항의 난이도가 높아짐에 따라 지루함을 느끼며 그만하기를 원하기도 하였으나 검사를 거부하지는 않았고 검사를 끝까지 실행하기를 원하여 검사도중 그만두지 않고 끝까지 검사를 마칠 수 있었다.

● 검사결과 및 해석

내담자는 언어성 검사에서 원점수와 환산점수로 두 점수로 제시되었는데 기본지식문제는 원 점수 22점(환산 15점), 숫자 외우기는 원점수 14점(12점), 어휘문제는 원점수 41점(14점), 산수문제는 원점수 14점(14점), 이해문제는 19점(13점), 공통성 문제는 21점(16점)으로 나타났다. 환산점수를 모두 합한 점수는 73점으로서 표를 이용해 내담자의 IQ를 측정한 결과 125라는 비교적 높은 점수가 나왔다.

동작성검사에서 빠진 곳 찾기는 14점(13점), 차례 맞추기는 9점(12점), 토막 짜기는 14점(10점), 모양 맞추기는 29점(14점), 바꿔 쓰기는 46점(13점)으로 표현되었다. 모든 동작성 검사의 환산점수 합계는 45점으로서 동작성검사의 IQ는 114로 나왔다. 즉 언어성과 동작성의 환산점수를 모두 합한 전체합산 점수는 114점이며 IQ는 121로 나타났다.

● 결론

웩슬러 성인지능 검사의 시행을 통해 나타난 내담자의 지능지수는 비교적 높게 나타났다.

앞에서 말한바와 같이 언어성 검사를 통해 나타난 검사 결과는 지능지수 125로 나타났으며, 동작성검사의 지능지수는 114로 나타났다. 전체적인 지능지수를 환산해 보면 121이다.

J는 신체적으로 다친 적이 있었으나 신체적인 제약이 인지적 능력과 눈-손 협응능력 등에 영향을 주지 않는 것으로 판단되었다.

흥미검사와
적성검사

홍미검사와 적성검사의 결과가 직업을 선택하는 범위의 큰 틀을 제공하지만 절대적이지 않다는 점에 유의해야 한다. 적성검사나 홍미검사는 모두 자신의 직업이나 혹은 진로를 선택하기 전에, 자신을 좀 더 개관적으로 파악하기 위한 것이기 때문이다. 대부분의 적성검사와 홍미검사는 제작된 목적에 따라 신뢰도와 타당도를 검증한 검사로 믿을 수 있다. 그러나 현실에서 직업을 선택할 때 적성과 홍미가 일치하고 미래의 직업에 대한 설계와 적합하다면 문제가 없지만 서로 부합되지 않는 경우에는 적성과 홍미 중 어느 요인에 가치를 두고 선택할 것인지를 신중하게 판단해야 하므로 지혜롭게 활용하는 것이 필요하다 (Prince & Prince, 2000). 또한 적성과 홍미 외에도 경제성, 보수, 직업의 안정성, 발전 가능성 등 다양한 요인들을 고려해야 한다.

적성과 홍미검사는 아동과 청소년 발달 단계에 따라 다르게 활용할 수 있다. 검사를 받고 그것을 자신의 직업선택에 중요한 자료로 활용할 수 있는 아동이나 청소년들은 발달 단계에 따라 활용방법에서 차이가 있다. 아직 자신이 무엇을 할지 명확한 목표가 없는 학생이나 청소년들은 기초적인 틀이 없는 상태에서 진로탐색이 명확하지 않지만 적성 검사 결과를 진로탐색 기초로 활용할 수 있으므로 역할 모델을 만나서 탐색해 볼 수 있고, 자신이 원하는 선택을 할 수 있을 것이다.

흥미검사에서는 직업에 대한 자료보다는 구체적인 특정 활동이나 작업에 대한 미래의 직업만족 가능성을 예측할 수 있다. 적성이나 직업에 대한 흥미는 흥미검사가 일의 만족도와 밀접한 관련(Prince, & Prince 2000)이 있다. '흥미'는 인간 개인의 기능을 발현할 수 있는 가능성을 가지고 있으며 자신이 할 수 있는 만족감을 갖게 하는 중요한 요인이다. 흥미검사의 목적은 개인이 만족할 만한 직업을 찾는 동시에 흥미를 어느 분야에 있는지 추적해보고 검사결과를 통해 직업정보, 직업수행 경험 등과 관련된 정보들을 소유하도록 도움을 준다. 흥미검사의 기능은 직업의 성공 가능성을 예측해 주면 청소년의 진로를 결정하는데 가능한 정보를 제공하며 청소년들의 잠재력을 개발하도록 도움을 주는데 직업이나 삶의 목적에 따라서 분류되어진다(Harmon et al., 1994).

흥미검사는 전문가가 해석한 검사 결과를 받을 경우, 일반적으로 검사의 결과를 피검자가 직업을 선택할 때 중요한 요인으로 삼을 수 있지만 실제적으로 검사 결과를 활용하는 데 있어서 그 결과만을 과대, 과소평가 하지 않도록 주의해야 한다. 즉 개인의 적성과 흥미 결과는 직접적으로 경험해보고 평가하는 것은 잠재적인 특성을 파악되기 때문이며 결과를 무조건 신뢰하는 것은 문제가 있다.

1 흥미 유형과 특성

흥미검사의 흥미영역은 특정 형태의 일이나 경험에 기초하고 있는데, 한 요인에 대한 긍정적인 관심으로 대조되는 다른 요인이 배제되어질 수 있다(Duran, 2007). 그러나 한 유형의 상황에 흥미를 갖게 된다고 해서 반드시 다른 유형의 상황에 흥미가 없는 것은 아니다. 한국 노동부 직업연구회는 흥미요인을 모두 5개의 쌍, 10개 영역으로 구분하고 있는데 사물 및 물건을 다루는 일, 사상의 전달과 관련된 일, 사람과 접촉하는 일, 과학적 기술적 성격의 일, 기계적, 구체적, 조직적인 일, 추상적 창조적 성격의 일, 그리고 사람들의 가능한 이익을 위하는 일, 기계 및 기술과 관련한 일, 명성을 얻거나 존경을 받는 일 및 생산적 만족을 얻는 일 등이다.

흥미 유형은 표현된 흥미와 검사된 흥미, 동화된 흥미, 행동화된 흥미로 구분된다. 표현된 흥미는 어떠한 직업, 과제, 활동, 사물과 같은 자극에 대해 좋아한다는 언어로 표현하는 것이다. 내담자의 경험, 문화, 가족환경, 매스컴의 영향, 자아개념, 사회적 수준, 그리고 직업세계의 경향과 변화에 따라 영향을 받는다. 초기상담에서 내담자가 특정 직업목표를 선택한 이유와 그 직업에 대한 정보를 가지고 있는지를 언어적인 표현으로 알아내는 것이 중요하다. 그러나 표현된 흥미는 부모기대에 부응하기 위해 직업목표를 결정하는 경우도 있기 때문에 내담자 자신이 요구하는 직무에 대해 알지 못하는 경우가 있다(Duran, 2007). 그래서 내담자가 다른 영역에 대한 탐색을 할 수 있도록 도와주어 내담자가 스스로 자신의 직업목표를 바꾸거나 다른 흥미영역에 대한 인식을 높이는 것이 바람직하다.

검사된 흥미는 여러 심리검사 도구들을 통한 객관적 접근 방법들에 의해 측정되는 흥미로서, 검사자는 내담자가 가장 높은 점수의 흥미영역에 관심을 기울여야 한다.

반면 행동화된 흥미는 다른 사람들에 의해 관찰될 수 있는 흥미, 아동이나 청소년 내담자가 '어떤 경험이나 직업 활동에 참여하는지'에 대한 증거로 표현되어진다. 현장평가, 그리고 작업표본 평가 등을 사용하여 가장 정확한 방법으로 흥미검사에서 높은 점수를 얻은 영역을 측정할 수 있다.

개별적인 측정을 위한 흥미검사는 스트롱 흥미검사, 자기시행식 흥미검사, Valpar 흥미검사, 고오든 직업흥미검사, 스트롱-캠벨 직업흥미검사 등이 있으며 그 내용과 특징은 아래와 같다. 그밖에 검사도구에는 잭슨 흥미검사, 광역 흥미검사, 비독성 흥미검사, 진로평가 흥미검사, 오하이오 직업흥미검사, 쿠더 직업흥미검사 등이 있다.

2 스트롱 흥미검사

1) 스트롱 흥미검사의 특징

스트롱 흥미검사(SVIB: Strong Vocational Interest Blank)는 1927년 미국의 직업심리학자 스트롱(E. K. Strong)에 의해 개발되었고 40여 년 전에 제작되어 지금까지 개정되어

온 검사로 남성과 여성검사로 구분되며 좋아하는 것과 싫어하는 것이 구분된다. 이 검사는 이론발달에 따라 지속적으로 개정되었고 다양한 직업세계의 특징과 개인의 흥미 간의 유의한 자료를 제공해 주는 도구로써 활용되고 있으며 다른 검사에 비해 높은 타당도와 신뢰도를 가지고 있다(Layton, 1960). 스트롱 흥미검사는 325개 문항으로 구성되어 있는데 이론과 학생, 수검자들의 경험 자료의 연구 분석을 통해 개발되었고 문항을 통해 학과 교과목, 사람 유형 등에 대한 수검자들의 데이터 활동, 취미, 여가 활동, 청소년의 선호하는 직업을 파악한다.

스트롱 흥미검사는 개인의 다양한 직업적 흥미, 업무유형, 학습유형, 리더십유형과 모험심유형 등을 반영하고 있으며 일반직업 흥미척도, 기본흥미척도, 개인특성척도 등의 세 가지 척도로 구성되었다(Layton, 1960).

스트롱 흥미검사의 프로파일에서 사용되는 상자형 도표는 피검자의 T-점수를 남자규준과 여자규준에 맞추어 상대적인 위치를 쉽게 알아보기 위한 목적으로 사용된다.

프로파일 우측 하단에 제시되어 있는 문항반응지수(TR지수)를 확인함으로 프로파일의 타당성을 입증한 뒤, 희귀응답지수(IR 지수)를 확인한다. 피검자가 많은 수의 예외적인 문항에 응답하였을 때, IR 지수는 감소한다.

2) 스트롱 흥미검사의 해석

스트롱(Strong) 흥미검사는 개인의 흥미와 관련되는 일의 특성, 직업의 동향이나 노동시장의 흐름에 관한 가능한 최근의 정보를 제공하고 일의 의미와 가치 등을 일생의 과정과 연결하여 설명한다. 먼저 프로파일 해석 절차로서 상자형 도표이해와 타당도지수에 대한 검토를 하고 일반직업 흥미척도, 기본 흥미척도의 결과들을 검토한 후 개인특성척도 결과 등을 검토하고 종합적으로 해석을 하여 흥미유형에 대한 확정을 하게 된다(Harmon, et al., 1994).

스트롱 흥미검사를 해석하는 경우 먼저 일반직업 흥미척도 6개와 기본 흥미척도 25개에 대한 정의를 이해할 필요가 있으며 프로파일에 제시되는 상자형 도표의 구조 및 분포범위의 검사결과를 상대적인 점수(Harmon, et al., 1994)로 표현하게 된다. 그 다음 검사 점수를 '매우 높은 흥미', '높은 흥미', '보통 흥미', '낮은 흥미', '매우 낮은 흥미' 등으로 표현된 점수들을 구분하여 흥미패턴으로 파악한다.

스트롱 흥미검사에는 일반직업척도, 기본흥미척도, 개인특성척도의 프로파일 등이 있는데 일반 직업분류에서는 가장 높은 3개 척도의 점수를, 그리고 기본 흥미척도에서는 가장 높은 5개 척도의 점수를 확인한다. 이를 통해 각 점수 간의 관계 파악 및 관련 있는 직업에 대한 정보를 수집한다. 개인 특성척도 점수는 일반직업 흥미척도, 기본 흥미척도 결과들을 해석하는 데 있어 중요한 통찰력을 제시해 준다. 네 가지 개인 특성척도의 점수를 확인하는 데 있어 직업적 흥미, 여가적 흥미, 작업환경유형에 대한 흥미, 사람유형에 대한 흥미, 학습유형에 대한 흥미 등의 유형을 검토한다(Harmon, et al., 1994).

세 가지 척도의 결과를 통합함으로써 일반직업 흥미척도 코드를 정한다. 일반직업 흥미척도에서 낮은 흥미 이하의 점수는 코드에 부가되지 않으며 기본 흥미척도에서도 보통 이상의 흥미를 받은 척도가 적용된다. 이를 통해 확정된 일반직업 흥미척도와 획득된 부가적인 정보를 바탕으로 관련된 직업정보를 탐색한다.

3 발파 흥미검사

발파 흥미검사(Valpar Interest Survey)는 직업탐색을 위하여 12개 영역에 걸쳐 흥미영역을 탐색할 수 있도록 구성되어 있는데 예술가, 과학자, 식물과 동물, 탐험가, 기술자, 산업인, 상인, 운동가 등으로 분류된다. 슬라이드와 오디오 영상을 이용하는데 4개의 직업장면이 소개된 슬라이드 화면에서 내담자가 가장 좋아하는 장면과 가장 싫어하는 장면을 하나씩 선택하게 되는데 총 45매에 12개의 직종으로 60가지의 직업장면이 반복하여 제시된다.

오디오에서는 슬라이드에 나타나는 각 직업의 명칭을 소개하고 어떻게 선택할 것인지 설명하여 표준화 방식으로 검사한다.

4 고오든 직업흥미검사

고오든 직업흥미검사(Gordon Occupation Checklist)는 비숙련직, 반숙련직, 또는 기능직에 흥미를 가지고 있으며, 대학에 진학하려 하지 않는 사람에 대한 직업흥미 검사 도구이다. 직무활동의 목록을 읽고, 흥미 있는 활동에 밑줄을 긋거나 0표를 한다(Gordon, 1980). 검사 결과는 사업, 옥외, 예술, 기술, 서비스직으로 해석된다.

5 스트롱–캠벨 직업흥미검사

스트롱–캠벨 직업흥미검사(Strong-Campbell Vocational Interest Inventory)는 SVIB와 유사하게 경험적 자료를 바탕으로 한 흥미검사로 다양한 직종에 걸쳐 만족도가 높은 사람들의 흥미와 일반 응답자의 흥미를 비교함으로써 내담자 흥미를 파악하도록 하였다 (Campbell, 1985). 이 검사는 올바른 자기이해를 통해 자기가 하고 싶은 일이 무엇인지, 자기가 잘 할 수 있는 일은 무엇인지 등과 같은 것에 대한 만족과 관련한 물음에 도움을 주고 검사자 개인의 진로를 바람직스럽게 이끌어 갈 수 있는 기회를 제공하고자 함에 그 목적이 있다.

6 홀랜드 적성탐색검사

자기시행식(SDS: self-directed search) 흥미검사인 홀랜드 검사(SDS: Self-directed Search)는 홀랜드(John Holland)에 의해 개발되었다. 적성검사는 성격이론에 기초하고 있으며 진로발달 이론으로서 성격적인 측면을 강조한 검사이다. 적성검사에 있어 직업을 선택해야 하는 내담자는 직업 적성검사와 흥미 검사 결과를 통해 자신이 갖고 있는 분야에서의 직업을 생각해보고 비교하기도 하며 정보를 자료로 활용할 수 있다. 두 권의 소책자가 내담자에 의해 활용되는데 홀랜드의 육각형 직업분류 방식에 기초한 코드부호로 끝을 맺게 되어 이러한 부호에 속한 다양한 직업을 찾아내어 탐구하게 된다. 자신의 직업이나 선호하는 직업과 일치하지 않았을 때는 다른 분야에 주의를 기울이고 새로운 분야나 직업을 탐색할 수 있는 장점이 있다. 내담자가 요구해왔고 생각해왔던 직업분야를 얻는데 실패했다면, 적성탐색검사는 새로운 아이디어와 대안을 필요로 하는데 똑같은 심리검사 결과를 받더라도 내담자가 처한 상황에 따라서 다른 해석을 내릴 수 있다.

홀랜드(Holland) 적성탐색검사는 중등학교 학생들의 진학 및 진로 선택, 대학 학과 선택 및 취업, 그리고 회사의 직종선택을 위한 정보를 제공해 주므로 내담자의 진로선택의 경우에 중요한 지침이 된다. 더 나가서 개인적으로 진로 의식과 발달, 진로 선택 및 의사 결정, 진로 준비와 적응 등을 촉진시키거나 발전되도록 구조화되어졌으며(Holland, 1996) 체계적인 진로지도 및 상담을 할 수 있다. 홀랜드 적성탐색검사는 직업의 선택을 각 개인의 성격표현으로 간주하고 성격유형과 진로선택의 관계를 강조한다. 성격이론 유형은 여섯 가지로 분류되는데 존재현실적(realistic), 탐구적(investigative), 예술적(artistic), 사회적(social), 설득적(enterprising), 그리고 관습적(conventional)유형으로 분리된다(Gottfredson, et al., 1996).

홀랜드 적성탐색검사는 표준화 검사로서의 규준이나 예측의 기능을 가지고 있으며 바람직한 타당도, 신뢰도, 실용도, 객관도등과 척도의 점수체계를 기본요소로 가지고 있다(Holland, 1996). Holland 적성탐색 검사척도와 점수체계는 심리와 교육측정에 사용되는 표준점수나 백분율과 같은 기본척도에서 산출되어진다.

이 검사의 척도에는 개인 및 집단의 결과를 명확히 하는 명명척도, 서열척도, 동간척도, 비율척도 등이 있으며 점수체계는 '검사의 각 요소들이 어떤 의미를 지니고 있는지', '이 검사에서 어떻게 증명되고 있는지'에 대해서 알려준다.

홀랜드 검사의 유형은 다음과 같다. 현실적 유형은 솔직하고 성실하며 검소하고 단순하며 현실적인 기술을 잘 활용하고 유용하게 활용하며 직선적인 성격의 경향이 있지만 교육적인 활동이나 치료적인 활동은 좋아하지 않는다. 탐구적 유형은 탐구심이 많고, 분석적, 합리적이며, 정확하고 지적 호기심이 많으며 비판적인 반면 수줍음을 잘 타고 신중한 편이다. 예술적 유형은 상상력이 풍부하고 감수성이 강하며 자유분방하다. 또한 개방적이고 감정이 풍부하며 독창적으로 개성이 강하지만 협동적이지 못한 편이며 체계적이며 구조화된 활동에는 흥미를 느끼지 못한다.

사회적 유형은 사람들과 어울리기를 좋아하며 친절하고 이해심이 많으며, 남을 잘 도와주고, 정서적으로 풍부한 반면, 기계, 도구를 만지거나 질서 있고 체계적인 활동에는 별 흥미가 없다. 설득적 유형은 지배적이고, 통솔력이나 지도력이 있고 설득력이 있으나 성격이 외향적, 낙관적이지만 관찰하거나 구조적으로 체계적인 활동은 좋아하지 않는다. 관습적 유형은 정확하고 빈틈이 없고 신중하고 세밀하며 계획성이 있지만 새로운 것이나 변화를 좋아하지 않으며 책임감은 강한 편이지만 창의적, 자율적, 모험적, 체계적인 활동은 피하는 경향이 있다.

아동·청소년과
중독진단검사

Counseling & Psychological Assessment

Psychological tests, Addiction screening tests & Family assessment

10 CHAPTER

아동 · 청소년과 중독

1 아동 · 청소년 중독의 특징

아동이나 청소년의 중독은 일반 사회에서 허용하는 사회적 용도 이상의 물질을 과량으로 계속해서 복용하거나 여러 가지 행동들을 강박적으로 함으로써 신체적, 심리적 및 사회적 기능을 해치는 '만성적 행동장애'로 규정할 수 있다. 중독적인 행동은 일차적이며 치명적 진행적인 질병으로 일상적인 생활을 못하며 정상적인 사고의 왜곡화(부정)에도 불구하고 지속적으로 물질을 사용하고 행동하는 것을 의미한다.

중독이란 크게 물질중독(chemical addiction)과 행동중독(behavioral addiction)으로 구별될 수 있다. 청소년 물질중독은 마약, 아편 혹은 히로인, 담배, 알코올, 마약, 코카인, 부탄가스, 흡연 등의 물질을 과도하게 습관적으로 섭취하여, 아동과 청소년의 신체적, 정신적, 사회적 장애를 초래하고 가족, 인간관계, 학교학습 등에 문제를 끼치며 삶에 대한 조절 기능을 상실하게 한다. 약물중독은 약물에 대한 강박적 집착, 조절 불능, 해로운 결과가 있으리라는 것을 알면서도 강박적으로 사용하는 만성적 질환이다.

행동중독은 인터넷 게임, 인터넷 도박, 운동, 쇼핑, 성 TV, 휴대폰 등으로 인하여 생활과 학업 등의 기능을 상실하는 상태라고 말할 수 있다(한국정보화진흥원, 2010). 인터넷 중독은 가상공간의 비현실적인 강박적이고 억제할 수 없는 사용으로 아동과 청소년의 생활과 학업 및 모든 영역에서 생활을 영유할 수 없는 병적인 삶을 의미한다.

중독성 약물 등의 물질중독이나 행동중독의 생물학적 효과는 내성(tolerance)을 유발시킨다. 동일 복용량의 물질이나 행동이 반복적으로 사용되었을 때 동일효과를 위하여 더 많은 약물 복용이나 강박적 행동을 하는 것이다. 이것은 약물에 대한 수용체 숫자의 변화를 의미하며 근본적으로 뇌 속 신경세포의 변화로부터 원인을 찾을 수 있다.

중독은 신체의존(physiological dependence)과 행동의존(behavioral dependence)이 존재하는데 금단은 중독 안에서 신체적 의존으로 물질을 중단하거나 줄일 경우 여러 가지 부작용이나 지각장애, 신체 증상 등이 나타나는 현상이다. 중독자는 생존을 위해 물질이나 강박적 행동을 계속하면서 갈망으로 인한 심리적 의존이 높아진다.

중독의 여러 가지 요소 중 '갈망'은 재발에 있어서 가장 중요한 요소이다. 단주해오거나 금연했던 사람도 어느 순간에 조절할 수 없는 갈망에 사로잡혀 다시 재발하게 된다. 갈망이란 보상회로와 관련된 신경회로망이 관여된다는 것이 밝혀지고 있는데 갈망을 줄이려는 시도는 예를 들어 흡연중독의 경우, 흡연과 관련된 자극을 준 후 담배 피우는 사진을 보여준다든지 알코올이나 코카인도 비슷한 자극을 준 후 변화를 모색하는 것이다.

뇌 과학자들은 뇌 안에 존재하는 긍정적인 보상 또는 강화시스템을 발견하였는데 강화시스템에서 뇌의 자극은 행동의 반복을 유발한다. 즉 먹는 것, 성행위 등 기본적인 생물학적 기능들은 반복적으로 일어나며 점점 더 활성화된다. 이러한 뇌 보상회로를 자극할 때 나오는 신경전달물질은 도파민이다. 즉 도파민이라는 물질은 우리 인체 내에서 쾌감을 느끼게 해주며 중독을 '도파민중독'이라고 명명한다.

중독문제를 가진 아동·청소년들은 학교출석, 학습부진 등 학습장애, 과다행동, 비행, 약물남용, 음주, 도벽, 가출 등 일상적인 행동이 심각하며 발달문제로 분리의 어려움, 동일시의 어려움, 역할혼돈, 동료 관계형성의 어려움 등이 보고된다. 낮은 자존감은 학습문제, 비행동정서, 행동문제로 전환되어 다시 사회 안에서 부적응과 자존감이 낮아지게 되는 순환적인 과정을 겪게 된다. 또한 부모로부터 적절한 양육을 제공받지 못하기 때문에 다른 정상군 가족에 비해 인지발달, 정서발달, 사회적인 발달 등의 문제에 직면하기도 하고 자살에 이르기도 한다. 성격심리학 관점에서는 아동·청소년 중독자가 중독행위를 하지 않으면 일탈적인 행동이 줄어들게 된다고 본다.

또한 중독자 가족에서 성장한 청소년들의 임상적인 특성으로서 18세 이상이 '성인아이증후군(adult children syndrome)'이라는 아동기 경험의 심각한 중독 증세를 보이고 있다. 정서적 문제의 성인아이증후군을 경험하는 경우, 아동기에 지나치게 일찍 보호자의 역할을 담당하게 됨으로서 과도한 책임감을 지고 아동기 발달이 고착되거나 지연되기도 한다. 이러한 책임감은 가족에게 발생하는 문제에 대해 적절하게 대처하지 못할 경우, 자신의 책임이 아님에도 불구하고 죄책감이나 수치감으로 연결된다(Todd & Seleckman, 2000). 자신이 부모의 중독문제를 멈추게 하지 못했다는 신념으로 죄의식과 좌절, 절망감을 갖게 된다. 비난이나 질책에 대해 지나치게 두려워하게 되고, 이것은 낮은 자존감으로 연결되어 정서적 표현이나 솔직한 감정을 표현하지 못하는 것으로 이어진다.

2 정신역동치료 관점에서의 중독

가족치료이론에 의하면 중독자 가족이나 부부관계의 상호작용에 의해 정서적인 갈등으로 중독이나 공동의존이 주요 발병원인으로 지적되는 반면, 정신역동상담에 의하면 중독자 혹은 그 배우자는 결혼 전 불안정한 원가족과의 관계에서 원인을 찾는다. 즉 투사와 투사적 동일시의 방어기제에 의하여 결혼 후에 중독문제와 공동의존 문제로 확장되어질 수 있다(Scharff & Scharff, 1991). 어릴 때 중독부모에 의해 정서적 학대를 받던 자녀가 결혼 후 미해결된 문제들을 자신의 배우자에게 투사하여 부적응관계가 되거나 투사적 동일시 방어기제에 의하여 자신의 배우자가 부모와 같은 중독자가 되어 학대를 하는 무의식적인 반응들은 대상관계이론에서 그 가능성을 설명해준다. 더 나가서 보모의 혼란된 애착과 관련 있는 유아기 심리적 상실문제, 일관성이 없는 아버지와 지나치게 과잉보호하는 어머니의 태도, 혹은 연합하는 모자하위체계의 가족 역기능에 의해 발달문제가 중독자의 문제로 확장된다고 본다.

대인관계에서 고립감을 많이 느끼고 권위적 대상에 대한 두려움이 많거나 성장하면서 신뢰할 수 있는 대상을 경험하지 못한 아동은 특정한 대상이나 약물과 행동중독적인 대상에게 의존적인 경향을 보이는 신드롬을 가질 수 있다. 세대적 관점에서 보았을 때 중독 아동 혹은 청소년의 환경적 배경에는 부모의 음주, 가족학대, 부부갈등, 조기부모 사망, 가족구조상의 치명적 파괴, 비행성 부친 또는 과보호적인 모친 등의 특성이 있다. 중독자 가족이 스트레스 및 대응 전략에 있어 정상가족보다 많은 양의 스트레스를 받고 있으며 적절하지 않은 대응 전략을 사용하는 것으로 판명되었다. 지속적인 사회구조의 변화 속에서 발생되는 가족 내의 갈등과 긴장은 가족의 구조를 변화시키고 가족의 기능을 약화시켜 정서적, 심리적, 신체적 장애인 중독문제를 세대 간에 전달하게 된다(Berg & Miller, 1992).

3 가족체계모델 관점에서 본 중독

행동중독이든지 물질중독이든지 간에 중독을 개인의 질병으로 보기보다 중독자가 속한 가족의 질환인 '가족병'으로 보는 견해로서 한 개인의 중독증세가 가족관계의 기능, 역할, 정서적인 측면에 심각한 손상을 초래한다고 본다(Lee, 1999). 중독이 가족체계에 영향을 미친다는 것이며 중독으로 인한 가족체계가 존재한다는 것이다(Steinglass, Bennett & Reiss, 1993).

중독자는 역기능적 가족의 평형을 유지하기 위해 건강하지 못한 적응방법에 익숙해지며 이런 과정에서 중독자의 배우자와 자녀는 중독부모로 인해 부정적인 스트레스 사건, 경제적 어려움, 폭력 등을 경험하게 된다. 가족체계이론에서는 물질중독이든지 행동중독이든지 간에 중독은 역기능 가족관계를 유지시키며 다른 가족 구성원들에게도 부정적인 영향을 미치는 '가족병(family disease)'으로 간주된다. 가족을 하나의 체계로 보고 부분이 아닌 전체로 생각한다면 중독문제를 가진 가족구성원과 가족체계로 부터 분리시켜서 떼어 놓고 생각할 수 없으므로 중독자 개인만의 문제가 아니라 중독 가족체계의 얽힌 에너지들의 문제가 더 큰 이슈가 된다(Steinglass et al., 1993). 결론적으로 중독자 개인을 치료하는 것보다는 중독이 가족의 병이므로 치료와 상담의 목표는 전체 가족체계의 기능에 초점을 맞추고 가족원의 종독문제를 위하여 가족구조를 재구조화하는데 초점을 맞추게 된다.

중독자 가족의 특성은 중독문제가 가족생활의 중심이 되며, 가족기능과 가족역동에 통합되어 평형을 유지하게 되므로 가족들은 그들 자신이 통제할 수 없는 중독증세를 중심으로 가족의 역할과 행동, 의사소통, 문제해결이나 가족역할 구도, 가족체계 등을 유지하게 된다. 중독이 중독자 가족기능에 미치는 영향에 관한 연구들을 보면, 중독자 가족은 가족항상성(Homeostasis)의 유지를 위해 역기능적인 역할에 적응하게 된다.

특정 가족원에게서 만일 중독증세가 없어졌다고 하더라도 중독자를 포함하여 중독가족체계의 역동은 계속 남아있게 되는데 만일 가족들이 가족치료도 받지 않고 남아 있을 경우 중독가족역동과 중독자 가족체계의 문제는 그대로 존속되어 가족원의 반복적인 중독 재발의 원인이 된다.

중독자 가족체계의 역기능과 가족구조 문제는 실제적으로 물질중독이나 행동중독이 중단되었다 하더라도 계속 되므로 가족치료는 가족의 재발과 재활을 위한 대응책으로 필수적인 것이다. 치료는 가족구성원 중 누가 힘(power)이 있고, 누가 어떤 역할을 취하고 그 역할이 다른 가족성원들과 그들의 역할에 영향을 미치는가에 초점을 맞추고 중독 가족체계의 항상성을 분석하고 재구조화하는 일이다. 중독을 가족병(family disease)으로 보는 가족체계이론(family systems theory)은 가족이 자신들의 항상성과 균형을 유지하는 방식에 관심을 갖는다. 중독은 가족의 항상성을 유지시키기 때문에 항상성의 문제를 변화시키려고 할 때 가족성원들은 그러한 변화에 저항하며 역기능적인 가족체계가 변화되지 않으므로 중독자의 중독은 계속되는 항상성을 보여준다(Steinglass, et al., 1993).

중독가족체계에서 가족경계는 중요한 이슈이다. 중독자 가족경계의 문제는 경직된 가족경계나 밀착된 가족경계 등으로 많은 문제를 제기한다. 세대 간 구조와 경계가 분명하고 위계를 정립하는 가족을 기능적이라고 본다. 경직된 경계를 가진 중독가족은 부부관계나 부모와 연합하는 정도가 약해서 가족관계에서 상대방에 대한 존중감이 낮으며 경직된 경계로 가족구성원들은 의사를 교환하거나 정서교환을 하는데 극도로 제한받게 된다. 반면, 지나치게 중독자를 중심으로 연합되고 중독자를 왕따시키는 가족은 산만한 규칙과 경계를 발달시킨 가족구성원들로서 행동들이 많이 허용되어 서로 침투되고 밀착되어 지나치게 가족관계를 왜곡시키는 특성을 가지고 있다(Lee, 1999).

4 후기구조주의 치료 관점에서 본 중독

후기구조주의 상담은 포스트모더니즘(post- modernism)의 상담철학 안에서 중독을 위한 비구조적 인식론과 긍정심리적인 인간론을 가지고 있으며 이전 치료사의 '진실'이라고 보는 '전형적이며 지식적 한계'에 도전한다.

　과거 20세기 치료모델은 메타포(metapho)적인 은유, 메디컬 모델(medical model) 혹은 장애모형에 초점을 두고 있으며, 무의식적이며 개인적인 심리구조, 역기능 가족구조 등이 '중독'질병과 관련되는 것으로 파악한다. 반면, 21세기의 중독을 위한 후기구조주의 모델은 객관적인 지식이나 진실의 가능성에 대한 회의를 가지고 근대적 구조주의에서 벗어나 내담자의 문제보다는 그 해석에 대한 의미를 중요시한다. 중독문제를 재정의하고 내담자 정체성에 초점을 맞추도록 돕는 치료적 함의를 가진다.

　1980년 이전의 상담들은 중독자의 고착된 정체성을 치료사의 치료적인 시각으로 분석하면서 자신만의 치료 기법으로 중독자에게 무엇이 결핍되어 있으며, 중독 청소년의 무의식적이며 역동적인 문제가 무엇인지 혹은 중독 청소년 가족체계 안에서 구조적 문제를 분석하고 정체성을 재구조화하는 것 등으로 치료가 진행된다. 병리적 결핍모델이나 메디컬 모델(medical model) 등은 발달모델을 평가하는 것으로 도움이 되지만 문화의 다양성이 결핍된 치료적 시각에서는 내담자를 라벨링하게 되고 정형화시키며 치료사의 권력이 강화될 수도 있다는 점에서 유의해야 한다.

　중독을 위한 후기구조주의 치료는 내담자가 자신을 보는 시각을 재정의(reframe)함으로서 치료적인 권력을 해체시키며 고유성이 있는 은유적 함의를 거부한다. 후기구조주의 안에서 중독자문제는 '문제'일 뿐이며 '중독자 자신'이 아니므로 문제를 외재화시킬 수도 있고 정체성을 위한 가능한 은유적 기능이 강조된다. 청소년 중독자 자신의 이야기를 치료사와 함께 그려내면서 자신의 이야기를 새롭게 쓰는 주체로서 자신을 변화시키는 가능성을 믿는다. 구조주의 상담이 중독자의 인지적, 부적응적 행동의 배후에 있는 심적표상과 구조분석을 해야 하는 입장을 강조하고 있는 반면, 후기구조주의 상담은 '중독을 보는 입장이 선입견으로 시작하지 않아야 한다는 자세'를 강조한다(Anderson & Goolishian, 1992). 치료사는 내담자와 함께하는 공동저자로서 치료사와 내담자의 동등성이 강조되며 아동이나 청소년 중독자와의 이야기 게임을 하지만 그가 변화대화를 하는 주체자로서 나갈 수 있도록 조력한다.

포스트모더니즘은 자유민주주의 이데올로기와 마르크스주의 이데올로기의 대립구조가 해체되고 붕괴되기 시작하면서 창시되었는데 체계적으로 구조를 갖추고 분류하는 등의 단정적인 분석을 하거나 틀에 맞추어 하나의 문화적 규제로 간주하지 않는다. 이야기치료, 해결중심단기치료, 그리고 반영 팀(reflection team) 등의 후기구조주의 모델 등은 논리적 실증주의적 체계론적 사고나 근대주의적이며 기계주의 적인 상담철학 대신 상대적 인식론을 구축하고 있다. 더 나가서 진화론적이며 반권위주의, 반영기술, 이야기 게임 등의 치료적 특징을 가진다.

치료사들과 함께 있는 상황에서는 중독자들은 자신도 모르게 무의식적으로 '중독자'로서 역할을 하게 되고 중독의 전형적인 금단, 내성, 강박적인 중독문제에 가장 친근하게 자신을 그리는 경향이 있다(White, 2004). 그러나 구조주의와 다른 시각에서 자신의 역기능을 재정의하고 예외적인 이야기를 발현시켜 변화대화를 이끌어 내는 것이 중요하다는 것이다. 그 결과 중독자는 긍정적인 강점과 치료적 구조 안에서 문제에 대한 인식(insight)을 갖게 되고 자신이 주체가 되어 문제 중심의 은유적 이야기를 뛰어넘도록 치료가 진행된다.

5 아동·청소년과 중독가족

중독자 부모가 아동과 청소년 자녀들에게 미치는 영향에 대한 많은 연구를 보면 중독자

부모는 아동에게 조절문제, 불신, 자기 요구무시, 감정의 부정, 책임감이나 확실히 매듭 짓는 능력의 부족, 자아 정체성의 문제, 대인관계에서 친밀감의 어려움, 비정상적인 죄책감과 낮은 자존감 등의 문제를 일으키는 것을 알 수 있다(Cermark, et al., 1992). 모든 가족은 가족 구성원 서로에게 일차적 환경이다. 중독자 가족의 정서적, 신체적, 행동적, 정신적인 문제를 질병으로 볼 것인지, 스트레스의 원인과 심리적인 경향성으로 볼 것인지, 중독에 대처하기 위한 하나의 적응으로 볼 것인지에 대한 논의는 아직도 계속되고 있다. 정신과에서는 뇌의 병으로 보며 다른 분야에서는 심리적이거나 병리적으로 바라보기보다는 스트레스에 대한 대처 행동으로 보는 등 시각이 다양하다.

중독가족은 일반가족에 비해서 가족구성원이나 가족경계가 일정치 않으며 정상적인 가족에 비해 혼돈, 불일치, 가족원의 불명확하고 경직된 역할, 모호함, 비논리적인 말다툼, 폭력과 성적학대 등으로 특징 지워진다. 중독자 가족은 정상 가족에 비하여 가족 응집력, 생활 만족도 및 가족 기능 정도가 낮고 역기능적인 의사소통이 특징적이다. 수치심과 부인하는 태도, 결손가족의 역동이 특징적이며 스트레스 관점과 성적인 측면과 폭력적인 측면이 다양하다.

중독가족의 역동은 수치감과 위축감이 많고 자기 과장적 행동이나 고립된 행동 또는 비이성적인 아동학대 및 아동유기 등의 가족폭력 문제가 제기되어진다. 물질중독이나 행동중독 환자가 있는 가족의 심각한 문제점 중 하나는 질병 자체를 받아들이지 않는 것이다. 자신의 가족이나 부모를 '중독환자'라고 인정하는 데 있어 너무나 수치스럽고 수용할 수 없으므로 많은 경우 아동기의 자녀들은 부인(denial)을 한다. 가족이 질병을 발견하고 인정하기까지는 많은 시간이 경과되어 치료의 기회를 놓칠 수 있다.

중독자의 가족 안에서 아동이나 청소년들은 자신이 중독에 대한 책임을 지고 비난받아야 한다는 죄책감을 가지고 낮은 자존감으로 고통을 받으며 반복되는 중독 행동에 적개심을 가진다. 이러한 심리적인 부담감과 함께 중독자 가족의 학대나 폭력 등이 이어질 수 있다. 수치심이 세대적 전달로 이어져 이전의 건강한 자녀가 성장하여 중독자가 되는 경향도 적지 않다.

청소년이든지 아동이든지 간에 중독자 가족에게서 보이는 특징적인 정신병리에 관심은 1980년을 전후로 하여 공동의존(Co-dependence)이라는 용어로 개념화되었는데 공동의존도 중독의 일종이다. 중독가족에서 '공동의존'이란 가족구성원이 겪는 정신적 경험과 이에 따른 정서적 반응에 대한 광범위한 내용을 의미한다. 중독자 가족 안에서 역기능적 가족평형을 아동들은 유지하기 위해 건강하지 못한 적응방법에 익숙해지며 타인의 요구와 행동을 중요시함으로써 청소년들은 정체성을 잃어버리고 역기능을 초래한다(Todd & Seleckman, 2000). 또한 아동과 청소년의 가족 공동의존은 발달과정에서 획득되는 것이며, 자아의 경계가 모호하거나 가족경계의 왜곡으로 청소년들의 감정표현과 대인관계의 장애를 초래하는 것을 의미한다.

이전에는 성격장애와 중독자 가족을 동일시하는 경향을 보였지만 이는 구별되어야 한다.

새독(Sadock, 2001)에 의하면 청소년 중독문제가 발생하게 되는 이유로 가정붕괴, 친부모상실, 비행성 부모 등의 문제가 크다고 언급하였다. 중독심리연구가들은 다른 중독보다는 알코올중독이 가족력에 있어서 가족의 구조적 결함, 부친의 부재 혹은 비행, 가족구타 등이 중독 발병에 크게 기여한다고 보았다. 조기부모 상실의 요인을 중요한 결함으로 간주했는데 청소년들을 위한 가족의 적극적인 지지가 매우 중요한 요인임을 설명해 준다. 가족 안에서 청소년이나 아동 가족구성원이 가족체계와 연결되거나 분리되는 정서적 응집력이 기본적인 요인으로 아동과 청소년 중독의 기능적 역할을 하게 되는 것을 설명해준다.

중독자의 자녀들은 같은 성의 부모가 중독자일 때, 만족스런 역할모델이 없으므로 반대 성의 부모와도 혼란을 경험할 수 있으며 더 나가서 청소년 자녀들은 중독부모를 동일시함으로서 성인모델에 대한 동일시가 없고, 빈약한 부모로서의 역할수행은 경직되어 중독을 지지하고 계속하는 것에 기여한다(Steinglass, Bennett & Reiss, 1993). 부모의 혼미한 역할 문제는 아동 · 청소년 자녀들에게 영향을 주어 타인의 요구를 충족시킬 수 없게 되고 위축, 고립, 또래관계 자존화의 문제가 발생한다.

가족 내의 역기능은 중독자 아동 · 청소년 자녀들에게 다양한 방법으로 전달되는데, 웩샤이더(Wegshider, 1981)에 의하면 중독자 가족 안에 생존하기 위해 가족상호작용 유형에 따라 적응하는 역할이 제시된다. 가족이 중독자에게 영향을 미치는 역할보다는 전체적인 가족이 얽힌 에너지에 의해 가족과 중독가족구성원의 상호 역동적이며 주고받는 순환적인 관계가 청소년 중독자의 발달에 치명적인 영향을 준다. 중독 아동이나 청소년들은 가족영웅(Family Hero), 희생양(Scapegoat), 잊혀진 아이(Lost Kid), 귀염둥이(Mascot)의 4가지 역할행동을 수행한다. 이런 역할 가운데 가족영웅이나 귀염둥이 역할의 자녀는 겉으로는 잘 기능하는 것으로 보이지만 자기존중감이 낮고, 신뢰가 어렵고, 해결되지 않은 의존욕구가 있으며 정서가 억압되어 있어 밀접한 대인관계에 두려움을 겪는다.

11 CHAPTER

아동·청소년의 중독진단검사

1 중독진단검사의 기초

이 장에서는 앞에서 다루었던 마약, 담배, 아편 혹은 히로인, 담배, 알코올, 코카인, 부탄가스 등의 물질중독과 인터넷 게임, 인터넷 도박, 운동, 쇼핑, 성행위, TV, 휴대폰 등의 행동중독의 위험수위 정도를 측정하는 중독진단검사에 대해 다루고 있다.

중독진단검사는 현재 다양한 중독 전문가에 의하여 계속 개발되어 지고 평가되어 지고 있다. 인터넷 증후군(Internet Syndrome)의 진단검사인 한국형 인터넷 자가진단 검사인 K척도, 정신과 인터넷 진단검사, 그리고 청소년 인터넷 게임중독검사, 인터넷 도박 진단을 위한 인터넷 온라인 도박중독 자가진단 검사 등이 있다.

도박중독검사는 구체적으로 온라인 도박진단검사와 오프라인 도박진단검사 등으로 구분되어진다. 새로운 청소년의 도박유형으로 등장하고 있는 온라인 미디어 도박문제는 새로운 것으로 확장되고 있는데 오프라인에서 많은 게임이나 도박을 하는 청소년일수록 인터넷 도박의 가능성이 증가되는 추세를 보이고 있다. 청소년을 위한 온라인 도박중독 검사에는 인터넷 온라인 도박중독진단검사가 있다.

도박증상 척도인 G-SAS는 정신과에 방문한 도박중독자들의 약물치료 효과를 평가하기 위해 개발된 것으로 12개의 자기보고식 문항으로 구성되어 있다. 도박 유형이나 빈도, 기간, 액수 등의 도박활용 양상을 평가하도록 단축형 9문항(원척도는 31문항)으로 구성된 대표적 도박중독 선별검사인 캐나다의 CPGI(Canadian Problem Gambling Index)는 도박중독에 대한 사회적 진단을 위한 척도로서 일반인의 도박중독 유병률을 측정하기 위한 목적으로 DSM-4와 SOGS 2의 기준을 참고하여 개발되었다.

20문항의 척도로 구성되어 있는 K-SONG(Korean South Oaks Gambling Screen)는 김경빈(2001) 등이 도박중독진단에 있어 DSM의 병적도박 기준에 맞추어 개발한 척도이다. 대표적인 도박중독 척도는 김교헌(2003)의 K-NODS(NORC DSM-IV Screen for Gambling Problems)가 있고 10문항으로 구성되어 있는 이흥표(2003)의 K-MAGS(Massachusetts Gambling Screen), 그리고 20문항의 선별검사인 GA 등이 있다.

국내에서 연구된 도박중독척도로서는 전영민(2012)의 도박변화동기척도(K-SOCRATES-G), 단축형 도박변화단계척도(URICA-G16), 한국형 도박인지척도(K-GRCS), 도박상황질문지(K-GSQ) 10문항, 한국판 도박거부 자기효능감척도(K-GRSEQ), 이흥표의 도박동기척도(GMS), 비합리적 도박인지척도(2001), 강성군(2011)의 한국판 도박갈망척도 등이 있다.

니코틴 자가진단 검사에는 파거스트롬(fagerstrom) 테스트 등이 있으며 중독자와 같이 상징성이 강한 대상을 은유적으로 활용할 수 있는 HTP, KFD 등이 사용된다. 집, 나무, 사람 그림을 그릴 때 자기도 모르게 청소년 자신의 흡연과 관련된 내면세계, 혹은 자기가 되고 싶은 모습을 드러내는 경향이 있는데 심층적인 무의식 세계와 가족 갈등에 대한 중독가족관계 역동을 파악할 수 있다. 청소년 흡연 중독자에게 미술 심리검사와 함께 진행하는 MMPI-2 중독척도의 결과를 설명해 주는 것도 도움이 된다.

청소년의 중독심각도를 평가하는 알코올중독평가척도에는 한국형 알코올중독 선별검사(NAST)와 홉킨스 의대 알코올중독증 체크리스트(Alcohol addiction checklist-1) 등이 있다. 그 밖에도 청소년 물질중독 심각성과 선별을 목적으로 하는 청소년을 대상으로 하여 미국 약물중독연구소에 의해서 개발된 POSIT(Problem Oriented Screening Instrument for Teenagers)와 OCDS(Obssessive Compulsive Drinking Scale), CAGE(Cut down Annoyed, Guilty, Eye-Opener), AUDIT(Alcoholic Use Disoders Identification Test), DrinC(Drinker Inventory of Consequences) 등이 있다.

아동이나 청소년 쇼핑중독을 위한 자가진단검사에는 청소년 쇼핑중독 자가진단검사, 인터넷쇼핑 중독진단검사 등이 있으며 성중독 선별검사는 SAST(Sexual Addiction Screening Test)와 여성용 SAST(W-SAST)가 있으며 점수분포의 유형은 4개로 분류되고 (0~4점, 5~8점, 9~12점, 13점 이상) 13점 이상일 때 중독자일 확률이 96.5%이다.

직접 중독 증세를 평가하기 위한 것보다는 물질중독에 대한 인지기능을 위한 평가척도는 AEQ(Alcohol Expectancy Questionnaire), ABS(Alcohol Beliefs Scale)가 있고, 중독자의 변화단계를 측정하는 변화동기 척도는 SOCRATES-K(Korean language Version of Stages of Change Readiness and Treatment Eagerness Scale)와 RTCQ(Readiness to Change Questionnaire) 및 URICA(University of Rhode Island Change Assessment) 등이 있다.

2 인터넷 중독과 중독진단검사

골드버그(Goldberg, 2001)는 병리적이고 강박적 인터넷 사용을 인터넷 중독 장애로 정의하였는데 인터넷 중독은 인터넷증후군, 가상중독, 병리적 인터넷 사용, 사이버 의존 등의 다양한 용어들로 지칭되고 있다. 골드버그의 인터넷 중독진단준거에는 인터넷 사용을 더 많이 해야 만족감을 느끼는 '내성' 문제와 인터넷 사용을 중단하거나 감소하면 정신 운동성 초조나 불안 등을 갖게 되는 '금단' 등이라고 제시하였다.

미국 텍사스 중·고등학교 및 대학에서 531명을 대상으로 2010년에 실시된 조사에서는 98%가 온라인상에 머무르며, 1/3 이상이 사회, 학업, 직장에서 인터넷 과도사용으로 문제가 있다고 보고했다. 인터넷 중독자는 학업과 개인적 생활에서 심한 손상, 불안정한 자아 정체성과 사회적 고립을 초래한다.

DSM-IV(1994)의 행동중독의 기준은 8가지 기준으로는 오랜 시간 온라인의 접속, 접속을 줄이려는 시도의 실패, 오프라인 시 금단현상, 온라인 접속시간을 늘리기 위한 시도, 여가활동에 대한 흥미 상실, 인터넷을 사용하지 않을 시 빨리 접속하고 싶어 하는 행동 등이 있다. 아동이나 청소년의 행동중독은 여가활동이 줄어들고, 수면 박탈, 친구 감소, 학교에서의 생활을 할 수 없는 치명적 위험 수준에 이르게 된다.

인터넷 중독진단척도인 청소년 자가진단에서는 자가진단을 위한 청소년용(40/20문항)과 성인용(20문항)이 구분되어 있고 관찰자 척도도 청소년(20문항)과 성인용(20문항) 척도로 구분되어 있다(서미란, 2011). 한국의 인터넷 중독 자가진단을 위해 가장 많이 사용하고 있는 척도는 K척도로서 한국형 인터넷 중독 자가진단 검사는 인터넷 중독진단 기준을 내성과 금단 현상이라고 보았다(신영철, 2001). K척도 청소년 자기 진단검사는 신뢰도가 높은 검사로 총 40문항으로 구성되어 있고 각 요인별로 긍정적인 기대 6문항, 일상생활장애 9문항, 금단 6문항, 내성 5문항 현실구분장애 3문항, 가상적 대인관계 지향상 5문항 등으로 구성되어 있다(정여주, 2010).

청소년 자가진단용의 인터넷 중독진단검사 40문항은 중·고등학생과 초등학생을 구분하여 해석하는데 중·고등학생의 진단지 총점이 108점 이상(초등학생은 94점 이상)은 고위험 사용자군, 중·고등학생의 진단 총점이 95~107점(초등학생 82~93점)은 잠재적 위험 사용자군, 중·고등학생의 진단지 총점이 94점 이하(초등학생 81점 이하)는 일반 사용자군으로 평가한다.

청소년 자가진단으로 쓰이는 인터넷 중독진단검사는 〈표 11-1〉에 표기되었다.

인터넷 중독진단검사의 채점방법은 각 문항별 자신의 점수를 더하여 7개 요인점수를 구하며 7개 요인점수를 모두 합하여 전체 총점을 구한 이후 세 단계로 분류된 각 사용자군 중 내담자 점수가 어디에 해당하는지 확인한다. 정보통신부 개발팀(2009)의 조사에 의한 청소년 사용자군의 점수 분류를 본다면 고위험 사용자군은 1, 4, 7번 요인 모두에 해당하거나, 전체 총점에 해당되는 경우이며 잠재적 위험 사용자군은 1, 4, 7요인이나 전체 총점 중 어느 한 가지에 해당된다. 그리고 일반사용자군은 1, 4, 7번 요인 모두에 해당하거나 전체 총점에 해당되는 경우이다.

서보경(2010)에 의하면 고위험 사용군에 속하는 청소년은 인터넷 사용시간이 3~4시간 이상뿐 아니라 현실세계에서 인터넷에 접속하고 있는 착각, 해킹, 금단증상 불안, 우울감 및 자기 조절감이 어렵고 무계획적인 충동성 등을 보인다고 하였다. 잠재적 위험 사용군은 중·고등학생의 사용시간이 2~3시간 정도뿐 아니라 자존감이 낮고 스스로 문제가 있다고 느끼고 불안과 자기조정에 어려움을 보이고 학업에 어려움을 가지는 경향이 있다. 일반 사용자군은 인터넷 사용에 문제가 없으며 사용시간이 1시간에서 2시간 정도이며 정서적이며 성격적인 문제를 보이지 않고 대인관계에서 자원을 얻을 수 있다고 느

표 11-1 한국형 인터넷 중독척도

번호		항목	전혀 그렇지 않다 (1)	때때로 그렇다 (2)	자주 그렇다 (3)	항상 그렇다 (4)
1	1	인터넷 사용으로 인해서 생활이 불규칙해졌다.				
	2	인터넷 사용으로 건강이 이전보다 나빠진 것 같다.				
	3	인터넷 사용으로 학교 성적이 떨어졌다.				
	4	인터넷을 너무 사용해서 머리가 아프다.				
	5	인터넷을 하다가 계획한 일들을 제대로 못한 적이 있다.				
	6	인터넷을 하느라고 피곤해서 수업시간에 잠을 자기도 한다.				
	7	인터넷을 너무 사용해서 시력 등에 문제가 생겼다.				
	8	다른 할 일이 많을 때에도 인터넷을 사용하게 된다.				
	9	인터넷 사용으로 인해 가족들과 마찰이 있다.				
2	10	인터넷을 하지 않을 때에도 하고 있는 듯한 환상을 느낀 적이 있다.				
	11	인터넷을 하고 있지 않을 때에도, 인터넷에서 나오는 소리가 들리고 인터넷을 하는 꿈을 꾼다.				
	12	인터넷 사용 때문에 비도덕적인 행위를 저지르게 된다.				
3	13	인터넷을 하는 동안 나는 가장 자유롭다.				
	14	인터넷을 하고 있으면, 기분이 좋아지고 흥미진진해진다.				
	15	인터넷을 하는 동안 나는 더욱 자신감이 생긴다.				
	16	인터넷을 하고 있을 때 마음이 제일 편하다.				
	17	인터넷을 하면 스트레스가 모두 해소되는 것 같다.				
	18	인터넷이 없다면 내 인생에 재미있는 일이란 없다.				
4	19	인터넷을 하지 못하면 생활이 지루하고 재미가 없다.				
	20	만약 인터넷을 다시 할수 없게 된다면 견디기 힘들 것이다.				
	21	인터넷을 하지 못하면 안절부절못하고 초조해진다.				
	22	인터넷을 하고 있지 않을 때에도 인터넷에 대한 생각이 자꾸 떠오른다.				
	23	인터넷 사용 때문에 실생활에서 문제가 생기더라도 인터넷 사용을 그만두지 못한다.				
	24	인터넷을 할 때 누군가 방해를 하면 짜증스럽고 화가 난다.				

(계속)

번 호		항 목	전혀 그렇지 않다 (1)	때때로 그렇다 (2)	자주 그렇다 (3)	항상 그렇다 (4)
5	25	인터넷에서 알게 된 사람들이 현실에서 아는 사람들보다 나에게 더 잘해준다.				
	26	온라인에서 친구를 만들어 본 적이 있다.				
	27	오프라인에서보다 온라인에서 나를 인정해 주는 사람이 더 많다.				
	28	실제에서 보다 인터넷에서 만난 사람들을 더 잘 이해하게 된다.				
	29	실제 생활에서도 인터넷에서 하는 것처럼 해보고 싶다.				
6	30	인터넷 사용시간을 속이려고 한 적이 있다.				
	31	인터넷을 하느라고 수업에 빠진 적이 있다.				
	32	부모님 몰래 인터넷을 한다.				
	33	인터넷 때문에 돈을 더 많이 쓰게 된다.				
	34	인터넷에서 무엇을 했는지 숨기려고 한 적이 있다.				
	35	인터넷에 빠져 있다가 다른 사람과의 약속을 어긴 적이 있다.				
7	36	인터넷을 한번 시작하면 생각했던 것보다 오랜 시간을 인터넷에서 보내게 된다.				
	37	인터넷을 하다가 그만 두면 또 하고 싶다.				
	38	인터넷 사용시간을 줄이려고 해보았지만 실패한다.				
	39	인터넷 사용을 줄여야 한다는 생각이 끊임없이 들곤 한다.				
	40	주위 사람들이 내가 인터넷을 너무 많이 한다고 지적한다.				

1: 일상생활장애(Disturbance of Adaptive Functions)
2: 현실구분장애(Disturbance of Reality Testing)
3: 긍정적기대(Addictive Automatic Thought)
4: 금단(Withdrawal)
5: 가상적대인관계지향성(Virtual Interpersonal Relationship)
6: 일탈행동(Deviate Behavior)
7: 내성(Tolerance)

자료: 정여주(2010). 인터넷 중독 척도 활용, 한국중독상담학회 추계 학술대회 자료집, 110

끼는 것으로 특정지워 진다.

K척도 청소년 자기진단 20문항은 간편형 검사로 중고교생과 초등학생을 구분하여 해석하는데 중·고등학생의 진단지 총점이 53점 이상(초등학생 46점 이상)은 고위험군 사용자군으로, 중·고등학생의 진단 총점이 48~52점(초등학생 41~45점)은 잠재적 위험 사용자군으로, 중·고등학생의 진단지 총점이 47점 이하(초등생 40점 이하)는 일반 사용자군으로 평가된다.

K척도 청소년 자기진단 20문항은 〈표 11-2〉에 기재되어 있다.

표 11-2 K척도 청소년 자기진단 검사(간편형)

> 20○○년 ○월 ○일 ○○학교 ○학년(남, 여) 나이 ○세 이름 ○○○
>
> 1. 인터넷 사용으로 건강이 이전보다 나빠진 것 같다.
> 2. 인터넷을 너무 사용해서 머리가 아프다.
> 3. 인터넷을 하다가 계획적인 일을 못한 적이 있다.
> 4. 인터넷을 하느라고 피곤해서 수업시간에 잠을 자기도 한다.
> 5. 인터넷을 너무 사용해서 시력에 문제가 생겼다.
> 6. 다른 할 일이 많을 때에도 인터넷을 사용하게 된다.
> 7. 인터넷을 하는 동안 나는 더욱 자신감이 생긴다.
> 8. 인터넷을 하지 못하면 생활이 지루하고 재미가 없다.
> 9. 인터넷을 하지 못하면 안절부절못하고 초조해 진다.
> 10. 인터넷을 하고 있지 않을 때도 인터넷에 대한 생각이 자꾸 떠오른다.
> 11. 인터넷을 할 때 누군가 방해를 하면 짜증스럽고 화가 난다.
> 12. 인터넷으로 알게 된 사람들이 현실에서 아는 사람들보다 나에게 더 잘해 준다.
> 13. 오프라인보다 온라인에서 나를 인정해 주는 사람이 더 많다.
> 14. 실제에서 보다 인터넷에서 만난 사람들을 더 잘 이해하게 된다.
> 15. 인터넷 사용시간을 속이려고 한 적이 있다.
> 16. 인터넷 때문에 돈을 더 많이 쓰게 된다.
> 17. 인터넷을 하다가 그만두면 또 하고 싶다.
> 18. 인터넷 사용 시간을 줄이려고 해 보았지만 실패한다.
> 19. 인터넷 사용을 줄여야 한다는 생각이 끊임없이 들곤 한다.
> 20. 주위 사람들은 내가 인터넷을 너무 많이 한다고 지적한다.

자료: 정여주(2010). 인터넷 중독 척도 활용. 한국중독상담학회 추계 학술대회 자료집, 114

청소년 온라인 게임으로는 보드 게임, 종/횡 스크롤 슈팅 게임, 스포츠 게임, 롤 플레잉 게임, 전쟁 시뮬레이션 게임, 웹 게임 등이 있다(원일석, 2011). 청소년용 온라인/오프라인 게임중독 검사는 인터넷 중독의 아동 혹은 청소년이 게임행동을 적절하게 조절할 수 없을 때 사용되는 검사이다. 이러한 게임중독에 몰입한 청소년들은 일반적으로 자기 통제력이 낮아 일시적인 충동이나 즉각적인 만족을 추구하며 인내력과 효율적인 문제해결 능력이 부족한 경향을 보인다. 고위험사용자에 비해 낮은 수준이나 가상세계에 대해 더 많은 관심을 보이며 게임에 몰입하여 게임과 현실생활을 혼돈하거나 게임으로 인하여 현실세계의 대인관계, 일상생활에 문제를 나타내기도 한다. 대부분 공격적 성향을 보이며 자기 통제력이 낮고 충동적이며 자기 위주로 생각하고 말보다는 행동이 앞서는 경향이 있으며 자신에 대해 부정적으로 생각하는 경향을 보이는 특징이 있다.

청소년 게임중독진단검사와 채점은 〈표 11-3〉에 기재되어 있다. 게임중독자들의 점수는 49점 이상일 때와 49점에서 37점 사이의 중간 점수, 그리고 게임 중독점수가 37점 이하로 구분된다. 현실세계보다는 가상의 게임세계에 몰입하여 게임공간과 현실생활을 혼돈하거나 게임으로 인하여 일상생활에 부적응문제를 보이며, 부정적 정서를 나타낸다. 게임중독 청소년들은 일반적으로 하루 2시간 30분 이상 매일 게임을 하는 경우가 많으며, 친구와 어울리지 못하는 등 게임행동을 적절하게 조절할 수 없는 상태이다. 또한 자기 통제력이 낮아 즉각적인 만족을 추구하며 인내력과 효율적인 문제해결 능력이 부족한 경향을 보인다. 공격적 성향이 높으며 자타에 대해 부정적으로 생각하는 경향이 강하다.

게임중독 점수가 37점 이하인 경우는 게임 습관을 스스로 조절할 수 있으며, 게임과 현실세계에 대한 구분이 명확하고 게임으로 인한 정서적인 변화를 경험하지 않는다. 하루 1시간 30분 이하, 주 1~2회 이하 정도 게임을 하는 등 인터넷 게임사용을 적절하게 조절할 수 있고(Jackson, et al., 2003) 효율적으로 문제를 해결하는 경향을 보인다. 일시적인 충동에 의하거나 즉각적인 만족을 주는 문제행동을 회피할 수 있으므로 가족의 주의와 지지를 요한다. 인내할 수 있는 능력이 높으므로 자신에 대해 긍정적으로 생각하는 경향이 강하다.

표 11-3 청소년 게임중독검사 문항

문 항	전혀 그렇지 않다 (1)	때때로 그렇다 (2)	자주 그렇다 (3)	항상 그렇다 (4)
1. 게임을 하는 것이 친한 친구들과 어울리는 것보다 더 좋다.				
2. 게임공간에서의 생활이 실제생활보다 더 좋다.				
3. 게임 속의 내가 실제의 나보다 더 좋다.				
4. 게임에서 사귄 친구들이 실제친구들 보다 나를 더 알아준다.				
5. 게임에서 사람을 사귀는 것이 더 편하고 자신 있다.				
6. 밤늦게까지 게임을 하느라 시간 가는 줄 모른다.				
7. 게임을 하느라 해야 할 일을 못한다.				
8. 갈수록 게임을 하는 시간이 길어진다.				
9. 점점 더 오랜 시간 게임을 해야 만족하게 된다.				
10. 게임을 그만두어야 하는 경우에도 게임을 그만두는 것이 어렵다.				
11. 게임 하는 시간을 줄이려고 노력하지만 실패한다.				
12. 게임을 안 하겠다고 마음먹고도 다시 게임을 하게 된다.				
13. 게임 생각 때문에 공부에 집중하기 어렵다.				
14. 게임을 못한다는 것은 견디기 힘든 일이다.				
15. 게임을 하지 않을 때에도 게임 생각을 하게 된다.				
16. 게임으로 인해 생활에 문제가 생기더라도 게임을 해야 한다.				
17. 게임을 하지 못하면 불안하고 초조하다.				
18. 다른 일 때문에 게임을 못하게 될까봐 걱정된다.				
19. 누가 게임을 못 하게하면 신경질이 난다.				
20. 게임을 못하게 되면 화가 난다.				
합계				
총점	_____ / 80			

중독자 분류 일반 사용자: 37점 이하
잠재적 위험 사용자: 38~48점
고위험 사용자: 49점 이상

자료: 한국정보화진흥원. http://www.nia.or.kr

3 도박중독과 진단검사

온라인 도박, 사이버 도박, 원격 도박 혹은 인터랙티브 도박이라고 불리는 '인터넷 도박'은 '인터넷'이라는 매체를 통하여 가상공간에서 이루어지는 도박만을 의미하지만 다양한 수단(텔레비전, 스마트폰, IPTV, 인터넷 등)을 활용하여 이루어진 도박을 포함하는 개념으로 이루어진다. 김성재(2011)는 여러 가지 중독 증세를 진행단계와 관련하여 3단계로 구분하였다. 3단계는 먼저 일시적인 만족, 쾌락, 스릴 경험 등이 있는 오락기(사교성 도박), 두 번째, 조절능력은 있으나 과도한 몰입을 하는 단계인 탐닉기(문제성 도박), 마지막으로 내성과 금단증상이 증가되고 자기 조절능력이 상실되는 중독기(병적도박)이다.

온라인 도박이든지 오프라인 도박이든지 간에 도박중독은 병적도박 상태가 되더라도 물질중독과는 다르게 문제가 되지 않는 것처럼 보이지만 인터넷으로 하는 온라인 도박은 카지노 등에 가서 하는 도박보다 중독성이 10배 더 강한 것으로 나타났다.

영국 노팅엄 트렌트 대학교의 마크 그리피스 교수 팀의 연구는 실험대상을 청소년 및 청년 도박중독자 9000여 명을 대상으로 도박의 방식(온라인 vs 오프라인 도박)과 중독의 관계를 조사한 결과 카지노 등에서 도박을 하는 사람은 중독자가 0.5%였지만, 인터넷으로 온라인 도박을 하는 사람들 중 5%가 중독자로 나타났다. 인터넷 온라인 도박은 PC방을 이용하는 경우와 인터넷 도박 사이트를 이용하는 경우로 구분된다. PC방 사이트의 서버와 연결하도록 프로그램을 PC방에 설치하고 게임머니를 구매하면 도박게임을 할 수 있고 프로그램을 설치한 PC방에서만 도박 사이트에 접속을 할 수 있도록 하는 폐쇄적인 망을 활용하게 된다. 한국에서는 스포츠 토토 온라인 복권을 제외한 형태의 인터넷 도박은 불법에 해당되는데 인터넷에서 이루어지는 도박은 경마, 스포츠 게임 등과 같이 내기를 거는 형태를 가지거나 포커나 화투 등과 같이 기술을 활용하는 게임에 스스로 참여시키는 구조로 형성된다(김교헌, 2011). 이 주제는 당첨에 대한 기회를 갖게 하기 위해 일정 금액을 부담하고 당첨금을 배분하는 형태 등으로 구성되어 있어서 문제가 되고 있다. 한국에서 이루어지는 대표적인 불법 인터넷 도박방법은 도박 사이트를 통하여 경마 경륜, 혹은 경쟁에 관한 도박을 중계하는 방식으로 이루어지며 현재는 종합 메뉴방식의 멀티플렉스 형태가 증가하는 추세이다(김교헌, 2011).

2007년 한국인을 대상으로 도박이용 실태를 보면 인터넷 도박 이용률은 0.5%로, 현금 교환이 일어난 인터넷 게임은 0.8%로서 한국인 전체 인터넷 도박 이용률은 1.3%로서 조사되었다. 인터넷 도박의 다른 방법은 인터넷을 통하여 포커사이트 등에 접속한 사용자들끼리 승패를 다투며 매 판당 일정비율을 사이트 제공자가 수수료로 받는 형식의 하우스 형 도박 사이트가 대중적으로 평가되고 있다. 인터넷 도박을 하는 청소년들의 인기 있는 도박 종류는 스킬게임으로서 포커, 온라인 카지노, 스포츠베팅, 경마, 복권, 빙고 등의 순서로 이루어지는데(김교헌, 2011) 문제 도박 유병률은 인터넷 게임이나 도박자들의 집단이 일반 도박자에 비해 약 3~4배 정도 높게 나타났다.

청소년 도박의 경우 인터넷 도박 청소년 이용자들이 일반 도박자에 비해 도박을 더 자주하며 도박비용도 높고 오프라인 도박을 하는 사람들도 추가적으로 인터넷 도박을 이용하는 것으로 보고되었다(Wood & Willians, 2009). 한국 청소년의 온라인 인터넷 사행성 게임의 이용률은 37% 정도이며 한국인의 오프라인 화투와 포커의 이용률보다 높았다. 로또보다는 낮지만 유사시행성 게임을 포함시킨 인터넷 게임은 한국인 응답자의 54% 정도로서 30세 미만의 청소년연령과 청년남성 미혼자 비율이 높은 것으로(이민규 외, 2007) 보고되고 있다. 특별히 '청소년의 도박 문제'는 온라인 미디어 시대 새로운 도박 유형으로 등장하고 있는 모바일 인터넷 도박의 실태가 심각한데 다양한 청소년 인터넷도박의 유형은 정보 통신망을 이용하는 온라인상에서 도박 사이트에 도박 프로그램을 이용하여 전자화폐나 신용카드 혹은 무통장 입금과 같은 온라인 결제가 가능한 방법을 사용하게 된다. 인터넷 도박은 청소년이 인터넷 접속이 가능한 곳이라면 어디서나 활용될 수 있으므로 인터넷 망을 이용하는 도박 사이트와 스포츠 경주, 포커, 바카라 고스톱 등의 사행성 프로그램을 활용하여 도박을 한 후 대금을 거래하는 방법 등이 활용된다.

모든 유형의 중독들과 함께 도박중독 검사는 선별검사와 평가검사로 구분된다. 선별(screening)은 수가 많은 전집(population)으로 사례에 해당하는 사람을 찾아내는 절차 및 전집에 적용한다. 반면, 평가(assessment)는 관심사례에 대해 의사결정을 하기 위해 다양한 정보를 수집하여 해석하고 추론하며 조직화하는 절차 혹은 사례에 적용한다(김교헌, 2010).

한국 내에서 소개된 도박중독 관련 평가는 크게 두 종류로 구분된다. 첫 번째, 상담의 효과를 직접 평가하는 도구로 활용하기에 부적절한 편이지만 도박중독의 위험요인으로 알려져 있는 동기, 신념 및 태도, 열정 등을 측정하는 도구가 있다. 두 번째, 도박중독의 직접적인 증상의 속성을 평가하는 도박 갈망척도(Gambling Urge Scale), 도박 행동을 평가하는 강박적 도박행동척도(Pathological Gambling Adaptation of the Obsessive-Compulsive Scale, 2005), 도박 증상척도(Gambling Symptom Assessment Scale) 등이 있다.

캐나다 도박중독진단검사(CPGI: Canadian Problem Gambling Index)는 캐나다에서 개발된 일반인 대상의 도박중독 유병률 측정 도구이며, 측정 점수에 따라 비문제성(Non-problem) 도박자(0점), 저위험(Low risk) 도박자(1~2점), 중위험(Moderate risk) 도박자(3~7점), 문제성(Problem) 도박자(8점 이상) 등 4개의 중독 유형으로 분류하고 있다. CPGI 검사에서 유병률(prevalence)은 '중위험(moderate risk)'과 '문제성(problem)' 유형 모두를 포함하고 있다. 진단기준을 바탕으로 개발된 도박중독 자가진단검사의 대표적인 CPGI는 20문항으로 구성되어 있다.

도박중독은 지속적인 부적응적 도박행동을 보이고 도박행동에 대한 만성화된 자기-조절 실패로 초래되는 생물심리적 증후군으로서 다양한 영역의 기능손상과 삶의 질 저하, 가정파탄 등과 관련되고 DSM에서는 병적도박이라는 용어를 사용한다(권선중, 2011). 행동중독인 도박중독에 대한 진단기준은 도박에 대한 몰두, 내성, 금단증상 조절실패, 회피행동, 추격매수, 거짓말, 불법행위, 중요한 관계의 손상, 구조요청 등으로 표현된다. CPGI는 도박중독 유병률 측정 도구로서 폐해감소 모델을 바탕으로 도박중독의 문제를 개인적, 공동체적, 사회적 문제라는 관점에서 접근하고 있다.

한국판 K-CPGI 검사문항은 〈표 11-4〉에 기재되었다. 사행산업통합감독위원회(2010)의 K-CPGI는 도박중독의 척도를 활용하여 회복도를 측정하는 도구이다. K-CPGI 검사는 척도점수 0~27점을 기준으로 0~9점은 저위험 수준의 중독자로서, 10~18점은 중간 수준의 도박자로서 19~27점에 해당하는 점수는 심각한 수준의 도박자로서 구분한다.

2012년 12월 한국마사회의 연구결과에 의하면 K-CPGI를 활용하여 조사한 결과 60만 여명이 치료를 필요로 하는 수준이었다. 청소년들이 1년간 가장 많이 경험한 도박으로 로또(41.6%)를 꼽았으며 화투와 카드(40.3%), 게임을 통한 돈 내기(40.7%), 즉석 및 추첨식 복권(17.7%), 인터넷 도박(14.9%), 스포츠 토토(12.0%), 카지노(1.9%) 등의 순으

표 11-4 K-CPGI 문항

아래 문항들은 도박을 하는 사람들의 행동, 생각, 감정, 기분 등을 보여 줍니다. 각 문항에 대해 귀하가 지난 1년간 도박과 관련하여 경험하신 것을 솔직히 응답해 주십시오.	전혀 아니다 (0)	거의 아니다 (1)	조금 그렇다 (2)	매우 그렇다 (3)
1. 귀하는 잃으면 감당할 수 없는 금액을 걸어본 적이 있나요?				
2. 귀하는 도박에서 이전의 흥분을 느끼기 위해 더 많은 돈으로 도박을 해야 할 필요가 있었던 적이 있습니까?				
3. 귀하는 도박했던 시기에 잃은 돈을 따기 위해 다른 날 다시 간적이 있습니까?				
4. 귀하는 도박할 돈을 마련하기 위해 돈을 빌리거나 물건을 팔아 본 적이 있나요?				
5. 귀하에게 도박과 관련된 문제가 있을지 모르겠다고 느낀 적이 있습니까?				
6. 도박이 귀하에게 스트레스나 불안감을 포함한 건강상의 문제를 일으킨 적이 있습니까?				
7. 귀하는 사실여부에 상관없이 다른 사람들에게 비난을 받거나 도박 문제가 있다는 말을 들을 적이 있나요?				
8. 귀하의 도박행위로 인해 본인이나 가정에 경제적인 문제가 발생한 적이 있습니까?				
9 귀하의 도박하는 방식이나 도박할 때 생기는 일에 대해 죄의식을 느낀 적이 있습니까?				

자료: 김교헌(2010). 문제성 도박과 병적도박의 선별과 평가. 한국상담학회 추계 학술대회 자료집, 68

로 나타났다. 대구 가톨릭대 정신과학연구소는 도박중독자 선별 척도인 K-CPGI를 활용하여 청소년 도박 중독 여부에 대한 조사를 한 결과 224명(11%)의 학생이 도박중독 수준에 해당하는 것으로 나타났는데 '문제성 도박자'가 1.5%를 차지했고, 향후 심각한 도박 중독이 우려되는 '중독위험 도박자'는 9.5%이었다. 반면, 간헐적으로 간단한 내기 수준의 도박을 경험한 '저위험 도박자'는 20.3%였으며 도박관련 문제가 전혀 없는 청소년은 68.7%로 조사되었다(권선중, 2011).

문제성 도박과 병적 도박의 구분은 다양한 혼란을 초래하기도 하는데 4수준(0, 1, 2, 3)의 도박 분류에서는 2수준과 3수준으로 구분하여 위험한 도박으로 부르기도 한다. 또한 중독개념에 기초하여 병적 도박으로 진행되기 전이나 병적 도박에서 회복되는 단계는 문제성 도박으로 간주하기도 한다(김교헌, 2010). K-CPGI 이외에도 문제성 도박과 병적도박의 선별을 위한 도구들은 KG-SAS(김현정 등, 2005), K-SOGS(이홍표, 2002), K-NODS(김교헌, 2004), K-MAGS-DSM(이홍표, 2002), SCI-PG(Grant, et al., 2009) 등이 있다. 일반적으로 도박중독을 위하여 K-CPGI, K-SOGS, K-NODS, KMAGS-DSM(1), KMAGS-DSM(2) 등은 상담진행과정에서의 변화를 반영하기 어렵고 도박중독의 부정적 결과에 해당하는 문항들이 또한 다수 포함되고 있는 것으로 알려져 있다.

G-SAS의 한국식 도박증상척도는 김현정 등(2005)이 도박에 대한 일주일간의 갈망과 그로 인한 피해를 평가할 수 있도록 개발된 12문항의 자기-보고식 도구인데 치료과정의 증상변화를 타당하고 신뢰 할 수 있게 측정하는 자가진단검사로 알려져 있다. KG-SAS는 도박에 대한 갈망과 집착, 행동 정서적인 고통 등의 5점 척도상의 평가하도록 되어 있다. 또한 도박 관련 문제증상을 신뢰성 있게 또는 타당하게 평가할 수 있고 도박중독의 취약성 요인으로 알려진 충동성과의 상관도가 높은 검사도구로서(권선중, 2011) 성별 및 연령, 학력, 경제수준에 관계없이 다양한 유형의 도박자들의 도박문제 증상을 안정적으로 측정할 수 있다.

도박의 심각도를 임상적 수준별로 분류할 수 있으며, 현재 병적 도박 수준을 빠르고 간편하게 감별할 수 있으며 신뢰할 수 있는 척도로서 K-SOGS 척도는 20문항을 가지고 있는데 20문항 중 4문항의 문제를 보이면 병적도박문제로 간주하지 않는다.

임상장면에서 활용도가 높고 국내에서도 번안되어 소개된 척도가 G-SAS인데 이는 정신과에 내원한 도박중독자들의 약물치료 효과를 검토하기 위하여 개발된 것으로 12개의 자기 보고식 문항으로 구성되어 있다. 도박에 대한 지난 1주일간의 갈망과 집착, 행동, 정서적 고통 등을 5점 척도상에 평정하도록 되어 있다(권선중, 2011). 원 척도의 타당도를 검토하여 번역하였으므로 충분히 검증되었다. 그리고 신뢰도도 .91 정도로 높았으며 도박중독의 상관도도 .51(P<.001) 높았으므로 바람직한 척도로 평가 받고 있다. 한국판 도박증상척도인 KG-SAS는 〈표 11-5〉에 기재되어 있고, K-SOGS는 〈표 11-6〉에, K-NODS는 〈표 11-7〉에 기재되어 있다.

표 11-5 KG-SAS 문항

다음은 도박증상을 평가하기 위한 질문입니다. 주의 깊게 읽고 답해주십시오.

KG-SAS(1)

1. 지난 한 주 동안에 만약 당신이 도박에 대한 참기 힘든 충동이 있었다면 평균적으로 그 욕구가 얼마나 강했습니까?

   1) 없음   2) 약간 보통   3) 심각   4)극단(매우 심각)

2. 지난 한 주 동안 당신은 얼마나 자주 도박에 대한 충동을 경험했습니까?

   1) 없음   2) 한 번   3) 2~3회   4) 여러 번   5) 항상(거의 항상)

3. 지난 한 주 동안에 당신은 몇 시간 동안 도박을 하고 싶은 욕구에 몰두했습니까?

   1) 없음   2) 1시간 또는 1시간 이내   3) 1~7시간 미만   4) 7~21시간 미만   5) 21시간 이상

4. 지난 한 주 동안에 당신은 도박을 하고 싶은 욕구를 어느 정도나 자제할 수 있었습니까?

   1) 완전히   2) 많이   3) 보통   4) 아주 약간   5) 자제 못함

5. 지난 한 주 동안에 당신은 몇 번 정도 도박과 내기에 대해서 생각했습니까?

   1) 없음   2) 한 번   3) 2~4회   4) 여러 번   5) 항상 또는 거의 항상

6. 지난 한 주 동안 당신은 대략 몇 시간 정도 도박이나 내기에 대해 생각하고 지냈습니까?

   1) 없음   2) 1시간 또는 1시간 이내   3) 1~7시간 미만   4) 7~21시간 미만   5) 21시간 이상

KG- SAS(2)

7. 지난 한 주 동안 당신은 도박에 대한 생각들을 자제할 수 있었습니까?

   1) 완전히   2) 많이   3) 보통   4) 아주 약간   5) 자제 못함

8. 지난 한 주 동안 당신은 대략 몇 시간이나 도박 또는 도박과 관련된 활동으로 시간을 보냈습니까?

   1) 없음   2) 2시간 또는 2시간 이내   3) 2~7시간 미만   4) 7~21시간 미만   5) 21시간 이상

9. 지난 한 주 동안 도박을 하기 직전의 긴장감이나 흥분을 평균적으로 어느 정도나 경험 했습니까? 만약 당신이 지난 주 동안 실제로 도박을 하지 않았다면 도박을 했다고 가정했을 때 도박 직전에 어느 정도의 긴장감이나 흥분을 경험했을 것으로 생각합니까?

   1) 없음   2) 아주 약간   3) 보통   4) 많이   5) 극단(매우 많이)

10. 지난 한 주 동안에 당신이 도박에서 승리했을 때 평균적으로 어느 정도의 흥분과 즐거움을 느꼈습니까? 만약 당신이 실제로 도박에서 이기지 않았다면 이겼다고 가정했을 때 어느 정도의 흥분과 즐거움을 경험했을 것으로 생각합니까?

   1) 없음   2) 아주 약간   3) 보통   4) 많이   5) 극단(매우 많이)

11. 지난 한 주 동안에 도박이 당신에게 어느 정도의 정서적 고통(정신적 고통, 고민, 부끄러움, 죄책감, 당혹감)을 유발했습니까?

   1) 없음   2) 약간   3) 보통   4) 심각   5) 극단(매우 심각)

12. 지난 한 주 동안에 도박으로 인해 당신에게 얼마나 큰 어려움이 생겼습니까?

   1) 없음   2) 아주 약간   3) 보통   4) 많이   5) 극단(매우 많이)

자료: 김교헌(2010). 문제성 도박과 병적도박의 선별과 평가, 한국상담학회 추계 학술대회 자료집, 71

표 11–6 K–SOGS(1), K–SOGS(2) 진단검사 문항

다음은 도박과 관련된 질문입니다. 각 문항의 보기 중 귀하에게 해당되는 사항에 체크를 해 주십시오.

K–SOGS(1)

1. 부모님이 도박을 하셨거나 현재하고 계십니까?
   1) 부모님은 모두 심한 도박을 하고 계신다(혹은 하셨다).
   2) 아버님이 심한 도박을 하신다(혹은 하셨다).
   3) 어머님이 심하게 하신다.
   4) 부모님 중에 가끔 하는 분이 계시지만(혹은 하셨지만) 심하지 않다.
   5) 부모님 모두 도박을 하지 않으신다(혹은 하신 적이 없다).

2. 잃은 돈을 되찾기 위해서 얼마나 자주 다시 도박을 하게 되십니까?
   1) 다시 하지 않는다(혹은 도박은 한 적이 없다).
   2) 잃은 경우 조금은 다시 하게 되지만 잃은 경우에 비해 반을 넘지는 않는다.
   3) 잃으면 대부분 다시 하게 된다(잃은 경우에 비해 반 이상).
   4) 잃을 때 마다 매번 다시 한다.

3. 돈을 따지 못했거나 실제로 잃었음에도 불구하고 돈을 땄다고 이야기한 적이 있습니까?
   1) 없다(혹은 도박을 한 적이 없다).
   2) 그렇다. 하지만 잃은 경우에 비하여 돈을 땄다고 한 적이 반을 넘지는 않는다.
   3) 그렇다. 대부분 그럴 때가 많다(잃은 경우에 비하여 반 이상).

4. 자신에게 도박은 문제가 있다고 느낍니까?
   1) 아니다.
   2) 과거에는 있었지만 지금은 그렇지 않다.
   3) 그렇다.

다음 질문을 읽고 귀하에게 해당되는 사항을 '그렇다', '아니다'로 표시해 주십시오.

K–SOGS(2)

1. 원래 의도했던 것보다 더 많이 도박을 하게 되었습니까? (그렇다/아니다)
2. 도박으로 인해 사람들에게 비난을 받거나 평판이 나빠진 적이 있으십니까? (그렇다/아니다)
3. 자신의 도박을 하는 방식이나 도박 때문에 벌어진 여러 일들로 인해 죄책감을 느낀 적이 있으십니까? (그렇다/아니다)
4. 도박을 끊고 싶지만 끊지 못할 것으로 느낀 적이 있습니까? (그렇다/아니다)
5. 배우자나 아이들, 가족, 친구 등 당신의 인생에서 중요한 사람들에게 마권이나 복권, 도박할 돈 등 도박한다는 것이 밝혀질 물건을 숨긴 적이 있으십니까? (그렇다/아니다)
6. 돈을 관리하는 방식 때문에 배우자 등 좋아하는 사람들과 싸운 적이 있습니까? (그렇다/아니다)
7. 돈 문제로 싸운 원인이 주로 도박에 있습니까? (그렇다/아니다)
8. 도박 때문에 돈을 빌리고 갚지 못한 적이 있으십니까? (그렇다/아니다)
9. 도박으로 인해 직정(학교)에서 일(공부) 할 시간을 빼앗기지 않았습니까? (그렇다/아니다)

자료: 김교헌(2010). 문제성 도박과 병적도박의 선별과 평가, 한국상담학회 추계 학술대회 자료집, 69–79

표 11-7 K-NODS(1), K-NODS(2), K-NODS(3) 문항

다음 문항들은 지난 1년간 도박과 관련해 겪을 수 있는 경험들을 질문하고 있습니다. 귀하에게 해당되면 '그렇다'에 해당되지 않으면 '아니다'에 표시를 해 주십시오

K-NODS(1)

1. 귀하는 2주 동안 도박 경험이나 미래의 도박 계획에 대해 많은 시간을 들여 생각한 적이 있습니까? (그렇다/아니다)

2. 귀하는 2주 이상을 도박할 돈을 마련하기 위한 방법에 대해 많은 시간을 들여 생각한 적이 있습니까? (그렇다/아니다)

3. 귀하에게는 동일한 흥분을 느끼기 위해 이전 보다 더 많은 금액이나 더 큰 판돈을 걸으려 했던 시기가 있었습니까? (그렇다/아니다)

4. 귀하는 도박을 중단하거나 줄이거나 조절하려고 시도한 적이 있습니까?(만약 답이 '아니다'에 해당되면 8번으로 넘어가십시오.) (그렇다/아니다)

5. 귀하가 도박을 중단하거나 줄이거나 조절하고자 시도했을 때 안절부절못하거나 짜증이 났던 적이 한 번 이상 있습니까? (그렇다/아니다)

K-NODS(2)

6. 귀하는 도박을 중단하거나 줄이거나 조절하려는 시도를 해 보았지만 성공하지 못한 적이 있습니까?(만약 답이 '아니다'에 해당된다면 8번으로 넘어가십시오.) (그렇다/아니다)

7. 그랬다면 이런 일이 세 번 이상 있었습니까? (그렇다/아니다)

8. 귀하는 개인적인 문제들로 도피하기 위한 방법으로 불편한 감정들을 해소하려고 도박을 한 적이 있습니까? (그렇다/아니다)

9. 귀하는 죄책감, 불안감, 무력감, 또는 우울감등의 불편한 감정들을 해소하려고 도박을 한 적이 있습니까? (그렇다/아니다)

10. 귀하는 만약 어느 날 도박으로 돈을 잃는 다면 다른 날 본적을 찾기 위해 다시 가려고 했던 시기가 있었습니까? (그렇다/아니다)

11. 귀하는 가족 친구들 또는 다른 사람들에게 본인이 얼마나 도박을 하는지 또는 도박으로 얼마나 돈을 잃었는지에 대해 거짓말을 한 적이 있습니까? (만약 답이 '아니다'에 해당된다면 11번으로 넘어가십시오.) (그렇다/아니다)

K-NODS(3)

12. 그랬다면 이런 일이 세 번 이상 있었습니까? (그렇다/아니다)

13. 귀하는 본인의 도박자금을 내기 위하여 본인의 돈이 아닌 가족이나 다른 사람들의 돈을 가져간 적이 있습니까? (그렇다/아니다)

14. 도박으로 인하여 귀하의 가족이나 친구들 중 누군가와의 관계에 심각하거나 반복적인 문제가 발생한 적이 있습니까? (그렇다/아니다)

15. 귀하는 도박 때문에 수업을 빠지거나 학교를 결석하거나 성적이 떨어지는 학교생활에 문제가 있었습니까?(지금 학교에 다니시는 경우만 답하시오.) (그렇다/아니다)

16. 귀하는 도박으로 인하여 직장을 잃거나 업무에 문제가 발생하거나 중요한 취업이나 경력상의 기회를 놓친 적이 있습니까? (그렇다/아니다)

17. 귀하는 가족이나 다른 사람에게 돈을 빌려달라고 요청하거나 아니면 도박이 주원인인 절박한 금전적 상황으로 벗어나게 해달라고 요청할 필요가 있었습니까? (그렇다/아니다)

자료: 김교헌(2010). 문제성 도박과 병적도박의 선별과 평가, 한국상담학회 추계 학술대회 자료집, 66-67

4 니코틴중독과 진단검사

니코틴중독 혹은 흡연중독이란 긴장과 감정적 불편을 해소하거나 피하기 위해 물질에 대한 갈망이 있는 상태를 의미한다. 중독성 약물인 니코틴은 강박적으로 반복 사용하게 되면 처음에는 정서적으로 안정된 효과를 보이지만 금단증상을 만들면서 내성이 생기기 때문에 시간이 지남에 따라 같은 효과를 보려면 약물의 양을 늘려야 한다. 니코틴중독은 또한 정신적으로 니코틴 의존성이 생기는 습관성 중독으로서 심리적으로 계속 약물(담배)을 찾고 신체적으로 복용을 중단하지 못하는 상태가 된다. 약물투여를 중지한 후에 금단증상이 시작된다는 것은 그 약물에 육체적 의존(physical dependence) 상태임을 증명하고 있다.

니코틴의 금단증상은 마지막 담배를 피운지 2시간 이내에 발생되어 첫 24~48시간 사이에 절정을 이루고 수주 또는 수개월 간 지속된다. 니코틴 금단증후군의 증상은 보통의 담배에서 니코틴 함량이 낮은 담배로 바꿀 때도 약하게나마 나타난다. 흔한 증상으로 니코틴에 대한 강력한 열망, 긴장, 이자극성. 집중력 곤란, 졸림, 수면장애, 맥박 및 혈압 하강, 식욕 체중증가와 운동수행능력의 감소와 근 긴장력이 증가된다.

니코틴도 뇌 보상회로를 자극하여 쾌감을 느낀다. 니코틴은 니코틴성 아세틸콜린(nicotinic acetylcholine) 수용체를 통하여 간접적으로 뇌보상회로를 자극한다. 뇌보상회로의 가장 중요한 요소는 복뇌 뒤판역(ventral tegmental area, VTA)과 중격의지핵(nucleus accumbent, NA)이다. VTA에서 NA로 향하는 도파민계 신경은 보상 감각과 관련이 되어 있다. 니코틴중독자는 담배를 꺼내고 담뱃불을 붙이고 냄새를 맡고, 한 모금 들이키는 과정 안에서 15초 이내에 혈액 내에 니코틴용량이 증가되며 이로 인한 도파민계 활성에 의해 즐거움을 얻는데 혈중 니코틴 양이 떨어지면 금단증상을 일으키는 반복적인 문제를 보이므로 적절한 니코틴대체용법이 필요하다. 혈중 니코틴 농도는 흡연을 끝낸 후에 가장 높아지며 주류연의 30~90%가 몸속으로 흡수되어지며 흡연 후 니코틴은 약 10~12시간 동안 몸에 남아있는 경향이 있다.

니코틴 성분은 중독성이 헤로인과 같은 마약만큼 강한 것으로 알려져 있고 흡연중독은 충동적, 통제 불능에 의해 특징 지워지는 치명적이고 일차적 질병이다. 다른 중독과 같은 뇌의 보상회로를 갖고 있으며 담배사용에 대한 강박적 집착으로 끝장을 보는 조절 불가능성과 강박적 사용하는 상태로서 신체적인 의존뿐 아니라 심리적인 의존상태도 유지하게 된다. 습관적인 흡연자들은 무의식적으로 흡연이 주는 보상과 관계없이 흡연을 하는 사람들이다. 기분을 좋게 하기 위해 담배를 사용하지만 나중에는 습관적으로 사용한다. 정적행동의 흡연자들은 자극적이고 평안함을 느끼기 위해 흡연하지만 부적 정동의 흡연자들은 불안, 죄책감을 없애기 위해 사용한다. 습관성 흡연자들과 달리 중독성 흡연자들은 자신의 흡연행동을 자각하면서 피치 못하게 흡연을 한다(서경현, 2011).

일반적으로 18세 이하의 청소년들의 사용률은 0.4% 정도(2009)로서 대졸의 학력 수준일 경우 일반 도박중독보다는 담배나 마약 등의 물질사용률이 높았다.

흡연중독의 징후로는 우울한 정서, 분노함, 불면증, 집중력 저하, 안절부절, 심박동수 저하, 체중증가 등의 상황을 수반한다. 중독성 흡연자들은 불안, 초조함, 두려움 혹은 죄책감을 없애기 위해 또는 평안감을 위해 흡연을 한다. 청소년이 흡연을 시작하는 이유는 조숙행동(Fessos & Fessos, 1987)의 형태로 반항의식, 사회적인 압력 등의 심리적인 원인이다. 청소년 흡연은 습관적으로 기분이 나빠지는 것을 막기 위해, 중독적으로 흡연을 하고(Tomkins, 1968) 습관성 청소년 흡연자들은 흡연이 주는 강화와 관련 없이 흡연을 하며 중독이 된 이후는 아무런 강화가 없이도 습관적인 흡연이 가능하다.

니코틴의 의존도와 내성을 측정하는 것을 위해서는 자기보고서 설문지가 사용된다. 니코틴 중독의 평가에는 흡연력 평가, 니코틴 의존에 대한 파거스트롬 테스트, 니코틴 측정, 흡연 이유에 대한 평가, 동반 정신질환에 대한 평가 등이 활용된다. 자기보고식설문지인 니코틴 의존도 검사와 파거스트롬(fagerstrom)내성 질문지와 함께 맥박수와 같은 생리학적반응을 측정하기도 한다. 파거스트롬의 니코틴 의존검사를 한 후 검사 응답에 대한 질문을 추가하는 것이 유용하다.

금연 클리닉에서 니코틴 의존 수준에 대한 평가도구로서 파거스트롬 설문지(Fagerstrom Test)를 이용한다. 설문지는 2가지의 양식이 나와 있는데 두 가지 모두 자가 평가 방식의 척도로서 니코틴 의존 정도를 간단히 수치화한 것이다. 파거스트롬 니코틴 의존도 평가(FTQ: Fagerstrom Tolerance Questionnaire)는 니코틴 의존 정도를 자가 측정하는 설문지로 총 6개 문항으로 구성되어 있다. 각 문항당 선택 항목이 둘이면 0점 혹은 1점을 점수로 주고, 선택 항목이 셋이면 0점, 1점, 2점을 주어 총점을 합산하게 된다. 결론적으로 총점의 점수가 높을수록 니코틴 중독이나 의존 정도가 높은 것으로서 총점은 0~10점 분포를 보일 수 있다. 총점이 7~10점인 경우 심각한 니코틴 의존을 보이고, 4~6점은 중간 정도의 니코틴 의존도, 0~3점일 경우 낮은 니코틴 의존도를 의미한다. 파거스트롬 테스트를 이용한 니코틴 의존도 평가는 〈표 11-8〉에 요약되었다.

니코틴 의존도 점수는 금연준비기의 상담을 위하여 흡연행동을 파악하는 것으로 유용한데 중독상담을 위해서 현재 흡연을 하고 있는지 흡연과 관련된 사회적인 환경, 흡연을

표 11-8 파거스트롬 테스트(Fagerstrom test)

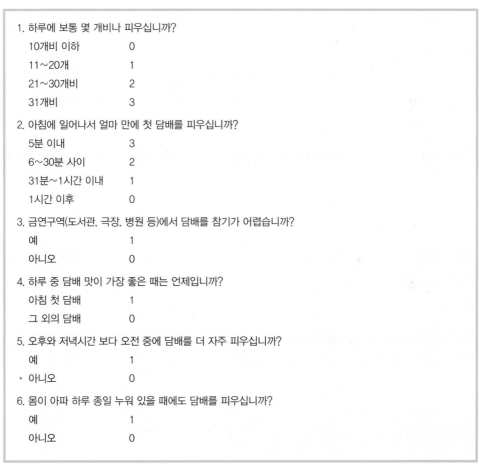

1. 하루에 보통 몇 개비나 피우십니까?

10개비 이하	0
11~20개	1
21~30개비	2
31개비	3

2. 아침에 일어나서 얼마 만에 첫 담배를 피우십니까?

5분 이내	3
6~30분 사이	2
31분~1시간 이내	1
1시간 이후	0

3. 금연구역(도서관, 극장, 병원 등)에서 담배를 참기가 어렵습니까?

예	1
아니오	0

4. 하루 중 담배 맛이 가장 좋은 때는 언제입니까?

아침 첫 담배	1
그 외의 담배	0

5. 오후와 저녁시간 보다 오전 중에 담배를 더 자주 피우십니까?

예	1
아니오	0

6. 몸이 아파 하루 종일 누워 있을 때에도 담배를 피우십니까?

예	1
아니오	0

자료: Alan M. G. Alan Marlatt & Donovan, D. M.(2005). *Relapse Prevention(2nd Ed). Maintenance Strategies in the Treatment of Addictive Behaviors*, New York, NY: The Guilford Press. 재구성

언제 시도하고 금연을 시도했는지 여부, 또한 왜 금연을 시도하려고 했는지 등을 알고자 하는 자료로도 활용된다. 파거스트롬 테스트 이외에도 심리검사–에니어그램(나에 대해 알기, 타인에 대해 알기)은 인간의 물질중독과 관련한 성격유형을 9가지로 분류를 돕는 데 목적이 있다.

서경현(2011)은 프로체스카와 디클레멘테(Prochaska & Diclemente, 1982)의 원리를 적용해 변화과정의 단계를 설명하였다. 중독자가 어느 단계에 있는지를 평가하고 상담사가 적절하게 개입하게 되는데 그 과정은 여섯 단계로 이루어진다.

첫 번째 단계는 금연고려 전 단계로서 숙고 전단계(precontemplation)인데 이 단계는 아직 담배를 끊고 싶은 생각이 전혀 없는 상태이다. 이들은 담배를 피우는 자신을 합리화하며 동기를 전혀 가지고 있지 않은 단계이다. 이 단계는 금연을 시도하지 않는다 하더라도, 금연을 숙고하는 수준으로 올라가기만 해도 일단 커다란 성공이다. 두 번째 단계는 금연계획 단계로서 숙고단계(contemplation)이다. 이 단계는 담배가 해롭다는 것을 인정하고, 담배를 피우는 것에 대해 부정적으로 생각하고 있다. 그러나 아직 당장 끊겠다는 것은 아니며, 대체적으로 2개월에서 6개월 이내에 금연을 생각하는데 금연의지를 가지고 계획하는 단계이다. 세 번째 단계는 금연 실행단계로서 준비단계(preparation)이다. 이 단계는 매우 구체적으로 금연을 준비하고 있는 상태로서 금연시작 시기를 결정하고 실제로 행동에 옮기는 단계로서 구체적인 날짜를 검토한다. 네 번째 단계는 금연 유지단계로서 실천단계(action)이며 이 단계는 금연으로 돌입하는 과정이다. 다섯 번째는 금연 유지단계(maintenance)로 지난 6개월 이상은 이미 금연하고 있으며, 금연상태를 유지하는 것이 중요한 시기이다.

마지막 재발단계(recurrence)는 금연 실패단계로서 금연에 실패하고 다시 흡연을 시작하는 단계로서 흡연과 금연의 사이클을 다시 반복하게 된다.

5 알코올중독과 진단검사

한국의 음주실태조사에서는 청소년층에서 가장 많이 사용되고 있는 약물이 알코올이며 대부분의 청소년은 음주를 한 경험이 있다고 밝혔다. 그러나 기존의 청소년음주 실태조사에서는 흡입제 등의 약물중독의 문제를 심각하게 보면서 또 호기심을 가진 대부분의 청소년들이 과거에 습관적으로 폭음을 하거나 알코올을 경험하는 문제성 음주의 경험을 가지고 있는 것에 유의하지 않는 경향이 있다. 또한 폭음 또는 습관적인 알코올중독 등을 경험한 청소년은 마약이나 우울증 등의 알코올 합병증 등을 기록하지 않는 경향 때문에 대안은 잘 이루어지지 않고 있다.

아동이나 청소년 자신이 알코올중독인지 아닌지를 판단할 수 있는 기준을 위한 선별검사와 진단검사들이 있다. 알코올리즘(alcoholism)을 판단하는 진단기준으로서 '사회에서 일상생활의 역할을 얼마나 잘 수행할 수 있는가'는 중요하다.

알코올중독자의 알코올중독이 진행하는 행동단계로서 첫 번째, 손이 떨린다든지 해서 병원에 오게 되는 것이 일차적 단계이며 술로 인해 신체적·사회적 결함이 발견되는 단계이다. 이 단계는 사회적으로는 음주가 잦은 폭행으로 번지거나, 음주운전 등으로 사회적으로 문제가 생긴다. 두 번째는 가정과 사회적인 문제로 가족과의 관계에서 혼란을 겪고 직장에서 해고되거나 사회적 역할수행의 역기능이 계속되면 이 시기에 정신과 병원을 방문하기도 한다. 그 다음 단계로서 알코올중독자의 심각한 신체문제가 발생하는데 간경화, 구멍이 나거나 한쪽 팔이 마비, 복수가 차는 증상 등을 호소하며 마지막 단계는 알코올성 치매 단계로서 알코올성 인지장애로 발전하면서 모든 기억을 잃게 되기도 한다. 결론적으로 많은 경우 회복이 불가능한 알코올리즘은 조기발견, 조기치료, 재활 등이 주요 쟁점이 된다. 김성재(2011)는 증상을 구분하여 알코올중독 진행단계를 네 단계로 구분하였는데 먼저 심리적인 효과와 스트레스 대처 수단으로 알코올을 사용하는 단계로서 중독 전 단계(pre-alcoholic phase)를 설명하였다. 두 번째로 기억상실, 내성, 은밀한 음주 및 음주에 대한 죄책감을 가지는 초기 중독 단계(prodromal phase), 음주에 대한 조절력 상실의 결정적인 단계(crucial phase), 마지막으로 매일 음주를 하고 금단증세를 가지며 대체물질을 구하는 만성단계(chromic phase) 등으로 구분하였다.

일반적으로 임상평가는 선별(screening)과 평가(assessment)를 구분하고 있는데 '선별'이란 알코올 문제를 겪고 있는 개인이나 가족을 확인하는 것으로 평가의 필요성을 결정하는 것이다(전영민, 2010). 선별검사와 평가검사, 치료의 세 가지 관계는 선별검사 결과가 양성일 때 진단을 위한 평가를 하게 되고 적절한 치료를 개입하게 되는데 알코올중독 선별검사는 첫 단계로 중요하다.

알코올중독평가척도에는 국립서울정신병원형 알코올중독 선별검사인 NAST, 알코올 사용장애 선별검사인 AUDIT, 청소년의 약물중독을 포함한 문제행동을 측정하는 도구인 POSIT, 존스 홉킨스 중독 체크리스트, 강박적 음주 척도검사인 OCDS, 중독 심각도 평가인 ASI와 DrinC 등이 있다. 그 외에도 한국에는 많이 알려져 있지 않지만 CDP와 AUI 등의 중독평가척도가 있고 AEQ, ABS, IDS 등의 중독자 인지평가척도가 있다.

국립서울정신병원형 알코올중독 선별검사인 NAST는 12개의 질문문항으로 구성되어 있는데 12개 중 3개 이상에 해당하면 중독 가능성이 높으며 4개 이상이면 중독으로 인정한다. 그리고 금단증상인 10번과 11번에 해당되는 경우 문항수와 관계없이 중독으로 진단된다. NAST의 문항은 〈표 11-9〉에 기재되었다.

알코올 사용장애 선별검사인 AUDIT는 10문항으로서 네 가지 수준에 의해 내담자를 평가하는데(Sauders, Aaslnd, Babor et al., 1993) 연구와 다소 차이가 있으나 평가기준은 네 단계로서 '낮음(0~7)', '중간(8~15)', '높음(16~25)', '매우 높음(26~40)' 등의 척도로 표현된다(김종성, 1999). 김종성은 약한 위기상황의 알코올 문제는 1~11점, 해로운 알코

표 11-9 국립서울정신병원 알코올중독 선별검사(NAST) 문항

최근 6개월 동안 당신의 생활에서 해당되는 사항에 O표 하시오.

1. 자기연민에 잘 빠지며 술로써 이를 해결하려 한다.
2. 혼자 마시는 것을 좋아한다.
3. 술 마신 다음날 해장술을 마신다.
4. 취기가 오르면 술을 계속 마시고 싶은 생각이 지배적이다.
5. 술을 마시고 싶은 충동이 일어나면 거의 참을 수 없다.
6. 최근 취중의 일을 기억하지 못하는 경우가 있다.
7. 대인관계나 사회생활에 술이 해로웠다고 느낀다.
8. 술로 인해 직업기능에 상당한 손상이 있다.
9. 술로 인해 배우자(보호자)가 나를 떠났거나, 떠난다고 위협한다.
10. 술이 깨면 진땀, 손 떨림, 불안이나 좌절 혹은 불면을 경험한다.
11. 술이 깨면서 공포나 몸이 심하게 떨리는 것을 경험하거나 혹은 헛것을 보거나 소리를 들은 적이 있다.
12. 술로 인해 생긴 문제로 치료 받은 적이 있다.

자료: 차진경(2011). 중독과 재활 상담. 한국중독상담학회 학술대회, 59-86. 재구성

올 문제는 12~14점, 문제성 알코올 수준은 15~25점으로, 알코올중독 수준은 26~40점으로 평가하고 있다. AUDIT 문항은 〈표 11-10〉에 기재되었다.

청소년의 약물중독을 포함한 문제행동을 측정하는 도구인 POSIT는 미국 약물남용연구소에 의해서 개발되었으며 청소년의 약물사용과 남용을 포함한 10가지 영역에 걸쳐 문제행동을 측정하는 도구이다. POIST의 질문항목은 중독되었다고 느낌, 내성, 필름 끊김, 음주에 대한 지속적 욕구, 음주 조절의 실패, 음주로 인한 친구와 논쟁, 음주로 인해 타 활동의 방해, 음주로 인한 감정의 변화, 그리고 다른 사람이나 자신의 상해 등으로 구성되어 있다. POSIT의 신뢰도 범위는 .73에서 .83으로 단순하게 '예'와, '아니오'의 응답 형식을 취하고 있으며 각 문항에 대해 '예'라고 응답한 경우 1점이 '아니오'라고 응답한

표 11-10 AUDIT 문항

> 1. 얼마나 자주 술을 마십니까?
>   1) 전혀 안 마신다   2) 월 1회만   3) 월 2~4회   4) 주 2~3회   5) 주 4회 이상
>
> 2. 술을 한 번에 몇 잔 정도 마십니까?
>   1) 한두 잔   2) 3~4잔   3) 5~6잔   4) 7~9잔   5) 10잔 이상
>
> 3. 한 번에 맥주 5캔 이상 마시는 경우는 얼마나 자주 있습니까?
>   1) 없다   2) 월 미만   3) 월 1회   4) 주 1회   5) 거의 매일
>
> 4. 지난 1년간 한번 술을 마시기 시작하면 멈출 수 없었던 때가 얼마나 자주 있었습니까?
>   1) 전혀 없다   2) 월 미만   3) 월 1회   4) 주 1회   5) 거의 매일
>
> 5. 지난 1년간 평소에 할 수 있었던 일을 술 때문에 하지 못한 적이 얼마나 자주 있었습니까?
>   1) 전혀 없다   2) 월 미만   3) 월 1회   4) 주 1회   5) 거의 매일
>
> 6 지난 1년간 술 마신 다음날 해장술을 마신 적은 얼마나 자주 있었습니까?
>   1) 전혀 없다   2) 월 미만   3) 월 1회   4) 주 1회   5) 거의 매일
>
> 7. 지난 1년간 술 마신 후 죄책감이 들거나 후회를 한 적이 얼마나 자주 있었습니까?
>   1) 전혀 없다   2) 월 미만   3) 월 1회   4) 주 1회   5) 거의 매일
>
> 8. 지난 1년간 음주 때문에 전날 밤 일이 기억나지 않았던 일이 얼마나 자주 있었습니까?
>   1) 전혀 없다   2) 월 미만   3) 월 1회   4) 주 1회   5) 거의 매일
>
> 9. 음주로 인해 자신이나 다른 사람이 다친 적이 있습니까?
>   1) 없다   2) 있지만 지난 1년간에는 없다   3) 지난 1년간 있었다
>
> 10. 가족이나 친구 혹은 건강전문가나 의사가 당신이 술 마시는 것을 걱정하거나 혹은 줄이라고 권유한 적이 있었습니까?
>   1) 없다   2) 있지만 지난 1년간에는 없다   3) 지난 1년간 있었다

자료: 전영민(2011). 알코올중독 평가 및 단기개입. 한국중독상담학회 춘계 학술대회 자료집, 79-96

경우 0점이 주어진다. 중독평가(POIST)를 본다면 총점 2점 이상이면 알코올중독 가능성이 높고 문제성 음주로 정의한다.

폭음이나 음주량 및 빈도에 대한 자가진단 선별검사에는 CAGE가 있는데 CAGE 진단검사의 평가에 대한 네 가지 심각수준 기준은 'Cut down(끊어야 겠다 생각해 보았는가)', 'Annoyed(주변에서 뭐라 하는가?)', 'Guilty(죄책감이 드는가?)', 'Eye-opener(일어나서 해장술을 마셔 봤는가?)'로 질문들이 기술된다.

존스 홉킨스 의과대학교 알코올중독증 체크리스트 평가지 20개 문항 중 3개 이상을 그렇다고 한 경우는 알코올중독 위험이 높고, 5개 이상을 그렇다고 하는 경우는 알코올중독증으로 평가된다.

OCDS(Obsessive Compulsive Drinking Scale)는 음주갈망을 다루고 있는 척도로서 알코올중독군에서는 1~3주간 술을 먹지 않아도 측좌핵 등에서 심각한 문제를 보여주었고 5주 후 PET 검사 결과에서는 OCDS의 높은 점수의 문제와도 일치했다. 심한 갈망의 생물학적인 문제는 OCDS의 측정과 함께 심각한 결과를 보여주고 있는데 술을 먹지 않은 상황에서도 중독자들의 강박음주갈망척도는 매우 높게 표현되고 있다.

그외에도 중독심각도를 측정하는 대표적인 평가척도는 ASI(Addiction Severity Inde)와 DrinC(Drinker Inventory of Consequences)가 있다. 200개 문항의 7개 척도로 구성되어 있는 ASI 평가척도는 치료적인 개입을 위한 문제영역을 확인하는데 유용하며 치료계획 수립 및 치료효과 평가에 도움이 되며 한국에서는 김덕기(1997) 등에 의해 표준화 연구가 실시되었다(전영민, 2010).

음주자 결과를 측정하는 도구로서 DrinC의 평가는 낮음(55~60), 중간(61~75), 높음(76~90), 매우 높음(91 이상) 등의 평가기준으로 구분되어 분류된다.

중독 심각도보다 중독평가척도를 위한 포괄적인 평가도구는 AUI(Alcohol Use Disorders)와 CDP(Comprehensive Drinker Profile) 등이 있으며 AUI는 228개 문항과 24개 영역으로 구성되었고, CDP는 88개 문항으로서 국내의 연구가 없다.

더 나가서 인지를 위한 평가 척도는 AEQ, ABS, IDS 등이 있는데 AEQ는 120개 문항으로서 6개의 척도를 가지고 있고, ABS는 48개의 문항으로서 7개 척도로 구분되고 IDS는 42개 문항으로 구성되었다(전영민, 2010).

6 청소년 쇼핑중독과 진단검사

1) 충동구매와 쇼핑중독의 차이점

복잡한 문화 환경과 함께 청소년들은 매우 다양한 욕구를 가지고 해결하는 행위를 하게 되는데, 그중의 하나가 쇼핑이다. 쇼핑행위는 부족함을 해결한다는 합리적인 동기와 쾌감을 추구한다는 비합리적이고 본능적인 동기 사이에 충돌을 보여주기도 한다. 쇼핑에 대한 집착은 청소년이 쇼핑이 필요한 것을 획득하기 위한 행동이 아니라 그 자체의 쾌감을 추구하는 행동으로 전락하는 것이다. 미국의 경우 전체 성인 인구의 약 6% 정도가 쇼핑 중독자로 추정되며 주요 병원들이 이의 치료를 위한 프로그램을 운영하고 있다. 우리나라의 경우 삼성생명 사회정신건강연구소에서 2000년대에 남녀 700명을 대상으로 조사한 결과 37%가 쇼핑 습관에 문제가 있는 것으로 나타났다. 조사대상자의 6.6%는 쇼핑중독, 11.9%는 평소 과다한 쇼핑으로 중독 상태에 빠질 가능성이 높은 것으로 나타났다.

충동구매와 쇼핑중독은 구매행동 특성상 공통적일 수 있으나 그 개념은 다르다. 충동구매는 구매행동만을 관심 대상으로 하는 것이라면, 쇼핑중독은 지나치게 구매에 이끌리고 이러한 심리적 욕구를 억제하지 못하는 특성을 가지고 있다.

모든 구매자가 쇼핑중독은 아니지만 충동구매를 하려는 청소년들의 행동은 특정 욕구가 발생했을 때 그것을 해결하려고 한다. 충동구매란 사전 구매계획 없이 구매현장에서 다양한 형태의 구매자극을 받아 충동적으로 제품 및 서비스를 구매하는 것을 의미한다. 스턴(Stern 1997)은 충동구매의 유형을 네 가지로 분류하고 있는데 순수충동구매, 회고충동구매, 암시충동구매, 계획충동구매 등이다. 순수충동구매는 정상적인 구매 패턴에서 벗어나 호기심이나 회피 등의 이유로 구매하는 것을 의미한다. 회고충동구매는 구매자가 필요한 상품을 기억해 두었다가 자극을 받을 때 구매하는 것이며, 암시충동구매는 구매자가 특성상품을 보고 새로운 욕구를 느껴 구매하는 것인 반면, 계획충동구매는 구매자가 가격 인하 판매나 쿠폰에 의해 의도적으로 구매하는 것을 의미한다.

반면 정신질환으로 간주되는 쇼핑중독은 단순한 과소비차원이 아니라 쇼핑이 불가능해지면 심리적 부작용이 일어나는 상태이다. 필요하지 않은 상품을 구입하고, 구입한 상품을 제대로 기억하지 못하고 쇼핑에 집착하여 정상적인 생활을 방해받는 것이다.

충동구매는 대개 슬프고, 외로운 감정이 들 때나 좌절감을 느낄 때 행동하는 반면, 쇼핑중독은 혼자 쇼핑을 즐기는 경우가 많고, 행복감에 젖어 강한 힘을 느끼거나 카타르시스 내지 성적 흥분 등이 내재하는 경우가 있다. 또한 중독자 대부분이 쇼핑을 통해 불만을 해소하거나 대리만족을 느끼는 것이 주요 이유가 된다. 쇼핑중독의 특징으로 지불 능력이 없다는 것을 알면서도 계속 물건을 구입하는 경향이 있는데 구매하고자 하는 충동이나 집착으로 고민하고 경제적인 고통을 느끼게 된다.

쇼핑중독자는 일상생활에서의 소비를 목적으로 하지 않는 경우가 많아 물건을 사용하지 않고 모아 놓거나 일부는 반품시키기도 한다. 쇼핑중독증에서 보이는 중독 증상들은 TV광고를 오랜 시간 보고 인터넷 사이트들을 돌아다니며 기분전환이 필요하면 쇼핑으로 해소하는 경향이 있으며 신제품이 나오면 남보다 먼저 사용해야 하는 경향이 있다. 즉시 필요하지 않더라도 언젠가 쓸모 있을 것 같으면 물건을 사며 자신의 취향이 아니더라도 값이 싸면 산다.

2) 쇼핑중독증을 위한 자가진단검사

쇼핑중독증 환자들은 주로 현금보다 신용카드를 많이 사용하는 편으로 쇼핑중독증의 진단으로는 지불할 능력이 없는 물건이라도 외상 또는 할부로 사는 경향이 많은 것으로 볼 수 있다. 또한 할인 판매하기 때문에 물건을 사는 것, 월급날이 돌아올 때쯤 돈이 남아 있으면 써버리는 행동 등이 포함된다.

청소년 자신이 무엇이든 상관없이 물건을 사고 싶을 때가 있고 쇼핑하러 가지 않는 날은 불안한 정서가 증가되거나 쇼핑을 하는 동안은 기분이 좋지만 집에 돌아오면 불안하며 물건을 산 후 많이 후회하는 상황이 있다면 진단이 필요하다.

청소년 쇼핑중독 자가진단검사 문항과 온라인상의 쇼핑중독 자가진단검사는 〈표 11-11〉에 기재되었다.

청소년 쇼핑중독 진단검사에서는 모든 문항에 해당되지 않는 경우는 건전형이며 5, 6, 10, 15번에 해당되는 경우는 정서적인 문제로 평소 충동구매를 생각할 수 있으며 주의를 요한다. 또한 3, 4, 7, 9번에 해당되는 경우는 다른 사람과 쇼핑을 동행하는 예방적 대안

표 11-11 청소년 온라인 쇼핑중독 자가진단검사 문항

쇼핑도 중독될 수 있습니다. 귀하는 인터넷 쇼핑을 하루도 빠지지 않고 매일 매일 들러봐야 마음이 놓인다던지, 필요하지도 않은 물건을 기회를 잃을까 봐서 산다던지, 자신에게 합당한 가격이지 않음에도 사는 경우라면 유의를 해 보십시오.

1. 구입하는 돈과 쇼핑물건에 대해 후회를 하지 않는다.
   1) 전혀 그렇지 않다.　2) 약간 그렇다.　3) 많이 그렇다.　4) 관심이 없다.
2. 시간이 가면 갈수록 계속 온라인 쇼핑을 반복하게 된다.
   1) 전혀 그렇지 않다.　2) 약간 그렇다.　3) 많이 그렇다.　4) 관심이 없다.
3. TV 쇼핑보다 온라인 쇼핑이 즐겁고 집착하는 횟수가 증가하고 있는 것 같다.
   1) 전혀 그렇지 않다.　2) 약간 그렇다.　3) 많이 그렇다.　4) 관심이 없다.
4. 온라인 쇼핑을 즐겨하는 이유는 친구나 가족들에게 알리지 않고 하는 장점이 많아서이다.
   1) 전혀 그렇지 않다.　2) 약간 그렇다.　3) 많이 그렇다.　4) 관심이 없다.
5. 가족에게 온라인 쇼핑을 하는 것에 대한 비밀을 갖고 있고 들키면 불안하다.
   1) 전혀 그렇지 않다.　2) 약간 그렇다.　3) 많이 그렇다.　4) 관심이 없다.
6. 불안이나 죄책감 등을 피하고 싶을 때 오프라인보다 온라인 쇼핑을 즐긴다.
   1) 전혀 그렇지 않다.　2) 약간 그렇다.　3) 많이 그렇다.　4) 관심이 없다.
7. 온라인 쇼핑의 유용성은 누구도 나를 볼 수 없는 점이다.
   1) 전혀 그렇지 않다.　2) 약간 그렇다.　3) 많이 그렇다.　4) 관심이 없다.
8. 필요한 돈을 가지기 위해 부모님의 카드를 사용하거나 절도 등 불법행위를 한 적이 있다.
   1) 전혀 그렇지 않다.　2) 약간 그렇다.　3) 많이 그렇다.　4) 관심이 없다.

자료: Benson A.(2008). *Buy or Not to Buy: Why We Overshop and How to Stop*, Boston, MA: Trumpeter. 재구성

이 필요하다. 1, 8, 12, 14번에 해당되는 경우는 중증 쇼핑중독으로서 쇼핑중독 증세가 심각하므로 정신과 치료나 상담을 권유한다.

12 CHAPTER

아동·청소년의 중독 상담

1 아동·청소년의 인터넷중독과 상담

1) 인터넷중독 유형

용(Yong, 1996)은 인터넷중독 유형을 사이버 게임중독, 가상관계중독, 사이버 거래중독, 정보검색중독, 사이버 섹스중독 등으로 분류하였다.

(1) 사이버 게임중독

사이버 게임중독에는 액션, 슈팅, 아케이드 게임, 어드벤처 게임, 시뮬레이션 게임, 롤플레잉 게임, 스포츠, 경주 게임 등을 사용하는 경우가 많다.

(2) 사이버 채팅중독

사이버 채팅중독은 대화방이나 동호회 등을 통해 인터넷 채팅에 빠져들어 통제력을 상실한 중독적 유형을 의미한다. 사회활동도 감소하게 되고 현실에서는 고립감과 외로움을 경험하며 사이버 공간 안에서 심리적 지지와 소속감을 추구하려 한다.

(3) 사이버 거래중독

인터넷상에서의 도박, 주식매매, 쇼핑 등의 사이버 거래에 집착하는 것을 의미하며 빠지는 이유로는 접근용이성, 통제성, 그리고 흥분성 때문이다. 경매와 도박 등에서 상대방을 이겼을 때의 즐거움, 다른 사람을 물리치고 물건을 갖는 등의 흥분 등으로 그 사용이 과도해 질 수 있다.

(4) 정보과부하중독

청소년들은 인터넷을 통하여 최신의 정보에 접근하며 열망하고 있는데 정보과부하중독은 많은 검색을 하며 웹서핑이나 검색에 집착한다. 정보에 관심이 많고 목적 없이 여러 사이트를 돌아다닌다.

(5) 사이버 섹스중독

사이버 섹스중독이란 아동이나 청소년이 사이버 공간에서 음란물을 보고 성인채팅방을 통해 사이버 섹스에 몰입하는 경향이 많다. 비용이 적고 성적 충동을 채우기 위해 인터넷을 활용하면서 사이버 포르노 사이트와 성인 채팅 사이트에의 접근을 하는 유형이다.

2) 인터넷중독의 원인

(1) 사이버 공간의 특성

ACE모델은 인터넷에 대해 접근가능성(Accessibility), 편리성(Convenience) 현실탈출(Escape)에 대한 사이버 공간을 의미하는데, 사이버 공간은 청소년이 바라는 사회적 지지, 숨은 성격문제의 발현, 성적인 만족 추구, 인정욕구, 사회적 영향력 등의 특성을 가지고 있다. 인터넷의 장점은 시공간초월의 특성으로서 시간과 공간을 뛰어넘어 사람을 만나고 사귈 수 있으며 현실세계의 어느 집단에도 심리적으로 소속되지 못하여 외로움과 열등감을 가진 청소년들은 공동체에 속한 것 같은 느낌을 받게 된다.

(2) 뇌의 질병

중독은 뇌의 병으로 뇌의 전두엽이 망가지고 신경전달물질인 '도파민'에 중독되는 것을 의미한다. 뇌 연구에서는 유아가 어머니와의 애착이 망가질 때 뇌의 'Joy Center' 문제가 제기된다.

어려운 상황 속에서도 극복할 수 있는 인간의 내적 자원, 기쁨과 힘든 상황에서도 견디는 힘(resilience)을 가질 수 없고 위기로부터의 대처할 수 있는 능력이 없어지므로 자신의 욕구를 외부에서 찾고 즐기는 중독적 쾌락에 노출되는 경향이 있다.

(3) 행동주의 심리학

어떤 행동이 반복적으로 일어나는 이유는 그 행동을 통해서 보상을 받으며 그러한 행동이 강화되기 때문이다. 청소년에게 인터넷 속성이 아닌 좀 더 바람직하고 동기와 성공을 유도할 수 있는 자극 및 정보를 제공하여 자극도출적으로 노력한 만큼 강화를 받을 수 있는 대안이 필요하다.

사회학습이론 측면에서는 내담자가 관찰을 통해서 게임이나 인터넷 도박에 대한 호기심이 증가하고 모방학습에 의해 행동이 강화되는데 예를 들어, 학업문제로 왕따와 비난을 받는 아동들은 프로게이머가 우상시되고 관찰의 모델이 되기 때문에 인터넷중독의 한 유형인 게임중독에 몰입될 수 있다. 건전한 가치관과 세계관으로 재구조화 할 수 있도록 건전한 모델링으로 재구조화하는 것이 바람직하고 건강한 것에 초점을 맞추도록 재학습시켜 생활습관을 만들어 가도록 한다.

(4) 성격 및 개인적 특성

인터넷을 자주 사용하는 모든 사람이 인터넷중독이 되지는 않지만 인터넷중독이 되는 원인 중에 개인의 성격적 특성이 많은 부분을 차지한다고 보는 입장이다(송원영, 1999). 인터넷중독 수준이 높은 집단이 낮은 집단에 비해 부정적인 대인관계 성향을 가지며, 부정적 대인관계는 심리적으로 우울하거나 불안하고 초조할 수 있다. 강박적 성격, 사회적 불안이 높거나 낮은 자존감, 거부에 대한 두려움, 인정에 대한 욕구가 많은 청소년들이 사이버 공간에 빠져들 가능성이 많고 자기 통제력이 낮은 청소년의 경우 인터넷 섹스중독에 빠져들 가능성이 많다.

(5) 사회통제이론

사회통제이론에서는 인간을 어느 정도 일탈의 가능성이 있는 존재로 파악되는데 일탈을 하지 않는 이유는 사회의 통제와 사회적 유대감 때문이라고 본다. 인터넷상에서는 익명성이 보장되고 감시나 통제체계로부터 자유롭기 때문에 일탈의 가능성이 높아지는 것이다.

(6) 사회문화 요인

남성이 여성보다 혹은 젊은 세대일수록 인터넷 중독 확률이 높다.

　사회 문화적인 변화로 인한 사회적응의 스트레스가 많고 부모세대와의 갈등, 여가활동의 결여, 적절한 통제력을 배양해 주는 양육문화의 부재, 정보화 주도 정책으로 인한 높은 인터넷 보급률 등의 사회 문화적 요인이 청소년의 인터넷중독을 증가시킨다.

(7) 대리만족

현실에서 어려운 상황에 대한 위기를 인터넷을 통해 가상의 세계에서 표현할 수 있게 되어 자신이 직접 관여하지 않으면서 대리만족을 느낄 수 있게 된다. 현실에서는 부끄러운 성격의 청소년이 가상공간에서 적극적이 되고, 현실 세계를 도피하여 가상 세계에서 자신의 공간을 만들며 다른 대상을 통한 대리만족과 함께 자존감을 높일 수 있다. 성적인 면에 있어서도 인터넷의 특징인 익명성의 보장과 실제적인 접촉의 부담 없이 자유롭고 무분별하게 성을 표현하고 즐기며 탐닉할 수 있다.

(8) 심리적 갈등해소

가족문제 혹은 성적저하로 인한 좌절감, 우울감, 실패 및 학교 폭력, 집단 따돌림 등의 부적응을 경험할 때의 심리적인 어려움과 외로움을 게임을 통해 잊어버리거나 채팅을 통해 위로를 받게 된다. 감정 발산, 정서적 일체감 등으로 인터넷에 더욱 의존하게 된다.

(9) 공격성 표현과 자기효능감의 수단

청소년 안에 내재된 공격성을 표현할 수 있는 수단으로 이용될 수 있는 온라인 게임들이 공격적인 표현의 수단으로 활용된다. 또한 충동조절에 어려움이 있는 청소년들은 게임을 통해 주의집중력이 증가되고 자신감과 자신에 대한 효능감을 가지게 되므로 게임에 중독될 가능성이 높다.

3) 인터넷중독치료

인터넷중독에 있는 아동과 청소년의 정서적 환경적 원인에 대한 이해는 중독을 벗어나기 위한 과정을 제공해 주는데 종합적 평가에 대한 다양한 치료가 요구된다.

(1) 동기강화상담

동기강화상담인 MI(Motivational Interview)에서 중독자인 청소년과 아동에게 변화대화를 이끌어 내는 것은 중요하다(Miller, 2013). 변화대화란 그들의 중독문제에 머물지 않고 조금이라도 새로운 이야기를 쓰는 것이다. 동기강화상담에서 인터넷중독자에게 변화대화를 하도록 돕는다면 먼저 내담자의 예비적 변화대화(i.e. 변화에 대한 욕구, 능력, 이유, 필요성 등)가 유지되고 그 다음에 행동화 시키는 변화대화로 발전하게 된다. 내담자의 강점들을 유발하기 위해서는 구조화된 방법이 필요하며 변화대화를 유발하기 위해서는 내담자 변화목표를 확고히 하며 아동이나 청소년 내담자에게 방향지시적인 질문을 함으로서 그들의 상황 안에서 변화대화를 이끌어 낸다.

밀러는 내담자가 중독 증세에 머물거나 내담자의 의지와 관계없이 강박적인 중독행위를 하며 변화대화가 없다면 변화의 의지를 보이지 않는 것으로 판단하지만 이러한 경우 오히려 중독을 유지하려고 하는 유지대화를 반영시키는 것이 도움이 되는 것으로 언급한다. 그리고 상담사는 내담자의 예비적 변화대화를 기다리는 것이 현명할 것이다. 예비적인 유지대화가 계속되면 그 다음에는 행동화시키기 위한 변화대화로 발전되는 경우가 많다. 변화되지 않은 대화변화를 준비하거나 준비 중인 활성화대화도 계속 같이 존재하는 것에 대해 어려움이 있지만 거꾸로 유지대화가 존재하지만 행동화 시키는 변화대화가 포함되어 있기 때문에 양가감정에 대한 대화 반응이 고려되어야 한다.

변화대화를 유발하기 위해서는 우선 양가감정을 아는 것이 중요하고 그 양가감정을 낚는 작업이 필요하다. 이러한 양가감정일 때 내담자의 변화대화는 종종 유지대화와 함께 엉켜 있는 경우가 많은데 내담자의 변화대화를 유발하는 방법으로 양가감정의 내담자에게서 변화대화를 발견해 내서 변화대화를 낚아채는 것은 중요하다. 변화대화를 발견하면 중요변화대화에 대한 단순반영, 그리고 확대반영, 양면반영 등을 해주는 것은 중요하다(Miller, 2013). 예를 들어, 내담자가 '인터넷 게임을 정말 끊고 싶지 않은데 그래도 끊어야 하는 것이란 것을 알고 있다.'고 언급하는 경우는 내담자의 부정적인 유지대화보다 '인터넷 게임을 끊어야하는 것', 즉 변화대화에 대해 '내담자가 명확하게 반응을 하고 있음'을 반영(단순 혹은 확대 및 양가성 반영)해주고 그 다음 양가감정 다음단계인 행동화시킬 수 있는 변화대화로 발전시키도록 한다. 이런 과정을 진행하는 것은 동기상담에서의 동기가 되기 때문이다.

(2) 인지행동치료

문제의 특정 행동을 하기 전에 자신의 성향과 동기, 행동경향 등을 분석해서 효율적 대처를 하도록 만들어주는 인지행동치료(REBT)는 80~90%의 치료효과를 가진다. 인지행동치료는 실용적이며 단계적으로 스스로 발전하는 방법을 제시하게 되며 생활 전반에 대한 조절력 향상을 통해 인격 성장에 도움이 된다. 사이버 게임중독, 사이버 섹스중독, 사이버 쇼핑중독, 사이버 거래중독 및 인터넷 과부화 현상에 대한 내담자 자기인식 변화시키기 위한 전략으로서 유용성-불이익 분석기법, 자극조절기법, 대처기술기법, 문제해결기법, 자기도출기법 등이 있다.

먼저 청소년 인터넷중독의 경우 이익-불이익 분석기법은 청소년 중독 내담자가 가지고 있는 전형적인 문제행동이나 혹은 양가감정을 최소화하고 변화시키는데 유용하다. 이 분석은 청소년 중독자들이 인터넷이나 사이버 활용에 대한 내담자의 유용한 점들을 나열하게 하고, 동시에 반대로 문제가 되는 점에 대한 불이익을 나열하게 함으로서 자신이 처해진 상황에서 어떤 것을 선택해야 하는 것에 대해 재평가하는 과정을 포함시키고 있다.

청소년 인터넷중독자들을 위한 대처기술훈련은 자기주장 훈련, 문제해결기술훈련, 감정 조절을 위한 방법들을 활용 하는 기법으로서 건강하지 못한 습관이 너무 지나칠 때 습관적으로 중독적인 표적행동에 무관하도록 대처하는 방안인데 이 대처 방안은 표적행동을 조정하거나 재학습하여 훈련하는 방법을 포함하고 있다.

대처기술훈련으로 예를 들어 인터넷 쇼핑중독자들이 쇼핑을 할 때는 온라인 쇼핑이나

TV 홈쇼핑보다는 고전적인 방법으로 부모와 함께 간접적으로 쇼핑하도록 돕고 쇼핑을 하는데 있어서 시간이 지남에 따라 더 싼 가격대의 물건이 얼마든지 나온다는 것을 상기시키는 방안 등을 고려한다. 사이버 섹스 혹은 사이버 거래, 게임중독 혹은 사이버 쇼핑 등을 미리 피할 수 있는 행동전략을 세우는 것을 학습하는 것이 '자기주장 훈련'이다. 예를 들어 게임에 의존하는 청소년에게 동료와의 관계나 Peer group에서 '게임거절기술' 등이 활용된다.

인터넷중독을 위한 '문제해결기술훈련'은 이때까지 중독 안에서 해결해왔던 것과 다르게 다른 해결방법을 모색하는데 유익하다. 먼저, 이 기법은 행동중독 행위에 있어 자신의 중독문제가 무엇인지 명확한 용어로 정의해야 하며 문제에 대한 가능한 해결방법을 모색하고 어떤 해결방법이 유용하며 각 해결방법의 장단점을 파악하도록 기획되어 있다. 최선의 해결방법을 선택하여 계획을 세우면서 실제행동을 하도록 하는 과정이 포함된다.

물질중독인 경우는 법적인 제재를 받을 수도 있고 쉽게 발견되어 치료를 받을 수 있는 반면, 인터넷 게임이나 인터넷 쇼핑중독 혹은 행동중독인 경우에는 중독을 뛰어 넘을 수 있는 대응기술로서 내담자에게 더 흥미 있는 일이나 과제를 수행할 수 있는 '자극도출 기법'이 활용되어진다. 인터넷 쇼핑중독인 경우에는 스트레스를 줄이며 건전한 취미생활을 하며 자신에 대한 통찰이 요구되고 꼭 해야 할 리스트를 만들고 그 기준대로 꼭 필요한 것만 구입하거나 의미 있는 것에 주목하고, 가급적 행동중독에 대한 자극에서 피한다 (Benson, 2011).

'자극도출 기법'은 또한 청소년의 생활 속에 있는 조건자극들의 수를 줄여 나가는 것으로서 인터넷을 강박적으로 활용하는 시간, 장소 또는 환경 등을 제한시키는 것 등이 포함된다. 혹은 특정 환경, 특정시간과 장소에서 인터넷 활용을 하는 방안을 체계화 시킨다. 또한 우울한 중독자인 경우 우울감을 대처하기 위한 상황을 만들고 중독에 대한 강한 욕구가 일어나는 청소년을 대상으로 전략을 세우는 것 외에도 청소년 자신이 가치를 둘 수 있는 다른 일을 실행하도록 동기를 부여하는 기법으로 위기상황 대처하는 계획이 포함된다(Howard, 2002).

더 나가서 책임감 부여, 비디오 시청과 자기 강화 기법, 대응기술 훈련 등이 있는데 이 기법들은 독립적이라기보다 치료의 큰 틀 안에서 상호 유기적으로 작용하는 보완적인 상담기술로 이해하는 것이 중요하다.

(3) 종합적인 행동수정

인터넷중독뿐 아니라 인터넷 쇼핑중독은 청소년이 습관적으로 물건을 사지 않기 위해 물건을 사지 않는 날을 정하는 것처럼 행동주의적인 치료접근을 하는 것이 유용하다. 물건을 사고 싶은 충동이 생겼을 때 '비슷한 물건이 없는지' 잠시 여유를 갖고 '이것이 꼭 필요한 것인가'를 따져보기도 하며 자제하는 훈련을 하도록 한다. 더 나가서 행동중독과 함께 나타날 수 있는 다른 정신과적 질환에 대한 평가도 필요하다(Paco, 2008).

더 나가서 상황변화, 자기주장 훈련, 시간관리, 재발방지 훈련, 정서의 관리를 위한 조정, DRI, DRL, DRO, DRA 등과 같이 행동을 감소시키는 차별강화의 기법이 유용하다. 가상현실에서 자신의 세계에 길들여진 청소년들은 현실에 부딪쳤을 때 무능력으로 위축되어 게임과 인터넷의 가상세계로 도피할 수 있다. 상황연습 기법은 행동주의 기법으로 내담자가 치료적 자조집단에 참여하거나 인터넷중독 회복집단 등의 활용을 의미한다(Lee, 1999).

아동기와 청소년의 인터넷중독, 게임중독 혹은 온라인 도박중독치료는 지원집단, 회복집단 등의 다양한 집단을 병행하는 것이 도움이 되는데 개인증세에 비례하여 자조집단과 회복집단의 치료효과가 달라진다. 절망으로 어떤 행동중독을 끊겠다는 욕구와 의지가 없는 청소년 중독자들은 대부분 강압적으로 치료가 시작되는 경향이 있다. 강압적인 치료보다 치료사의 반영으로 변화대화가 유지대화와 함께 존재한다면 상황 연습기법은 중독자의 환경적 요인의 유용한 치료적 전략이 될 수 있다.

인터넷중독은 전형적인 치료집단 이외에 사후관리로서 재발방지를 위하여 구조화된 치료가 필요하기 때문에 상황관리뿐 아니라 시간관리, 재발방지 훈련, 정서의 관리를 위한 조정을 위하여 자조집단, 화복집단, 중독자 가족 자조집단 등이 효과적으로 활용될 수 있다.

(4) 가족치료

중독자에게는 가족의 지나친 관심이 오히려 의존적 역할이 될 수 있고 아동학대나 방임 등의 수동적 학대가 수치심과 함께 가족구성원의 중독 증세를 자극할 수 있다

(Steinglass, 2008). 중독문제에 대한 가족치료적인 이슈(issue)는 중독이 가족의 병이며 가족항상성의 문제를 반영하므로 가족구조를 재구조화하는 것이 강조된다. 가족상담, 치료 및 더 나가서 가족교육 및 가족심리교육에 들어가 도움을 받는 것은 가족의 체계문제와 가족항상성을 재구조화하는데 도움이 된다. 그 밖의 중독자를 위한 치료공동체, 그리고 중독자 가족들을 위한 지원 집단과 회복집단 등을 활용하여 영향력을 미치는 것이 강조되고 있다.

(5) 뉴로피드백

게임이나 인터넷중독은 뇌의 깊은 곳에 중독에 대한 갈망이 저장되어 스스로의 의지로는 조절이 어려운 상태로 뇌기능이 학습되고 있다. 뉴로피드백 훈련이 증가되면 갈망을 줄여주기 때문에 온라인 게임 등을 줄이고 중단하기가 용이해진다. 뉴로피드백은 뇌의 상태를 정상적인 각성상태로 만들어주기 때문에 중독자가 단기간이라도 집중을 할 수 있도록 돕고 일반적인 학습활동을 정상적으로 유지할 수 있도록 돕는다.

2 아동·청소년의 흡연중독과 상담

담배 한 개에는 니코틴, 타르, 일산화탄소와 독성물질, 20여 가지의 발암 물질이 들어 있다. 흡연의 영향력은 호흡기계의 문제, 심혈관계, 중추신경계(두통, 사고능력, 두뇌운동기능) 기능저하 유발, 암과 정신적인 질환과 우울증을 발병하게 된다. 흡연중독은 긴장과 감정적 불편을 해소하거나 피하기 위해 약물에 대한 갈망이 있는 상태이며 약을 중단하면 특징적인 금단증상이 나타나는 상태를 의미한다. 흡연은 점진적으로 신체적, 정신적으로 니코틴 의존이 생기고 담배 속에 있는 중독성 약물이 빠르게 기도와 폐포를 통해 혈류 속으로 흡수되는데 혈중 니코틴 농도는 각 담배의 30~90%가 몸속으로 흡수된다. 더 나가서 마리화나(대마초)는 대마의 잎과 꼭지를 말려 부순 것으로서 광범위한 인지기능을 손상시키고 복합한 정신운동기술에 손상을 주는데 THC 관련으로 역내성 현상을 일으키는 것으로 알려져 있다.

흡연증상은 피로를 느끼게 하고 불면증에 시달리도록 하여 결근율도 높을 뿐 아니라 정밀 작업을 망가뜨리게 되어 성욕의 감퇴가 일찍 오고 폐활량이 적어지며 주의력이 줄어든다. 니코틴은 중독성이 헤로인이나 코카인과 같은 물질만큼 강한 물질인데 강박적으로 반복사용을 하면 기분을 바꿔놓고 금단증상과 사용자의 내성을 가지게 되므로 시간이 지남에 따라 같은 효과를 보려면 흡연의 양을 늘려야 한다. 습관성중독이란 심리적으로 계속 약물을 찾는 행동과 신체적으로 중단하지 못하고 정상적인 건강을 해치게 되는 상태를 의미한다.

1) 니코틴중독의 특성

물질(약물)에 대한 중독 증후군에 대한 진단 기준은 미국정신의학회의 진단편람(DSM-IV, TR)에 의하면 내성의 출현, 금단 증상 혹은 금단증상을 피하기 위한 물질의 사용, 의도한 것보다 다량의 물질 사용, 사용량을 줄이려는 욕구, 또는 그러한 노력이 있더라도 실패하는 경우, 물질 사용과 관련된 과도한 사간의 투자, 물질 사용에 따른 주요활동의 포기, 물질 사용에 의한 신체적, 심리적 문제에도 불구하고 지속적인 사용 등이다.

니코틴은 중추신경흥분제이며 담배의 기본적인 알카로이드(alkaloid)인 니코틴(nicotine)은 중독성을 가지고 쾌감중추인 니코틴 수용기를 자극한다. 일반적으로 하루에 담배를 한 갑 이상 피우는 사람들은 니코틴중독이라고 볼 수 있다. 흡연행동의 진행과정은 네 가지 과정을 거치는데 준비단계, 시작단계, 흡연단계, 그리고 유지단계의 과정을 통하여 흡연중독적인 행동이 유지된다. 처음 준비단계(preparation)는 흡연이 시작되기 이전 흡연에 대한 호기심 혹은 혐오감정 등에 의해 개인적 태도와 지식을 형성한다. 시작단계(initiation)는 실제 흡연 경험을 통하여 흡연에 대한 지식과 신념을 형성하는 과정을 형성하며 정기적 흡연단계(regular smoker)가 되면 흡연의 빈도가 급격히 증가하고 흡연을 하는 상황이 다양해진다. 마지막 유지단계(maintenance)는 흡연이 지속적으로 유지되게 되는 과정을 거쳐서 습관적인 행동으로 정착하게 된다.

사회학습모델에서는 흡연행동이 어떤 방식으로도 강화되기 때문에 그 행동이 학습되어 지속된다고 보며(Bandra, 1977) 집중단계, 파지단계, 재생단계보다 동기단계가 중요하다. 동기는 흡연을 유지시키기도 하고 반대의 역할을 하기도 하며 초기 흡연자에게 최초 흡연시도에서 긍정적인 효과를 경험하거나 혹은 부정적인 효과들을 경험을 하게 되는데 의미가 있다.

호기심을 자극하는 사진을 보이거나 문제자극을 통해서 보상회로와 관련된 뇌 신경회로망이 관여되어 갈망이 생기게 된다. 뇌 안에 존재하는 긍정적인 강화시스템에서 일어나는 자극은 뇌신경을 활성화시키며 뇌 중추들을 자극하게 되며 흡연행동을 반복시키게된다. 뇌보상회로를 활성화 시키는 뇌 보상회로의 역동으로 청소년 흡연자는 보상효과를 얻게 되고 금단증상의 부작용을 피하기 위해 흡연을 계속하게 되는 것으로 설명된다.

2) 니코틴중독의 원인

(1) 사회문화적 요인

사회계급, 사회경제적 상황, 사회결속력(Peer Family Bonding) 등은 자존감 문제, 성격적인 문제에 영향을 준다(서경현, 2011). 경제력이나 사회적인 지위가 낮으며 직업을 갖지 못하거나 학습 문제가 있는 청소년일수록 흡연율이 더 많이 증가되는 경향이 있다. 특히 청소년의 흡연 동기는 호기심, 친구들이 동조하는 것 등이 가장 많았으며 사회적인 압력(Leventhal & Cleary, 1980)이나 청소년 자신의 긴장조절을 위해서, 조숙행동(Fessos & Fessos, 1987)의 형태로의 반항심이나 반항의식으로 이루어지는 경우가 많다.

(2) 심리적 요인

중독성 흡연자들은 불안, 초조함, 두려움 혹은 죄책감을 없애기 위해, 자극적이거나 평안감을 갖기 위해 흡연을 하며 기분이 나빠지는 것을 막기 위해 습관적으로 흡연을 한다(Tomkins, 1968). 초기 흡연자의 최초 흡연시도에서 긍정적인 효과를 경험하거나 혹은 부정적인 효과들을 경험을 하게 되는데 흡연의 강화에 따라 증가된다. 습관성 흡연자들은 흡연이 주는 강화와 관련 없이 흡연을 하면 기분이 좋아지는 것으로부터 흡연을 시작하지만 나중에는 쾌락이나 즐거움 없이도 습관적으로 되어 버리는 경우가 많다. 니코틴에 대한 강력한 열망, 긴장, 자극성, 집중력 곤란, 졸림, 수면장애, 맥박 및 혈압 하강, 식욕과 체중증가와 운동수행능력의 감소와 근력이나 긴장력이 증가된다.

일반적으로 물질중독에 관련된 3가지 공통요인은 정서적 쾌락, 물질을 계속 사용하여 정서적 쾌락강도가 줄어들어 생기는 쾌락에 대한 내성, 정서적 금단현상 등이다. 내성이란 담배라는 물질에 대한 수용체 숫자변화를 의미하는데 근본적으로 뇌 속 신경세포의 변화로부터 기인된다. 그 후 몇 초 이내에 혈액 내에 니코틴용량이 증가되며 이로 인한 도파민 활성에 의해 즐거움을 얻게 된다. 더 나가서 혈중 니코틴이 떨어지면서 금단증상을 일으킨다. 니코틴 금단증후군의 증상은 담배에서 니코틴 함량이 낮은 담배로 바꿀 때도 약하게 나타나는데 니코틴의 금단증상은 마지막 담배를 피운지 2시간 이내에 발생되어 첫 24~48시간 사이에 최고를 이루고 수주 또는 수개월 간 지속된다. 니코틴중독의 특정은 다른 신체기관에는 내성이 생기지 않는 대신 중독성이 빠르고 단순히 니코틴에만 의존되지 않지만 흡연은 폐와 심장기능에 더 나쁜 영향을 주게 되는데 흡연증가는 어떤 치명적인 경우가 발생할 수도 있다.

(3) 생리적 요인

청소년이 흡연한 후 신체적 신진대사에 달렸지만 니코틴은 약 8~12시간 동안 몸에 남아 있다. 니코틴중독의 부작용은 오랫동안 시간이 필요하며 느리고 약물작용이 제거된 후에도 부작용 반응은 지속하게 된다.

흡연중독의 생리적 관점은 솔로몬의 모델(Solomon, 1986)로 설명이 가능하다. 솔로몬은 길 항보상과정 모형 A와 반대인 과정모형 B에 의한 중독의 생리적인 과정을 설명하였는데 니코틴뿐 아니라 모든 중독성 물질에 적용되는 것으로서 연합학습 원리와 인지적 중재과정의 이론으로 설명이 가능하다. A과정은 니코틴과 같은 물질이 체내에 들어가면 긍정적 효과를 일으키는 과정을 갖게 되고 대사과정을 통해서 소멸된다. 반대로 B과정은 A과정이 체내에서 활성화되면 A과정의 결과와 반대되는 부정적 정서를 갖게 된다.

니코틴과 같은 물질을 처음 사용할 때는 A과정이 B과정보다 더 강력한 영향을 지니지만 지속적 니코틴과 같은 물질사용을 함으로써 내성이 증가되면 B과정의 효과가 강화된다. B과정의 효과가 강화되면 니코틴과 같은 물질이 점차 쾌락을 유발시키는 능력을 상실하게 되는 효과를 회피하기 위해 자연스럽게 A과정을 얻고자 물질사용을 증가시키게 된다.

(4) 뇌 관련 요인

뇌신경 전달물질 과정은 흡연중독의 내성과 금단의 문제와 관련된다. 인간에게는 니코틴과 같은 물질을 과다 수용했을 때 수용기가 뇌신경의 엔켑팔린을 생산하지 못하면 뇌신경 내의 그것을 보충하기 위해 더 많은 니코틴에 대한 내성과 금단이 생기는 것으로 설명된다.

3) 니코틴중독 과정과 예방

글리핀과 피어스(Glipin & Pierce, 1997)에 의하면 흡연의 형성과정을 발달이론을 니코틴중독의 과정으로 설명하고 있다. 초보 흡연자나 잠재적인 흡연자가 처음으로 언제나 흡연할 수 있다고 자신을 가지거나 그렇게 생각하는 때부터 흡연에 대한 신념이 형성되는데 흡연에 대해 영향을 받기 쉬운 단계가 가능성단계이다. 다음에는 흡연을 사회적인 장면에서 실제로 해보는 실험적인 단계가 있으며 그 이후 금단증세를 보이면 주기적인 흡연이 시작되게 되는데 청소년의 경우 수년이 걸리기도 한다(서경현, 2011).

중독의 보상회로의 과정을 보면 니코틴은 니코틴성 아세틸콜린(nicotinic acetylcholine) 수용체를 통하여 간접적으로 뇌보상회로를 자극한다. 갈망에 대한 연구로서 담배 피우는 사진을 보여준다든지 알코올이나 코카인도 비슷한 자극을 준 후 변화를 조사하는 것인데 갈망이란 보상회로와 관련된 신경회로망이 관여된다는 것이 밝혀지고 있다.

흡연치료가 중요하지만 청소년 흡연중독에 있어서는 중독 예방과 예방에 관련한 효율적인 프로그램이 더 효과적이다. 청소년 흡연은 호기심과 함께 청소년이 소속한 동료(Peer)집단과 관련되므로 먼저 동료 간의 흡연과 관련한 압력에 대한 저항 훈련이 필요하다.

일상적인 치료 중에서 제공되는 기회에 대한 단기적 개입으로서 흡연의 지나친 사용이나 강박적 사용에 대해 우선 묻고(ask), 조언하기(advise), 평가하기(assess), 치료개입하기, 조정하기(arrange) 등을 시도한다.

방송매체 메시지에 대한 면역훈련으로서 담배, 술의 광고 억제, 물질사용 시의 위험성에 대한 분명한 경고문 등을 제시하는 것이 좋다. 더 나가서 부모나 영향력을 주는 모방학습과 그 영향력에 대해 유의해야 하며 흡연인식에 대한 동료의 영향력이 문제를 강화시킨다. 낮은 자존감, 스트레스 대처 능력의 상실, 내면의 심리적 요인들을 중심으로 문제를 개입하는 것이 더 효과적이므로 예방 치료에 대한 프로그램이 요구된다.

4) 치료기법

니코틴중독의 치료는 약물치료와 비약물적 인지행동주의 기법이 있다. 각각의 치료법에 대한 효과 판정에 다양한 보고가 있지만 대체적으로 약물치료와 인지 행동치료를 병행할 때 효과가 높아진다는 사실에는 대부분 동의하는 입장이다.

(1) 니코틴 대체요법

니코틴 대체요법(nicotine replacement or substitution therapy)이란 니코틴중독을 해독시키거나 갈망감을 직접 치료하는 것이 아니다. 니코틴에 대한 생리적 의존이 높은 경우에 담배의 유해 성분을 제거시킨 순수 니코틴 성분을 외부에서 공급해 줌으로서 금연에 따른 금단 증상을 줄이고 단계적으로 금연의 목표에 도달하는 것이다. 니코틴 대체요법에는 씹는 형태의 껌, 피부에 부착하는 패치, 흡입제 등이 있다.

(2) 동기강화상담

니코틴중독을 동기강화상담(motivational interviewing)에 적용할 때 중요한 것은 초점 맞추기 기법으로서 상담 목표로 설정한 첫 번째 단계를 형성 시킬 수 있고 장기적 목표를 향한 일련의 변화들이 존재하게 된다. MI상담은 좀 더 중요하거나 가장 중요한 것이 무엇인지 상담목표로 설정해야 되는 것이 무엇인지를 알도록 해 준다. MI상담의 중요한 단계는 네 단계로서 대인관계의 토대로서 관계형성하기, 초점 맞추기, 유발하기, 계획하기 단계가 있다. 이 네 단계들은 '선형적'인 것이 특징이며 내담자와의 관계를 형성하는 것이 먼저 이루어져야 한다. 금연을 위한 중요성은 금연에 대한 동기이다. 반두라의 사회학습이론에서도 모방할 행동에 대한 주의집중 단계, 파지단계 재생운동 단계, 동기단계의 4단계에서 모든 학습 단계가 잘 진행되었다 하더라도 흡연에 대한 동기가 달라지거나 혹은 동기가 감소되면 흡연행동이 감소되고 유지되지 못한다.

흡연에 대한 양가감정을 활용하여 금연의 장점과 그것에 대한 불이익 등을 구분할 수 있다. 금연에 대한 동기로서 청소년 자신이 흡연에 대한 유용성과 장단점이 무엇인지 명료화하는 과정에서 금연하는 것에 대한 확신을 갖게 되는데 청소년 중독자가 생각하고 있는 흡연의 원인을 구체적으로 파악하도록 돕는다. 금연방법에 대한 정보나 실패에 대한 두려움이 커지게 되면 이러한 문제에 내담자를 따라가 주면서 단순반영 및 양가반영을 해 주어야 한다.

내담자의 어떤 특정한 '행동변화 목표'와 관련되어지는 '변화대화'는 중독 상담에서 양가감정의 표현이기도 하며 '자기동기화 진술'로서 표현되기도 하는데 내담자가 변화의 방향으로 움직이는 언어적인 표현을 의미한다(Miller, 2013). 변화대화를 유도하고 난후 상담사는 청소년 변화대화에 반응에 대해서 변화하고자 하는 내용을 상세하게 구체적인 방식 등으로 이야기해주는 것이 요구된다. 또한 많은 변화대화가 내담자로부터 나오면 변화대화를 잘 활용할 수 있도록 요약해 주고 명료화하는 작업 등이 필요하다.

(3) 비니코틴 약물요법

비니코틴 약물요법은 니코틴 이외의 약제를 사용하여 니코틴과는 다른 경로를 통하여 니코틴 의존과 갈망감의 감소를 도모하려는 것으로, 부프로피온(bupropion) 서방정, 클로니딘(clonidine), 노어트립틸린(nortriptyline) 등이 있다.

(4) 금연경험 탐색

청소년이 금연을 몇 번이나 시도하고 유지했는지와 그 방법을 구체적으로 묻고 흡연을 다시 활용하고 싶은지에 대해 묻는다. 더 나가서 금연을 시도했다 다시 흡연상황으로 돌아갔다면 그 상황에 대해 질문해야 한다. 그러나 내담자가 다시 흡연을 할 때에도 거부감을 느끼는 예외적인 상황에 대해 용지에 적거나 상황들을 표현하여 기록하도록 한다.

흡연을 더 이상 하지 않는다면 그렇게 할 수 있는 긍정적인 이유를 묻고 그 예외적인 상황에 대해 강화를 해 주어야 한다. 이전 금연실패의 문제에 대해 객관적으로 평가하고 경험을 활용하여 현실적인 대안을 재구조화하도록 돕는데 청소년 중독위험 수위에 있는 내담자가 양가감정 안에서 흡연을 다시 한다면 그런 유지대화에 대해 반영해 주면서 새로운 변화대화를 유발하도록 도움을 주어야 한다. 또한 흡연의 문제행동의 순위를 파악하여 자신에 대한 금연전략이 가능한지 더 효과적인 방법이 있는지에 대한 모색이 필요하다(Todd & Seleckman, 2000).

(5) 이완훈련

중독행동욕구와 충동에 대한 이완훈련은 벤슨(Benson) 기법 등이 주로 사용되는데 호흡법, 점진적 근육 이완법, 체계적 둔감법 등이 있다. 중독행위를 다른 행동초점으로 돌려 차별강화를 하는 것으로 행동주의기법인 DRA 기법과 함께 쓰일 수 있다.

(6) 인지행동치료

'인지행동치료(cognitive behavioral treatment)'는 니코틴중독의 치료에 있어서 필수 불가결한 치료이다. 금연을 실천하던 사람이 흡연을 하게 되는 것은 우연한 계기에 의한 경우가 많다. 내담자의 예기치 못한 불안으로 흡연을 다시 시도한다면 내담자의 '불안'을 각성시키는 반면, 인지구조의 변화가 요구된다.

금연 규칙위반 효과로서 실수와 재발을 엄연히 구별해야 한다. 한 차례의 실수가 금연 전체의 실패로 지각되는 인지왜곡이 뒤따르므로 합리적 사고를 하도록 격려하여 교훈적 경험으로 삼도록 해야 하며 그러한 상항이 반복되지 않도록 하는 것이 중요하다.

좁은 의미의 인지행동치료는 다른 물질중독과 다르지 않는데 니코틴중독의 인지행동치료는 자기 모니터링, 자기지시기법, 행동계약기법, 행동실험기법, 역할연습, 사회기술훈련, 자극조절기법, 이완훈련, 재발방지 훈련 등이 있다.

자기 모니터링은 흡연의 욕구 및 흡연 행위가 실제로 일어나는 특정 상황에서 내담자 자신의 심리적이며 정서적 상태, 인지적 문제 등의 직접적 단서로서 스스로 확인하도록 하는 것이다. 필요한 정보를 얻기 위해서는 흡연일지를 쓰도록 하며, 흡연이 일어나는 자동사고 등을 인식하고 대안적 행동을 하도록 유지하도록 하고, 담배에 대한 긍정적 사고를 줄여 대안 행동이 강화되도록 인지적으로 재구조화 등을 하는 것이다. 흡연행동이 심할 때와 심하지 않을 때의 상황을 파악하여 적는다든가 금연의 장점과 금연하기까지 어려웠던 점을 비교하는 등의 내담자 자신을 모니터 하게 된다(Todd & Seleckman, 2000).

자기지시기법은 자신에 대한 통제가 가능해지며 흡연의 욕구가 생길 때 마다 하는 효과적인 대처 전략이다. '자기지시기법'은 청소년 흡연 중독치료가 진행되었을 때 활용된다. 중독 위험 수위에 있는 청소년이 스트레스 상황과 자기 스스로 만들어낸 부정적인 진술(i.e. "나는 흡연문제를 처리할 수 있는 능력이 아무 것도 없어.")에 의하여 유발된 내적 자극들을 찾아내고 두 번째 단계에서 모델링 등을 통하여 부정적 자기진술을 상쇄시키는 말과 행동을 하도록 하며, 세 번째 단계로 내담자가 적당한 활동을 실행하는 자기지시기법을 활용하고, 마지막 단계에서는 스트레스 상황을 적극적으로 대처하면서 자기강화 진술을 사용할 수 있도록 한다(ie "내가 정말 잘 해내었어.").

행동실험인 'as if 기법'은 내담자의 흡연행동과 관련된 믿음과 핵심사고의 타당성을 검증하는데 유익하다. 내담자가 바라는 행동을 마치 진실인 것처럼 행동하며 실행하도록 격려하는데 그러한 행동을 통해 흡연 청소년의 문제행동뿐만 아니라 믿음과 정서를 변화시키게 된다.

역할연습기법은 흡연행동보다는 자신을 주장하기, 경청하기, 타협하기 같은 행동에 대한 학습이 요구되며 인지행동치료에서 습관이나 문제행동에 대한 통찰력을 돕는 기법이다. 역할연습은 다른 건전한 행동을 학습할 수 있고 실제적인 문제의 시연으로 인지적 변화와 행동의 적극적인 참여를 유도하는 데 의의가 있다.

사회기술훈련기법은 중독과 같이 생활습관 패턴을 바꾸는데 적합한 기법으로 인간관계 기술 및 흡연 제거를 위한 역할연습이 활용되기도 한다.

'자극조절기법'은 청소년의 생활 속에 있는 흡연의 조건자극들을 줄여나갈 수 있도록 돕는데 청소년이 흡연 시간, 상황을 조정하는 것뿐 아니라 흡연시간을 단축시킬 수 있다.

'자극조절기법'은 충분한 행동이 지속될 때 까지 흡연 계기에 노출되는 것을 피하는 '금연 규칙위반 효과'와도 관련이 있는데 '금연 규칙위반 효과'란 금연치료 도중 한두 차례의 흡연을 한 후 경험하는 인지-정서적 경험이다. 자극조절기법은 흡연 문제를 신속히 제거하는데 활용되며 금연을 유지하기 위한 기법이기도 하다. 자극조절기법은 자기 모니터링에서 시작되며 자기 자신과의 행동계약을 맺도록 자기규제 기법이 함께 활용되기도 한다.

금연준비단계에서 자극 조절기법 중 하나인 'narrowing기법'은 흡연자의 생활 속에 있는 조건자극 등의 수를 줄여나가는 것으로 흡연 장소, 시간, 상황을 단계적으로 한정시키는 기법인데 금연실행단계에서 금단증상을 덜 경험하는데도 도움이 된다. 구체적 기법으로는 흡연량을 제한하기, 흡연시간을 정하여 제한된 장소에서만 흡연하기, 하루 피울 담배만 갖고 다니기, 담배상표를 바꾸기, 담배를 활용하는 손을 바꾸기, 담배 절반만 피우기, 정해진 곳에서의 흡연하고 참아내기, 흡연 시간을 몇 분 정도로 단축하기 등이 포함된다.

(7) 집단치료

집단에서 나에 대해 알기, 타인에 대해 아는 과정을 거친 집단의 역동성을 강건히 한다. 집단에서 자기 소개하면서 그림으로 자신의 특징, 이름 등을 나타내고 게임을 통하여 자신이 누구인지 설명하고 표현할 수 있게 하여 집단의 응집력을 키우며 청소년기의 흡연 중심생활에서 탈피하고, 금연의 해결방안을 경청할 수 있는 기술을 갖도록 돕는다.

청소년 집단치료에서 청소년 개개인의 담배나 마리화나에 대해 문제없이 누구나 사용 가능하며 강박적으로 사용할 수 있다는 보편적인 생각을 재구조화하는 것이 필요한데 집단역동을 통하여 해결방안 및 대안을 교류하며 학습과정을 경험하는 유용성이 있다.

(8) 혐오요법

내담자가 흡연에 심각성을 인식하도록 하여 담배에 대한 혐오감이나 두려움을 갖는다면 금연의 동기를 높일 수 있다. 금연에 실패하더라도 흡연의 피해에 대한 생각으로 바꾸어 금연을 시도할 수 있다(서경현, 2011). 조건반응(CR: conditioned response)은 조건화가 이루어지는 반응으로 혐오감을 주는 자극인 중성자극은 조건 자극인 흡연과 연합하여 '흡연의 혐오감'이라는 조건반응을 이끌어낸다. 평소 특정한 반응을 이끌어내지 못했던 자극인 중성자극(NS: neutral stimulus:)은 무조건 반응(UCR: unconditioned response)을 이끌어내는 자극(무조건자극, UCS: unconditioned stimulus)과 연합하는 과정을 의미한다. 내담자가 금연을 준비하도록 상담사는 내담자가 어떤 상황에서 흡연욕구를 강하게 느낄 수 있고 반대로 흡연상황에서 어떤 상황에서 흡연에 대한 혐오감이나 문제점을 느끼게 되는지 파악하는 것이 중요하다.

흔히 사용되는 방법으로는 흡연량을 수배 늘려 현기증, 기침 등 불쾌한 자극을 유도하는 급속흡연법과 담배연기를 계속 입안에 물고 있도록 하는 연기 물고 있기 기법, 질병과 관련된 불쾌한 이미지를 보여주고 연상시키는 은폐 감작, 전기 자극 등이 사용된다.

(9) 행동계약

행동치료 안에서 행동계약은 중요하다. 흡연의 양, 상황 등을 생각해보고 적어봄으로써 자신의 행동이 어떤 상황에서 가장 많이 일어나고 빈번하게 일어나는지에 대해 알아보고 적당한 기저선을 찾아내 행동계약서를 작성하도록 한다.

'행동계약기법'은 중독위험 수위의 청소년과 목표행동에 대한 계약이다. 이 과정에서는 상담사는 청소년의 실수(slip)와 재발(relapse)을 신중하게 구별해야 하며 내담자의 실수가 내담자의 금연전체의 실패로 지각되는 인지왜곡에 대해서 합리적으로 생각하도록 하며 그 상황이 다시 반복되지 않도록 하는 것이다.

(10) 중독행동을 감소시키는 차별 강화 기법

○ 상반된 반응 차별 강화

상반된 반응 차별 강화(DRI: differential reinforcement of incompatible responding)는 상호 비교될 수 없는 행동이 동시에 일어날 때 활용하는 기법으로 예를 들어, 흡연이나 흡연에 대한 대안이 동시에 일어날 수 없도록 흡연과 같은 행동에 대해 선별적으로 자기강화를 포함하여 강화하는 기법이다. 흡연행동을 수정하려 할 때 흡연행동이 발생될 때 동시에 다른 행동을 하도록 하는데 예를 들어, 흡연을 하고 싶을 때 흡연을 하는 청소년의 입이나 손으로 할 수 있는 다른 행동(i.e. 노래, 글 읽기, 연극, 탁구치기 등)을 강화를 하게 되면 처벌을 하지 않으면서도 흡연행위의 발생을 감소시킬 수 있다.

○ 반응빈도 0 차별강화

반응빈도 0 차별강화(DRO: differential reinforcement of 0 responding)는 문제 행동이 없는 기간 중에서 다음 잘못된 행동이 일어나기 직전에 강화를 하여 잘못된 행동을 미리 방지하는 절차이다. 반응빈도 0 차별강화는 행동의 특성에 따라 어떤 행동을 차별적으로 강화하는 기법이다. 정해진 시간 동안 문제를 감소시키기 위해 강화하는 차별강화의 한 방법으로서 문제 행동이 없어질 때(0 반응)까지 계속된다. 예를 들어, 강박적으로 흡연을 하는 행동이 보통 10분 간격으로 일어난다고 가정할 때 DRO절차는 다시 흡연행동이 일어나기 전 강화를 주게 된다. 만약 10분 내에 흡연행동이 다시 일어나지 않을 경우에는 칭찬을 한다든지 토큰을 준다든가 사회적 강화를 해주고 또 15분 혹은 20분 등의 다른 간격을 설정해야 한다. 금연에 대한 효과적인 방법으로 DRO 15분으로 정한다면 15분간 간격사이에 흡연행동을 전혀 보이지 않을 때(반응빈도가 0이라면) 강화를 준다. 더 나아가서 DRO의 간격을 20분, 그리고 25분 등으로 점차 증가시키고 흡연의 반응빈도가 0(제로)이 될 때 까지 시간을 늘려가면서 반응빈도가 일어나지 않도록 돕는다. DRO 방법은 너무 심한 흡연행동을 하거나 폭력을 쓰는 등의 회복해야할 습관적인 행동을 감소시키는 데 효과적인 방법이다.

(11) 약물치료

약물치료는 흡연중독에서 생물학적 문제, 주의력, 기억력, 지남력 문제뿐 아니라 심리적 문제나 정서적인 우울감을 제거할 때 필요하며 아동이나 청소년이 적당한 시기를 놓치지 않고 약물을 복용하는 것이 요구되어진다.

(12) 기타

그 밖에도 담배청소, 명상훈련, 모델링 기법 등이 있으며 청소년 금연 프로그램으로는 니코틴양 측정, 자기보고서 설문지, Bogus-pipeline, 흡연과 관련된 지식의 양의 변화 등을 확인하는 기법 등을 활용하기도 한다.

3 아동·청소년 도박중독과 상담

1) 도박중독의 특징

물질중독과 행위중독의 관계를 보면 물질중독의 중독자의 20%가 잠재적 도박중독자 혹은 게임 중독자이고 술이나 마약으로 감정문제들을 처리한다. 실제로 도박, 알코올, 마약중독은 진행과정이나 회복과정이 너무나 유사하여 '이중' 또는 '복합 중독'이 되기 쉬우며 도박자중 5명에 한 명 꼴로 자살을 시도하는 경험이 있다.

청소년의 게임중독과 도박중독의 관계를 보면 청소년의 사교성 도박에서 인터넷의 게임중독이나 병적 도박 등으로 발전하는 특징을 가지고 있다. 온라인이거나 오프라인 청소년 도박중독의 생물학적이고 생화학적인 반응으로서 뇌에서 도파민 베타엔돌핀, 엔케팔린 등이 분비되고 쾌락적인 물질이 나오는 '쾌락시스템의 문제'가 주를 이루지만 청소년의 도박 문제의 위험성은 심리학적 관점에서도 다루어져야 하고 다양한 청소년 치료모델을 위한 한국 사회정책이 필요하다.

인터넷을 이용한 사이버 도박, 그리고 오프라인의 도박중독 등의 행동중독이 물질중독과 구별되는 것은 행동중독자들이 '이길 수 있음'에 대한 기대로 눈에 보이지 않는 희망을 가지고 있으므로 치명적이다(Jackson, et al., 2003).

도박중독의 다양한 도박기구는 주사위, 장기, 바둑, 체스 등이 있으며 기계를 쓰는 것으로는 룰렛, 슬롯머신, 빙고, 전자오락, 경품, 오락스포츠 등이 있다. 반면, 승패를 대상으로 하는 것으로는 경마, 자동차, 오토바이 레이스, 권투 등이 있으며 각종시합 추첨을 하는 것으로는 로또, 복권과 증권 투기 등이 있다. 운동 경기에 있어서 내기는 당구, 골프, 볼링이 있고, 마지막으로 포커, 블랙잭, 카드게임, 베팅, 주사위 게임 등이 있다.

중독이란 말은 대개 '습관성'과 같은 개념으로 쓰이며 습관적으로 어떤 행동에 몰두하는 현상으로서 '내성'과 '금단 증상'을 가진다. 실제 관련 있는(웹상의 인물이 아닌) 가족, 친구, 지인들과의 의미 있는 관계형성에 지장을 주고, 가정불화와 무원고립 지경에 이르는 경우는 전문가의 도움이 필요한 중독현상이라 할 수 있다. 미국 도박중독 협회는 1980년에 도박중독을 정신병으로 인정했으며, 새로운 매뉴얼이 나올 때마다 변화되고 있지만 도박중독자의 진단상의 특징은 도박중독자가 도박 자금을 마련하기 위하여 위조, 사기, 절도 등과 같은 위법한 행동에 대한 가능성을 시사하였다(Herdman, et al., 2000). 중독 사이클은 승리, 패배와 절망, 자살 등의 세 단계를 거치게 되는데 중독에서 벗어나기 위해서는 중독에서 벗어나고자 하는 동기부여가 마지막 단계로 의미 있게 개발되어야 할 것이다.

2) 인터넷 게임과 도박의 차이

'Gambling(도박)'이란 단어는 금품을 걸고 승부를 다투는 일을 의미한다. 도박에는 우연성이 큰 비중을 차지하는데 도박은 유희성이 있기 때문에 어느 한계까지가 놀이이고, 어느 한계까지가 범죄에 해당하는 판별은 상황에 따라 달라지며 매우 어려운 문제이다.

돈을 딸 목적으로 도박을 하는 행위 또는 습관이라고 정의되는 'Gaming'과 'Gambling'이란 용어가 있다. 모두 옥스퍼드 영어사전에 따르면 돈을 걸고 하는 모든 도박행위를 의미한다. 1891년에는 갬블링 반대 협회(Anti-Gambling Association)조차도 간행물에 'Gaming'이라는 용어를 사용하였다. 1931년에 네바다주에서 도박이 합법화된 이래 네바다주의 카지노들은 'Gaming'을 산업의 한 부문으로 언급하고 있는데 'Gaming'은 비즈니스 용어인데 반하여 'Gambling'이라는 말은 실제의 도박행위를 언급할 때 쓰이고 있다.

'Gambling(도박)'이란 단어는 금품을 걸고 승부를 다투는 일을 의미한다. 도박에는 우연성이 큰 비중을 차지하는데 도박은 유희성이 있기 때문에 어느 한계까지가 놀이이고, 어느 한계까지가 범죄에 해당하는 도박인지의 판별은 상황에 따라 달라 어려운 문제이다. 한국의 형법 제246조에는 도박에 관한 처벌규정이 있는데, 단서에 일시적 오락 정도에 불과한 때에는 예외로 한다고 하였다. 이 규정에 의한 위법성의 한계는 법원이 도박 자체의 흥미성, 도박의 장소, 도박자의 사회적 지위 재산 정도, 도물의 다과 등 모든 조건들을 참작하여 구체적으로 판단해야 한다.

청소년들은 온라인보다는 오프라인에서 많은 게임이나 도박을 할수록 인터넷 도박의 가능성이 증가되는 추세를 보이고 인터넷 도박 청소년 이용자들이 일반 도박자에 비해 도박을 더 자주하며 도박비용도 높고 오프라인 도박을 하는 사람들이 더 추가적으로 인터넷 도박을 이용하는 것으로 보고되었다.

3) 도박중독의 원인

미국 캔자스 주뿐 아니라 미국 대부분의 주에서는 도박 중독행위를 결정하는데 있어서 유전자의 원인을 지지하는 여러 증거들을 발견하였는데 특별히 도박 중독은 유전적인 요인과 환경적인 요인에 의해서 결정되어진다고 본다. 게임중독과 도박중독의 관계에 있어서 청소년의 사교성 도박에서 인터넷의 게임 중독이나 병적도박 등으로 발전하는 것은 '복합 유전자기능 장애'일 수 있으며 독특한 도파민 관련 유전자 배열이 그 원인으로 판명될 수 있다. 중독자의 보상조직 기관의 결핍은 신경 생물학적 장애에 대한 것으로 보상

조직 기관장애를 의미하기도 한다.

뇌의 특성이 중독의 심각성을 결정하는지 혹은 중독이 뇌의 기능장애에 영향을 미치는지는 아직 분명하지 않지만 입원한 중독자들의 53%가 스트레스성 질병을 보여주고 있으며 치료중인 모든 도박중독자의 90%가 대부분 우울증 증상을 보여 주었다. 도박 청소년 중독자들의 뇌에서 강한 생화학적 변화를 입증하는 연구들이 있는데 중독자들은 간단한 EEG 파동의 기능만으로도 측정이 가능하며 신경화학적인 분석평가로 측정된다. 더 나가서 심리적 고통과 관련하여 인터넷 게임, 그리고 도박을 하는 동안에 최면에 걸린 듯이 무아지경의 상태에 이르게 된다. 청소년의 인터넷 도박중독이나 게임 중독의 비현실적인 이상 행동들이 사회적 지원의 실패, 재활치료의 포기 등 여러 다른 수준의 문제로 발전하게 되는데 특별히 도박중독은 충동 통제 이상에서 오는 점진성 만성적 정신병이라고 알려져 있다.

인터넷 사이트를 결정하는데 영향을 주는 요소들은 사이트의 명성, 친구의 영향, 게임과 인터페이스 경험의 질, 예치금의 안전한 보관, 그리고 승리금의 즉각적인 지불사이트의 친숙성 등을 주요인으로 보고 있다. 미래의 인터넷 도박의 방향은 스킬(skill) 게임이 강한 성장세와 다른 형태의 원격도박게임과 관련이 있는데 이것은 휴대폰, 스마트폰, Interactive TV, DMB 등과 관련되어 있는데 결론적으로 게임중독율이 증가하고 인터넷 도박에 대한 합법화를 위해 규제 방안이 필요하다(김교헌, 2011).

4) 도박중독자 유형

전형적인 도박중독이나 인터넷 도박중독자 유형에는 크게 나누어 적극적 중독자와 도피성 중독자가 있다. 도피성 중독자의 36%는 남성, 74%는 여성이며 중년기 이후는 30대 후반기가 많다. 적극적 중독자는 88%는 남성이며 12%는 여성인데 이큐(EQ)가 높은 편이며 대부분이 10대 무렵에 도박을 시작하며 기술을 필요로 하는 게임들을 즐기기 시작한다. 치료 프로그램을 접하기까지 보통 10년에서 30년 동안 게임이나 도박에서 벗어나기 어려우며 전문 치료사에 의해 근원적인 도박 중독 요인 관리가 계속되지 않으면 안 된다(전영민, 2011).

도박은 일반적으로 특별한 기술을 필요로 하지 않는 게임으로서 슬롯머신, 비디오 포커,

빙고, 복권, 그 외 게임머신들을 즐기는 경향이 있다. 도박중독 사이클은 승리(winning), 패배(losing), 자포자기(desperation), 절망(hopelessness)의 단계를 거치게 되지만 절망의 마지막 단계에서 도피성 인터넷 도박자로 변하기도 한다.

도박중독자의 유형에는 중독과는 관련이 없고 레저 활동으로 재미로 즐기며, 필요이상의 시간이나 돈을 낭비하지 않는 사교적 겜블러(serious social gamblers)가 있고, 삶 자체가 도박이지만 주식 중개인, 경마 도박사, 카드 플레이어 등으로 도박에 중독되지 않고 균형을 유지하는 전문 겜블러(professional gambler)가 있다. 그 밖에 스트레스를 많이 받으면 도박으로 스트레스를 풀지만 도박으로 인한 가정의 불화나 재정적 문제를 야기하지 않는 경향의 도피성 겜블러 및 반사회적 겜블러 등이 있다(Pottle, 2009). 병적도박(pathological gambling)은 DSM-IV에 의하면 집착, 흥분과 내성, 조절실패, 금단 증상, 현실도피 등의 5가지 문제들을 보이고 잃은 돈을 만회하기 위한 베팅액 증가, 거짓말, 현실적응의 실패, 범죄행위, 재정파탄 등의 행동이 반복적이고 지속적으로 표현된다.

중독자가족의 유형으로는 일반적으로 중독초기에 두 가지로 구분되는데 혼돈파와 충성파이다. 혼돈파는 항상 중독자를 멀리하는 경향이 있는 가족관계를 가지고 있고, 충성파는 나중에 착취 및 배신 등에 의해서 소원한 가족관계로 가족과 친구 및 지지자들을 다 잃게 되는 경향이 많다.

5) 치료기법

(1) 조기발견과 단계별 치료

물질중독이든지 행동중독이든지 간에 상담과 회복과정에서 효과적인 치료를 위해서는 '조기발견과 조기치료'가 좋은 방법이다. 도박중독자가 임상적인 병으로 진단을 받는 것은 아니지만 청소년의 도박이든지 인터넷상의 게임이든지 간에 도박은 점차적으로 기능장애를 일으키는 연속적인 발전 단계를 보이기 때문에 각각의 단계에 맞는 적절한 진단과 치료가 필요하다. 도박중독 단계별 치료는 도박중독 상담모델의 그림(이민규 외, 2009)을 활용하여 〈그림 12-1〉에 요약되었다.

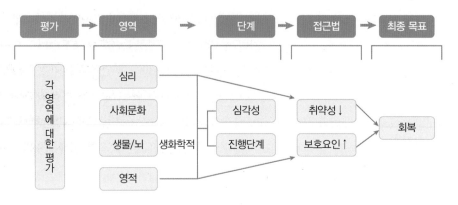

그림 12-1 도박중독의 상담 모형

(2) 동기강화상담

모든 상담과 치료가 동원되기 전에 도박중독을 자각하는 것과 상담을 피하지 않고 상담을 하려고 하는 내담자의 동기가 구축되어야 한다. 환자 스스로 도박중독에 강박적으로 몰입된 자신을 인정해 중독에서 빠져나올 수 있도록 자각하는 것이 치료의 첫걸음이다. 도박욕구를 조절할 수 없을 정도로 심각한 경우 약물치료가 병행되기도 한다. 중독자들의 생활패턴을 변화시키는 것에 초점을 맞추어 도박 환경으로부터 차단시키는 것도 중요하지만 다른 건전한 활동으로 도박이 아닌 본인의 미래를 설계해 나가도록 하며 인생에 대한 올바른 개념을 적용하도록 치료를 구축시켜야 한다.

상담에서 도움이 되었던 것과 그렇지 않았던 것에 대해 피드백(feedback)을 하는 것과 도박 중독행동이 유용한지 불이익한 것인지의 잣대를 재보고 비교를 하는 것도 중요한 일이다. 인터넷 온라인 도박이나 오프라인 게임 중독자를 위하여 동기강화상담은 내담자의 변화대화를 의도적으로 차별화하여 유발하고 견고히 하는 것으로 내담자-중심의 열린 질문, 반영, 요약하기 등을 전략적으로 활용하게 된다(Miller, 2013). 그리고 동기변화상담을 온라인 게임이나 오프라인 게임 강박적인 중독 위험수위 내담자들에게 활용한다면 MI는 상담사 내담자와의 대화의 주제가 되는 특정한 목표가 있어야 하며 먼저 그러한 목표가 존재할 때 상담사는 내담자 고유의 변화 동기를 유발시킬 수 있다.

밀러(Miller)의 동기강화상담 이론과 구별되는 프로체스카와 디클레멘테(Prochaska & Diclemente, 1991)의 동기강화상담은 크게 탐색단계와 변화단계로 분류한다. 관계형성과 탐색단계에서는 공감과 수용을 해주고 중독의 유형을 확인하고 원인을 파악한다. 변화단계에서는 변화의 필요성을 탐색하고 논의하는 단계로서 소크라테스 질문이 유용한 전 숙고단계, 양가감정을 다루어 주는 숙고단계, 적극적인 대안활동을 주도하는 준비단계, 탈 중독적인 연습을 하는 실행단계, 재발을 위한 대안이 강조되는 유지단계, 재발단계 등의 과정((Prochaska. et al, 1991)에 초점을 두면서 내담자의 동기유발과 치료적인 관점을 강조한다.

밀러는 동기강화상담에서는 내담자가 준비가 되었을 때 MI에서 특정 변화계획을 시도하는 것이 효율적이며 내담자 변화를 유발시키기 위한 방향 지시적 질문이 중요하다고 강조한다. '방향지시적인 질문'이란 내담자의 가능성을 끌어 낼 수 있도록 유발하여 질문하는 것인데 유발적인 질문을 하기 위해서는 상담의 목표와 가치관을 탐색해야 한다. 먼저 성공적으로 변화한 사람들의 특징에 대해서 이야기 하도록 하는 것이 좋고 변화대화를 유발하기 위해 내담자에게 중요한 기준이 되는 척도를 질문하는 것 등이 포함된다. 예를 들어, 내담자에게 도박을 하지 않는 것에 대한 내담자의 수치화된 척도를 점수로 언급하도록 하고 내담자가 언급하는 그 '척도의 숫자가 무엇을 의미하는지'를 생각하도록 하고 수치가 의미하는 상징적인 의미에 대한 질문도 한다. 드 세이저와 인수 김 버그(De Shazer & Insoo Kim Berg, 2005)의 척도질문 기법처럼 '내담자 자신이 되고 싶은 척도점수를 언급'하도록 하고 자신의 척도점수에서 '1점을 올리기 위해서 무엇을 노력하고 시도해야 하는지?' 등의 추가적인 질문은 도움이 될 것이다.

밀러는 변화대화를 유도하기 위해서는 극단적인 상황에 대해서 질문을 하는 것도 의의가 있다고 보았고 내담자가 자신의 과거를 되돌아 보기도하며(looking back) 미래를 예상해 보는 것(looking forward), 더 나가서 내담자에게 여러 유형의 반영을 해 주는 것이 변화대화를 끌어낼 수 있는 대안으로 기술하였다. 더 나가서 긍정적인 특성목록 가운데 내담자는 자신을 묘사하는 항목들을 선택하도록 면담하는 것이 요구된다.

(3) 인지행동치료

행동주의 심리학의 종합기법인 인지행동치료는 이런 아동 및 청소년의 마음을 지지해주고, 상담회기마다 단계별 과제가 주어지기도 함으로써 잘못된 생각, 정서 및 행동을 재구조화하는 것이다. 아동 혹은 청소년 중독자가 우울감이나 자신의 정서에 의해 중독행위를 하게 되었을 때 그 행동은 중독자 자신의 감정을 들어낸 인지적 방식이다. 문제는 습관적인 중독행동이 유지되다가 다시 도박에 손을 대는 경우(slip)에 내담자는 다시 중독행동에서 벗어나지 못하고 어쩔 수 없다는 실망과 자동사고에 대해 예외적인 행동이 있었던 것을 받아들이고 자기 지시, 자기조정, 자기강화 전략 등이 필요하다. 왜곡된 인지구조에서 벗어나 실패가 아닌 교훈으로 받아들일 수 있는 종합적인 인지행동치료 전략이 활용된다.

인지행동치료는 심리학과 행동주의를 접목하고 있는 치료이다. 그러므로 행동중독 현실에 대한 중독자의 부정적인 이미지, 도박중독이나 도박게임, 온라인 게임, 오프라인 게임 등과 관련된 부정적 방식 등을 깨달을 수 있도록 도와준다. 인지행동치료의 '인지'는 어떤 사람이 사물을 바라보는 주관적인 방식, 지각과 태도, 신념과 관련된 치료로서 내담자가 주변의 상황을 해석하는 방식이 포함된다. 특별히 인지행동치료의 인간관은 내담자의 중독행동이나 중독과 관련된 왜곡된 인지가 병적 정서를 유발하고 내담자가 세계를 구조화(Structure)하는 행동방식을 결정한다고 보므로 인지행동치료의 목표는 현재의 중독적인 문제해결에 대한 전략에 있다.

도박중독치료에 있어서 인지행동치료는 인지내용이나 방식을 바꾸는 개인치료적인 방식보다는 집단치료의 방식으로 가능한데 약물치료를 같이 병행하는 것이 도움이 된다.

인지행동치료의 치료기간은 1주일에 약 한 번씩, 12~20주 정도 소요되며 이 치료기간은 자신의 문제를 스스로 해결하려는 동기가 충분히 있어야 하므로 동기강화는 중요한 이슈가 된다. 중독치료는 왜곡된 사고와 행동습관을 스스로 찾도록 하는 과제가 주어진 다음, 그 행동습관을 바꾸는 방법들을 익숙하도록 학습시키는 경우가 많다. 인지행동치료는 지속적인 치료효과가 있으며, 치료 후에도 재발을 더 잘 예방할 수 있는 장점이 있다.

일반적으로 도박중독을 위한 인지행동치료의 기법은 자극조절기법, 상상기법, 대처기술훈련, 자기지시기법, 책임감 부여기법 등이 있다.

도박을 위한 '자극조절기법'은 도박중독의 시간과 상황, 도박의 질도 감소시킬 수 있는데 도박 양을 제한하는 것, 도박게임 방식을 정하여 제한된 시간이나 장소에서만 게임이나 도박을 하는 행위, 하루에 할 수 있는 최소의 게임시간을 정하기, 정해진 곳에서의 도박을 할 때도 욕구를 느낄 때 참았다 하는 것 등으로 실행된다.

중독행동문제와 관련된 믿음과 생각을 변화시키는데 유용한 상상기법은 바람직한 활동하는 것, 생활을 지혜롭게 살아가는 대안이나 대처기술로서 긍정적 이미지 상상, 생산적인 삶을 상상 하는 것 등이 포함되어진다. 상상기법은 정신의학적으로 몸의 호르몬과 감각 등을 변화시켜 실제적으로 몸과 정신을 변화 시키는 힘을 가지고 있고 그러한 상상의 소망이 간절하면 상상의 일들이 이루어진다(문요한, 2011). 상상은 뇌회로를 활성화시키고 실제 원하는 효과를 발휘할 수 있는 기법으로 실패감, 나름대로의 중독에 대한 지각과 믿음, 자동적 사고에 초점을 맞추어 병적인 욕구의 관심을 돌리는데 활용되는 기법이다. 그러므로 상상의 힘을 잘 활용한다면 중독자의 변화행동을 촉발시키고 유지시킬 수 있다.

'이미지 상상기법'은 내담자가 자신의 문제행동에 대하여 스스로 '대처기술'을 시각화하고 할 수 있도록 돕는다. 더 나가서 상상기법은 도박중독자의 긴장이나 스트레스를 위한 체계적 둔감법이나 근육이완 등의 행동치료기법에 활용되어진다.

'자기지시기법'은 청소년 중독자 자신이 항상 문제가 있다는 부정적인 사고를 긍정적인 사고로 대치하는데 초점을 두게 되는데 부정적인 정서를 완전히 제거하는 대신 내담자가 부정적인 문제에 대처하도록 하는 기법이다.

'대처기술훈련'은 자기주장 훈련, 거절 기술, 감정 조절을 위한 방법들을 활용하는 기법으로 잘못되어진 중독적인 습관이 과도할 때 무관하게 대처하는 방법으로 미리 피할 수 있는 행동전략 등을 세우는 것이다.

'책임감 부여기법'은 청소년 중독 내담자의 행동결과에 대한 불행한 문제에 대해 원인을 환경의 탓으로 돌리거나 피하는 것보다 중독자 자신이 책임감을 가질 수 있도록 돕는 방법이다. 청소년 중독자 문제원인을 변화시켜 주도권을 내담자 자신이 소유하도록 하는 객관적이고 합법적인 기법이다.

(4) 차별강화 대체행동

내담자가 집착된 도박행동보다 더욱 재미있고 건전하며 현실적인 일에 몰두하거나 혹은 만족할 만한 다른 행동을 하도록 하여 강화를 주는 대안이다. 차별강화 대체행동(DRA: differently reinforce alternative behavior)은 부적절한 목표행동을 제외한 어떤 대안적 행동을 강화하는 포괄적인 기법이다. 예를 들어, 여러 가지 도박행동에 대한 조절을 할 수 없거나 혹은 분노 행동을 보이는 청소년의 경우에 많이 사용되는 기법이다. DRA의 절차는 도박행동을 동시에 할 수 없는 행동만이 아니라 무엇이든 매력적이며 가능한 행동을 자연스럽게 대체 할 수 있는 목표행동을 보일 때 선별적으로 강화하는 기법이다. 이 기법은 도박의 표적행동이 자연스럽게 무시되도록 대체하는 행동치료의 전략이다.

(5) 행동수정의 종합적 기법

표적행동을 위해서 새로운 행동을 학습을 시키는 과정에서 문제 행동감소, 바람직한 행동을 증가, 새로운 행동을 창안하고 그 행동을 유지하는 기법 , 그리고 자기계약, 자기지시 및 자기강화 등의 기법 등이 종합적으로 활용될 수 있는 것은 중요하다. 문제행동 도박을 시도할 수 있는 연관된 장소나 환경, 상징적인 단서들을 멀리할 수 있도록 자기지시나 상황변화가 중요한 대안이다.

그 밖의 단계적 근육이완법(progressive muscular relaxation), 시각적 심상(visual imagery) 기법을 함께 활용할 수 있으며 재발방지 훈련은 특히 고위험군에서 대응전략으로 시행되어야 한다. 균형 잡힌 생활양식(lifestyle)을 유지하는 것과 규칙위반 효과(abstinence violation effect)도 최소화되도록 해야 한다.

(6) 가족상담

개인치료뿐 아니라 가족치료 차원에서 심리적인 가족자원에 의존하도록 하는 것은 개인치료만 활용하는 것보다 중요한 관점으로 부각된다. 절망으로 어떤 행동중독을 끊겠다는 욕구와 의지가 있는 청소년 중독자에게 가족정체성을 활용하여 개인 정체성을 증가시키고 적합한 새로운 행동을 학습하는데 도움이 된다. 가족 정체성은 가족의 지지적 가족구조 안에서 가족이 나름대로 청소년의 중독행동을 막으려는 강제적 시도들을 중단시키게 함으로서 중독자의 정체성을 증가시킨다. 중독자를 위한 위기상담을 단기치료의 목표로, 가족구조의 재구조화를 장기치료적인 목표로서 청소년 도박중독을 변화시키는 것은 앞에서 언급한 것과 같이 치료적 의의가 크다.

(7) 재발방지와 회복

회복과정에서의 재발의 경고신호를 이해하기 위해서는 도박중독의 재발과정을 어느 정도 알고 있어야만 한다. 재발은 일상적으로 생각하고 느끼고 기억하는 것, 스트레스를 조절하는 것, 잠자는 것 등의 조정기능이 어려운 생리적 기능장애로 시작하는 경우가 많다. 재발은 '회복기능의 장애 과정'이라고 볼 수 있는데 회복되지 않은 채로 자살로 끝을 맺을 수도 있기에 '중독재발 방지 계획'은 일반 '회복 계획'과는 다르다. 재발방지는 재발의 경고 신호를 인식하고, 분석하고 관리하는데 초점이 맞추어 지는 반면, 회복 계획은 중독자 아동과 청소년으로 하여금 물질이나 행동으로부터 멀어지게끔 하는 활동에 초점이 맞추어 진다.

전문가들은 중독이 진행되는 과정과 극복시기, 회복시기, 성장과정을 순차적으로 경험하는 기회는 오히려 재발을 방지하기 위해서 중요한 과정이라고 본다. 청소년 도박중독자들의 치료 이후 돌봄집단(after caring group), 자조집단, 그리고 회복집단 등의 적절한 사후관리가 필요하다. 익명의 도박자 모임(Gambler's Anonymous) 등의 집단과 지지는 중독자들의 경험, 대처 방안을 함께 나누는 돌출구가 된다.

아동·청소년과
가족심리평가

Counseling & Psychological Assessment

Psychological tests, Addiction screening tests & Family assessment

가족의 객관적 가족심리평가

'가족사정(Family Assesment)'이라고도 불리는 가족심리평가 및 검사는 객관적 가족심리검사와 주관적 가족심리검사로 분류되어진다. 객관적 가족심리검사는 자기보고식 질문지법으로 가족문제를 목록화하며 도구를 사용하는 방법으로 가족환경척도(FES: Family Environment Scale), 맥매스터모델(McMaster Model), 가족순환모델(Circumplex Model), 자아분화척도(differentiation of self scale), 비버즈 모델(Beavers Model) 등이 있다. 주관적 가족심리검사는 상담사의 주관에 의해 평가되는 가족심리평가이며 가계도, 가족지도, 가족조각, 가족세우기, 사티어(Satir)의 영향력의 수레바퀴 등이 있다.

  가족상담에서 바람직한 개인적인 가족역할, 집단으로서 가족, 가족의 상호작용 등을 고려하고 평가도구를 선택하는 것은 가족심리를 평가하는데 매우 중요하다. 객관적 가족사정의 장점으로서 가족 각자에게 자기 노출을 할 수 있는 기회를 제공하며 가족 구성원에게 다른 가족원의 문제가 무엇인지에 대해 체계적으로 이해시킬 수 있는 기회를 제공하면서 부담을 덜 느끼고 체크리스트에 응답하게 된다.

1 가족환경척도

가족환경척도(FES: Family Environment Scale)는 가족환경에 대한 지각, 가족환경에 대한 기대, 가족지각과 같은 다양한 관점을 측정하는 가족심리평가이다. 미국 스탠퍼드 대학교 무스(Moos)박사는 심리측정의 평가 차원에서 가족환경이 개인과 가족의 기능에 미치는 영향을 측정하기 위한 FES를 개발하였다. 가족환경척도(FES)는 객관적 가족심리검사로 가족행동을 규제하고 주도해 나간다는 기본 전제 안에서 만들어 졌다.

FES는 개인과 가족의 기능에 영향을 미치는 가족환경을 평가하는 검사로서 가족환경은 세 가지로 영역으로 구성되고 FES영역은 관계영역, 개인의 성장영역, 체계 유지영역 등 세 가지 영역으로 구분되어 있다. 관계영역에서는 3개의 하위 영역인 응집성, 표현력, 갈등영역들로 구성되어 있고 개인의 성장영역에서는 5개의 하위 하위영역인 독립, 성취지향성, 지적-문화적 지향성, 활동적-오락적 지향성 및 종교 신념을 강조하는 개인발달과 성격영역의 질문으로 구성되어 있으며, 체계 유지영역에는 조직화와 조절성 등 두 가지 영역의 질문으로 구성되어 있다. 체계 유지영역은 가족의 구조와 역할에 대한 정보를 제공하는 것으로서 체계영역이나 환경을 파악하기 위해서 가족이라는 조직체가 가지고 있는 구조와 역할에 따른 조직과 통제의 내용들을 다루고 있다. FES는 10개의 하위영역 안에서 총 90개 질문으로 구성되어 있으며 내담자의 문항에 대한 질문의 응답은 '예'와 '아니오'로 대답할 수 있다.

FES에서는 가족이 스트레스 상황에 있는 경우 종교적(기독교적 가치 및 이념) 가족자원은 가족 스트레스에서 적응을 할 수 있도록 돕는 가족자원이지만 표현력이나 성취지향성 및 도덕성-종교적 강조 하위척도는 순기능과 역기능 가족을 구별하는 데 의의가 없다고 본다.

FES의 두 가지 전제 중 하나는 한 가족이라 하더라도 각 가족 구성원이 가족환경을 지각하는 것을 다루는데 가족의 심리적, 사회적 환경을 반영하는데 있어 가족전체에 대한 의견, 그리고 개인의 의견을 모두 반영시켜야 한다. 두 번째 전제는 각 가족 간의 비교가 가능한데 예를 들면 어떤 가족은 응집성이 강조되는 반면, 다른 가족은 개인성장의 영역 등이 강조된다. 가족의 기능, 개인의 정신적, 신체적 질환과의 연관성을 파악하면 가족상담의 계획을 세우는데 도움이 되고, 그 만족도를 수치화할 수 있다. 가족환경 척도의 내용구성과 문항은 다음 〈표 13-1〉과 〈표 13-2〉에 요약되었다.

표 13-1 가족환경척도 내용구성

영 역	하위척도
관계영역 (Relationship Domain)	**결합력(Cohesion):** 가족 구성원들 사이의 위임, 도움, 지지의 정도 **표현력(Expressiveness):** 가족 구성원들이 공개적으로 활동하며 직접적으로 기분을 표현하도록 격려되는 정도 **갈등(Conflict):** 가족 구성원들 사이에 공개로 표현되는 분노, 공격의 정도
개인의 성장영역 (Personal Growth Domain)	**독립성(Independence):** 가족 구성원이 자급자족하고, 스스로의 결정을 내리는 정도 **성취지향성(Achievement Orientation):** 학업이나 일에서의 활동이 성취지향적이거나 경쟁적인 정도 **지적-문화적 지행성(Intellectual-cultural):** 정치, 문화, 지적활동에의 관심의 정도 **능동적 여가활용성(Active-Recreational):** 사회적, 여가 활동적 활동에 참여하는 정도 **도덕적-종교적 강조(Moral-Religious Emphasis):** 윤리, 도덕적 가치를 강조하는 정도
체계 유지영역 (System Maintenance Domain)	**조직화(Organization):** 가족의 활동과 책임 정도를 명백히 조직하고 체계적으로 계획하는 정도 **조절성(Control):** 가족생활에 이용되는 규칙과 방법들이 설정되는 정도평가

자료: Lee(1999). *The comparison between American alcoholics & Korean alcoholics within family systems*, FSU, 86

표 13-2 가족환경척도 질문문항

1. 가족 구성원은 진심으로 서로 돕고 격려한다.
2. 가족 구성원은 그들의 감정을 드러내지 않는 경우가 자주 있다.
3. 우리 가정에서는 싸움이 자주 일어난다.
4. 우리 가정에서는 각자가 자기의 할 일을 하지 않는 경우가 빈번하다.
5. 우리는 무엇을 하든지 최선을 다하는 것이 중요하다고 생각한다.
6. 우리는 정치적 · 사회적 문제에 관해 자주 이야기한다.
7. 우리는 대부분의 주말이나 저녁을 집에서 보낸다.

(계속)

8. 가족 구성원은 종교적 집회에 꽤 자주 참석한다.

9. 우리 가정에서는 여러 활동이 매우 신중하게 계획된다.

10. 우리 가정에서는 가족 구성원이 혹사당하는 일은 거의 없다.

11. 우리는 종종 집에서 헛되이 시간을 보내는 것 같다.

12. 우리는 집 주변에서 필요한 것은 무엇이든지 이야기한다.

13. 가족 구성원은 좀처럼 드러내 놓고 화내지 않는다.

14. 우리 가정에서는 우리가 독립심을 갖도록 적극 격려한다.

15. 우리 가정에서는 출세를 매우 중요시한다.

16. 우리는 좀처럼 강연회나 연극 혹은 연주회에 가지 않는다.

17. 친구들이 식사 초대를 받거나 방문 등의 용건으로 우리 집에 자주 들른다.

18. 우리는 가정에서 종교적 의식을 행하지 않는다.

19. 우리는 대체로 매우 질서 있고 규율이 있다.

20. 우리 가정에서는 지켜야 할 규칙이 거의 없다.

21. 우리는 집안일에 많은 정성을 기울인다.

22. 집에서 누군가의 속을 상하게 하지 않으면서 울분을 푼다는 것은 쉽지 않다.

23. 우리 가족은 때론 몹시 화가 나서 물건을 집어 던진다.

24. 우리 가정에서는 각자 자기의 일은 스스로 생각해 낸다.

25. 한 개인이 얼마나 돈을 많이 버는지는 우리에게 별로 중요하지 않다.

26. 우리 가정에서는 새롭고 독특한 것에 관해 배우는 것을 매우 중요시한다.

27. 우리 가정에서는 탁구, 야구, 볼링 등 스포츠에 적극적인 사람은 아무도 없다.

28. 우리는 크리스마스. 초파일에 관한 종교적 의미에 대하여 자주 이야기한다.

29. 우리 집안에서는 필요한 물건들이 제자리에 없는 경우가 자주 있다.

30. 우리 가정에서는 결정의 대부분을 도맡아 하는 가족 구성원이 한 사람 있다.

31. 우리 가정에는 일체감이 있다.

32. 우리는 신상 문제에 관해 서로 이야기를 나눈다.

33. 가족 구성원은 좀처럼 화내는 일이 없다.

34. 우리가 가정에 출입하는 것은 우리 자신의 의사에 달렸다.

35. 우리는 '경쟁' 및 '최선을 다하는 사람이 승리한다는 것'을 믿는다.

36. 우리는 문화적 활동에 흥미를 갖고 있지 않다.

37. 우리는 캠핑이나 야유회 또는 극장이나 스포츠 경기 등에 자주 간다.

38. 우리는 지옥이나 천당을 믿지 않는다.

39. 우리 가정에서는 시간 지키는 것을 매우 중요시한다.

40. 집에서 일을 하는 데에는 지침이 정해져 있다.

41. 우리는 해야 할 집안일이 있을 때 좀처럼 자진해서 나서지 않는다.

(계속)

42. 우리는 만일 무엇을 하고 싶다고 느끼면 종종 즉시 찾아내어 행한다.

43. 가족 구성원은 서로 비난하는 경우가 많다.

44. 우리 가정에서는 개인적 비밀이란 거의 없다.

45. 우리는 항상 다음부터는 좀 더 일을 잘하려고 애를 쓴다.

46. 우리는 지적인 토의를 거의 하지 않는다.

47. 우리 가족은 누구나 한두 가지 취미를 가지고 있다.

48. 가족 구성원은 무엇이 옳고 그릇된 것인지에 관하여 확실한 견해를 가지고 있다.

49. 가족 구성원은 자주 그들의 생각이나 의향을 바꾼다.

50. 우리 가정에서는 규칙을 따르는 것이 매우 강조된다.

51. 가족 구성원은 진심으로 서로를 후원한다.

52. 만일 가정에서 불평을 늘어놓으면 누군가는 으례 당황한다.

53. 가족 구성원은 이따금 서로 충돌한다.

54. 가족 구성원은 문제가 생길 때 거의 언제나 그들 자신에 의존한다.

55. 가족 구성원은 승진이나 학교 성적 등에 관해 거의 신경을 쓰지 않는다.

56. 우리 가족 중에는 악기를 다루는 사람이 있다.

57. 가족 구성원은 일과 공부 외에는 거의 오락활동에 참여하지 않는다.

58. 우리는 신앙에는 반드시 지켜야 할 것들이 있다고 믿고 있다.

59. 가족 구성원은 그들의 방이 말끔히 정돈되어 있다고 확신한다.

60. 누구든지 가족 결정에 있어서는 동등한 발언권을 가진다.

61. 우리 가족은 단결심이 매우 부족하다.

62. 우리 가정에서는 돈에 관한 문제가 솔직하게 거론된다.

63. 만일 우리 가정 내에 의견 차이가 있으면, 우리는 원만히 수습하여 유지하려고 열심히 노력한다.

64. 가족 구성원은 자신의 권리는 자신이 옹호하도록 서로 열심히 격려한다.

65. 우리 가정에 있어서, 우리는 성공할 수 있을 만큼 열심히 노력하지 않는다.

66. 가족 구성원은 도서관이나 서점에 자주 들른다.

67. 가족 구성원은 어떤 취미나 흥미생활을 위해 이따금 교습을 받거나 그 과정에 들어간다.

68. 우리 가정에서는 무엇이 옳고 그른가에 관해 서로 다른 견해를 갖고 있다.

69. 우리 가정에서는 각자의 임무가 분명히 정해져 있다.

70. 우리 가정에서는 우리가 하고 싶은 일은 무엇이든지 할 수 있다.

71. 우리는 정말 서로 사이좋게 지내고 있다.

72. 우리는 대체로 서로 말조심을 한다.

73. 가족 구성원은 종종 서로 유리한 입장을 확보하려 하거나 이기려고 애쓴다.

74. 우리 가정에서는 누군가의 감정도 해치지 않고 독자적으로 살아간다는 것은 힘들다.

(계속)

75. "놀기에 앞서 일하라."는 것이 우리 가정의 규칙이다.

76. 우리 가정에서는 독서하는 것보다 텔레비전 보는 것에 더 치중한다.

77. 가족 구성원은 자주 외출한다.

78. 성경이나 불교경전 등 종교서적은 우리 가정에서 매우 소중한 책이다.

79. 우리 가정에서는 돈이 신중하게 관리되지 않는다.

80. 우리 가정에서는 규칙들이 상당히 완고하게 지켜진다.

81. 우리 가정에서는 모두를 위한 충분한 시간과 배려가 있다.

82. 우리 가정에서는 자발적인 토론이 자주 행해진다.

83. 우리 가족 구성원은 가정에서 언성을 높여서는 이로울 것이 전혀 없다고 믿는다.

84. 우리 가정에서는 자기 스스로를 변호하는 것을 사실상 장려하지 않는다.

85. 가족 구성원은 자신들이 공부를 얼마나 잘하고 있는지 다른 사람들과 자주 비교한다.

86. 가족 구성원은 음악이나 미술 또는 문학을 매우 좋아한다.

87. 우리의 주된 오락형태는 텔레비전을 보거나 라디오를 듣는 것이다.

88. 가족 구성원은 죄를 짓는 사람은 죗값을 받게 될 것이라고 믿고 있다.

89. 설거지는 항상 식사 후에 즉시 행해진다.

90. 우리 가정에서는 얼렁뚱땅 넘어가는 일은 있을 수 없다.

자료: Moos, R & Moos, B(1986). *Family Environment Scale Manual*, Palo Alto, Ca.: Consulting Psychologists Press. 재구성

2 가족순환모델

1) 가족순환모델의 기능

순환모델 질문지는(Circumplex Model) 가족기능을 측정하는데 두 차원인 가족응집성척도와 적응성척도를 측정하는 가족심리평가로 자기보고식 검사이다. 가족순환모델(FACE II)은 총 20문항으로 구성되어 있다. 개인보다는 가족구조에 초점을 맞추면서 그 가족체계 내에서 일어날 수 있는 '실제 변화'와 '가족기능에 대한 가족들의 지각에 대한 관심을 집중하는 순환모델(FACE II)은 가족의 특정 가족 구성원이 아닌 전체 가족구조 및 가족상호작용에서 측정되는 적응력과 응집성을 중요하게 다룬다. 홀수에 해당하는 10문항은 가족응집력을 측정하며 짝수에 속하는 10문항은 가족적응력을 측정한다.

가족을 평가하는 것뿐 아니라 치료적 수단으로 활용도가 높은 이 도구는 응집력과 적응력 정도에 대해 가족이 어떻게 인식하는가를 밝혀내며 가족기능을 평가하는 데 의의를 두고 있다. 순환모델을 만든 올슨(Olson)박사는 중간범위의 가족이 적응성이나 응집력에서 적절한 점수를 가지면 건강한 기능을 한다고 보았다. 이 모델의 전체 척도의 신뢰도는 .76로서 많지 않은 문항 수에 비해 신뢰도와 타당도가 높아 한국 건강가족 실천본부(1999)에서 사용되고 있다.

가족순환모델의 질문(ideal version)은 20문항의 측정변수로 구성되어 있으며 가족응집력과 가족적응력의 종속변수들은 각각 5점 리컷트 척도로 측정하고 있다. 가족순환모델에서는 가족기능 각 차원의 점수와 현재 가족이 지각하고 있는 점수들의 편차점수를 활용하며 각 문항은 5점 척도로 평정하므로 응집성과 적응성 척도 점수범위는 10점에서 50점까지 얻을 수 있다.

순환모델은 신뢰도와 타당도가 높아서 한국가족의 기능을 평가하고 치료적 의미를 가지고 있으므로 중요하다. 2001년에서 2009도까지 약 8년간 실시한 순환모델의 평가에서는 한국가족의 응집력과 융통성을 비교해 보았을 때 중간형[i.e. 유연한 격리(flexible disengaged), 구조화된 격리(structurally disengaged), 경직된 분리(rigidly separated), 경직 연결(rigidly connected), 구조화된 밀착(structurally enmeshed), 유연한 밀착(flexible enmeshed), 혼돈연결(chaotically connected, etc,)] 가족기능을 가진 가족이 대다수인 것으로 보고되었다.

2) 가족순환모델의 가족유형

순환모델은 가족 기능을 중심으로 객관적인 가족사정을 하는 객관적 질문기법으로 가족을 유지하는데 기본적인 특성을 응집력과 적응력으로 정의 내린다. 가족순환모델의 응집력과 적응성은 각 4개 수준으로 구성되어 총 16개의 가족유형으로 나누어진다.

가족응집력은 가족 구성원 서로의 정서적인 결합의 정도를 나타내고 가족들에게 부여된 개인의 자율성과 함께 가족이 함께하며 결합하려는 정도와 관련이 있다. 가족응집력 평가척도의 하위변수들은 '격리된 가족', '분리된 가족', '연결된 가족', '밀착된 가족' 등이다.

가족응집력에서 격리된 가족은 낮은 응집력을 보여서 최대한의 자율성을 즐기며 가족 안에서 자신을 동일시하려는 노력은 전혀 하지 않는다. 연결된 가족은 가족의 친밀감에 가치를 두고, 각 구성원의 자율성 발달을 인정하고 돕는 경향이 있다. 분리된 가족은 개인의 자율성에 가치를 두고 있으나 가족의 응집과 정체성의 감각을 함께 가지고 있다. 밀착 혹은 융해된 가족은 가족의 친밀성을 우선으로 두고 있으므로 가족의 결합과 응집력을 강요하는 경향이 있어 가족 구성원의 개인적인 정체성이나 독립을 방해할 수 있다.

가족적응력은 가족의 변화를 허용하는 정도이며 가족의 균형을 허용하는 정도 및 유지하려는 정도를 의미한다. 또한 가족갈등이 있는 가족 안에서 가족규칙, 가족역할, 가족구조 등을 유연하게 할 수 있는 가족의 건강한 측면을 의미한다. 가족적응력 평가척도의 종속변수들은 '경직가족', '구조화된 가족', '유연가족' 및 '혼돈된 가족' 등으로 구성되어 있다.

경직가족은 규칙의 변화를 원하지 않으며 가족경계의 격리성과 가족규칙의 변화를 적극적으로 받아들이며 고정된 가족기능과 현상을 유지하려는 가족이다. 분리된 가족은 개인의 자율성을 중요시하며 가족의 결합과 정체성의 특성을 함께 지닌다. 연결된 가족은 친밀감에 가치를 두며 각 구성원의 자율성 발달을 인정하고 돕는 것에 가치를 두고 있다. 융해된 가족은 가족의 친밀성과 융합을 가장 가치 있게 생각하는데 자립을 방해하는 희생적인 가족결합을 강요하기도 한다. 가족적응이 잘되면 균형을 유지하려는 힘과 변화하려는 능력이 적절한 조화를 이룬다.

물질중독인 알코올중독 가족에 다수의 분포를 보여주고 있는 혼돈가족은 가족생활의 문제와 관련된 어떤 구조도 가지고 있지 않고 역할이나 규칙을 수용하는 능력이나 문제해결 능력이 거의 없다. 유연가족은 규칙이나 역할변화를 인정함으로써 문제를 해결하는 능력이 있다. 구조화된 가족은 유연한 가족보다 고정적이거나 체계적인 역할을 필요로 하나 규칙을 수용하는 능력이 다소 부족하다. 올슨(Olson)의 가족순환모델(Circumplex Model)은 〈그림 13-1〉에 기재되어 있다.

가족순환모델에서는 중간 범위의 가족이 응집력이나 적응력에서 건강하고 기능적인 특성을 가지고 있다고 보았다. 두 차원의 극단적인 범위로 표현되는 가족은 역기능 가족의 특징으로 볼 수 있지만 올슨(Olson)은 극단형과 조화형을 포함하여 극단 차원의 모든 가족을 역기능적인 가족으로 단정하지 않는 경향이 있는 것에 유의해야 한다고 하였다.

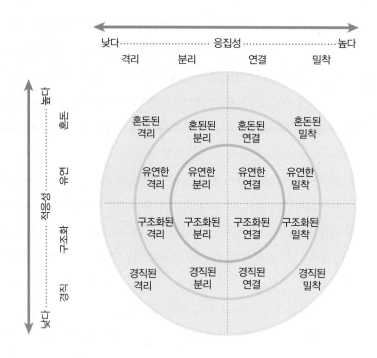

그림 13-1 올슨(Olson)의 가족순환모델(Circumplex Model)

자료: Olson, D. H.(1986). *Circumplex model VII: Validation studies and FACES II.* Family Process, 26, 339.

결론적으로 중간범위의 가족이 좀 더 건강한 경향을 보이고 극단적인 범위의 가족이 건강하지 않다고 보이지만 반드시 그렇다고 입증할 수 있는 단서는 없다.

3) 가족순환모델의 채점 및 해석

가족응집력 척도점수는 'FACE Ⅱ'의 문항들 중 홀수 문항들의 척도점수를 합산하는 반면, 가족적응력 척도점수는 짝수 문항들의 척도점수를 합산하여 계산한다. 만약 가족응집력 점수가 높게 나타난다면 가족이 혼합된 상태라고 할 수 있으며, 가족적응력 점수가 높게 나타난다면 가족이 무질서한 상태라고 할 수 있다. 총점을 구하기 위해서는 모든 문항들을 합산하면 되는데, 최저 20점부터 최고 100점 사이의 점수가 산출된다.

가족순환모델 문항에 대한 4개의 응답이 구분되는데 전혀 그렇지 않다(1점), 거의 그렇지 않다(2점), 때때로 그렇다(3점), 자주 그렇다(4점), 항상 그렇다(5점) 등이다.

가족적응성과 가족응집력 평가 척도를 통해 가족 만족도를 측정하고자 한다면, 현재 지각하고 있는 가족상에 대한 20문항과 기대하고 있는 가족상에 관한 20문항을 비교하여 그 차이를 밝히면 되는데, 가족이 지각하는 이미지와 가족이 기대하는 이미지의 차이가 클수록 가족에 대한 불만족을 나타낸다고 볼 수 있다.

가족순환모델인 FACE II의 척도점수에 대한 해석은 가족적응력점수 합산이 10~23점에 해당하면 경직가족으로, 24~29점은 구조화 가족으로, 30~35점은 유연한 가족으로, 36~50점은 혼돈가족(응답대상자 평균 29.5점) 등으로 채점되어진다. 그리고 가족응집력의 문항점수 합산이 10~29점에 해당하면 격리가족으로, 30~35점은 분리가족으로, 36~41점은 연결가족으로, 그리고 42~50점은 밀착가족의 척도로 채점되어진다.

한국 건강가족 실천본부(1999)는 올슨(Olson)의 가족기능 평가법을 이용하여 가족의 적응력(adjustment)과 결속력(cohesion)을 통해 중간형, 조화형, 극단형으로 분류하였다. 적응력과 결속력의 정도를 갖고, 중간형, 조화형, 극단형을 분류할 때 중간형이 50.4%(미국 34.9%)로 가장 많았고 조화형이 29.7%(미국 48.7%) 극단형이 19.9%(미국 11.9%)의 비율로 나타났다. 그리고 극단형 중 혼란스럽게 밀착된 유형이 10.8%로 가장 많았으며 다음 혼란스럽게 격리된 유형이 6.0%, 경직되고 격리된 가족유형이 2.1%, 밀착되고 경직된 가족유형이 0.9%의 순으로 나타났다.

올슨(Olson) 등은 이러한 차원으로 가족을 평가하는 순환모델을 발표하였고 몇 차례에 걸쳐서 가족응집성과 적응성 측정척도(FACES II: Family Cohesion and Adaptability Evaluation Scales)라는 질문지의 수정을 하였는데 가족순환모델 질문척도 문항은 〈표 13-3〉에 기재되었다.

표 13-3 가족순환모델 가족심리평가 질문지

문 항	전혀 그렇지 않다	다소 그렇지 않다	그저 그렇다	다소 그런 편이다	정말 그렇다
1. 우리 가족은 서로 돕는다.					
2. 우리는 가족의 어떤 문제를 해결할 때 우리 형제의 의견을 들어준다.					
3. 부모님은 우리 형제의 친구를 알고 그 친구를 사귀는 것을 좋게 생각한다.					
4. 우리 형제는 우리의 교육에 대해서 의견을 이야기할 수 있다.					
5. 우리 가족끼리만 무엇인가 하는 것을 좋아한다.					

(계속)

문 항	전혀 그렇지 않다	다소 그렇지 않다	그저 그렇다	다소 그런 편이다	정말 그렇다
6. 우리 가족은 형제들이 성장함에 따라 맞지 않는 일이라고 판단되는 일은 바꿔 준다.					
7. 우리 가족은 여가시간을 함께 보내는 것을 좋아한다.					
8. 잘못하여 받는 벌에 대해서 사전에 부모님께 의견을 이야기할 수 있다.					
9. 우리 가족은 서로 매우 친밀하다고 느낀다.					
10. 우리 가족이 중요한 일을 결정해야 할 때 형제들이 결정한다.					
11. 가족이 함께 해야 할 일에 가족 모두가 참여한다.					
12. 가족의 흥미가 있어서 가족이 함께 할 수 있는 일을 쉽게 생각해 낼 수 있다.					
13. 아버지만 의사결정권을 갖고 있는 것이 아니라 형제 또는 다른 가족의 조언을 받는다.					
14. 우리 가족은 각자의 일을 결정할 때 부모나 형제 또는 다른 가족의 조언을 받는다.					
15. 가족이 함께한다는 것은 중요하다.					
16. 가장의 역할을 누가 하는지 말하기 어렵다.					
17. 가족 내의 어떤 일을 결정할 때 이웃이나 친척이 결정권을 갖는다.					
18. 친구나 친척, 이웃보다 우리 가족끼리가 더욱 잘 어울린다.					
19. 우리는 어떤 것을 지켜야 하는지에 대한 규칙이 때때로 변한다.					
20. 우리 가족의 주도권을 가진 사람이 누군지 말하기 어렵다.					

자료: Olson, D. .H.(1986). *Circumplex model VII: Validation studies and FACES II*, Family Process, 26, 재구성

3 맥매스터 모델

캐나다의 맥매스터 대학교 정신과에 있던 엡스타인(Epstein)은 비숍(Bishop), 볼드윈(Baldwin) 등과 함께 체계이론의 바탕 하에 가족의 기능을 평가하고 진단하기 위한 장기적인 연구를 하였다. 맥매스터 모델(McMaster Model)은 가족기능을 주제로 하여 문제해결, 의사소통, 역할, 정서적 반응, 정서적 관여, 행동 통제, 가족의 일반적 기능 등의 7가

지 범주의 척도내용으로 구성되어 있으며 내용이 포함된 척도의 질문들이 양이 많고 응답 범주가 모호하다는 지적을 받고 있다. 이 가족심리검사는 4개의 응답 범주(i.e. 강하게 동의함, 동의함, 동의하지 않음, 강하게 동의하지 않음)로서 점수를 계산하도록 구성되어 있다.

가족기능을 표현하는 7가지 범주의 척도내용 중 문제해결은 가족이 효과적인 가족기능을 유지하면서 가족문제를 해결하는 능력인데 14, 22, 34 등의 질문으로 구성되어 있으며 가족문제를 잘 해결하는 것과 다르게 가족이 문제를 잘 대처하지 못하면 문제해결이 효과적이지 못한 가족으로 평가된다.

의사소통은 가족 내에서 '정보가 어떻게 교환되는가?'하는 것으로, 이 척도는 언어적인 것으로 국한되는 경향이 있으며 의사소통을 결정하는 중요한 요소는 의사소통을 하는 사람이 의사를 얼마나 솔직하고 명료하게 전하는가, 의사소통 양은 충분한가, 의사를 전달하려는 사람이 존재하는가, 마음은 열려 있는 가? 등으로 문항들은 2, 10, 25, 33번 등의 질문이 포함된다. 실제의 가족의 의사소통에서는 목소리 억양, 얼굴표정, 시선, 신체, 언어 등 비언어적 의사소통이 중요한 부분을 차지한다.

가족역할에 대한 문항들은 8, 13, 20, 27, 30번의 질문들로 구성되어 있고 이 척도의 내용은 가족이 잘 분배된 역할을 가족기능을 충족시키기 위해 반복적인 행동유형이다. 가족의 자원을 구하고 양육하고, 보호하는 가족의 필수적인 기능을 위한 가족의 역할과 가족의 특정기능을 위한 역할은 가족의 정신건강 및 병리적인 면을 총체적으로 측정하는 것이다.

과제를 달성하기 위해서 역할이 적절하게 분배되어야 하며, 가족은 분배된 역할을 실행하는 것이 필요하다. 건강한 가족일수록 가족기능이 각 가족을 충족시킬 수 있으며 역할분담과 책임도 명백하다. 가족역할은 가족이 건강하게 기능하기 위한 필수적 기능과 그 밖의 가족기능으로 구별한다.

정서적 반응성에 대한 문항들은 5, 11, 18, 23번 질문들로 구성되어 있고 가족이 주어진 자극에 따라 적절한 내용과 양의 감정으로 반응할 수 있는 능력을 의미한다. 이 척도는 애정, 안정감, 즐거움, 두려움, 비애, 분노, 우울 등의 반응 등이 있으며 문화에 따라 다르지만 건강한 가족에 대해 적절한 강도와 지속성을 가지고 다양한 정서 반응할 수 있는 능력을 표현해 준다.

정서적 관여를 위한 척도내용의 문항들은 15, 17, 19, 21, 24, 31번 등의 질문들에서 표현되고 있는데 가족에 대한 관심이나 배려의 양과 질을 표현해주고 가족 전체가 가족 구성원의 흥미, 활동, 가치관 등에 관심을 보이는 것을 보이는 것을 의미한다. 맥매스터 모델은 정서적으로 관여하는 정도를 다섯 가지로 분류하는데 첫째 소원하거나 무관심하여 서로 전혀 관여하지 않는 유형, 둘째 의무감이나 통제성을 위해 관여하거나 호기심이 있을 때만 관여 하는 관여유형, 셋째 가족을 보호하거나 돕기보다는 자기중심적인 관여로서 자신의 존재가치를 유지하기 위해 관여하는 유형, 기능적인 정서적 관여로서 공감에 의해 관여하는 유형, 공생적 관여는 가족이 지나치게 관여한 나머지 개인의 발달에 장애를 초래할 위험이 있는 상태를 유지하게 되는 유형이다.

행동통제에 대한 척도는 4, 9, 17, 26, 28번 등의 질문에서 보여진다. 가족 구성원들이 가족의 상태를 유지하거나 어떤 새로운 상황에 적응하기 위해 가족의 행동을 통제를 측정하는 내용이다. 맥매스터 모델은 네 가지 행동 통제 유형을 소개하고 있는데 그 내용은 경직된 통제, 유연한 통제, 방임적인 통제, 혼돈된 통제 등으로 구분되어진다.

경직된 통제는 융통성 없이 행동 통제를 하는 경우로 적응력이 약하고 역할을 현 상태로 유지하는데 도움이 되나 새로운 발달과제에 직면해 변화가 필요한 경우 바람직하지 못하다. 방임적 행동 통제는 일관성 없는 혼돈스러운 통제는 가족원 간의 감정이 지배되는 행동 통제로 예측할 수 없으며 건설적이지 못하며 가족의 감정에 따라 일어난다. 유연한 통제는 스스로 행동을 책임지게 하는 행동 통제로서 예측 가능하며 건설적이고 환경 변화에 적절하게 적응할 수 있다. 가족들이 이상이나 규칙을 함께 공유하기 쉽고 과제달성이 용이하다. 방임적 통제는 우유부단하여 의사소통과 역할분담에 문제가 생기며 정서적으로 불안정하며 다른 사람의 주의를 끌려고 하거나 충동을 억제하거나 통제하는 힘이 약한 것을 의미한다. 마지막으로 가족의 일반적 기능척도의 문항들은 1, 3, 6, 12, 16, 29, 32번 내용에서 보여주고 있다.

맥매스터(McMaster)의 가족평가척도의 문항은 〈표 13-4〉에 기재되었다.

표 13-4 맥매스터의 가족심리평가 질문지

문 항	매우 그렇다 (1)	약간 그렇다 (2)	다소 그렇지 않다 (3)	전혀 그렇지 않다 (4)
1. (우리 가족은) 서로를 잘 이해하지 못하기 때문에 우리가 해야 할 일을 계획하지 못한다.				
2. 누군가가 기분이 나쁘면 왜 그런지를 안다.				
3. 위기가 닥치면 서로에게 도와 달라고 부탁할 수 있다.				
4. 갑자기 큰일을 맞게 되면 어떻게 할 바를 모른다.				
5. 서로에 대한 애정표현을 하지 않으려고 한다.				
6. 슬픈 일이 있어도 서로에게 이야기를 하지 않는다.				
7. 자신에게 중요한 일이 있을 때만 서로에게 관심을 가진다.				
8. 우리 가족은 집에서 할 일이 충분히 구분되어 있지 않다.				
9. 규칙을 어길 경우 관여하지 않는다.				
10. 빗대어서 말하기보다는 직접 솔직하게 이야기한다.				
11. 감정적으로 반응하는 가족이 있다.				
12. 두려워하는 일이나 걱정에 대해 우리 가족은 이야기를 꺼린다.				
13. 각자의 역할을 다하지 못한다.				
14. 가족문제를 해결하려고 애쓴 후에 그것이 잘 되었는지 아닌지에 대해 가족이 이야기하곤 한다.				
15. 지나치게 자기중심적이다.				
16. 서로에게 감정을 표현할 수가 있다.				
17. 화장실을 사용하는 방식이 정해져 있지 않다.				
18. 서로에 대한 사랑을 표현하지 않는다.				
19. 우리에게 관계있는 일이 있으면 서로 관여하게 된다.				
20. 가족이 개인적 관심사를 알려고 하는 시간이 거의 없다.				
21. 개인적으로 얻는 것이 있다고 생각할 때 서로에게 관심을 보인다.				
22. 나쁜 감정문제가 나타나면 거의 풀고 지나간다.				
23. 다정다감한 편은 아니다.				
24. 어떤 이득이 있을 때만 서로 가족에게 관심이 있다.				
25. 서로에게 솔직하다.				

(계속)

문 항	매우 그렇다 (1)	약간 그렇다 (2)	다소 그렇지 않다 (3)	전혀 그렇지 않다 (4)
26. 어떤 규칙이나 기준을 고집하지 않는다.				
27. 어떤 일을 부탁하고 나서 나중에 다시 일러 주어야 한다.				
28. 집에서 지켜야 할 약속을 어기면 어떻게 되는 건지 잘 모른다.				
29. 함께 있으면 잘 지내지 못한다.				
30. 가족으로서 각자가 해야 할 일에 대해 불만을 가지고 있다.				
31. 무엇이나 서로 좋자고 하는 것이지만 서로의 생활에 너무 많이 개입한다.				
32. 서로를 믿는다.				
33. 누가 해 놓은 일이 마음에 들지 않으며 그 사람에게 말한다.				
34. 문제를 해결하려고 할 때 여러 가지 방법을 생각해 본다.				

자료: Ryan, C. E., Epstein, N. B., Keitner, G. I., Gabor I. Keitner, Miller I. W. & Bishop, D. S.(2005). *Evaluating and Treating Families: The McMaster Approach*. New York, NY: Routledge. 재구성

4 비버즈 모델

정신과 의사인 비버즈(R. Beavers)에 의해서 개발되었던 가족기능을 측정하는 비버즈체계 모델(Beaver System Model of Family Functioning)은 정신분열증 환자인 청소년과 가족 간의 상호작용을 관찰해 가면서 가족구조, 신념, 목표지향적 협상, 자율성, 가족정서 등 5가지 영역의 상호작용에 대해 평가하고 건강-병리 척도에 의해 점수를 표현할 수 있다. 이 모델은 임상적인 유용성이 입증되지 못한 측면이 있고, 그러한 이유로 인하여 임상장면보다는 정상적인 가족연구의 사정 도구에서 가족기능의 문제를 위하여 활용되는 경우가 더 많다. 가족심리평가의 두 개 축을 가지고 있는 비버즈 모델에서 첫째 축은 '가족 스타일' 축으로서 가족이 서로 관계하는 양식이나 가족 상호작용 양식을 의미한다. 두 번째 축은 '가족 유능성'으로서 가족체계의 전반적인 기능이며 가족체계의 발달개념에 기초하고 있다.

'가족 스타일'과 '가족 유능성' 측면으로 해석이 가능한 비버즈 모델은 〈그림 13-2〉에

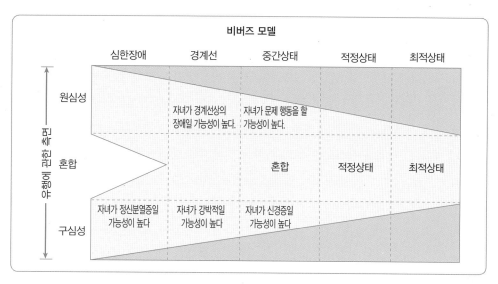

그림 13-2 비버즈 가족심리평가

자료: Beavers. R. W. & Hampson R. B.(1990). *Successful Families: Assessment & Intervention*, New York: W W Norton & Co Inc. 재구성; 이현경(재인용)

기재되어 있다.

비버즈 모델, 첫 번째 축인 '가족 스타일'은 원심적, 혼합, 구심적이라는 세 유형의 가족으로 분류되는데 먼저 '원심적 가족'은 가족 내부에 대한 결속력이 없이 외부 세계에 대한 관심을 보이는데 가족 구성원이 가족의 보금자리를 떠날 수 있는 용이성 정도의 가족유형을 의미한다. '구심적 가족'이란 가족 구성원들이 가족을 중심으로 서로 집착하며 응집하는 정도를 가리키며 가족 외부에 대해 관심을 보이지 않고 내부 관계에만 관심이 집중되어 있는 가족유형이다. 비버즈에 의하면 극단적인 원심성 가족(가족 내부에 대한 관심과 결속력이 없는 채 외부 세계에 대한 관심을 보이는 가족)이나 극단적인 구심적 가족(가족 외부에 대해 관심을 보이지 않고 내부 관계에만 관심이 집중되어 있는 가족)은 건강하지 않다고 보았다.

두 번째 축, '가족 유능성'에는 심한장애의 가족으로부터 이상적으로 기능하는 가족기능의 정도에 따라 '심한장애 상태', '경계선 상태', '중간 상태', '적정 상태', '최적 상태' 등으로 나누어지는데 유능성 정도가 크면 클수록 기능적이고 건강한 가족이다. 첫 번째 축(가족스타일)은 수평선으로 놓고 두 번째 축(가족유능성)을 수직선으로 결합시킨다면 15개의 가족유형으로 구분되며 다음과 같다.

먼저 심하게 혼란스러운 장애의 가족이다. 구심성 가족과 원심성 가족 모두 가족역량이 가장 낮으며 이러한 심한 장애유형의 가족은 의사소통을 효과적으로 하지 못하며 가족 구성원들은 자신의 정체감을 상실할지 모른다는 불안감을 가지고 있다. 심한장애를 보이는 가족유형은 의사소통이 혼란되고 양가감정이 부정되며 자녀가 정신분열증인 경우가 많이 생긴다. 가족경계가 모호하거나 약한 경향이 있으며 가족의 공통의 관심사를 가지지 못하고 절망적이다. 특히 구심적 스타일의 가족은 지배적인 중심인물을 중심으로 가족의 의식, 문화, 역할, 규칙 등이 고정되어 있을 수도 있고, 비꼬인 생각이 지배적이다. 지배적인 가족원을 중심으로 결합되거나 응집되는 경향이 있다(Beavers & Voeller, 1983).

두 번째 심하지도 않고, 중간상태도 아닌 경계적인 상태의 경계선상 스타일의 가족은 가족 양식 수준에 따라 경계선상의 구심성 가족과 원심성 가족, 혼합가족으로 나누어진다. 안정된 상호작용을 가지지만 중간범위 가족보다 효과적이지 못하다. 경계선상 스타일의 가족유형의 자녀는 불안정한 성격 혼란을 겪거나 강박관념이나 식욕부진으로 고통을 받을 수 있다. 가족의 특성으로서 폭력적 지배가 행해지고, 소원한 경향이 있으며 가족경계는 약한 것으로부터 강한 것으로 이동할 수 있으나 가족 구성원의 우울현상이나 분노가 존재할 수 있다(Beavers, et al., 1983). 이러한 경계선상 스타일의 가족들 가운데 구심적 유형의 가족에게서는 자녀가 강박적일 경우가 있고 원심적인 가족유형에서는 자녀가 경계선상의 장애를 보일 수 있다.

세 번째, 중간범위의 가족은 유능성 차원의 중간 수준이며 스타일 수준에서는 중간범위의 구심성 가족과 중간범위의 원심성 가족 및 중간범위의 혼합가족의 세 유형이 있다. 비교적으로 명확한 의사소통을 하지만 우세한 가족이 지배하려는 경향이 많고, 소원하거나 분노, 불안, 우울이 많으며 양가감정이 억압되어지는 경향이 있다. 원심적인 스타일 가족은 자녀가 문제행동을 할 수 있는 가능성이 높고, 구심적인 스타일을 가진 가족의 자녀는 신경증일 가능성이 많다. 특히 이 유형은 가벼운 행동장애와 신경증적 증세를 가진다.

네 번째, 건강한 가족으로서 적절한 상태와 최적 상태의 유용성 가족으로 구별되어진다. 적절한 상태를 가진 구심적, 원심적, 혼합유형의 가족은 비교적 명확한 경계를 가지고 있다. 건강한 가족들은 서로 대화를 잘 할 수 있을 뿐 아니라 한 가족원의 지배에 대한 투쟁에서도 온화함이나 공통 견해가 생기며 비교적 건강한 가족의 표현을 하고 있다.

최적상태의 유용성 가족은 어려운 상황에서도 의사소통이 가능하며 특별히 분명하고 일관된 의사소통을 가지고 있다. 최적상태 기능의 가족은 가족 구성원 간의 분명한 경계, 권력의 공유, 융통성 있는 가족구조와 역할을 하며 개인의 선택과 가족결합의 양면성이 존중되어질 뿐 아니라 친절, 유머, 온정함 등이 존재한다. 일관성 있는 부모의 연합, 가족의 친밀감, 가족 구성원의 자율적인 지지, 관계에도 만족 느끼는 건강 가족이다.

5 자아분화척도

1) 자아분화척도의 구성

자아분화척도(diffrentiation of self scale)는 보웬의 이론에서 중심적인 개념으로써 인간의 지성이 정서에서 분화된 정도이며 이것은 가족상담의 가족정서의 목표이며 성장목표가 된다. 보웬(Bowen)은 부부치료를 할 때 정서성에 대한 설명으로서 그는 "왜 불안하느냐?"는 질문으로부터 치료를 시작한다. 한 배우자의 서술을 먼저 듣고, 다른 배우자가 경청할 수 있는 기회를 제공하며 다른 배우자의 경우도 같은 방식을 적용한다.

보웬 가족치료 이론은 "과잉 감정의 가족체계로부터 얼마만큼 자신을 독립시킬 수 있는가?"하는 정도를 나타내는 개념으로 독립 상태를 분화척도라는 이론지수로 나타낸다.

자아분화가 높으면 의존적이지 않고 가족의 강요에 의해서 자기를 희생하지 않고 가족의 정서적 융합으로부터 자유로워진다. 외부의 객관적인 기준과 다른 사람의 요구에 민감하게 반응하며 않는다. 갈등과 스트레스에 대응할 수 있고 자아감과 거짓 자아가 적으며 가족관계 안에서 타인과 정서적으로 친밀감을 교류하며 자아정체감을 가지고 있다. 문제가 일어났을 때 보웬(Bowen)은 분화의 문제가 있는 가족집단으로 보고 개개인의 분리를 강조한다.

보웬이론 분석과 안창규(1989), 키어(Kear, 1978), 가핀켈(Garfinkel, 1980), 타이틀맨(Titleman, 1983)의 문항을 종합하고 한국문화를 적용해 창안된 자아분화척도의 문항들은 총 135개의 문항을 제작한 후, 전문가의 평가를 통해 120개의 문항을 선정하였고 발표되었다(제석봉, 1989). 그 후 요인분석을 하여 자아분화척도 내용을 36개 문항으로 선택하였다. 36개 문항의 자아분화척도의 하위영역은 다섯 가지 하위영역은 지적 기능이 정

표 13-5 자아분화척도 가족심리평가 질문지

문 항	전혀 그렇지 않다	그렇지 않은 편이다	그런 편이다	아주 그렇다
1. 나는 중요한 결정을 내릴 때, 마음 내키는 대로 결정하는 일이 많다.				
2. 나는 말부터 해놓고 나중에 가서 그 말을 후회하는 일이 많다.				
3. 나는 비교적 내 감정을 잘 통제해 나가는 편이다.				
4. 나는 화가 나면 물불을 가리지 않고 행동하는 편이다.				
5. 나는 욕을 하고 무엇이든 부수고 싶은 충동을 자주 느낀다.				
6. 나는 다른 사람들과의 싸움에 말려드는 편이다.				
7. 나는 대수롭지 않은 일에도 화를 잘 내는 편이다.				
8. 나는 남이 지적할 때보다 내가 틀렸다고 여길 때 의견을 더 잘 바꾼다.				
9. 나는 대다수 사람들의 의견보다 내 의견을 더 중시한다.				
10. 논쟁이 일더라도 필요할 때에는 내 주장을 굽히지 않는다.				
11. 내 말이나 의견이 남의 비판을 받으면 얼른 바꾼다.				
12. 내 계획이 주위 사람의 인정을 받지 못하면 잘 바꾼다.				
13. 주위의 말을 참작은 해도 어디까지나 내 소신에 따라 결정한다.				
14. 자라면서 부모님께 내게 대해 근심을 하는 것을 많이 보아왔다.				
15. 부모님은 내가 미덥지 못해서 지나치게 당부하는 일이 많다.				
16. 우리 부모는 형제들 중 유독 나 때문에 속을 많이 썩었다.				
17. 부모님은 내게만 문제가 없다면 아무 걱정이 없겠다는 말을 많이 했다.				
18. 내가 처한 상황은 부모님이 전부터 입버릇처럼 말해오던 대로이다.				
19. 내 걱정이나 근심은 옛날 부모님이 내게 말해 오던 대로 보아왔다.				
20. 부모님과 떨어져서 살면 대단히 불편하리라 생각했다.				
21. 가정을 떠나는 것이 독립할 수 있는 좋은 길이다.				
22. 나는 부모님 슬하에서 하루 빨리 독립했으면 하는 생각이 많았다.				
23. 부모님과 자주 다투기보다는 안 보는 것이 상책이라 생각했다.				
24. 나는 자라면서 집을 나가고 싶은 충동을 많이 느껴 왔다.				
25. 나는 자라면서 부모님과 별로 대화를 나누지 않았다.				
26. 내가 자랄 때 우리 가족은 각자 자기의 본분을 다했다.				

(계속)

문항	전혀 그렇지 않다	그렇지 않은 편이다	그런 편이다	아주 그렇다
27. 우리 가족은 심각한 일이 있어도 가족 간에 금은 잘 가지 않았다.				
28. 가족 간에 말썽이 있어도 서로 상의해가며 잘 해결해 왔다.				
29. 우리 가정에는 소리를 지르거나 주먹다짐을 하는 일이 드물었다.				
30. 가정에 어려운 일이 생겨도 부모님은 차분하게 잘 처리하셨다.				
31. 우리 가정은 대체적으로 화목하고 단란했던 편이다.				
32. 우리 가족은 각자 의견이 달라도 서로 존중해 준 편이다.				
33. 나는 어릴 때 다른 가정에서 태어났으면 하는 생각이 들었다.				
34. 우리 가족은 사소한 문제 때문에도 잘 싸웠다.				
35. 부모님은 나를 낳았을 뿐, 교육에는 별 관심이 없었다.				
36. 우리 가족들은 서로에게 대해 별 관심이 없었다.				

자료: 제석봉(1989). 자아분화와 역기능적 행동과의 관계: Bowen의 가족체계이론을 중심으로, 부산대학교

서적 기능에서 얼마나 분화되어 있는가를 의미하는 인지적 기능 대 정서적 기능, 자아의 통합, 가족투사과정, 정서적 단절, 가족퇴행 등이 있다. 1번에서 13번까지의 문항은 2년 간의 전반적인 행동, 경험 및 의견을 묻는 문항이며 14번에서 36번까지는 현재뿐 아니라 아동기 청소년기 및 현재에 이르기까지의 전반적인 행동경험 및 의견을 묻는 문항이다.

자아분화척도 문항의 내용은 〈표 13-5〉에 기재되었다. 자아분화척도의 문항은 다섯 가지 주제 프로파일로 구성되어 있는데 다섯 가지 주제의 범주로서 '인지적 지능 대 정서적 지능문항'의 내용은 1, 2, 3, 4, 5, 6, 7번 문항에, '자아의 통합'의 내용은 8, 9, 10, 11, 12, 13번 문항에, 가족투사 과정의 내용은 14, 15, 16, 17, 18, 19번 문항에, 정서적 단절은 20, 21, 22, 23, 24번 문항에, 그리고 가족 퇴행 주제는 25, 26, 27, 28, 29, 30, 31, 32, 33, 34, 35, 36번 문항에 포함되어 있다.

가족들의 반응 및 응답은 4가지 차원으로 구성[전혀 그렇지 않다(1), 그렇지 않은 편이다(2), 그런 편이다(3), 아주 그렇다(4)]되고 각 점수들을 합산하여 네 가지 프로파일 중 각 범주의 자아분화 척도점수를 계산한다. 자아분화수준의 점수는 각문항의 점수의 합을 구하고 내담자 점수 합계에 100을 곱하고 144점으로 나누어 10점을 뺀 점수로 산출하여 자아분화수준 범주를 결정한다.

2) 자아분화수준 범주와 해석

자아분화척도에서는 자아분화 정도를 숫자 0~100의 단계로 표시하여 그 특성을 설명하고 있다. 자아분화가 잘 이루어지면 확고한 자아를 발달시키며 객관적 사고기능과 자기결정권이 일관성 있게 신념들을 행동화하고 가족으로부터 독립적이며 정서적으로 주고받는 능력을 가지게 된다. 보웬(Bowen)은 자아분화척도는 일반적으로 네 개의 범주로 구분되며 만성증상, 증상회복 늦음, 약한 목표지향 활동, 강한 목표지향 활동 등이 있다고 하였다. 보웬(Bowen)이 의미하는 미분화 문제는 가족의 정서적 융합 때문에 외부의 객관적인 기준과 다른 가족의 요구에 민감하지 못하며 다른 가족원들로부터 의존적이 된다.

자아의 총합은 정신내적 영역(intrapsychic level), 대인관계적 영역(interpersonal level)으로 구분되는데 반면, 대인관계 수준은 독립적이며 정서적으로 주고는 능력이며 타인의 영향력에 대한 민감성과 다른 사람과 친밀한 정서적 접촉과 자아정체감과 독립성 등 양면성을 가지고 있다. 자아분화수준 범주로서 기준은 〈그림 13-3〉에 기재되었다.

기준선에 대한 해석으로서 분화수준 0~25에 있는 가족 구성원은 감정에 지배당하고 관계에서의 항상성적인 안전만을 추구하며 관계체계에 문제가 생기면 신체적, 정신적 질병과 역기능을 유발한다. 25점 이하는 가족이나 타인에게 정서적으로 용해되어있는 상태로서 감정의 지배를 받으며 감정적이다.

가족 구성원은 자신의 생각을 말하기 어려우며 감정에 의해서 결정되는 삶을 살며 일상적으로 감정 반사행동을 보인다. 가족관계에서는 강한 융해관계를 갖는 경향이 심하며 자신에 대한 신념이나 정체성을 찾기 어려우며 정신증적 가능성을 보여준다. 적응력이 부족하고 긴장하기 쉽고, 융통성이 적으며 정서적으로 융해 상태를 가지며 의존적이

만성증상	증상회복 늦음	약한 목표지향활동	강한 목표지향활동
0(반사행동)	25 50	75	100(행동)
미분화			분화
자신이 없음(no self)	가짜 자아(pseudo self)		진짜 자아(solid self)

그림 13-3 자아분화수준 척도의 해석

자료: Bowen M.(1994). Family Therapy in Clinical Practice. Lanham, MD: Jason Aronson, Inc. 재구성

다. 자신을 타인과 분화시키지 못하고 가족을 지배하는 감정에 쉽게 빠져 든다.

분화수준 25~50에 있는 가족 구성원은 불안이 낮을 때 가족 안에서 기능을 하지만 불안이 높은 때는 낮은 자기분화 상태를 이룬다. 그들은 목표지향적인 행동은 인정을 받기 위해 행동하므로 타인의 정서체계에 의해 유도되는 경향이 있다. 더 나가서 개인의 감정체계에 의해서 삶을 유지하고 감정에 의한 융해관계의 경향이 있다. 인간관계 혹은 가족관계에서 관계 지향적이며 다른 사람의 인정과 사랑을 빈번하게 구하는 경향이 있으며 자신에 대한 믿음이 부족하다. 더 나가서 다른 사람의 인정을 받지 못하면 감정적으로 반사행동 하며 정서적, 신체적, 사회적 역기능의 문제를 유발한다.

분화수준 50~75에 있는 가족 구성원은 지적체계가 충분히 발달하여 불안이 증가해도 정서체계의 지배를 받지 않을 뿐 아니라 독립적으로 의사를 결정하며 자율적으로 자기를 지키고 기능할 수 있다. 불안 속에서 목표지향 활동을 하는 경향이 있지만 불안이 높아지면 일시적으로 융해하는 경향을 보인다. 스트레스가 발생해도 감정에 지배되지 않을 만큼 충분히 사고가 발달되고 자아의식은 있으나 가끔씩 혼돈을 일으키는 수준이다. 지적체제는 감정체제에 의해서 일시적으로 영향을 받으나 개인의 목표와 가족관계 안에서 목표지향 활동을 하게 된다.

분화수준 75~100에 있는 가족 구성원은 가족 안에서 가치관와 신념을 갖고 일관된 목표를 지향한다. 융통성이 있고 안정적이며 자율적일 뿐 아니라 갈등과 스트레스에 대해 인내심과 대처 방안이 있으며 정체성이 강하여 거짓자아가 적다. 드물기는 하지만 감정(정서체계)과 사고가 완전히 분리되어 있는 상태가 되고 냉철, 스트레스가 와도 잘 극복하고 문제해결의 대처 능력이 있는 사람, 높은 분화수준은 감정과 사고가 분리되어 있는 사람으로 높은 불안을 다룰 수 있는 능력이 있으며 불안 속에서도 목표 지향활동이 가능하며 지적 체계와 감정체계의 상호작용이 활발하다.

타인과 정서적으로 친밀감을 교류하며 자아정체감을 형성하며 타인과의 관계에서 현실적으로 사고하고 스트레스 상황에서도 대처하며 불안 감정을 잘 다룰 수 있는 능력이 있으며 행동이 자율적이며 책임을 진다.

14

가족의 주관적 가족심리평가

1 주관적 가족심리검사의 유형

1) 가계도

가계도(genogram)는 가족성원이 자신을 새로운 시점에서 볼 수 있도록 도와줌으로써 치료적 효과를 주는 주관적인 가족사정 도구이다. 세 세대 이상에 걸친 가족 구성원에 관한 정보와 가족관계를 도표로 기록하는 작성방법으로 가계도 작성법은 가족구조 도식화, 가족구성원 정보기록, 가족관계를 표현한다. 가계도에는 여러 가지 상징기호들이 사용되는데 관계들에 대한 상징들은 가족들의 감정체계와 가족구성원의 상호작용, 가족의 기능 유형을 도식화한다. 원 가족과 관계 혹은 핵가족 상호작용에 대한 부호를 통하여 가능성 있는 가족원의 증상의 요인에 대한 예측을 할 수 있다.

가계도는 첫 면담에서 완성되어가며 면담과정에서 새로운 정보가 나타날 때마다 수정된다. 가계도를 통한 평가로서 가족문제유형 반복이나 한 세대에서 다음 세대로 계속 되거나 혹은 바뀌는 가족의 구조의 관계, 기능 유형 등이다. 다 그려지면 가족들을 위해서 세대적인 전수, 가족구조의 변화를 위한 치료와 가족들을 교육하는데 사용한다.

(1) 가계도 작성방법

가계도의 작성에서 상담자는 가족에게 가족배경이 현재의 가족문제에 어떻게 영향을 미치는지에 대한 설명을 필요로 하지만 걸리는 시간과 어떤 사건의 순서로 그려 가는지에 대해서도 설명되어져야 한다. 상담자는 가계도를 그리는 동안 모든 가족이 참여하도록 격려하고 개입하도록 한다.

가계도 초기의 과제로서 치료자는 모든 가족성원이 참여하도록 격려해야 하며 치료자는 가계도를 그린 후 가족에 대한 각자의 견해와 느낌을 서로 나누도록 도와야한다. 가족 구성원에 대한 기록을 위해 가족 스스로가 시간과 공간을 넘나들면서 가족문제를 추적하도록 돕는 체계적 관점을 만들고, 현재 가족에게서 보이는 유전적, 다세대 간의 문제와 행동들에 대하여 다양한 관점을 볼 수 있게 한다.

가계도 작성법은 가족구조를 도식화하며 가족성원에 관한 정보를 기록하는데 가족성원 이력(연령, 출생 및 사망 시기, 직업 교육 수준)과 가족의 역할(가족성원 각자의 신체, 정서, 행동에 관한 비교적 객관적인 정보)을 묻고 기록한다. 가계도에 기록되어야 할 일반적인 사항들은 가족의 이름, 별명, 출생, 사망, 질병, 결혼에 관한 정보, 그 밖에 승진과 졸업 등의 날짜 및 종교 등이다. 세분화하는 내용은 부부간의 결혼여부, 자녀의 유무, 같이 살고 있는 가족들에 대한 정보, 배우자 외 남녀관계 유무, 자녀들의 출생순위, 입양과 양자의 여부, 출생방식에 대한 정보 등 가족 구성원들과 기본 정보들을 구성한다.

다음 단계로서는 가족의 중요한 가족사건(출생, 과도기, 인간관계의 변화, 죽음, 성공,

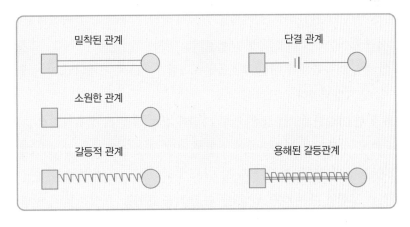

그림 14-1 가계도에서의 가족관계 부호

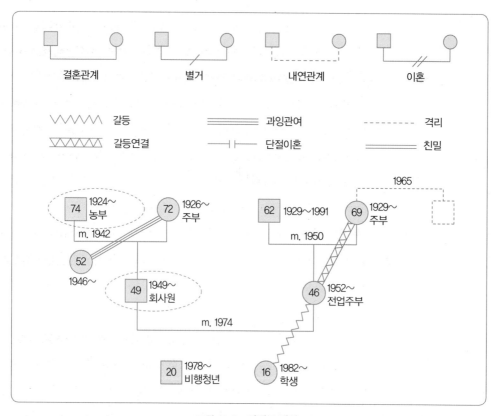

그림 14-2 가계도 해석

자료: Goldenberg, I. & Goldenberg, H(1991). *Family therapy: an overview(3rd Eds)*. Pacific Grove; California. 재구성

출생 등)을 기록한다. 그리고 확대가족, 핵가족과의 관계, 각 가족의 표현체계, 가족끼리의 친밀감, 정서적 단절의 유무, 정서적 단절시기 등을 기록한다. 가족관계는 부호를 사용하며 관계에 대해서는 인터뷰로 정보를 얻기도 한다.

가계도 안에서 가족관계에 대한 부호들은 〈그림 14-1〉에 기재되었고 가계도 해석은 〈그림 14-2〉에 요약되었다.

가계도를 위한 가족관계 기호들은 앞의 그림과 같이 다섯 가지 유형으로 나누어 지는데 밀착된 관계, 갈등관계, 단절관계와 소원한 관계, 갈등관계 등을 표현하는 상징적 그림들로 표현된다. 가계도를 작성한 후 각 인물에 해당하는 그림 위에 가족 구성원 자신 각자가 자신을 포함한 다른 가족 구성원들의 성격을 표현할 수 있는 작은 인형이나 상징적인 동물 등을 활용함으로서 가족 구성원들에 대한 가족지각을 알 수 있으며 가족을 지각하는 가족자원, 인간관계, 혹은 가족 구성원의 경계와 관계유형 등을 알 수 있다.

2) 가족조각

가족조각(family sculpting)이란 사티어(Satir)가 창안한 가족사정 모델로 특정 시점을 선택하여 그 시점에서 인간관계와 타인에 대한 느낌 등을 동작과 공간을 사용하여 표현하는 비언어적 기법이다. 가족구조 내에서 개인이 갖고 있는 위치를 배열하여 가족의 의사소통 유형이나 경계선, 규칙, 소속감, 가족체계의 융통성 정도를 파악할 수 있다. 가족조각기법이란 가족 중 한 사람이 자신의 이미지에 따라 다른 가족을 공간에 배열한 후 신체표현을 요구하여 가족관계를 표현하게 하는 동작기법이다.

가족조각기법의 주요 특징은 가족역동분석과 치료 모두에 활용된다는 점이다. 공간개념을 통하여 가족체계를 상징하기도 하며 비유적으로 묘사하는 것으로 가족상담의 흐름에 따라 변형도 가능하다.

처음 단계는 가족의 의사를 받아들이며 가족의 동의를 얻는 단계이다. 두 번째, 가족조각을 실행할 사람을 선정하는 단계로서 상담사의 주도권에 의해 원하는 가족구성원으로부터 가족조각가의 역할이 시작되지만 그 이후로 다른 가족 구성원 들도 조각을 시도하도록 기회를 만든다. 세 번째, 조각을 만드는 단계로서 가족들을 공간에서 배열하는데 상담사는 배열하는 내담자와의 대화만을 허용하며 모든 가족구성원에 대해 그가 왜 그러한 배열을 했는지에 대한 대답을 듣는다. 다른 사람들은 가족조각의 신체적 표현을 할 것을 허용하는 것을 규칙에 동참하며 규칙을 다루게 된다.

다른 가족구성원들에게 가족조각을 똑같이 배열하도록 하고 같은 과정을 갖는데 여기에서는 모든 가족들이 동원되어 지기도 한다. 네 번째, 가족조각에 대해 가족의 감정을 나누는 단계로서 가족들이 각각 서로 다른 가족조각을 명령하고 각자 다르게 시도했던 배열에 대해 가족들의 서로 다른 지각과 감정들을 서로 나누게 된다.

마지막으로 가족의 원하는 가족조각의 배열을 하도록 하고 그들이 원하는 조각에 대한 이유를 돌아가면서 물은 후 그러한 가족이 되기 위해 가족구성원이 할 수 있는 일들을 구체적으로 구상하게 하고 역할을 해 낼 수 있도록 도움을 준다.

3) 가족지도

구조적 가족상담 안에서 인지행동주의 모델을 창시한 미누친(Minuchin)은 가족의 구조를 도표화하였다. 가족의 하위체계의 유형, 하위 체계간의 경계 가족체계와 그것을 둘러싼 생태학적 맥락과 경계에 관심을 진다. 가족지도의 기호들은 경계의 명확성, 경직성, 밀착성과 관계의 속성과 경계의 구조적 상징들을 표현한다. 구조적 가족치료에서 세대 간의 하위체계와 세대 간의 경계선을 보여주는 것은 가족의 관계와 기능을 표현하기 위함이다.

가족지도(family map)는 가족들에 의하여 환자로 지목되어진 환자(Identified Patient)의 증상, 문제행동이 가족의 기능이나 가족구조와 어떠한 관계가 있는지 나타내는 지표이다. 여기에는 가족체계, 하위체계 간의 경계(family boundaries), 가족 내 연합 등 협력관계(affiliation), 밀착관계(conflict), 연합(coalition), 우회(detour) 등을 표현해 준다. 또한 개개인의 가족 구성원이 상호작용의 과정을 통하여 다른 사람에게 미치는 영향력 등을 표현한다.

가족지도기호는 〈그림 14-3〉에 기재되었고, 가족경계와 기능의 분석을 위한 가족지도는 〈그림 14-4〉에 기재되었다.

〈그림 14-4〉에서 보여주는 가족지도 두 그림은 역기능 가족경계와 가족기능을 보여주는데 첫 번째 그림은 부부문제를 해결 못하고 부부갈등이 해결되지 못하여 자녀를 삼각관계로 끌어들이고 투사하는 과정에서 자녀는 희생양이 되고 문제의 초점이 자녀에게 전환되는 것을 나타낸다. 부모 하위체계뿐 아니라 자녀와의 관계에서 역기능 가족구조를 보여주고 있다. 두 번째 그림은 엄마와 첫 아들의 모자 하위체계가 과잉관여관계로 모자

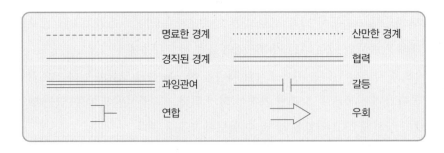

그림 14-3 가족지도기호

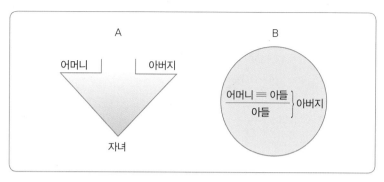

그림 14-4 가족지도: 가족경계와 기능

자료: Minuchin, S(1974). 61. 재구성

하위체계를 표현한 그림으로 모자관계는 지나친 밀착관계를 가지고 아버지를 몰아내는 연합관계를 보이지만 첫 아들은 다른 형제들과는 경직된 경계를 가지고 있으며 경직된 가족경계를 가지고 있다.

4) 영향력의 수레바퀴

영향력의 수레바퀴(the wheel of influence)는 사티어의 가족지도와 함께 IP(identified patient)인 스타에게 중요한 영향력을 가진 주위 인물들을 표현하여 가족체계를 평가하고 스타(star)에게 미친 영향력, 세대 간의 문제 정보들을 알기 위한 도구이다. 이 그림은 IP인 스타를 중심에 그려야 하고 영향력을 주었던 사람들과의 관계 및 가족구조를 들어내는 가족심리검사이다.

　가족 중 사티어(Satir)에 의해 사용되었던 영향력의 수레바퀴는 〈그림 14-5〉에서 기재되어 있다.

5) 가족생활주기에 의한 가족심리평가

(1) 가족발달주기와 가족심리평가

카터(Carter)와 맥골드릭(McGoldrick, 1989)은 과거의 가족생활주기 모델들이 가족 내에서 위계가 낮거나 혹은 이혼 및 가족재혼가족, 다양한 가족들을 고려하지 않고 단지 평범한 일반가족을 중심으로 가족생활주기를 다룬 것에 대해 이의를 제기하였다. 일반 가족

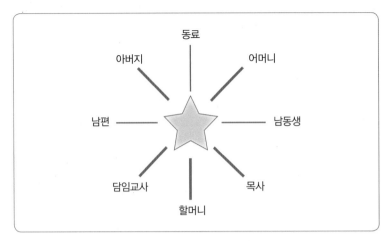

그림 14-5 영향력의 수레바퀴
자료: 이현경(2010). 179. 재인용

뿐 아니라 이혼가족과 혼합가족 등을 중심으로 가족생활주기를 가족체계의 입장에서 6단계로 나누었고 각 단계마다 발달과제를 제시하였다. 가족생활주기의 모형은 〈표 14-1〉에 요약하였다.

(2) 이혼가족과 가족심리평가

● 이혼가족과 아동 · 청소년의 심리특징

이혼이란 법률상 유효하게 성립된 혼인을 결혼 당사자들이 모두 생존할 동안에 그 결합 관계를 협의 또는 재판상의 절차를 거쳐 소멸시키는 것이다(Crosby, 2001). 이혼의 유형에는 당사자의 자유로운 합의에 의한 협의이혼과 법원에 심판을 청구해서 이루어지는 재판이혼, 그리고 가정법원의 조정에 의해 이루어지는 조정이혼 등이 있으며 OECD통계에 따르면 한국부부의 이혼율이 가입국 중 1위이다.

이혼상담이 성행하는 가운데 이혼 사유로는 '배우자의 가정폭력', '배우자의 외도'가 압도적이다. 이혼 사유 중 76.9%가 부부불화로 나타났고, 경제 문제가 7.1%, 가족 간 불화가 3.9%, 건강 문제 0.8%, 기타 11.3%로 나타났다. 부자가정의 발생 원인은 이혼 등으로 인한 가족해체가 75.6%로 사망의 3배에 이르며, 모자가정의 발생 원인으로는 이혼이 많지 않다. 이혼의 개인적 요인으로는 부모의 결혼형태(이혼경력, 이혼 후 생활, 부모 간

표 14-1 가족생활주기 단계와 가족발달과제

가족생활주기의 단계	전이기의 정서과정	가족발달과제
가족과 가족 사이의 중간적 존재와 어떤 가족에게도 소속되지 않은 젊은 성인	부모로부터의 분리	가족과의 관계에서 자기 확립, 친밀한 또래 관계의 발달, 경제적 일등의 정체감 확립
결혼에 의한 가족결합 새로운 가족 탄생	새로운 가족체계의 출발	부부체계의 형성, 확대가족, 친구들이 배우자를 수용
어린 자녀를 둔 가족	가족체계 내의 새로운 가족 구성원 수용	자녀를 포함한 부부체계의 재구성, 부모로서의 역할수행, 확대가족의 역할과 관계회복
사춘기의 자녀를 둔 가족	자녀독립 혹은 조부모의 의존성 고려 융통성 있는 가족경계 재정립	부모와 부모–사춘기 자녀관계 확립 변화, 가족규칙의 변화와 친구관계로서 관계의 변화이행, 중년의 부부문제나 직업 등의 발달과제에 대한 재인식, 노년세대에 대해 배려하는 방향으로 관심의 이행
자립하는 자녀를 둔 가족	가족체계에 새롭게 참가하는 가족 혹은 감소하는 다양화 현상	부부체계의 재구조화, 성인기 자녀와 관계 재정립, 자녀의 배우자의 핵가족 확대가족을 포함한 형태의 가족관계 회복, 부모, 조부모의 신체적, 정신적 장애나 죽음에 대한 대처
노년기를 보내는 가족	세대에 따른 역할 변화의 수용	자신 또는 부부의 기능 유지와 건강 대한관심, 새로운 가족관계 또는 사회적인 역할 탐색 중년세대의 중심적인 역할 지지, 연장자의 지혜와 경험을 가족체계 속에서 살리는 기회를 형성, 배우자, 형제, 동료의 상실에 대응, 자신의 죽음을 준비, 인생의 통합

자료: Carter E. A., McGoldrick, M(1980). *The Family Life Cycle: A Framework for Family therapy*, New York Gardner Press. 김유숙 역(2006). 재구성

의 적대감의 문제가 크며 혼전임신, 자녀 수 감소 등)에 있다. 개인적인 배경으로 전환기 요인으로서 이혼에 대한 사회적 통념 변화 등이 있다. 세대적인 성의식의 변화는 성문제의 비중이 높아지는 것, 성개방(성적인 문제로 이혼), 여성의 경제적 자립, 여성의 취업기회, 인구이동 등의 문제들을 논의해야 한다. 더 나가서 여성의 지위향상, 결혼유지에 대

한 사회적 구속력 약화, 이혼의 법제적 요인 변화, 재산분활제도 등이 원인이 된다. 남녀 간 소득요인의 영향으로서 남편 소득이 이혼과 반비례하고 남편의 수입감소와 부인소득이 이혼과 비례하는 경향으로 간주된다. 이혼의 사회적 요인은 결혼의 비현실적 기대, 결혼을 통한 행복추구, 결혼관의 변화(개인적 만족의미) 등이 있다. 이혼의 70% 정도는 결혼 15년 이전에 발생하는데 특별히 결혼 10년 이후는 남편의 외도와 재정상 갈등의 문제가 있는 것으로 이혼의 증가와 결혼유지 기간의 관련성은 일정한 법칙이 있다.

결론적으로 이혼이 부부에게 미치는 영향은 정서적 문제, 경제문제, 대인관계, 가족 내 역할 변화 등이 있다. 부부에 대한 영향은 정서적 문제로서 신체적, 정신적으로 부정적 영향, 경제문제로는 경제적 손실, 대인관계 문제는 친족관계와 친구관계의 변화, 가족 내 역할 변화에는 역할에 대한 부담 등이 있다(한국가족학연구회 편, 1993). 중요한 것은 이혼을 고려할 때 결정해야 할 사항들은 법적인 자녀 양육권, 물리적 보호자녀에 대한 접촉 계획, 조부모나 확대가족 구성원들에 대한 접근, 자녀지원비, 교육 등의 문제 등이 있다.

모든 이혼가족의 자녀가 문제 시 되지 않는다는 전제 안에서 이혼가족이 자녀들에게 미치는 영향은 아동과 청소년 발달단계에 따라 다르다. 부모의 이혼과정을 같이 경험해 왔던 자녀가 겪는 심리적인 문제들은 부모의 이혼 예정을 알게된 순간의 충격, 갈등, 경제적 문제, 부모 재결합 환상, 조숙문제, 부모가 서로의 상대방에 대한 지속적인 비난 및 험담과 이로 인한 자녀들의 충격, 부모 대신 자신의 일이나 집안일에 대한 책임감, 독립심 및 결단력 증가 등이 있다.

닫힌 문화에서 아동과 청소년들은 '이혼'이라는 주위의 부정적 시선에 대해 부적응 정서를 가지기 쉽고 수치감과 사회적 편견의 경험을 가지는 경우가 많으므로 심리적이고 정서적인 특징에 주의를 기울여야 한다. 부모의 이혼을 이혼기간에 경험하지 않은 자녀들은 그렇게 많은 문제를 보이지 않는 경향이 있지만 반대로 부모의 이혼을 겪었던 아동과 청소년들에게 공통적으로 나타나는 심리적 특성은 '불신'으로 표현된다. 이러한 이혼의 역동성을 부모와 함께 겪은 아동과 청소년들은 경험했던 나이와 관련하여 버림받을까봐 또는 외로운 것이 싫어서 친구관계에 집착하는 경우나 혹은 혼자가 되는 경우가 많다. 이혼문제를 가진 아동과 청소년은 처음에는 부모의 이혼에 대해 충격과 우려 및 분노로 반응한다. 그러나 부모에게 버림받았다는 두려움을 갖게 되지만 수치심과 관련하여 수치심이나 두려움을 갖고 있다는 자발적인 표현의 경우는 거의 없다.

미래에 대한 불안, 부모의 생존과 안정에 대한 염려로 수면장애를 겪게 되기도 하고 자신의 걱정이나 슬픔을 부인하는 경우도 있다. 문제 청소년들의 미성숙한 방법으로는 공격하거나 주위 사람들과 교사를 자극하고 동료들을 괴롭히는 아동들, 인기를 얻으려는 청소년, 고립되거나 혹은 우울하거나 지나치게 성숙한 청소년, 동료들이나 또래들에게는 인정을 받지 못하거나 왕따를 당하는 유형의 아동·청소년들도 존재한다(Carr, 2006). 상대적으로 자율성에 대한 인식이 빨라 성인기로 또래보다 빠르게 진압하고 어른의 역할을 감당해야 한다. 이러한 상황변화는 아동이나 청소년의 발달문제로 고착되기나 정신적으로 고착되거나 비행문제의 원인이 되기도 한다. 일반적으로 사춘기나 청소년기에 겪을 부모와의 갈등을 뒤늦게 성인기에 겪기도 하는데 배우자 선택이나 결혼의 실패에 대한 두려움이 큰 것으로 표현되기도 한다.

● 이혼가족 발달주기에 의한 가족심리평가

이혼문제가 모든 자녀에게 영향력을 끼친다는 정형화된 이론은 실제적으로는 무리가 있다. 항상 이혼가족의 문화와 가치가 다르기 때문에 다른 결과가 예상되기도 하고 다른 결론을 이끌어 낼 수 있다. 문화적인 차이를 보지 않고 모든 이혼, 재혼, 그리고 다문화 가족이 다양한 문제로 일치성을 보인다는 동일한 논리들은 학문적으로 정상적인 범주를 부여하여 낙오시키려는 경향이 있을 수 있고 문제를 정형화 시키는 것과 동일시되어 문제의 사건으로 학문적인 의도와 동기를 부여 시키려는 경우도 적지 않다. 가족 변수는 가족 문화를 고려해야 하고 가족발달주기 혹은 가족 생활주기는 그러한 문화를 기초로 형성되며 의의가 부여된다. 이혼을 하지 않는 가족이나 이혼가족은 모두 기능적인 면이 존재하는 반면, 역기능도 동시에 존재한다.

이혼가족의 자녀들은 정서적 문제, 행동적 문제, 사회적 문제를 보이는 경우가 있으나 그렇지 않는 가족체계도 고려해야 한다. 문제가 존재한다면 그중 정서적 문제는 분노로 이혼의 과정에서 갈등을 경험한 자녀일수록 더욱 심하게 나타나며 낮은 자존감 및 낮은 생활만족도, 걱정, 우울, 죄의식 등의 정서적 문제도 심해진다(Gary & Romanowski, 1999). 인간의 행동문제는 이혼가족 안에서 이혼 후 첫 2년 동안 분노, 공격성, 죄의식, 비사회적인 문제 등으로 표현되기도 한다. 사회적 역량이 감소하는 경향이 있으며 일부 아동들의 경우 발달지연 등의 극단적인 문제를 보일 수도 있다(Lee, 1999). 성역할 정체감, 역할 모방, 초자아의 발달문제 등이 사회적 문제를 일으키는 요인으로서 사회적 문제는 이혼으로 인한 부모의 지지적인 결핍으로 자녀의 자아 존중감을 감소시키고, 학교생활에서 부적응을 유발하며, 대인관계에 어려움을 경험하게 한다.

자녀들의 발달단계에 있어 이혼가족이 자녀들의 발달 및 정서의 문제가 될 때 영아기, 유아기, 청소년기 자녀에게 미치는 영향력은 발달단계에 따라 다르다. 유아기에 특별히 이혼으로 인하여 부모의 지지가 없었을 때 불규칙한 식습관, 울거나 칭얼대는 태도, 관심을 끌려는 행동을 보이기도 하고 유아기에는 일반적으로 부모와 떨어지는 것에 대한 두려움 등을 보인다. 모든 사실을 인지할 수 있는 학령기에는 집을 떠난 부모에게 거부당한 느낌이나 혼자되는 감정, 애도문제 등이 존재하고(Darnall, 2008) 더 나가서 청소년기에는 자신의 결혼에 대해 실패할지 모른다는 두려움을 가지게 된다. 모든 이혼가족의 청소년의 문제가 아니라는 전제에서 이혼가족 안에서 문제를 가진 아동의 특징적 행동으로는 가족보다 동료그룹(peer group)과 학업을 위한 에너지를 부모가 다시 돌아와 함께 살기 위한 노력에 투자하기도 하며 청소년 자신이 통제할 수 없는, 부모의 상황과 환경에 휘말리는 것에 분노를 느끼기도 한다. 더 나가서 그러한 분노를 직접적으로 표현하지 않고 다른 사람이나 상황에 분노를 표현하기도 한다. 이혼을 같이 경험했던 이혼가족의 청소년

표 14-2 이혼가족의 발달과정과 가족발달과제

가족생활주기의 단계	전이기의 정서과정	가족발달과제
이혼을 결단하기	부부관계의 갈등과 스트레스를 해결할 수 없으므로 현실을 수용하고 자아정체성을 실현함	결혼의 문제를 수용하고 자신의 환경에 적응함
현재의 가족체계를 해체하기	유용한 대처 능력에 대한 활용방안 검토	자녀의 문제, 방문 가족의 경제 문제 등에 대한 협조 및 확대 가족과의 관계 재구성
분리	부모로서 협력적 관계를 지속하는 노력, 전 부부관계에 대한 정서적이고 가족체계적인 재구성	가족상실에 대한 상실 문제, 부모나 부모 자녀 관계 재구성, 확대가족과의 관계를 재구조화
이혼	이혼에 대한 죄책감 분노 감정 정서 등의 문제를 극복함	가족상실에 대한 애도 및 결혼생활에 상실된 기대와 함께 문제를 회복, 확대가족과의 관계를 유지, 재구조화된 역할과 가족관계를 재구성하여 유지함

자료: Carter E.A., McGoldrick, 김유숙 역(2006). 재구성

들이 어릴 때부터 동생을 돌보거나 집안일을 하는 등 가사역할을 일찍부터 담당하게 되는데 이런 가사역할의 부담으로 인하여 발달과제 등이 박탈당하게 된다. 같이 사는 부모와 가족의 위계측면으로 보았을 때 경제적인 문제로 다른 형제를 양육하고 돌봐야 하는 측면에서는 가족체계 내에서 부모와 같은 위계에 있게 되고 친부모와의 하위체계에서 위계가 동등한 역기능을 경험하게 된다(Lee, 1999).

이혼가족의 적응과정은 분노, 우울, 후회, 배우자 애착, 그리고 양가감정으로 진행된다. 이 과정에서 자아개념은 역할수행 문제로 표현되어진다.

이혼가족의 가족심리평가로서 이혼에 의한 가족형성과 발달과제는 〈표 14-2〉에 기재되었다.

● 이혼가족을 위한 상담

아동이나 청소년 가족 안에서의 이혼은 예방이 중요하며 문제의 예방과 위기상담을 하기 위해서는 가족발달주기의 개입이 중요하다. 상담 및 치료는 개인이 아닌 가족단위의 개입방법이 효과적이며 가족기능의 변화에 중점을 두어야 한다. 위기상담에서 이혼을 위한 가족심리교육과 이혼 후 자녀적응교육은 심리지지와 자아존중감에 중요하다.

부모의 이혼상황을 같이 겪었던 자녀들과 정서적으로 이혼의 충격을 받은 시기의 아동과 청소년들은 최소 2년 동안 문제나 갈등을 해결하고자 노력하기보다는 회피하거나 극단적인 방법을 취할 수도 있다. 위기상담은 우선 개인개입을 선행하여 마음의 문을 여는 것을 목표로 반영해주고 경청해 주는 것이 바람직할 것이다(Cherlin, 1992). 부모이혼에 대한 질문을 할 수 있도록 문을 열어주고 심리적인 슬픔과 상실에 대한 슬픔의 표현도 마음껏 할 수 있도록 도와주어야 한다. 남겨진 부모 역시 자녀 양육 및 가사, 그리고 대인관계와 관련하여 경제적 혹은 심리적 어려움을 겪을 수 있으므로 위기상담을 할 수 있는 가족치료 장면이 중요하다. 이혼이 가족의 역기능이 아니고 한 가족의 발달과정이라는 측면에서 인지할 수 있도록 하고 상실감이 있는 자녀들에 대해 부모 역할을 대신 수행해야 하는 역할의 재구조화는 위기상담에서도 다루어야 할 과제이다.

자녀에게 이혼에 대해 솔직하고 분명한 언급을 하도록 하며 아동·청소년 자녀가 마음의 문을 열도록 경청하고 지지해 주는 것이 중요하다. 자녀 앞에서 배우자를 비난하지 않아야 하며 아동이나 청소년의 심리적인 고통이나 어려운 상황을 경청하면서 아동이나 청소년 가족구성원이 부모의 이혼에 대해서 자유롭게 질문할 수 있고 힘든 상황을 스스로 이야기할 수 있도록 기다려 주어야 한다.

위기상담은 일반적인 치료과정이나 상담과정과 다르기 때문에 마음의 문을 열고 스스로 이야기를 꺼내도록 기다리면 그러한 의도들을 지지해주어야 한다. 부모가 노력을 했지만 원하지 않는 이혼을 한 배경이나 상황에 대해서 합리적으로 설명하도록 하고 부모도 상실감이나 애도의 문제가 있음을 알려주면서 동일시하도록 한다. 자녀는 특별히 부모의 이혼에 대해 아무런 잘못이 없음을 강조해야 하고(송정아 외, 1998). 더 나가서 부모의 심리교육은 자녀에 대한 계속적인 양육과 지지를 끊임없이 지원할 것이고 계속 될 것이라는 언급이 부모로부터 표현되어야 한다.

이혼 후 일상생활의 변화에 대해 알려주는 것은 합리적이며 자녀들끼리 서로 도울 수 있음을 다시 한 번 일깨워 주면서 자녀의 의문점을 풀어주고 자녀를 위한 부모의 노력이 계속되고 있음을 알려주면서 자존감의 문제에 대한 상담이 필요하다. 그리고 부모는 가족구성원 변화에 의한 가족경계를 재구조화하도록 도움을 주어야 한다(Lee, 1999).

존스턴(Johnston, 2003)에 의하면 이혼에 대한 사회적 편견이 많이 없어졌다고 해도 이혼 당사자뿐 아니라 자녀들은 사회적, 경제적, 정서적으로 재적응해야 하는 문제에 직면하게 된다고 한다. 위기상담은 가족주기발달에 있어서 아동이나 청소년이 일탈행동을 하게 될 가능성을 예방해주며 가족발달을 돕는다. 또한 부정적인 가족환경에 장기간 노출됨으로써 희생양이 되는 것에 대해 전형적인 상담으로 이끌 수 있도록 하는 위기개입이다.

많이 활용되는 이혼가족의 청소년들을 위한 프로그램은 집단 프로그램이다. 청소년 자신이 가정 및 학교, 지역사회에서 겪었던 어려움을 토대로 집단 구성원들이 함께 문제 상황에 대한 올바른 대처방법을 찾는 프로그램을 진행함으로서 이혼이나 재혼을 위한 집단 프로그램을 접하게 된다(Gary & Romanowski, 1999). 집단 프로그램은 대상이 아동이나 청소년인 만큼 미래, 목표, 장래 희망에 대한 구체적인 정보를 제공하고 미래에 대한 긍정적인 확신을 심어주며 자존감이 증가하도록 동기화하는 내용이 포함되어야 하는데 중요한 것은 자신의 목표를 위해 나아갈 수 있도록 집단역동을 활용하는 것은 중요하다. 국가나 사회가 청소년에 대한 책임을 인식하고 청소년의 심리적 향상과 증진에 주도적으로 개입함으로써 청소년들로 하여금 가족과 사회적 위험으로부터 보호받으면서 자신들의 미래를 원만하게 해결할 수 있도록 합법적인 법개혁도 필요하다(Booth, 2000). 아동이나 청소년들의 잠재능력을 최대한 발휘하여 자아실현은 물론 책임 있고 건강한 사회 구성원으로 설수 있도록 도와주어야 한다.

(3) 아동 · 청소년 재혼가족과 가족심리평가

● 재혼가족의 범위와 자녀의 심리특징

혼합가족인 재혼가족은 배우자 한쪽이나 양쪽 모두가 재혼 이상의 결혼으로 자녀가 있거나 없으면서 하나의 자구를 유지하는 남편과 아내로 구성된 가정으로 정의된다. 재혼가족에 대한 용어나 개념은 비슷한 의미에서 의붓가족, 계부모가족, 재결합가족, 혼합가족 등의 용어로 혼용되어 사용되기도 한다. 현재는 재혼가족은 무자녀 이혼, 사별자의 재혼 및 미혼자, 이혼자 결합의 경우까지 모두 포괄할 수 있는 개념으로 사용되고 있다.

혼합가족의 유형으로는 우리나라에서는 아직도 관행상 이혼 후의 자녀양육은 남성이 맡는 경향이 있어서 거의 대부분이 계모가족이고, 사정이 불가피한 경우에도 남성의 친가에서 전처 자녀를 맡아 키우는 경우가 많다(Figley, 1985, 안향림 & 홍미기, 2006) 재혼 유형은 무자녀 계부모 가족(둘 다 자녀가 없음, 초혼과 유사하여 계부모 가족에서 제외), 비동거 계부 가족(재혼한 여성이 아이가 있으나 함께 살지 않음), 비동거 계모 가족(재혼한 남성이 아이가 있으나 함께 살지 않음), 동거 계부 가족(재혼한 여성이 아이가 있고 함께 살고 있음), 동거 계모 가족(재혼한 남성이 아이가 있고 함께 살고 있음), 비동거 계부모 가족(부부 둘 다 재혼 이전에 아이가 있으나 함께 살지 않음), 동거 계부모 가족(부부 둘 다 재혼 이전에 아이가 있고 함께 살고 있음), 혼합 계부형 계부모 가족(부부 둘 다 재혼 이전에 아이가 있으나 여성의 아이와 동거), 혼합 계부형 계부모 가족(부부 둘 다 재혼 이전에 아이가 있으나 남성의 아이와 동거) 등의 유형이 있다.

아동과 청소년을 중심으로 한 혼합가족은 구조적 측면, 역동적 측면에서 어려움이 있다. 구조적 측면으로 보았을 때 여성의 가족과 남성의 가족이 모여 새로운 가족을 탄생시키는 과정에서 부부, 부모, 형제 관계의 재구조화가 이루어지고 가족구성원들의 역할과 임무도 새로 정의되어 져야 하는 어려움이 있다. 역동적 측면으로 보았을 때 아동 · 청소년 심리적 및 감정구조는 배신, 상실에 대한 두려움, 부모에 대한 세대적 충성심과 갈등, 기존가족을 깨뜨린데 대한 죄책감 등이 있고 외형적으로는 법과 편견적인 제도로 인한 문제가 크다.

역동적 측면으로 보았을 때 청소년이 속한 재혼가족은 계부모 역할수행에 따른 어려움을 가지고 있다. 계부모 가족이 역할에 적합한 행동규범에 협상과 조정과정을 거쳐야 하는데 가족경계가 모호하므로 계부모나 혹은 계자녀의 양가감정에 의해 정서적인 혼란을 줄이려는 경향이 있고 친부모에 대한 실망, 상처를 계부모 탓으로 돌리게 되는 문제들이 많다. 계부모와 함께 하는 아동 · 청소년 자녀들은 일반적으로 계부모에 대한 부정적인 고정관념이 강하다. 자녀는 친부모를 빼앗겼다는 상실감과 친부모의 재결합에 대한 기대가 깨어지는 상실감을 경험할 수 있으며 떠나간 부모에 대한 세대적 충성심이 이러한 상실감과 분노를 더 하게 한다. 또한 주의 사람에게 계부모가 받아들여지는 정도와 계부모 스스로 역할에 영향을 미치게 된다.

● 재혼가족 발달주기에 의한 가족심리평가

발달적 측면에서는 재혼가족이 초혼가족보다 폭 넓은 변화를 경험하게 되면서 많은 가치들이 상실되고 무력감에 빠지게 된다.

재혼가족의 발달단계는 7단계로 구분되어진다. 즉 환상단계, 유사동화단계, 인식단계, 가동단계, 활동단계, 접촉단계, 마지막으로 해결단계 등이 있다. 환상단계의 특징은 어른들은 즉각적인 사랑과 적응기대를 하지만 자녀들은 오랜 시간의 적응과 해결방향의 구축을 필요로 한다. 유사 동화단계의 특성은 환상을 깨달으려는 노력이 있으며 친부모 계보를 따른 구분하며 계부모들은 뭔가 잘못되어 가고 있다는 것을 느끼는 과정이다. 이 발달 단계에서 개입대상은 부부(개인적으로 혹은 함께), 개별화된 부모 등이다. 세 번째, 인식단계는 계부모들이 무엇이 변해야 할 필요가 있는지 깨닫기 시작하는 단계이다 (Carr, 2006). 이 단계에서는 부모들은 새로운 배우자와 계 자녀 사이에서 갈등하면서 혈연을 따라 두 그룹이 나누어질 지도 모르는 위험에 노출된다. 이 단계에서 청소년 자녀들은 부부관계와 그 차이를 관찰하는데 이 단계에서 개입대상은 부부(개인적으로 혹은 함께)와 혼란스러운 청소년 자녀들이다. 네 번째 가동기 단계에서는 부부 사이에 토론과 함께 강한 감정들이 표현되기 시작하고 계부모들은 변화에 대한 필요성을 가지게 되며 부모는 자녀에게 다가올 수도 있는 문제에 대한 우려를 가지는데 혈연집단 사이에서 계부모는 가족 안 에서 고립되기 쉽다(Carr, 2006). 이 단계에서서 위기개입의 대상은 개인적으로 혹은 함께하는 부부들이며 혼란스러워 하는 자녀들이므로 긴급한 도움이 필요하다. 다섯 번째 활동기 단계에서는 문제를 해결하기 위해 부부들이 함께 노력하기 시작하지만 가족구조의 변화에 대한 자녀들의 저항이 있다. 개입대상은 부부들 그룹단위인데 계 자녀와 부모의 관계보다 부부 하위체계의 응집력이 중요한 시기이다(Carter & McGoldrick, 1980). 여섯 번째 접촉단계에서는 부부들이 잘 협동하게 되고 다른 관계보다 친밀한 유대가 형성되는데 자녀들과의 관계에서 명확한 가족경계가 형성되는 시기이므

표 14-3 재혼가족의 발달과정과 발달과제

가족생활주기의 단계	전이기의 정서과정	발달과정과 발달과제
새로운 애정 관계에 돌입	최초 결혼에 대한 상실감 회복단계	결혼생활에 대한 재적응, 새로운 가족형성, 복잡함과 애매함에 대응하는 자세
새로운 결혼과 가족에 대한 설계	재혼과 새로운 가족 안에서 불안을 다루기 위한 세 가지 적응 단계, 새로운 가족과의 관계에서의 역할, 새로운 가족이 되는 것 등의 가족경계 확립, 갈등과 죄책감 등 가족 간의 요구에 대한 적응과정과 세대적 충성심 및 미해결된 문제에 대한 정서에 대한 적응	새로운 애정관계에 개입하는 과제, 두 가족체계 사이에서 세대적인 충성심에 휘말릴 수 있는 자녀에 대한 지지, 자녀를 위하여 이전 배우자와 협력관계를 유지하기 위한 방안, 새로운 가족을 중심으로 형성된 확대가족과의 관계와 적응에 의해서 이혼 전 가족문제와 상실감 회복에 대한 노력, 이전 배우자의 확대가족과 자녀의 관계를 유지하기 위한 대안 모색
재혼과 가족의 재구성	이전 배우자에 대한 애착 해소, 가족경계가 확립되지 않았지만 투과성을 가진 새 가족에 대해 새로운 가족모델이나 역할을 수용하는 단계로서 전과는 다른 가족모델을 수용	가족경계의 재구성 과제로서 새로운 배우자 계부모와의 가족경계의 재구조화, 새롭지만 혼란한 가족경계와 하위체계를 가진 가족에 대한 회복, 혈연관계 부모와 현재의 확대가족이나 계부모와의 적응 관계를 설정, 계보모와 자녀로 구성된 새로운 가족의 통합을 촉진하기 위한 기억, 가족의식과 역사 등을 공유하는 과제

자료: Carter E.A., McGoldrick, 김유숙 역(2006). 재구성

로 계부모가 자녀관계에 대한 대처 능력이 증가된다. 부모와 계 자녀와의 관계가 우선이 아니라 부부관계가 우선되어야 하므로 개입대상은 자녀들이기보다는 부모들이다(Carter & McGoldrick, 1980). 마지막 해결단계에서는 재혼가족에 안정감을 형성하며 문제가 발생할 때는 앞의 단계로 이동하며 가족경계에 대한 피드백(feedback)이 요구되어진다.

일반적으로 재혼가족의 발달단계를 보면 '재혼결심단계'에는 재혼가족에 대한 긍정적 사회인식 문제가 포함되어 있고 '재혼준비단계'에는 경제적 문제에 초점이 놓여 지고 재혼 후 약 5년 이상인 '재혼초기단계'에는 경제적 문제와 자녀 문제가 가족역기능의 발단이 된다. 더 나가서 가족의 역기능은 재혼문제에 대한 배우자의 이해부족과 계 자녀와의 문제가 큰 비중을 차지한다. 혼합가족 혹은 재혼가족의 가족심리평가로서 재혼에 의한 가족형성과 발달과제는 〈표 14-3〉에 기재되었다.

● 재혼가족을 위한 상담

재혼가족인 혼합가족의 긍정적인 효과는 각 가족들이 재혼으로 사회경제적 책임을 분담하고, 그간 고통스러웠던 정신적 부담을 해소할 수 있는 등 긍정적 요소가 존재할 수 있고 뿐만 아니라 경제적 상승효과로 인해 아동·청소년 자녀들이 보다 나은 교육의 기회들을 가질 수 있다.

재혼가족은 경계가 확립되지 않은 투과성을 가진 가족이다. 그러므로 청소년이 속한 재혼가족은 새로운 배우자 계부모를 포함할 수 있는 가족경계를 재구성해야 하며 가족체계의 혼란을 허용하는 새로운 하위체계의 가족관계를 회복해야 한다(Carter & McGoldrick, 1980). 생물학적 부모, 현재 부모, 그리고 다른 확대가족과 자녀들의 관계가 가능한 공간 설정 계부모와 자녀로 구성된 재결합 가족의 통합 촉진을 위한 정서를 공유해야 한다. 상담을 통해 요구되는 정서로서는 초기 결혼에 대한 상실감을 회복해야 한다. 재혼이나 새로운 배우자와 자녀의 불안에 적응, 이전 배우자에 대한 애착을 해소, 여러 가지 새로운 역할에 대한 안정감, 새 가족을 둘러싼 가족경계 확립, 세대적 충성심에 대한 정서적 대안들이다. 혼합가족의 발달단계의 각 단계에서 직면하는 문제는 결혼생활의 적응문제와 새로운 가족 경계문제이다.

혼합가족인 재혼가족의 위기상담 대안으로서 새로운 애정관계에 대한 관여, 이전 배우자와 협력관계 유지 방법 모색, 두 개의 가족체계 사이에 두려움이나 충성심을 극복, 새로운 배우자와 자녀를 포함한 확대가족관계를 활용하는 것, 그리고 이전가족의 상실을 회복하는 노력, 더 나가서 이전 배우자와의 적응적인 협상, 확대 가족과 자녀의 관계를 유지하기위한 방법 등을 모색하는 것은 필수적이다. 가족상담만으로는 확고한 체계를 이루기는 어려운데 재혼가정을 위한 사회적 대책으로 법·제도의 개선, 재혼가족을 위한 전문 상담체계 구축, 재혼가족에 대한 실태조사와 프로그램 개발, 그리고 가족치료, 부부치료, 재혼가정 부부관계 향상 프로그램, 재혼가정의 자녀를 위한 프로그램, 사회적 관계망 형성, 재혼에 대한 인식의 전환 등을 확장시켜야 한다.

15 CHAPTER

아동·청소년과 가족상담

1 가족상담의 원리

가족상담 및 치료는 가족원 간의 관계구조와 상호작용을 변화시켜 대인관계 기술과 적응 능력을 향상시킴으로써 개인과 가족이 건강하고 기능적인 생활을 하도록 도움을 주는 상담이다.

가족상담은 두 가지 상담의 패러다임으로 구성되어 있다. 하나는 후기 구조주의 이전의 가족체계를 하나로 보고 재구조화하는 가족상담의 이론으로서 가족체계모델이 있다. 가족체계를 전체 하나로 보고 가족의 체계와 가족구조 요인들을 변화키며 재구조화하는 가족체계모델은 가족의 항상성과 경계 등 가족체계의 문제를 분석함으로써 가족상담사가 가족의 문제를 재구조하는 치료이론이다. 가족상담은 IP(가족이 환자로서 문제시하는 가족 구성원)를 가족의 관계와 지역사회의 관계 속에서 IP의 문제원인이 될 수 있는 가족의 항상성과 역기능적 가족체계를 치료하고 재구조화 시키는 상담방법으로 활용된다.

다른 패러다임의 가족상담은 후기구조주의 모델로서 사회구성주의 패러다임의 가족상담이다. 반면, 아동과 청소년을 위한 중독상담에도 활용되는 후기구조주의 가족상담모델은 가족구성원의 강점을 부각하여 가족이 진단하는 강점과 레질리언스를 활용하여 가족의 문제를 진단하고 가족이 자신의 가족의 문제를 잘 파악하는 전문가로서 치료할 수 있도록 돕는 상담이론으로 해결중심 가족상담, 이야기 치료 혹은 반영팀 등이 있다.

과거에 비해 현대인은 개인적인 정신건강 문제와 더불어 가족원 간의 갈등과 불일치, 관계위기를 겪을 가능성이 높고 이를 극복할 전략이 계속적으로 필요하게 되었는데 가족상담은 가족과 개인의 건전한 적응과 기능을 돕고 원만한 가족관계와 안정되고 건강한 사회를 만드는데 기여하고 있다. 현대사회 구조의 변화는 과거의 가족중심 사회에 비해 사회가 요구하는 바를 우선시 하고 가족의 해체에 적지 않은 영향을 미치게 되었다(Brush, 2006). 정보화 시대에서 가족관계의 단절은 심각하다.

가족상담모델에서는 아동상담을 통해 아동의 부적응 행동을 고쳤다고 하더라도 가족기능이나 역할이 재구조화 되지 않는다면 근본적으로 아동의 부적응 행동은 고쳐질 수가 없다고 본다. 따라서 가족상담은 가족 간의 위기상황과 기능적인 의사소통 및 IP를 둘러싼 가족의 구조를 재구조화하는 것이다.

아동·청소년 가족의 가족관계는 직선모델인 원인과 결과의 관계로 해석되기보다는 서로 영향을 주고받고 상호작용하는 순환모델로 파악된다. 가족체계의 전체성은 가족이 하나의 단위 혹은 체계로 움직이는 특성을 설명하며 가족의 상호관계가 전체로서 어떻게 기능하는지를 설명한다. 가족체계는 독립적 부분들이 아니라 상호의존적 부분들로 구성되므로 부분들의 합이 아닌 가족의 전체성으로 보아야 한다. 즉 가족 중 어느 한 사람이 증상을 보이면 모든 가족들 관계가 서로 맞물려 개인의 문제보다는 가족의 상호작용이나 역동관계의 문제로 보는데(Brush, 2006), 증상에 대한 위기상담이 단기치료 목표로, 그리고 가족상담이 장기치료 목표로 구조화되어야 한다.

가족의 역기능과 가족체계의 경계 및 구조 등을 다루는데 가족은 평형을 유지하고자 하며 가족평형을 유지하기 위해서 변화하지 않으려는 역기능의 가족의 항상성을 유지시킨다(Goldenberg & Goldenberg, 1991; Glanding, 2006; Nichols et al., 2005; Lee, 1999). 개인의 문제행동을 한 개인의 문제로 보지 않고 역기능적인 가족체계의 얽힌 가족역동에서 원인을 찾게 되며 또한 개인은 가족체계와 영향을 주고받게 된다. 그러므로 개인을 치료한다는 것은 가족체계의 특징을 파악하고 이를 재구조화하는 것을 의미한다.

가족상담은 종전의 상담 패러다임과 다르게 아동이나 청소년의 증상을 개인문제로 보지 않는다는 점에서 종전의 개인치료와 구별되어진다. 예를 들어 가족의 상호작용-패턴이 기능적으로 변화될 때까지 심각한 자녀의 중독증세가 유지되며 역기능적인 가족의 역동이 변화되기까지 자녀의 중독문제가 계속 유지되는 청소년 가족상담 사례에서 볼 수 있다. 이러한 가족상담의 패러다임은 증상이나 혹은 일탈행위가 반드시 부정적인 것은 아니라는 결론으로 종전의 치료와 상담의 패러다임을 바꾸어 놓았다. 중독행동의 청소년은 그의 부모의 계속되는 싸움과 가족의 역기능이 멈출 때까지 중독행동을 그치지 않음으로서 가족전체를 재구조화 시키는데 공헌할 수 있다(Steinglass, et al., 1993). 다른 사례의 예로 거식증을 가진 한 젊은 청소년의 증상은 거식증 자체보다는 부모에 대한 반항과 양가감정을 의미하는 것이며, 청소년이 그러한 분노와 양가감정에서 방황하는 것을 그만두면 오히려 가족의 문제가 더욱 심각하게 된다는 것을 역설적으로 설명한다. 가족상담 중 가족체계 이론은 가족문제가 사라질 때까지 아동이나 청소년 부적응이나 증상이 진행되어 지거나 개인의 증상이 가족역동의 얽히고설킨 가족에너지의 문제와 관련됨을 설명해 준다. 그리고 가족체계 모델과 다른 21세기의 후기구조주의 가족상담 모델은 상담사와 내담자가 주고받는 이야기로부터 게임을 시작하는 것으로 긍정심리학의 기법들을 활용하고 있다.

2 가족상담의 목표

가족상담은 가족상담자가 문제의 원인을 아동이나 청소년 가족구성원의 개인 탓으로 돌리기보다는 청소년들에게는 적당한 시기에 부모들에게 청소년들이 특성을 이해시키는 것이며 이들을 돕기 위한 목적으로 부모와 가족전체를 개입시키며 치료하는 것이 가족상담의 목표이다.

아동과 청소년의 정서와 행동의 문제가 있을 때 가족상담사는 위기상황에 대한 문제를 파악하고 도움을 주는 위기상담의 단기목표를 구성해야 한다. 위기상황이 조금씩 회복되면서 가족 내에서 아동과 청소년 가족의 역할과 기능을 파악하며 감정과 생각을 자유롭게 표현하도록 하고 가족의 의사소통능력과 가족구조 등을 파악한 후 가족상담의 장기목표가 세워지면 이것은 가족구조를 변화시키는 방향으로 도움을 주게 된다. 각 회기마다 아동 · 청소년의 위기 상황을 조성하는 가족의 문제나 혹은 아동과 청소년의 문제행동을 알기위해서 가족의 전체의 가족역동이 파악되어져야 한다. 더 나가서 애매모호하고, 혼돈된 가족 구성원들의 욕구를 인정하고 존중하며 수용할 수 있는 것뿐 아니라 가족 구성원 개인의 역기능문제의 치료목표를 설정해야 한다.

3 가족상담과정

1) 상담 초기

가족이 자신들의 문제를 노출하도록 돕기 위해 상담자는 직면보다 수용적 자세를 보여서 가족이 안전하다고 느끼는 것이 필요하다. 가족과의 라포 형성과 가족구조와 기능을 파악하는 것은 가족의 중요한 과정이다. 그 이후 상담에 참가하는 가족범위, 상담계약 상담 기간과 빈도를 정한다. 상담목표는 상담이 진행되면서 계속 수정될 수 있다. 문제의 명료화는 가족 안에서 변화할 필요가 무엇인지에 대해 표현할 기회를 갖게 하는 것이다.

면담을 통한 가족이해는 상담 초기단계에서 가족에 대한 많은 정보를 얻기 위해 객관적 주관적 가족심리평가 및 검사 등을 활용한다(Janice, et al., 2010; 이현경, 2010). 초기상담 종료과정에서는 상담자가 가족에게 상담을 계속하고 싶은지를 설정하고, 다음의 상담일정, 어떤 가족이 참가할 것인가를 논의하면서 종결되면 가족상담 중기과정으로 진행된다.

2) 상담 중기

일반적으로 상담 개입단계의 상담사의 고려사항들은 가족 참여, 치료의 형태 등을 다루고 구체적 전략에는 의사소통, 가족역할과 연합을 변화시키기 위한 전략이 개입된다. 상담기법은 전반적 가족상담 이론들을 통합적으로 활용하며, 각 회기마다 단기목표와 장기목표 및 피드백(feedback)과 평가, 다양한 가족문제의 재정의, 칭찬 혹은 가족상담 기법 등을 활용한다.

청소년의 문제가 가출, 중독문제, 행동장애 혹은 정신과적 장애이든지 간에 청소년 가족상담은 그 과정에 있어 상담사가 직접 청소년을 다루는 것보다 부모와 청소년과의 상호작용을 지켜보며 역동관계를 가족관계 안에서 다룰 수 있도록 부모역할에 도움을 주어야 한다. 부모의 역할을 위해서는 가족상담과 가족교육, 그리고 가족심리교육 등을 동반하여, 하위체계를 재구조화하면서 전 가족구조에 개입해야 한다.

3) 상담 종결

종결과정에서 중요한 것은 가족이 종결에 대한 감정처리를 잘 완수할 수 있도록 하기 위하여 치료자는 가족원들의 감정을 수용하도록 한다. 치료사는 가족원들이 치료 초기에 이룬 변화에 대한 것을 치료 마지막 몇 주 동안에 실행해왔던 상담작업에 대해 재검토한다. 가족치료 전반에 대한 평가는 치료자와 가족 모두에게 피드백을 요구하게 되는데 성취감을 부여할 뿐 아니라 가족이 앞으로 나가야 할 방향을 제시한다.

가족상담사가 종결 이전에 준비해야 하는 것은 내담자가 미리 이야기를 꺼내지 않았다면 종결에 대해 가족에게 알리는 작업과 종결을 위한 구체적인 것을 계획하는 것이다. 종결을 하기 위하여 상담사는 종결에 대한 이야기를 하고 상담사 없이 가족이 독립하여 가족을 잘 구조화 시키는지의 여부와 타당성을 논의해야 한다.

추수상담은 가족상담의 종결을 앞두고 상담결과 평가하면서 가족과의 합의와 조정 등에 초점을 두어야 하는데 가족과 함께 상담의 결과를 피드백하며 가족이 충분히 독립하여 문제를 해결할 수 있도록 불충분할 때를 대비하여 추수 지도약속을 하게 된다. 가족상담의 종결단계에서는 가족구성원에 의해 급하게 종결하지 않으며 추수상담도 계속된 결과 확인, 지원과 약속 등을 진행하도록 한다.

4 가족상담의 모델과 기법

1) 보웬의 가족정서체계 모델

(1) 원리

가족체계이론의 대표적인 가족상담으로 심리분석, 인류학, 생태학 등을 통합하는 보웬(Bowen) 가족상담 이론의 8가지 개념은 자기분화(differentiation of self), 핵가족의 정서적 체계(nuclear family emotional system), 결혼역동(marital dynamics), 삼각관계 (triangulation), 가족투사과정(family projection process), 다세대 전수과정(multiple generation transmission process), 정서적 단절(emotional cut-off), 형제순위(sibling position), 사회적 퇴행(societal regression) 등이다. 감정모델, 진화모델, 연속모델을 중심으로 하는 보웬의 치료가설은 가족을 접근할 때 먼저 한 가족 구성원에게 관심을 두고 다음 사람에게 접근하는 방식을 상담에 적용함으로서 가족의 상호작용적인 상황을 떠나 각 가족구성원의 분화에 초점을 맞춘다. 또한 부부상담에서 한 배우자는 또한 다른 배우자를 관찰함으로써 자신의 정서에 몰입하지 않고 정서적 과정을 더 많이 배울 수 있게 하는 객관적인 기법을 활용한다.

보웬 가족치료는 기술적 측면보다 가족성원 중 높은 분화지수를 가진 한사람을 선정하여 분화지수를 높이고, 한 개인이 전체 가족체계를 변화시킬 수 있는 '파생' 원리를 강조한다. 또한 가족체계의 일차적인 변화를 강조함으로서 가족이 어떻게 기능하는 측면을 중요하다고 보았다.

(2) 기법

정서체계 가족상담의 기법들은 가족 안에서 논쟁이나 방어를 하지 않고 자신의 기능을 인식하도록 돕는 다양하고 다중적인 기법이 특징적이다. 비슷한 문제를 가진 다른 가족의 예를 들려 주거나 비디오테이프, 영화 등의 자료를 사용하여 가족을 교육하기도 한다 (Guerin, 1971).

● 탈삼각화와 치료적 삼각관계

삼각관계는 가족구성원의 정서적 문제에 제3자, 혹은 정서를 보완할 수 있는 주체들을 끌어들이는 형태를 의미하며 불안에 대해 거짓 안정된 관계를 형성하는 거짓 안정된 관계를 의미하기도 한다. 보웬(Bowen)에 의하면 삼각관계가 일어나는 주요요인은 불안에 의한 것으로 보기 때문에 가족체계의 탈삼각화 기법이 치료의 중심이 된다. 가족 간의 정서적 긴장이 가족 상호 간의 정서적 문제가 될 때 불안을 이해하며 삼각관계를 인식하도록 하면서 상담을 다루게 된다. 즉 분화에 대해 가족의 병인식을 위한 질문이나 코칭기법이 사용되어진다. 치료과정에서 원 가족에게 돌아가 원 가족을 이해하도록 과제를 내주기도

하고 원가족의 가계도를 활용하여 가족구성원이 자아분화의 문제를 규정하도록 한다.

● 질문

질문은 보웬(Bowen)의 중요한 치료기법인데 과거에 얽매인 반사감정으로부터 현재를 분리시키도록 돕는다. 객관적으로 자신을 바라보고 이해하는 능력을 키우기 위해 가족 인지적인 능력과 감정을 구별하도록 돕는다. 치료자는 순환질문(circular question)을 통해서 가족 구성원들이 가족 간의 상호작용에 대해서 이해를 촉진한다(Titelman, 1998). 보웬은 질문을 통해 자신의 역할을 수행하기 위한 방법을 유도하며 객관적인 입장에서 상대방을 바라 볼 수 있는 치료기법을 제시하였다.

● '나' 입장

다른 사람이 "무엇을 하는가?" 대신에 I-Message인 자신이 무엇을 "느끼는가?"를 말함으로써 가족이 가족의 문제를 비난하지 않고 가족의 마음과 감정을 드러내는 것으로서 대인관계에서 방어적이지 않고 상대방에게 끼치는 구체적인 영향과 자신의 감정을 전달하게 되는 치료적 의미를 형성하게 된다.

● 코칭

치료자의 코칭은 개인적, 정서적으로 관여하게 되고 스스로 행동하는 자율성과 독립성을 길러 주는 데 의의가 있다. 코칭은 가족관계에서 이해증가, 가족구성원 자신에게 초점을 두는 것에 활용된다. 또한 삼각관계와 같은 정서적인 미분화 등에서 벗어나고 가족구성원의 정서적 가족체계 모델의 목표인 분화수준을 높이도록 돕는다.

2) 구조적 가족치료

(1) 원리

구조적 가족상담인 가족 인지행동치료는 미누친(Minuchin)에 의해서 1970년대에 창시되었다. 미누친의 가족 인지행동치료의 주요한 개념은 가족의 구조, 가족위계와 권력, 가족경계, 가족교류의 재구조화 등이다. 가족구조는 가족경계, 가족의식, 가족규칙, 가족신화, 가족위계, 가족권력, 가족교류 등으로 구성되는데 상담과정은 가족의 문제를 수집하고 가족경계 등을 사정하기 위한 가족지도를 활용하여 가족구조를 분석하게 된다(Minuchin, et al., 2006). 가족구조에는 가족경계의 성격이나 유형에 따라 하위체계 구성원 간의 상호작용 패턴이 존재한다. 그러한 상호작용 유형은 연합관계(coalition relationship) 혹은 우회연합관계(detouring coalition relationship), 동맹관계(alliance relationship) 등이 있다. 가족이 저항적인 관계를 갖는 것은 '연합관계'라고 하며 두 가족 구성원에게 갈등이 있을 때 이를 피하기 위한 수단으로 한 사람이 다른 제3자와 밀착된 관계를 '우회연합관계'라고 한다. 또한 두 사람이 공동의 목적을 가지고서 제3자와 함께 협력관계를 갖게 되는 것을 동맹관계라고 한다.

가족상담의 목표를 설정하여 치료개입을 하는 과정에서 가족을 '재구조화시킨다.'는 의미는 균형 있는 가족의 위계를 확립하며 하위체계가 기능하도록 가족경계를 조정하는 의미가 있다. 가족을 위한 심리평가는 가족역동으로서 내담자 증상, 가족지도와 가족경계를 분석하는 것으로 정보가 필요하면 정보 수집을 하고 계속해서 정보수집을 하면서 치료에 활용한다.

(2) 기법

구조적 가족상담의 치료로서 가족교류의 재구조화는 가족과 합류, 체계의 재편성, 증상의 초점화, 그리고 구조의 수정 등을 의미하는데 일부분이 강조되는 가족교류의 강화나 가족교류의 차단, 가족교류 분해방법 등의 기법이 포함된다. 미누친(Minuchin)은 가족의 연합, 삼각관계, 혹은 우회연합관계 등의 상호작용을 차단시키며 가족교류를 분해하며 새로운 상호작용을 시도하도록 한다. 가족의 문제나 갈등상황을 직접 행동으로 표현하는 실연, 역할극 등의 기법을 활용하여 가족경계를 중심으로 고정된 상호교류에서 재구조화를 시도한다. 가족구조 재편성은 가족사정을 통해 가족의 상호작용 유형에서 일어나는 가족경계의 변화, 제휴, 권력구조, 가족기능에 개입하게 된다.

미누친의 치료기법으로 증상을 활용하는 것은 개인보다는 가족구조를 반영하며 가족구조의 수정을 위한 것이다. 증세는 가족체계 안에서 가족들의 얽혀 있는 에너지이므로 한 가족 구성원의 원인이 될 수 없고 증상을 과장하거나 축소, 혹은 재정의하는 것에 의해서 직접 관여하게 된다. 가족의 항상성 안에서 고착되어 있는 다른 가족구성원들에게 증상을 과장함으로서 혹은 증상을 축소시키고 활용함으로서 상호작용하는 가족의 구조를 변화시킨다(Minuchin, et al., 2006). 더 나가서 가족이 상담장면을 떠나 그들의 생활이나 삶으로 돌아갈 때 가족의 항상성을 우려하거나 가족의 익숙한 상호교류를 위한 개선을 위하여 치료과정의 과제를 활용하기도 한다.

3) 경험주의 가족치료

(1) 원리

1960년대 안에서 실존주의와 인본주의를 중심으로 인간의 잠재력, 경험 감수성 훈련등이 상담의 주제가 되었던 사티어(Satir) 가족치료의 초점은 여기-지금 경험하는 것이고 목표는 자신의 감정을 표현할 수 있는 것은 인간의 느낌에 접촉하는 것이었다. 사티어(Virginia Satir)는 휘터커(Carl Whitaker)와 함께 경험적 가족상담을 창안하였는데 정신분열증 환자와 그들의 가족들에 대해 특별한 관심을 가지게 되었다. 사티어(Satir) 가족치료 모델은 인간의 감정의 문제에 초점을 맞추고 대인관계에서 적극적인 표현을 유도하도록 도움을 주었는데 가족관계가 해결되기 위해서는 먼저 개인의 빙산모델을 재구조화 시키는 것을 강조한다.

사티어 치료의 특징은 심리내적 개인역동, 상호작용의 에너지, 원 가족 규칙, 영성, 그리고 예술치료 모두를 통합적으로 다루는 치료로서 병리적인 것(psycho pathology)에 초점을 두지 않는다. 인간의 인격적인 성장을 중심으로 하는 인본주의 접근인 이 모델은 영성모델로서 모든 존재 안에 있는 생명적인 에너지를 긍정적인 방향으로 돌아가도록 변화를 구축한다(Satir, 1991). 개인적이며 감정과 인지적인 측면, 개인의 기대 및 열망 차원에서의 경험을 가족의 상호작용 패턴으로 연결시키는 가족체계이론인 사티어 모델(Satir Model)은 정직하고 직접적이며 명확히 의사소통하는 방법을 강조함으로서(Rasheed & Marley, 2010) 자아 존중감과 원 가족 규칙을 분석하며 가족상호관계를 발전시키는 것에 초점을 두고 있다.

(2) 기법

● 의사소통 유형의 변화

인간은 스트레스 상황에 놓이거나 위기를 경험하게 되면 가족관계 안에서 회유형, 비난형, 산만형, 일치형 등의 네 가지 유형으로 의사소통이 가능하다. 자기존중감을 규정하는 중요한 요소들은 자기 자신, 다른 사람, 상황 등이며 '세 가지 요소 중 어떠한 것에 가치를 두고 있느냐?'에 따라 기능적으로 의사소통이 달라진다. 결론적으로 역기능적 의사소통 유형의 변화를 구축하고 그러한 역동 안에서 가족체계의 변화를 구축시킨다.

● 가족조각

가족치료에서는 가족조각이라는 주어진 공간에서 가족이 상징하는 신체적 조각을 함으로서 가족의 구체적인 관계유형과 회유형, 비난형, 산만형, 일치형 등의 가족 의사소통 유형을 파악할 수 있다. 가족조각은 가족을 평가할 수 있는 진단과 치료적인 기법으로 개발되어 졌다. 비언어적인 기법으로 가족구성원이 지각하는 다른 가족과의 인간관계, 가족성원들이 가지고 있는 위계와 지위, 세대적 투사와 타인에 대한 감정을 반영하는 기법으로 가족을 재구조화하는데 치료적인 방법으로 활용한다.

● 원 가족 삼인군의 분석

개인의 문제나 증상의 원인을 파악하기보다는 원 가족 삼인군 안에서 가족규칙 여러 세대를 거쳐 전수되어온 역기능적인 가족유형을 평가한다. 원 가족 삼인군은 현재의 자기 존중감정, 자존감, 출생가족의 성정과정과 생활 경험, 생존유형, 가족구조, 전체적인 가족생활 역사, 가족관계를 이해하고 평가하기 위한 방법이다.

● 원 가족 규칙

가족관계에서의 표현력, 요구, 설명, 역기능적인 평가, 자신에 대한 정당함에 대한 언급은 가족의 의사소통을 평가하는 수단이 되는데 이는 원 가족규칙에서 시작된다. 가족규칙은 가족관계에서의 가치관, 정당하거나 합리적인 것, 질문이나 감정을 표현하는 방법, 자존감의 표현, 가족의 갈등이나 싸움, 금기사항 등과 관련이 있으므로 치료적인 요인으로 활용되며 가족의 의사소통과 가족의 관계를 변화시키는 치료적 요인이 된다.

○ 원 가족 삼인군의 치료

이 치료는 가족원들이 원 가족 도표를 작성하고, 원 가족 삼인군(primary triad therapy) 안에서 가족규칙을 알아내 여러 세대에 거쳐 전수되어온 역기능적인 유형을 평가 할 수 있다. 원 가족 삼인군 치료를 활용하여 가족 구성원의 의사소통 유형, 자아존중감, 가족 역동, 가족규칙, 세대 간의 차이, 가족의 에너지 등을 평가할 수 있는데 역할극이나 가족 조각을 통해서 원 가족에서 전수된 규칙과 문제들을 재구조화하는 치료가 진행된다. 원 가족 삼인군의 치료 목표는 성장과정 안에서 원 가족의 가족규칙에 대한 통찰력과 감정 관리를 돕는 것으로 가족자원을 인정하고 일치된 의사소통을 할 수 있도록 한다.

○ 자기존중감 재형성

사티어 모델은 원 가족 안에서 형성된 제한적이거나 역기능적인 유형이 발견되면 현재에 과거와 분리하여 재구조화하는 과정으로 자기존중감정의 재형성에 초점을 두고 있다.

○ 빙산모델을 활용한 치료

사티어(Satir)는 개인의 빙산을 열망, 기대, 지각, 감정에 대한 감정, 감정, 대처 행동 등으로 분류한다. 개인의 빙산에 접근하는 방법은 개인의 내적인 심리구조의 성장과 가족체계를 관련하여 대안을 줄 수 있는 근본적인 치료 방법이다. 인간의 행동은 인간의 내면 아래 존재하는 감정, 지각, 기대, 열망 등에 의해서 결정되는데 이것은 가족관계와 모든 관계의 의사소통과 관련되어 있다. 사티어의 개인 빙산모델에 대한 접근은 인간관계를 재구조화할 수 있는 도구가 되므로 문제가 될 수 있는 영역을 재구조화함으로서 가족을 재구조화할 수 있다.

○ 공동치료

휘터커(Whitaker)는 공동치료의 중요성을 강조하였는데 한 상담자의 면담이 끝난 후 치료사들의 토론과 효과적인 상호 평가를 강조한다. 공동치료는 객관성을 상실하고 감정에 치우칠 수 있을 때 유용한데 전체가족을 위한 대처 방안과 공정성을 가족에게 제공할 수 있고 항상성이 강한 가족에게 조정을 당하거나 체계적인 압도를 당하지 않도록 가족 상담을 보호하는 효과가 있다.

4) 전략적 가족치료

(1) 원리

헤일리(Haley)에 의해 창안된 전략적 가족치료는 초기에 정신분열증 가족과 관련되어 베이트슨(Gregory Bateson)의 연구과제에서 시작되었다. 헤일리(Jay Haley)는 미누친(Salvador Minuchin)의 구조적 가족치료, 에릭슨(Milton Erickson)의 가족치료, 그리고 베이트슨(Gregory Bateson)의 인공두뇌학(cybernetic model) 등을 통합하여 이론을 발전시켰으며 1976년에 마데네스(Cloe Madanes)와 함께 워싱턴에 가족치료연구소 설립하여 활동하였다.

전략적 가족치료는 원인을 파악하고 규명하는 데 관심보다 전략을 고안하는 것에 주안점을 두며 치료의 원리는 가족체계의 규칙과 가족구조가 바뀌는 이차적 변화(second order change)를 강조하였다. 전략적 가족치료는 가족 안전을 위한 '항상성'을 제거하는 과정을 '가족변화'보다 더 중요시하는 특징을 가지고 있으므로 '위계와 권력'에 관심을 가지며 가족위계와 통제관계를 재구조화한다. 위계의 의미는 통제관계과 보호측면을 함께 공유해야 한다.

헤일리(Haley)에 의하면 가족은 권력체계와 통제과정을 가지고 있는 체계로서 가족의 역기능적 문제는 가족의 불합리한 위계질서 혹은 가족의 불일치나 혼란을 야기하는 연쇄과정이 반복되는 것을 인정하고 치료를 진행한다(Haley, 1996). 헤일리(Haley)의 가족치료는 문제의 습관이나 빈도, 그리고 문제가 나타나는 패턴이나 행동에 대한 변화로서 역설기법을 활용하지만 많은 주의가 필요하다.

(2) 기법

● 위계의 재구조화

전략적 가족치료는 가족이든지 조직이든지 간에 모든 관계의 상호교류적인 함축적 의미를 '권력투쟁' 관계로 보면서 가족 구성원이 환경이나 상황에 맞는 권력과 통제를 가질 때 위계질서를 유지시킨다고 보았다(Haley, 1997). 기능적인 가족으로 변화시키는 원리는 세대 간 구조와 경계, 가족위계를 재구조화하는 것에 초점을 맞춘다.

○ 역설적 기법

직접적 지시나 은유적 지시 등은 가족이 치료자의 지시를 따라주기를 원하면서 사용하는 기법이지만 역설적 지시는 가족이 치료자의 지시에 저항하도록 하여 변화를 일으키는 기법이며 이차적인 변화(second order change)와 행동적인 처방을 포함하고 있다.

○ 제지기법

역설적 개입전략으로서 제지기법은 재발을 예측하여 경고하거나 변화의 속도가 지나치게 빠르다고 지적하여 변화속도를 통제하는 기법이다.

○ 지시기법

지시방법은 직접적 지시(straight directives)로서 충고, 제안, 코칭, 시련행동의 부과 등이 있다. 지시를 내리는 목적은 내담자와 치료자와의 관계를 강화시키며 가족의 가족 권력과 가족의 역기능 행동을 중지하도록 하는 중요한 관점으로 의미를 부여한다.

○ 가정기법과 시련기법

시련기법은 역설적으로 내담자에게 더 많은 어려움을 줄 때 증상을 포기하게 하는 것이며 행동의 증상을 보이는 시기에 해보도록 지시하는 것으로 불면증이 있는 내담자에게 밤새워 책을 읽으라고 지시하는 것이나 매일 밤 자명종 소리에 일어나 몇 시간 동안 부엌 바닥을 닦게 하는 것 등이 포함된다.

5) 해결중심 가족치료

(1) 원리

드 세이저(De Shazer)와 그의 부인 김인수(Insoo Berg Kim)에 의해 개발된 단기가족치료로 불리우는 '해결중심 가족치료(solution focused family therapy)'는 '비 구조주의'와 '사회구성주의'라는 개념을 가족상담과 합류시키면서 객관적인 현실보다는 인간이나 가족의 주관적인 경험을 이해하는 포스트모던(post-modern)적인 문화에 적용시키는 상담치료 모델이다. 치료적 접근은 밀워키(Milwaukee) 단기가족치료센터로부터 시작되었는데 상담의 원리는 탈 이론적이고 비규범적이며 내담자의 견해를 존중한다(Berg, 1994).

해결중심 가족치료는 20세기에 성행하던 일차치료가 아닌 이차 가족상담(second order cybernetics)인 사회구성주의 상담으로서 20세기 초 사물을 객관적으로 검증할 수 있는 실증주의와는 다른 상담이다. 해결중심 가족치료는 알콜홀릭(alcoholic)들의 중독 상담에 동시에 활용되기도 한다. 중독전문가들은 중독 상담으로 그 치료기법을 인정하고 있지만 가족상담 전문가들은 후기 구조주의 이념에 의해 창시된 가족상담으로 그 가치를 인정하므로 해결중심 치료는 매우 다양한 치료기법으로 알려져 있다(Lee, 1999). 해결중심 가족치료의 철학은 가족 스스로가 문제해결의 방향과 해결능력이 있다고 가정한다. 또한 치료의 효과가 있는 것은 더 하게 하지만 치료적인 효과가 없으면 다른 방법으로 방향을 전환하도록 돕는다. 더 나가서 인간의 경험을 중요시하며 지식들이 어떠한 경험에서 온 것이라는 관념과 그 해석을 중요시 하므로 가족의 문제보다는 그 해석에 대한 의미를 중요시한다(Berg, 1994).

체계적으로 구조를 갖추는 단정적인 분석과 틀에 맞추어진 단서나 진단에 제약을 받지 않고 가족을 다양한 문화적 산물로 간주한다. 현실은 가족체계 내에 실제로 존재하는 것이 아니라 현실을 어떻게 자각하느냐에 따라서 만들어 지는 것으로 상담이론의 기초를 형성하였다. 더 나가서 상담과정에서 과거에 해왔던 가족역동의 문제분석과 재구조화를 시도하는 것을 거부하고 치료적인 언어 게임을 활용함으로서 질문으로 내담자의 장점과 자원을 활용하며 문제보다는 해결중심으로 전환하도록 돕는다.

단기 가족상담의 원리를 간편하게 이해할 수 있는 은유적인 설명을 하자면 반이 채워진 우유의 컵을 바라보면서 반 잔밖에 없다고 투정하는 자녀에게 우유가 없는 것보다 반 잔이나 들어 있다는 것을 바라보도록 돕는 상담이다.

(2) 기법

● 상담 이전의 변화를 묻는 질문

치료 이전의 변화를 관찰하고, 이러한 힘을 근거로 내담자의 잠재능력을 발견하게 되는 데 유용하며 내담자 자신이 의식하고 있지 못하는 해결방안을 찾아내는 데 활용할 수 있다. 면담 전의 변화로 어떤 것이 있었는가를 질문하는 것은 또한 내담자가 상담하기 전에 이미 변하기 시작하는 것을 가정하며 변화를 묻는 질문이다.

◑ 두 번째 그리고 이후 질문

첫 번째 치료 이후 두 번째 치료를 하는 과정에서는 일상생활에서 있었던 긍정적 변화에 관하여 질문하는 것이 효과적인데 내용은 강화, 확대, 그리고 확신, 동기, 과정, 희망 등의 척도 질문 등을 중심으로 진행되는 경향이 많다. 긍정적 변화에 대해 자세하게 질문하는 것을 '확대'라는 용어를 쓰는데 변화한 것에 대한 확인으로서 '강화'를 활용하게 된다.

◑ 대처 질문

만성적인 어려움과 위기에 관련된 질문으로서 어려운 상황에서 내담자에게 자존감과 성공감을 느끼도록 하는 대처 질문기법은 새로운 힘을 갖게 하며, 내담자가 자신의 자원과 강점을 발견하도록 하는데 도움이 된다. 희망이 없고 낙담하고, 절망하고, 좌절하는 비관적 상황에 있는 내담자에게 어떻게 대처해 왔는지에 이야기할 수 있도록 가능성을 제시해주는 질문은 매우 유용하다.

◑ 해결 지향적 질문

문제를 이야기하고 설명하도록 하는 다른 상담들과 비교하여 문제분석을 포함하는 질문보다 해결방안을 강조한 질문은 치료를 효율적이며 시간적으로 단축시켜준다. 해결지향 질문은 내담자가 적극적으로 참여하며 스스로 해결 방안을 구축하는 방법을 채택하기 때문에 치료효과를 최대화할 수 있는 전략과 기법으로서의 기능을 가지고 있다.

◑ 척도 질문

척도질문은 어떤 상황의 문제들을 수치로 정도 표현하는 질문으로서 내담자에게 문제의 우선순위, 성공 가능성, 정서적 관계, 자아 존중감, 문제해결 가능성에 대한 확신, 변화를 위해 투자할 수 있는 노력, 변화를 위한 동기, 진행에 관한 평가 등의 수준을 수치화하여 내담자가 표현할 수 있도록 도움을 주는 질문이다. 척도 질문의 유형은 관계평가, 동기, 문제해결전망, 진전상태 그리고 자아존중감에 관련된 질문으로 구별되어진다.

◑ 기적 질문

기적질문은 현실 변화의 구축, 가능성에 대한 자기상을 형성하는데 도움이 되고 내담자의 치료적인 목표를 구체화 하는데 유용하다. 내담자의 문제를 제거시키거나 감소시키지 않고, 문제와 분리하여 해결을 상상하도록 하는 것으로 치료를 통하여 변화하기 원하는 것을 설명하게 하며, 문제에 대한 집착으로부터 벗어나게 하며 치료 목표를 재인식하게 된다(Nelson & Thomas, 2006).

● 관계성 질문

면접 전 상황 혹은 상담 이후 상황까지 폭넓게 사용될 수 있는 질문으로 가족성원 간의 관계양식과 반응을 알고자 하며 가족의 상호작용과 관계성을 잘 알 수 있다. 내담자가 어려움에 처했을 때 누가 도움을 주었는지를 가족들이 어떻게 달라지는지를 질문하여 상호 간의 반응과 관계 탐색을 목표로 한다. 또한 가장 중요하다고 생각하는 가족과의 역동을 활용하는 질문으로서 상담목표 안에서 변화하고자 하는 욕구를 증가시킬 수 있고 가족 간의 상호영향을 활용할 수 있다.

● 악몽 질문

기적 질문과 유사한 경향이 있지만 상담의 목표를 설정하기 위해 면담 전 변화에 대한 질문, 예외 질문, 그리고 기적 질문 등이 효과가 없을 때, 즉 어떠한 질문도 내담자에게 들어 먹히지 않고 나쁜 일이 주어져야만 내담자의 동기가 생길 때 이 질문을 사용하도록 요구되어진다.

해결중심 가족치료의 치료상황에 대한 질문들에 대한 요약은 〈그림 15-1〉에 기재되었다.

6) 이야기 치료

(1) 원리

마이클 화이트(Michael White)의 이야기 치료는 후기구조주의(post-structuralism) 혹은 탈근대주의(postmodernism)의 사상을 가진 치료사들에 의해 개발되었다. 인간과 가족의 삶을 빈약한 이야기에서 풍성한 이야기로 변화시켜 치료를 구축시키며 상담사와 내담자의 이야기 게임을 통해서 치료를 구성하였다. 가족의 정체성 안에서 개인의 정체성을

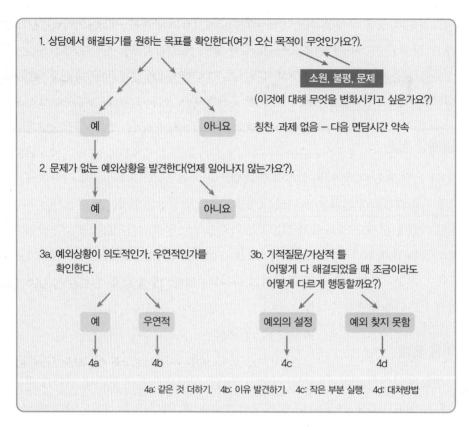

그림 15-1 해결중심 가족치료 질문기법 요약

자료: Berg, I. K.& Miller S. D, 가족치료연구모임 역(1996). 해결중심적 단기 가족치료, 서울: 하나의학사

구축시키는 것이 치료의 초점이며 이야기 치료의 지도를 활용하여 형성된 가족심리의 정체성을 구축한다(White, 2004).

(2) 이야기 치료지도

이야기 치료는 상담을 하는 방법을 지도의 시용에 비유하고 있는데 선호하는 이야기를 끌어 내기 위한 상담 방법이라고 볼 수 있다. 선호하는 이야기를 내담자에게서 꺼내게 함으로서 빈약한 이야기에서 풍성한 이야기를 그리고 문제가 아닌 다시 쓰고 있는 인생의 지도를 형성한다.

이야기 치료지도(narrative therapy maps)들은 내담자를 추적할 수 있도록 질문의 방향을 제시해 주기도 하며 가족의식의 차이를 도와 역할에 대한 지침 등을 제공하기도 한다. 가족의 문제를 건설적으로 서술할 수 있도록 유도하고 문제들 사이를 유동적으로 오가도록 하는 상담의 기능 때문에 이야기 치료의 지도기법은 문제에 휩쓸리지 않고 문제에 대해 예방할 수 있다. 가족의 맥락과 삶에서 문제영향에 관련된 지도는 그 작업과정을 통해 같은 사건들로 서로 연결되어 있으므로 문제의 삶에서 독특한 결과(예외적인 사건들)를 추적하도록 돕는다.

● 회원 재구성 대화지도

회원 재구성 대화지도(re-membering conversation map)는 한 인간의 삶과 관계로 부터의 정체성에 관련된 지도이다. 내담자가 자신의 삶에서 자신의 회원의 지위를 변경하기 위한 가능성을 치료로 활용하는 기법으로 자신을 가치 있게 여기는 타인과의 관계에서 자신이 인정받는 중요한 가치관을 끌어낸다. 중요한 인물이 내담자 삶에 영향력을 미치고 있는 방식과 영향력을 반영함으로서 문제의 내담자에게 잠재력과 힘을 부여하게 된다.

회원 재구성 질문은 즐거움과 평안, 긍정적인 가치관과 연관된 질문으로서 내담자가 평안함과 가치를 인정해 준 사람이 과거에 누구인가를 파악하게 한다. 그리고 의외로 지지해준 사람의 영향(혹은 평안, 사랑, 가치 등)을 유지하도록 도움을 주고 그 영향을 경험하는 데 있어 의미를 생각하도록 한다. 더 나가서 내담자의 영향력을 준 사람이 열정에 대해 내담자의 지각을 묻고 내담자가 왜 가치를 두는 것에 대해 대답하도록 한다. 반대로 내담자의 삶의 일부가 되는 영향을 미친 중요한 회원이 내담자가 영향력 알았다면 어떤 의미가 있는지에 대해 질문함으로서 서로의 영향력에 의해 삶의 긍정적인 이야기를 다시 쓰도록 돕는 기법이다.

● 입장진술 지도

문제에 대한 자신의 입장을 가지게 하는 입장진술 지도(charting statement of position maps)는 재 저작 이야기(re-authoring)의 질문을 하면서 삶에서 소외되었던 문제에 주목할 수 있도록 이야기를 구성할 때 사용되기도 한다. 두 가지 유형인 입장 진술 지도는 문제에 대한 내담자 자신의 입장, 즉 '외재화' 영역과 '독특한 결과'의 영역으로 구분되어진다. 입장지도는 네 가지 질문의 범주를 갖고 있는데 문제의 정의에 관한 것, 내담자 삶의 영역에서 미치는 문제의 영향, 영향력에 대한 내담자 평가, 그리고 평가에 대한 정당성을 묻는 질문으로 구성된다.

○ 재저작 지도

이야기 속에는 행위와 정체성 풍경에는 두 가지 측면이 있다. 이야기 치료의 지도는 행위의 풍경(action landscape)과 정체성의 풍경(identity landscape)으로 구성된다. 이야기 치료의 두 관점인 '행위의 관점(순서, 시간 및 플롯)'과 '정체성 관점(의도, 가치, 희망, 원칙 및 헌신)' 등을 근거로 인생의 새로운 이야기를 다시 쓰는 작업이 완성되는데 이를 재저작 지도(re-authoring conversation map)라고 한다(White, 2004). 행위 조망질문은 힘든 삶에 영향 받지 않는 내담자의 다른 삶에 대한 예외상황의 일어나게 되는 원인과 그것이 일어나게 된 근원을 찾는 작업이다(i.e. 무엇 때문에 그런 예외적인 일이 일어날 수 있겠는가?). '행위중심 플롯'은 독특한 결과로서 대안적인 이야기의 관문을 열어준다. 그리고 정체성 조망질문은 행위조망 질문에서 시작된 정체성을 형성하도록 도움을 주는 질문과정이다.

(3) 이야기 치료의 다양한 기법

○ 해체

가족이나 부모의 영향에 의해 시작된 내재화된 문제는 서로 다르거나 공유된 것일 수 있는데 이야기 치료에서는 부정적 영향을 주는 맥락과 환경의 영향이 내재화 문제보다 강력하므로 이것을 먼저 해체(dissolution)하는 작업이 이루어져야 외재화를 시도할 수 있는데 이 단계는 외재화하기 위한 준비단계로 활용한다.

○ 외재화

외재화(eternalization)하는 과정은 내담자를 고착시키는 부정적인 이야기, 고정관념, 불평등 등의 문제들을 먼저 해체하고 내재화된 문제를 이야기 치료의 핵심인 '언어'로 분리시키는 작업으로 부정적 구성의 이야기를 바꾸는데 활용되는 기법이다(White, 2006).

○ 외부증인기법

외부증인기법(outsider witness responses)에서는 의사소통이 힘들었거나 적대감이 있는 상황 혹은 내담자가 직면하게 되는 힘든 감정적 측면 외의 다른 측면을 바라보도록 설정되어진다(White, 2000). 외부증인 상황에서는 다른 외부 사람과 함께 활용하여 극심한 상황에서 문제들을 자유롭게 해결할 수 있는데 청중으로서 누구든지 외부증인의 역할이 가능하다.

○ 인정의식

인정의식(definitional ceremony)은 이야기하고 말한 이야기에 대해 이야기하는 방식(telling-retelling 방식)이라는 '리포지셔닝 기법'을 활용하여 상대방에 대해 논쟁이나 갈등에서 벗어나 이해를 인간관계에서 동일시하는 방법으로 진행할 수 있도록 도움을 준다(White, 2006). 가족 중 한 사람이 이야기를 시작하면서 다른 사람이 이야기를 다시 이어받아서 한 사람의 생각들을 다른 사람의 삶에 적용시켜 영향력을 구축시키는 기법이다. 인정의식 기법은 먼저 한 사람이 꺼낸 이야기에 대해 다른 사람이 어떻게 동일시하는지 물은 다음 제시된 이야기에 영향력을 삶에 적용하도록 집단치료 방식으로 반복하여 진행되며 서로 이야기에 대한 영향력을 미칠 수 있도록 구성하는 기법이다. 인정의식 기법은 빈약하고 초라한 이야기(thin story)에서 풍성한 이야기(thick story)로 변화시키는 역할을 한다(White, 2004).

○ 리포지셔닝

리포지셔닝(repositioning)은 인정의식에서 사용되며 이야기의 구조를 새로운 기회로서 촉진되는 것을 위해 혹은 가족들이 직면하고 있는 문제가 고정된 입장이나 대화의 부족으로 진전을 보지 못할 때 사용되는 기법이다. 가족 구성원이 사용한 특정한 기술이나 인정을 하는 과정에서 내담자의 삶에 대한 일이나 신념이 무엇인가를 탐구하게 된다.

○ 자격을 구성하는 대화

회원 재구성 대화라는 자격을 구성하는 대화(re-membering conversation)는 내담자에게 중요한 인물이 내담자 자신의 삶에 기여하며 정체성에 기여한 설명을 하도록 하는 기법으로 네 가지 과정의 질문을 포함한다. 재구성 인물이 내담자에 삶에 기여한 것, 재구성 인물의 시각을 통해서 본 내담자의 정체성, 내담자가 재구성 인물에게 도움을 준 것과 재구성 인물이 내담자에게 미친 영향과 정체성, 내담자가 재구성 인물에게 미치고 있는 영향 등에 대해 IP에게 질문하는 과정을 가진다.

○ 독특한 결과

독특한 결과(unique outcome)는 내담자의 무의식 속에 들어가 있던 혹은 간과되어진 사건의 근본적인 동기를 찾아내는 기법으로서 문제의 영향력이 미치지 못하는 사건들이나 때를 의미하여 예외적인 상황을 발견하게 되며 과거와 현재와 미래에서 찾을 수 있는 문제를 해결하는 능력을 갖게 된다. 독특한 결과는 대인적인 이야기로 발전된다

○ 선호하는 이야기

선호하는 이야기(preferred story)는 사람들의 정체성에 관련되고 인간의 생활에 대안적 이야기에 연결되며 각인되어 있다. 풍부한 이야기를 생성하기 위한 선호적인 이야기는 대안적인 정체성을 활용하는 질문 기법이다.

○ 새로운 이야기

어떤 것을 더 잘할 수 있는 가능성에 대한 것과 상황이 계획대로 진행되지 않을 경우 문제로 다시 되돌아가지 않기 위해 아동이나 청소년들에게 무엇인가 계획할 수 있는 힘을 주는 기법이다 자아정체감을 강화할 수 있도록 청중이나 집단을 구성하기도 하며 때로는 새로운 이야기(new story)를 강화하기 위한 편지와 시나리오를 쓰기도 한다.

5 아동과 청소년의 가족상담 사례

다음 사례들은 각 가족상담모델인 가족체계모델과 후기구조주의 가족상담모델을 중심으로 하여 적용하였다.

1) 폭력 가족과 보웬(Bowen) 정서가족치료모델

결혼 10년 차인 K씨와 그의 부인은 부부관계에서도 냉정하고 소원한 방식의 관계로 변화해 가면서 부부는 3년이 되지 못해 관계가 단절되었다. K씨는 원 가족으로부터 정서적으로 단절되었다. 부인은 이혼을 원하여 결단을 내릴 때마다 자녀의 문제와 시댁의 만류로 이혼의 문제를 제기하지 못하고 있었다. K씨는 부인의 행동과 닮았다는 초등학교 10살 자녀에게 정서적 폭력을 가하곤 하였고 반면, 아내는 남편의 불만이 무엇이든지 간에 상관하지 않고 자녀에게 더욱 몰입하는 등 두 부부간의 서로 다른 양육방식이 아동의 정서문제를 자극하였다. K씨와의 거리감을 가지는 대신 자녀를 과잉보호를 하였고 K씨는 결함 있는 자녀로 정형화하고 부부갈등의 원인을 자녀의 문제로 투사하였다. 그리고 자녀에 대한 정서적이며 언어적인 학대가 있었다. 아동은 집에 대한 공포를 느끼고 집을 떠나서 이모집으로 도피하는 등의 행동을 보여주었고 K씨는 반항과 위축된 자녀의 행동을 마치 자녀의 개인적인 문제로 취급하였다. 치료사는 가족체계의 상호작용 안에서 8살 아동의 행동이 역기능 가족의 상호작용과 부부하위체계의 관계 안에서 다루어야 할 것에 대해 인식시키고 단기목표와 장기목표를 구성하였다. 역기능 부부하위체계에서 나온 아동에 대한 투사 과정은 아동의 발달문제로 직결되는 것에 대해 설명하며 가족체계를 변화 시키도록 동기화 시켰다. 자녀의 가출 문제에 대한 단기가족치료상담이 이루어지고 서서히 가족의 체계를 재구조화하기 위해 부모의 분화문제와 가족투사과정에 대한 치료가 시작되었으며 장기적인 가족상담의 목표로 가족상담이 진행되었다.

투사대상이 된 자녀는 최소의 자아분화 상태에 머무르고 부모와 밀착관계를 가지게 되거나 문제의 투사 대상이 되어 사회에서 역기능을 일으킬 가능성이 있다. 부부갈등으로 가족관계 안에서 문제를 자녀에게 투사하는데 부부하위 체계와 그를 둘러싼 전체가족의 상호작용의 문제로 보기보다는 자녀의 결함이라고 인식하는 아버지인 K씨가 있다. 투사는 양육적인 관심과 달리 불안하고 밀착된 병리적 관심이므로 투사 과정의 대상이 되는 자녀는 부모에게 긍정적이든지 또는 부정적이든지 간에 가장 많은 애착을 지닌 자아분화 수준이 낮은 사람으로 성장된다. 따라서 부부문제의 투사과정에 대한 인식과 정서적인 분화문제를 중심으로 가족상담과 코칭이 시행되었다.

2) 5살 야뇨증 아동과 미누친(Minuchin)의 구조적 가족치료모델

> 5살의 M은 야뇨증을 가지고 있는 아동이다. M의 가족은 아빠와 직장을 나가는 엄마, M의 할머니, 그리고 이모가 같이 살고 있었다. M의 엄마는 2년 전부터 직장에 나가고, M의 이모는 부업 일을 하고 있었고 아이를 보호하는 할머니가 가끔 M의 양육을 맡고 있었다. 상담자는 가족 안에서 혼란을 가져오는 양육자 역할에 대해 파악하기 시작하면서 가족의 구조가 평가되었고 혼란한 가족 구조의 문제와 하위체계 간의 가족경계의 문제로 판명되었다. 세 사람이 각각 양육방식이 달라서 한 사람의 일관되고 건강한 양육이 요구되었다. 상담사는 주 교육자가 누가 될 것인지를 결정하도록 하였고 그 외의 다른 사람들과 아이의 하위체계들을 정리하면서 가족 모두가 이해할 수 있도록 가족심리교육이 시도되었다.

상담사는 시부모가 M의 어머니 부부 하위체계에 너무 많이 관여하는 것을 알고 부부 하위체계에 애매모호한 경계가 존재하는 것을 인식하였다. M가족의 애매모호한 가족경계에 맞서 부모의 명확한 경계를 재구조화 시킴으로서 시부모 역할과 부부의 역할을 구분하면서 M을 위한 주 양육자를 바꾸고 양육방식을 다시 재구조화 시키면서 정신과 치료를 병행하자 M의 야뇨증의 문제가 감소되었다.

3) 위축된 청소년과 사티어(Satir)의 경험적 가족치료모델

> A씨와 A씨의 남편은 자녀를 양육해본 경험이 없었고 자녀를 양육하는 방식에 대한 부부의 경험과 생각의 차이와 남편의 늦은 시간의 귀가로 인해 심한 갈등을 겪고 있었다. A씨는 항상 인정받고 싶은 감정에 대한 수동적 공격적인 행동으로 보여주었다. 자녀의 양육에 대해 무능력하다는 남편의 비난을 받지 않으려고 방어를 하였지만 자신의 감정을 노출하기를 꺼려하였다. 항상 솔직하고 일차적인 감정보다는 방어적인 이차적인 감정으로 표현한 A씨에 의해서 15살 중학생 자녀는 학습의 문제와 정서적인 위축을 보여 왔고 말을 안 하는 행동을 보여주었다. 정신사회적 스트레스와 함께 책임져야 할 어려운 일을 당한다고 생각한 부인은 배우자에 대한 분노 상황에서 대처할 수 없게 되자 복통과 위장증상을 호소하는 신체형 증상을 가지고 있었다. 정신과 치료를 받아왔던 부인과 공격적이며 충동적이었던 남편은 가족치료에 동의를 하고 부부관계를 알아가는 과정을 거치면서 놀라운 변화를 보였다.

이 두 부부는 원 가족의 가족규칙에 너무 많은 영향력을 가지고 있었으므로 두 부부의 원 가족 삼인군이 배우자 각자의 자아존중감에 미치는 영향을 파악하였다. 가족규칙은 각 부부의 자존감에 영향을 주었고 이러한 자존감은 부부의 의사소통으로 이어졌음을 알 수 있었는데 그러한 문제를 묻고 이해를 구하면서 정보를 알고자 노력한 배우자는 남편 이었다. 부부는 상호 간의 의사소통의 문제로 효과적인 의사소통이 없었기 때문에 상호 간 혹은 자녀에게 비난과 폭력을 표현하는 대신 기능적이고 상호작용을 할 수 있는 사티어의 빙산모델을 활용하여 자신의 배우자와 15살의 자녀와도 의사소통의 변화가 점진적으로 이루어졌다.

4) 가출하는 청소년과 사티어 모델

가출을 하는 청소년 자녀 V의 문제를 위하여 상담에 온 부부는 V가 집에서 싸우는 부모를 떠나 가출을 하고 부부관계 혹은 자녀와의 관계에서 이차적인 방식으로 의사소통을 한다고 하였다. 하지만 부부문제를 자녀에게 투사하는 자신들의 가족역동을 이해하면서 부부관계가 변해갔다.

원 가족 가족규칙은 합리적인 것, 정당한 것, 질문이나 감정을 표현하는 방법, 인간관계에서의 가치관, 체면, 자존감의 표현, 분노나 싸움 등의 금기사항을 다룬다.

가족관계에서 가족에게 긍정적인 것을 이야기할 수 있는 표현력, 인간관계에서 부정 등에 대한 표현, 자녀에게 솔직하게 일차적 의사소통을 하는 것, 그리고 자녀에 대한 투사문제 등은 역기능 원 가족 가족규칙으로부터 나오기 때문에 사티어 가족치료기법을 활용하여 부모의 원 가족 삼인군과 핵가족 규칙에 대한 통찰력을 갖도록 도움을 주었다. 이차적인 의사소통이나 자녀에게 부부의 문제를 투사하는 것 등의 문제를 통찰하는 가운데 부부의 원 가족 삼인군 안에서 각 원가족의 가족규칙을 알아내고 세대를 거쳐 전수되어 온 역기능적을 평가 하도록 하여 통찰력을 가지도록 하였다. 그리고 부부와 자녀에 대한 이차적 의사소통으로 관계가 변화되어 갔다.

5) 자기중심적인 청소년과 헤일리(Haley)의 전략적 가족치료모델

성적문제와 선생님, 동료 등 모든 인간관계에서 적응을 잘 하지 못하고 부모에게도 반항을 하는 P는 자기중심적인 중학생 청소년이다. 양육방식이 유연하고 통제를 하지 못했던 부모는 딸을 다루지 못하는 좌절감으로 인하여 상담을 받게 되었다. 주말부부로 일에 몰두하는 부모님들의 역할을 대신하여 P에게 양육을 해 왔던 분은 66세의 P의 할머니였다. P는 하고 싶은 대로 행동하고 독불장군 행세를 보이면서 할머니에게 떼를 쓰거나 자신의 압도적인 권력을 행사해왔다.

그녀가 친부모에게 안정적인 양육을 받은 것은 13살이 지나서였는데, 이는 의존과 자율 욕구적인 갈등이 표현되는 시기였다. P는 아버지와의 갈등이 심해지면서 엄마에게 대한 반항으로 극단적으로 감정이 폭발하거나 우울감 등으로 혼자 있는 때가 많아지고 가족 안에서 원만한 인간관계가 불가능하였다. 성적이 떨어지는 것도 부모의 탓이라고 하였고 가족이 자신을 떠나도록 악을 쓰기도 하며 반복되는 가출행위도 이어졌다. P의 가출선언에 어머니는 두려움을 가지고 딸을 전략적으로 통제하지 못하고 자신의 분노를 표현하지 못하고 자녀의 눈치를 보았다. 이러한 청소년 가족에 대한 치료사의 개입은 가족의 위계를 바로 잡고 가족의 권력관계를 정상화시킴으로서 이루어졌다.

상담자는 P로 하여금 자신의 불안을 호소하게 하였고 P는 어른들이 자신을 내버려 두는 것이 아니라 "어른들이 자신을 떠받드는 상황에서 자신도 모르게 두려움을 느꼈다."고 고백하였으며 가족상호 간의 문제에 대해 서로 솔직하게 이야기할 수 있도록 가족의 위계와 맥락이 변화되어 갔다. 특별히 가족의 위계에 초점이 만주어 지고 가족규칙과 위계의 재구조화에 초점을 맞추는 전략적 가족치료를 통해서 가족규칙과 위계가 점진적으로 변화 되었다. 부적응하는 부모가 자신감을 갖고 새로운 위계질서 안에서 부모 자녀관계를 맺을 수 있도록 치료적인 상담이 이루어졌다.

6) ADHD를 가진 여아와 해결중심 가족치료모델

ADHD의 문제를 보이는 6살 B를 상담하였는데 어머니는 아동에게 무슨 행동부터 시작해야 할지와 같은 겪는 문제들을 호소하였다. 그녀는 아동의 문제에 어떻게 대처해야 하는지에 대한 정신과 정보들에 대해 도움을 구하였다. 이 사례에서 가족 상담사는 행동 수정기법이 아닌 해결중심

지쳐있는 어머니에 대해 격려와 대처 질문을 많이 활용하였고 B에 대해 행동을 수정하거나 행동을 감소시키기보다는 예외 질문과 기적 질문 등을 활용하여 B가 차분하게 학습하거나 가족관계에서 위계를 지키며 잘 적응하는 것 등의 예외적인 상황을 강화시키기 위하여 단기가족치료가 활용되었다. 예외 질문, 대처 질문, 척도 질문, 칭찬, 기적 질문, 메시지 전달하기 등의 B의 나이 수준에 맞는 기법들이 적용되었다.

7) 분리불안 장애를 가진 아동과 화이트(White)의 이야기치료모델

상담사는 근육이완 기법 혹은 체계적 둔감법, DRA 등의 행동수정기법보다는 이야기치료의 외재화 기법과 외부 증인 기법 등을 활용하여 J가 두려움과 무서움으로부터 맞설 수 있도록 도움을 주었다. 어머니에 대한 불안한 사고와 의존심이 사라지기 시작하자 같은 학급의 친구들 앞에서 증명서를 주면서 그녀가 두려움을 물리친 것에 대해서 시상식을 하였다. 1년이 지나고 J는 어머니 없이도 학교를 잘 다닐 뿐 아니라 다른 어린이들이 무서워 할 때 자신의 경험을 이야기 해주고 그 두려움의 지배적인 원인을 물리치는 방법을 가르쳐 주는 어린이로 성장하였다.

8) 저항하는 청소년과 이야기치료모델

주의 시각의 사회와 맥락의 영향으로 낮은 자존감을 갖고 구조주의적으로 내재화된 평가를 하고 있었으며 자신이 아들에게 아무런 도움을 주지 못하고 무가치하다는 평가를 하고 있었다.

F의 어머니에게는 정체성을 갖기 위한 이야기 치료의 회원 재구성 대화법이 활용되었고 15살의 F에게는 이야기 치료의 해체기법, 외재화 기법, 입장진술 대화 및 외부 증인 기법 등이 활용되었다.

F의 어머니가 가장 가치 있게 생각해왔던 것을 찾기 위해서 먼저 그녀 스스로에게 도움을 구하는 작업이 시작되었다. 그녀는 아이들을 귀하게 여겨왔고 전쟁이 끝났던 시절에 가족에게서 양육이 어려웠던 아이들에 대해 어떠한 기관에 보호를 요청하거나 스스로 아이들을 보호해준 경험을 많이 가지고 있었다. F의 어머니와 인터뷰를 하면서 그녀가 아동과 같은 약자를 귀중히 여기는 가치를 갖고 있음을 발견하게 되었다. 그녀는 어린 아이들에게 여러 가지를 제공해주었고 따뜻한 마음을 전해 주었다. 자신의 아버지가 자신을 학대해왔던 시절을 기억하면서 아이들을 보호해주는 이유를 그녀가 설명하기 시작했을 때 약한 자의 인권이 꼭 보호되어야 하는 것에 대한 평가를 했고 자신의 평가에 대해 정당화하였다.

상담사는 이야기 치료의 회원 재구성 대화법을 활용하여 과거에 돌보아 주었던 불우 아동들이 보는 내담자의 삶을 질문하였는데 그녀가 그들에게 생명을 구해준 구원자로서 도움이 되었고 얼마나 많은 힘이 되어왔는지를 깨닫게 되었고 생의 의미를 발견하게 되었다. 결국 자신은 아들을 포함하여 아동의 인권을 보호해 주는데 조금이라도 영향력을 미치며 자신의 아들에 대한 양육권을 가지는 없어서는 안 될 존재로서 자신의 정체성을 재구조화하는 과정을 갖는다.

다음 단계에서는 F의 어머니가 매우 가치 있게 느끼고 기독교 정체성 안에서 도움을 주었던 그런 상황에 대해 용기를 내어 자신의 이야기를 할 수 있었던 이야기에 대해 재구성 인물인 아동들이 이러한 내담자의 말을 듣는다면, 그 아동들에게 미치는 영향력이 어떤 것이고 자신의 이야기에 대해 아동들의 삶의 기여에 대해 물어보았다.

그녀는 자신이 증언한 이야기에 아동들의 시각을 가지고 도움이 될 만한 부분을 아동의 입장에서 이야기하였다. 그녀는 아동의 삶이 그녀의 정체성 구축을 위해 도움을 주었다는 증언이 아동들로 하여금 안정된 정신적 대안을 마련해 주었다고 언급하였다. 그들의 또래와 동료들과도 의미 있는 관계를 구축해 주는 것에 도움을 주었고 다른 인간관계에서 영향을 미쳐 가난하지만 그래도 만족할 만한 직장에서 일을 하며 노력하는 삶을 살게 되었을 것이라는 언급을 한다. 이러한 관점에서 자신이 바라보았던 자존감의 문제가 회복되기 힘든 아들의 문제에 대한 인내를 가지고 바람직한 엄마의 역할을 하는 것이 삶의 목적으로 기대되었다. 이렇게 자존감의 문제를 가졌던 F의 어머니는 재구성대화법에서 자신의 정체성을 찾고 아들에 대해서도 가족의 정체성 안에서 엄마로서의 역할을 재구성할 수 있게 하였다.

F는 자신이 헤어진 아빠의 괴팍한 성격을 많이 닮았다고 하는데 대해 못마땅해 하였으며 자신이 못나고 괴팍하고 반사회적인 청소년이라는 것으로 알려진 것에 대해 익숙해져 있었다. F와 같이 선호하며 대안적인 이야기를 다루어 내지 못할 때는 해체작업이 먼저 시행되어야 하는데, 치료적 장면에 있어 상대방의 감정을 건드리거나 치료에 방해를 주지 않고 타인의 상황을 들어주는 청중이 될 수 있기 때문이다.

F 자신은 자신의 성격이 아버지를 닮아 괴팍하며 반사회적이라는 것에 대하여 모든 사람들을 대신하여 통제하고 정형화 시켰다. 더 나가서 F는 자신이 사람들로 인하여 정형화되었던 이야기를 계속 마음에 자신을 정당화 시키고 있었고 상담사는 상담을 통해서 더 이상 그러한 이야기에 의존해 살아가는 것을 그만두게 하도록 하기 위해 지배적인 이야기(F가 괴팍하고 문제 청소년)에 대한 해체적인 질문을 하였다. 편견적이며 내담자 자신을 고착시키는 고정관념, 부정적인 이야기 등 문제의 영향에서 문제에 기여하고 지지하고 있는 것을 드러내기 위해서 내담자 역할에 권력과 성, 문화적인 규정의 불평 등을 먼저 해체 시키고 외재화 대화를 활용하여 부정적 구성의 이야기로 바꾸게 되었다. 독특한 결과를 활용하여 그렇게 인정받지 않은 상황과 포지션(position)에 대해 질문하고 외부증인 기법 등을 활용하여 대안적이고 긍정적이고 F의 생애의 풍성한 이야기를 하도록 도움을 주었다. 또한 문제의 정의에 관한 것, 내담자 삶의 영역에서 미치는 문제의 영향, 영향력에 대한 내담자 평가, 그리고 평가에 대한 정당성을 묻는 입장진술 질문을 하여 나쁘고 부정적인 영향력과 평가에 대해 정당성을 스스로 이야기할 수 있도록 하였다.

F는 치료가 시작된지 3개월 만에 어머니와의 긍정적이고 협력적인 대화를 할 수 있었으며 머니의 외부 증인 역할로서 가족의 정체성을 재구조화할 수 있었다.

부 록 Appendix

🔸 부록 1 TAT 분석 용지

TAT 분석 용지

이름: 이야기 순서: (TAT 그림 번호:)

1. 주제

2. 주인공
  1) 나이: 성: 직업:
  2) 흥미: 특성: 능력:
  3) 자아강도(∨,∨∨,∨∨∨):   신체상 또는 자아상:

3. 주인공의 주요욕구
  1) 주인공의 행동적인 필요(이야기에 나오는):
     역동적인 추론:
  2) 도입된 인물, 물건 또는 환경:
     암시된 필요:
  3) 빠뜨린 인물, 물건 또는 환경:
     암시된 필요:

4. 환경(세계)의 개념

5. 부친상(남 ,여) 보임, 피험자의 반응
  동반하는 인물(남 ,여) 보임, 피험자의 반응
  작게 나오는 인물(남 ,여) 보임, 피험자의 반응

6. 중요한 갈등

---

7. **불안의 양상**(∨)

   1) 신체적 상해 또는 벌, 질병 또는 부상

   2) 인정받지 못함, 빼앗김

   3) 사랑의 부족 또는 결핍, 주의를 빼앗김

   4) 버림받음, 압도당하여 무력해짐

   5) 기타

8. **갈등과 공포에 대한 주요 방어**(∨)

   1) 억압, 반동형성, 합리화, 고립

   2) 퇴행, 내부투사, 부정, 취소행동

   3) 기타

9. **범죄에 대한 벌로 표시된 초자아의 적당도**(∨, ∨∨, ∨∨∨)

   1) 적당, 부적당

   2) 가혹(벌의 즉각성으로 표시된) 비지속성, 너무 관대

   3) 처음 반응이 더디거나 침묵

   4) 말더듬, 초자아 간섭의 다른 표시

   5) 기타

10. **자아의 통합 자기의 표현**(∨, ∨∨, ∨∨∨)

    1) 주인공의 적합도:

    2) 결과: 행복   불행   현실적   비현실적

    3) 해결: 적당   부적당

11. **이야기에 나타난 사고과정**(∨, ∨∨, ∨∨∨)

    1) 구성됨, 구성되지 않음

    2) 상동성, 창의, 적당

    3) 합리적, 기괴

    4) 완성, 미완성

    6) 부적당

12. **지능수준**(∨)

    1) 아주 우수

    2) 우수

    3) 보통

    4) 하

    5) 장애

CAT의 분석과 해석은 개인의 욕구와 환경 자극과의 상호작용에서 표현된 아동의 진술내용을 통해 이루어진다. 이야기 속에 나타나는 주인공의 행동에서 진단할 수 있는 아동의 욕구와 이야기 속의 상황 진행에서 추측되는 환경의 압력을 분석할 수 있다.

주인공 욕구

1. 외적 사상에 대한 욕구(주인공이 나타내는 활동)

1. n. Ach(Achievement – 성취욕구)

노력과 인내로 어떤 중요한 일을 하는 것, 칭찬받을 만한 어렵고 중요한 일을 성취하려고 노력함으로써 곤란한 일을 극복하고 무엇인가 중요한 일을 수행하여 보다 높은 수준에 도달하려는 것으로, 행동 속에 야망이 나타난다.

2. n. Acq(Acquisition – 획득욕구)

사회적 획득은 물건이나 재물을 얻기 위해 일하거나 어떤 가치 있는 목적을 얻으려는 노력을 말하며 반사회적 획득은 훔치거나 탈취, 착취, 위조하는 것을 말한다.

3. n. Cons(Construction – 구성욕구)

어떤 일을 만들어내는 것으로 질서의 욕구도 포함된다. 정리, 정돈, 청결, 배열에 신경 쓰는 것을 말한다.

4. n. Cur(Curiosity – 호기심)

새로운 것에 대한 관심이 많아 경험해보려 하고, 이상한 사물이나 사진에 대해 주의를 기울이고 모험을 즐기는 것, 또 새로운 것에 대한 관심 때문에 몰래 보려는 행동과 관련 된다.

5. n. Exh(Exhibition – 전시욕구)

자기를 잘 보이려 하고 남에게 뽐내고 으스대거나 다른 사람의 주의를 끌기 위해서 노력하는 것이다.

6. n. Ins(Instruction – 교시욕구)

타인에게 어떤 일을 설명하고 가르쳐 주는 것, 즉 설명 · 교시 · 교수 · 해설 · 강의 · 보도 등이다.

7. n. Nut(Nutrience – 이욕구)

음식과 음료를 찾고 즐기는 것으로 배고픔과 갈증을 느끼는 것이다. 음료수나 약물을 마시고, 먹을 것이나 마시는 것과 관계된 일을 한다.

8. n. Pas(Passivity – 부동욕구)

평온 · 안이 · 휴식 · 수면을 즐기고 들어 누워 있는 것, 무력감을 느끼고 거의 혹은 전혀 노력하지 않는 것, 누워서 아무것도 하지 않고 무관심, 무감동하게 빈둥빈둥 지내는 것, 냉담하게 멍하게 있는 것, 무력감과 무관심에서 남에게 양보하는 것이다.

9. n. Sup(Supporting – 지원욕구)

고령자, 연소자, 환자 등의 필요나 욕구를 이해하고, 동정 · 위로 · 위안 · 간호 · 보호해 주고, 남을 위로하고 불쌍히 여기며 친절하고 타인의 감정을 염려해주는 것이다.

2. 대인관계의 욕구(타자에 대해서 주인공이 나타내는 활동)

1. n. Agg(Aggression-공격욕구)
- 정서적, 언어적 공격

  화를 내거나 사람을 미워하는 것, 언쟁을 벌이는 것, 저주, 비평, 중상, 견책, 조소 등을 한다.

  공공연하게 개인 또는 집단에 대해서 공격적 언행을 한다.
- 신체적, 사회적 공격

  자기 방어나 자기가 사랑하는 사람을 위해 싸우거나 죽이는 것, 잘못을 나무라거나 처벌하는 것, 상대방을 구속·공격·상해·살해하는 것, 정당한 이유 없이 주먹을 휘두른다.
- 파괴

  동물을 공격하고 살해하는 것, 물리적인 대상물을 부수거나 파손시키고 불태우거나 파괴한다.

2. n. Com(Competition-경쟁욕구)
형제나 친구들과 경쟁하고 지기 싫어하며, 어떤 상황에서도 자기가 우월해 보이려고 한다.

3. n. Dem(Demand-기대욕구)
자기의 요구를 주위 사람들이 들어줄 것을 기대한다. 자기의 요구를 충족시키기 위하여 주위의 환경에 대해 여러 가지 요구를 한다.

4. n. Dep(Dependance-의지욕구)
주위의 사물이나 인물에게 의지하고 경제적으로나 심리적인 지원을 바라는 것, 힘에 겹거나 어려운 일이 있을 때 타인에게 기대한다.

5. n. Dom(Dominance-지배욕구)
다른 사람의 행동·감정이나 생각에 영향을 미치려 하는 것, 명령적인 지위를 갖기 위해 노력하는 것, 지도하고 지배하는 것, 남을 설득시키려고 토론하거나 논쟁하는 것, 반대 의견을 억제한다.

6. n. Anx(Anxiety-공포심)
주위의 인물이나 사물에 대해서 두려워하며 불안해하고 공포심을 가지는 것, 즉 공포 대상으로부터 도망친다.

7. n. Aff(Affiliation-유친욕구)
몇몇 친구들과 사귀는 것과 우호를 유지하는 것, 같이 일하거나 놀이를 하는 것, 어떤 사람에 대해서 사랑과 친절을 베푸는 것이다.

8. n. Hos(Hostility-적개심)
주위의 사물이나 사람을 미워하고 불친절하게 대하는 것, 또 자기의 요구 충족에 방해되는 사람을 제거해 버리고 싶은 충동을 느끼는 것이다.

9. n. Rej(Rejection-거부욕구)
경멸, 비난을 하거나 또는 행동으로 멸시하는 것, 자기의 관심이 다른 대상이나 생각을 멀리한다. 냉담, 무관심, 무시, 배척, 배제, 타인의 요구를 들어주지 않고 거부하는 것이다.

3. 압력배제의 욕구(타인에 의해서 나타내는 활동에 대한 주인공의 반응)

1. n. Aut(Autonomy-자율욕구)

구속이나 속박의 지역으로부터 도피 또는 회피하려는 것. 감금 지역에서 도피하고 집을 뛰쳐나와 학교를 그만두고, 구속 책임, 의무감 따위를 벗어나려 하는 것이다. 남과의 관계에서 벗어나려 하고 제한을 벗어나려 하는 것으로 때로는 부모의 소망과 반대되는 행위를 하고나서 슬하에서 벗어난다.

2. n. Res(Resistance-저항욕구)

강요에 저항하는 것. 자기에게 요구된 일을 거부하거나 하지 않는 것. 권위자에 대해 부정적이며 말썽을 부리거나 순종하지 않고 권위에 저항하는 것이다.

3. n. Com(Complience-복종욕구)

희망, 암시, 권유에 부합하려는 것. 명령에 재빨리 동의하고 협조하며 숭배하는 사람의 지도력에 순응한다.

4. n. Def(Defendance-방어욕구)

공격, 비난, 비평으로부터 자기 자신을 방어하며 비행, 실패, 창피를 숨기거나 정당화한다. 죄의식, 열등감, 불안을 씻고 자아를 옹호한다.

5. n. Pow(Powerfulness-권세욕구)

사물을 처리하거나 사람을 다루는 능력과 기술이 뛰어나다. 남을 지배하고 자기 뜻대로 하는 권력과 힘을 가진다.

6. n. Pun(Punishment-처벌욕구)

실수나 과실 또는 규칙을 어긴 것에 대해서 벌을 준다.

4. 주인공에 대한 압력

주인공에 대한 욕구는 주인공에게 작용하는 환경적 자극, 즉 주인공이 받고 있는 압력을 분석해서 주인공의 욕구와 관계 지어 보는 것이 중요하다.

(1) 인적 압력

대인관계를 묘사하는 주인공의 이야기에서 이들 인물들이 가진 동기와 목적을 분석한다.

① P. Ach(Achievement-성취욕구)

② P. Acq(Acquisition-획득욕구)

③ P. Aff(Affiliation-유친욕구)

④ P. Agg(Aggression-공격욕구)

⑤ P. Dom(Dominance-지배욕구)

⑥ P. Ins(Instruction-교시욕구)

⑦ P. Sup(Supporting-지원욕구)

⑧ P. Rej(Rejection-거부욕구)

⑨ P. Com(Compliance-복종욕구)

⑩ n. Cons(Construction-구성욕구)

⑪ P. Nut(Nutriance-식이욕구)

(2) 환경적 압력

주인공의 행동에 영향을 미치는 환경 내에서의 무생물적 대상의 압력을 말한다. '정신의 집중', '상징주의'요구에 나타난 내용에 비추어 평가된다.

① P. Dis(Disaster-재해): 지진, 폭풍, 천재지변 등의 자연적 재해, 화재, 교통사고, 전쟁 등의 불의의 사고, 동물에게 물리는 것 등을 말한다.
② P. Affl(Afflication-불행): 주인공 자신의 질환, 결핍, 실패의 불행이 아니라, 주인공의 환경에서 일어난 불행을 말한다.
③ P. Lack(Lack-결여):
　물리적 결핍, 빈곤이나 주인공이 가진 요구 대상의 상실을 말한다.
　영양-가난, 질병 등으로 음식물을 충분히 공급받지 못하는 경우로서 배고픔, 갈증, 모유의 부족 등을 나타낸다.
　소유-어린이가 장난감이 하나도 없거나 박탈된 경우이다.
　우정-같이 놀던 친구와 헤어지거나 죽는 것이다.
④ P. Danger(Danger or Misfortune-위협 또는 불행):
　자연으로부터 오는 물리적인 위험과 불행이다.
　물질의 결핍-공포를 느끼고 불안정해지며, 빙판, 좁은 다리, 높은 곳, 광장 등을 나타낸다.
　물-물에 빠질 위험성이 있음을 나타낸다.
　고독, 어두움-숲 속에서 길을 잃거나 고립된 경우를 의미한다.
　좋지 못한 기후 조건-폭풍이 불거나 번개, 천둥, 바람, 혹서, 혹한으로 인한 압력을 말한다.
　불-화재를 뜻한다.
　사고-차량 사고의 충돌이다.
　동물-동물의 추적, 공격, 동물로 인한 피해를 나타낸다.

(3) 내적 압력질환

주인공의 질환으로서 신경과민, 심장병, 소아마비, 경련 등을 의미한다.

① 죽음(주인공의 죽음)
　L. Bellak(1971)는 죽음과 질환을 환경의 압력에 포함시켰다.
② 좌절
　주인공의 행동에서 일어나고 있거나 일어나리라고 예상되는 욕구 좌절을 말한다.
③ 죄
　주인공의 범법 행위나 비행에 대한 죄악감 또는 종교적, 도덕적 죄의식의 자각. 이 압력의 유무가 진단상 특히 중요한 의의를 갖는다.
④ 무력
　신체적 부적감-신체적 결함을 말한다.
　심리적 부적감-정신능력(IQ), 학업부진 등의 심리적 부적감을 의미한다.
⑤ 열등감
　개인이 느끼는 신체적, 사회적, 정신적, 열등감 등을 말한다.

자료: 김대련, 서봉연, 이은화, 홍숙기(1993). 아동용 회화통각검사. 한국가이던스, 재구성

구분	해석
1. 그림의 크기	종이의 크기에 비해 그림의 상대적 크기는 피검사자의 환경과의 관계로 해석하는데 인물의 크기가 작으면 개인은 위축되고 환경의 요구에 대해 열등감과 부적감을 느낀다. 인물의 크기가 크면 우월한 자아상을 가지고, 공격이며 환경과의 관계를 맺는다. 또한 이상적 자아상에서 인물의 크기가 크면 열등감을 보상하려는 시도의 표현이다. 아동은 자아상보다는 이상적 자아상 또는 부모상을 반영하기도 하는데 부모상이 투사되는 경우에 큰 인물은 강하고 능력 있는 부모상에 대한 해석으로서 무섭고 위협적이며 벌을 주는 부모상을 반영한다.
2. 그림의 위치	그림의 위치가 적절한 중앙에 위치할 경우 적응적인 자아중심적 경향과 관계가 있다. 종이의 중앙보다 아래의 위치할 경우 안정된 상태 또는 우울감, 패배감을 나타낸다. 중앙보다 위에 위치하면 불안정한 자아성과 연관이 있고 종이의 왼편에 위치하면 자아의식적이며, 내향적 성향을 나타낸다.
3. 그림의 순서	일반적으로 피검사자와 동일한 성의 인물이 먼저 그려지는데 성 정체감의 혼돈이나 도착, 이성부모에 대한 강한 애착과 의존 또는 이성에 대한 강한 애착과 의존의 표현인데 이성을 먼저 그릴 경우 대부분 동성 연애자로 해석된다.
4. 인물의 동작	인물의 자세가 경직되고 엄격하며 움직임이 적으면 강박적인 억제의 표현이며 깊이 억압되어 있는 불안이 내재된다. 앉아 있거나 기대고 있는 모습일 때는 활동력이 낮고, 정서적으로 메마른 상태를 표현하고 활발한 움직임을 보이는 경우 운동 활동에 대한 충동, 초조하고 안절부절 못한 상태로 너무 활동적일 때는 정서장애의 조증상태(hypomanic state)로 표현될 수 있다.
5. 신체부분 상징적 해석	머리는 자아개념과 관련이 있고 머리 부분만 강조될 때는 공상에 의존하는 경우가 많고 지적이나 머리 부분의 신체고통과 관련이 되기도 한다. 머리를 나중에 그리는 경우는 대인관계의 장애를 보일 수 있으며 머리나 얼굴 등이 잘 보이지 않고 희미하면 착하고 수줍음이 많은 편이다. 머리카락은 성적욕구 혹은 호기심을 의미하며 머리카락이 지나치게 강조되면 성적 부적절함의 표현이 될 수 있다. 눈은 보통 의사소통의 수단이 된다. 눈이 강조되거나 크며 응시하는 모습일 때는 망상적인 경우가 있고 눈동자가 생략 되었다면 자기도취적이고 자아중심적인 경향으로 해석된다. 눈을 감고 있다면 현실 접촉의 회피, 정신병적 상태로의 현실적인 철회를 시사해 주고 있다. 흔히 정신증적인 문제를 가지고 있을 때 눈을 감거나 무의미한 인물을 그리는 경향이 많다. 귀는 크기와 형상의 왜곡이 중요하며 망상과 깊은 연관이 있다. 코는 성기를 상징적으로 표현하며 성적 무력감이 있을 때 강조되어 그리는 경우가 많다. 입은 구강적 공격성, 구강적 고착을 상징하는 것으로 표현이 될 수 있다. 턱은 높은 위계, 권력 혹은 주도권을 표현해 주며 사회적인 상징일 수 있다. 자신을 그린 인물화에서 턱을 강조하면 공격적 경향, 강한 욕구, 무력감에 대한 보상적 강조와 관련이 있다. 목은 충동에 대한 통제성을 상징하는 것으로 가늘고 긴 목은 충동통제의 어려움이 많다. 손에 대해서는 인물화의 손이 강조되어 있다면 현실접촉이 어렵거나 현실에 대한 불충분함에 대한 보상적 시도로서 열등감에 대한 보상적 시도로써 조정하는 역할을 하려는 경향을 나타내며, 손이 희미한 경우도 대인 접촉과 조정행동에서의 불안 등을 나타낸다.

(계속)

구분	해석
5. 신체부분 상징적 해석	인물화의 손이 생략되어 있으면 현실 접촉의 어려움, 내담자의 죄의식으로 해석되며 손에서 팔의 방향이 신체에 가까이 붙어 있을수록 수동적이며 방어적이며 외부로 향하여 뻗쳐 있을수록 공격적 표현을 시사한다.
	손톱이 자세히 그려져 있으면 강박적 경향이 있거나 신체상의 문제가 있는 경향이 있다.
	인물이 주먹을 쥐고 있으면 억제된 공격적 충동적인 정서성을 보여준다.
	발과 다리에 지나친 관심이 향하거나 다른 부분보다 먼저 그려지면 실망이나 우울감과 연관시켜 볼 수 있다.
	의복에서의 단추는 의존적, 유아적 열등감을 느끼는 성격을 반영해주며 그려지는 주머니 중에 가슴 부분에 붙어 있는 주머니는 애정결핍을 상징하며 유아적이고 의존적인 성격을 표현해 준다.
6. 다양한 내용의 인물화 분석	자기 자신을 그리는 경우는 남으로부터 인정을 받고 싶은 마음이 강한 경우가 많고 한 인물을 크게 강조해서 그리는 그림은 자신에 대한 과시욕이나 리더십이 강한 경우가 많다.
	인물화에서 사람의 뒷모습을 그리면 억압을 당하고 있거나 피해를 입어서 미움을 표현하는 것이다.
	옆으로 비스듬히 누워 있는 인물화를 그리는 경우는 부모로부터 많은 통제를 받고 있을 수 있고 친구가 부족한 상태이기도 하다.
	손바닥을 펼친 그림은 친화성 표현으로서 양보심과 협동심 있는 어린이이다.
	머리나 팔, 다리를 끊어서 그리는 경우는 신체부분에 대해서 열등감을 가진 경우로 해석할 수 있다.
	팔을 빼놓고 사람을 그리는 인물화는 부모가 과잉보호를 하는 경향이 있으므로 팔의 필요성을 느끼지 못하는 경우로 해석될 수도 있다.
	신체 중에서 하체를 길게 그리고 발을 크게 그리는 것은 정서적으로 욕구불만이 있는 경우로 볼 수 있다.
	의상에서 목걸이나 팔찌의 장식품을 많이 그리는 경우는 호기심이 많고 낭비성이 많은 경우이다.
7. 인물화 신체부분의 왜곡 생략	신체의 부분이 과장되게 강조되어 있거나 희미할 때 심리적 갈등의 가능성이 있으며, 신체 부분이 왜곡되어 있거나 생략되어 있을 때 심리적 갈등이 신체적 부분과 연관되어 있음을 시사한다.

자료: Machover, K.(1978). *Personality projection in the drawing of the human figure(A method of personality investigation)*, Springfield, IL: Charles C. Thomas Pub Ltd, 재구성

참고문헌 Reference

| 국내문헌 |

김재은(1998). 그림에 의한 아동의 심리진단, 교육과학사.

신민섭 외(2003). 그림을 통한 아동의 진단과 이해, 학지사.

우종화(2001). 인간심리의 이해, 교육과학사.

| 국외문헌 |

Exner, J. E.(1993). *The rorschach: a comprehensive system.* New Jersey: John Willey & Sons, Inc.

_____ (2002). *The Rorschach, Basic Foundations and Principle of Interpretation Volume 1.* New Jersey: John Willey & Sons, Inc.

Exner, J. E. & Weiner, I. B.(1994). *The Rorschach: A Comprehensive System Volume 3(2nd Eds): Assessment of Children and Adolescents.* New York, NY: John Wiley & Son, Inc.

Machover, K.(1978). *Personality Projection in the Drawing of the Human Figure(A Method of Personality Investigation)* Springfield, IL: Charles C. Thomas Pub Ltd.

Smith, S. R. & Handler, L.(2006). *The Clinical Assessment of Children and Adolescents: A Practitioner's Handbook.* New York, NY: Psychology Press.

찾아보기 Index

저자소개Profile

김명희

학력
- 한양대학교 졸업
- [미국] University of South Carolina 대학원 졸업. 석사(MA)
- [미국] U.C Berkeley 대학원 수학, Marige & Family Therapy
- 숙명여자대학교 대학원 졸업, 박사
- 백석 신학대학원 졸업(M. Div: 목회학)
- 백석대학교 대학원 실천신학 Ph. D., 박사 과정

경력
- 현) 백석대학교 기독교상담학 교수
- [미국], U.C Berkeley 심리학과 국비해외파견 교수
  (학술진흥재단, 국가프로젝트 지원)
- [미국], U.C Berkeley 심리학과(Human Development Institute)
  국비해외파견 연구원(학술진흥재단, 국가프로젝트 지원)
- 전) 한국인간행동유형연구소소장(KHBTI) 역임
- 전) 한국아동상담치료교육센터장 역임
- 전) 키즈 패밀리 상담센터장 역임
- Kids Family counselling center(아동, 가족상담 슈퍼바이저)
  www.kidsfamily.net
- 김명희 아동 가족상담 연구소
  http://cafe.daum.net/Rodemcounceling
- 놀이치료학회 이사
- 국가인권위원회 아동·청소년 연구위원 역임
- 한국기독교교육상담협회 회장

주요
저서
- 가족치료와 상담
- 행동수정과 치료
- 내적치유와 상담
- 부모교육과 상담
- 아동·청소년 이상심리와 상담
- 아동복지론
- 미술심리치료와 상담
- 목회자를 위한 정신장애와 이상심리
- 아동·청소년 사회성 개발과 상담
- 아동화의 진단적 분석
  외 다수

이현경

학력
- 이화여자대학교 대학원 졸업
- 총신대학교 대학원 졸업
- [미국] Long Island University 대학원 이수
- [미국] Florida 주립대학교 대학원 졸업(Ph.D)

경력
- 현)백석대학교 학부, 대학원 겸임교수
- 서울 동작구 성 평등 위원회 및 여성 위원회 위원
- 가족치료와 상담 센터장 및 한국중독치료연구소 상담원
- MBC, SBS Solution위원
- 전) 한국중독상담 이사 역임
- 한국무용협회 coordinator 역임
- 미국 Florida Tallahassee, Disc Village OPT 치료사 역임
- 안양신경정신병원 w'er 역임

주요
저서
- 행동수정과 치료
- 임상장면에서의 가족상담과 치료
- 아동 부부, 중독가족을 위한 이야기 치료
- 이야기 치료

논문
- 한국 성인 중독위험 수위문제와 기독교상담
- 한국 기독교문화권 가족 스트레스와 적응
- 작은 책의 이야기 치료
- 회복기에 있는 중독자 가족상담 과정연구:
  Ethnography 연구 중심
- 디지털 시대 가족상담의 패러다임변화

아동·청소년을 위한

상담과 심리평가

2014년 2월 17일 초판 인쇄 | 2014년 3월 3일 초판 발행

지은이 김명희·이현경 | 펴낸이 류제동 | 펴낸곳 (주)교문사

전무이사 양계성 | 편집부장 모은영 | 책임편집 김소영
디자인 이혜진 | 본문편집 우은영
제작 김선형 | 홍보 김미선 | 영업 이진석·정용섭·송기윤
출력 현대미디어 | 인쇄 동화인쇄 | 제본 과성제책

주소 413-756 경기도 파주시 교하읍 문발리 출판문화정보산업단지 536-2
전화 031-955-6111(代) | 팩스 031-955-0955
등록 1960. 10. 28. 제406-2006-000035호
홈페이지 www.kyomunsa.co.kr | E-mail webmaster@kyomunsa.co.kr

ISBN 978-89-363-1382-1(93180)
값 24,000원